高等教育安全工程系列“十一五”规划教材

物流安全

主编　沈斐敏

参编　陈伯辉　陈明仙

主审　陈培健

机 械 工 业 出 版 社

本书共分八章。本书以物流系统为研究对象，以安全系统工程的原理和方法为手段，在介绍物流系统安全基本概念的基础上，重点对物流系统中危险性较大的物流运输配送、储存保管和装卸搬运等环节进行事故致因分析和系统安全分析，并提出安全技术和管理的对策措施；同时，强调安全管理理论与实践的结合，给出了物流运输配送、储存保管和装卸搬运等特征系统的安全分析的示例。

本书可以作为开设安全工程、物流管理、物流工程和交通运输等相关专业本、专科院校的教材，同时也可作为从事安全评价、安全管理、运输安全、仓储安全等相关人员的参考书，以及物流管理人员短、中期安全培训教材。

为方便教师授课，本书配套制作了 PPT 课件。教师可通过 http://www.cmpedu.com（机工教材网）注册后免费下载使用。

图书在版编目（CIP）数据

物流安全/沈斐敏主编 .—北京：机械工业出版社，2011.3（2025.1 重印）

高等教育安全工程系列"十一五"规划教材

ISBN 978-7-111-33296-1

Ⅰ.①物…　Ⅱ.①沈…　Ⅲ.①物流—安全技术—高等学校—教材　Ⅳ.①F252

中国版本图书馆 CIP 数据核字（2011）第 017319 号

机械工业出版社（北京市百万庄大街 22 号　邮政编码 100037）

策划编辑：冷　彬　责任编辑：冷　彬　马军平

版式设计：张世琴　责任校对：薛　娜

封面设计：张　静　责任印制：邓　博

北京盛通数码印刷有限公司印刷

2025 年 1 月第 1 版第 5 次印刷

169mm×239mm · 20.5 印张 · 387 千字

标准书号：ISBN 978-7-111-33296-1

定价：53.00 元

电话服务	网络服务
客服电话：010－88361066	机　工　官　网：www.cmpbook.com
010－88379833	机　工　官　博：weibo.com/cmp1952
010－68326294	金　　书　　网：www.golden-book.com
封底无防伪标均为盗版	机工教育服务网：www.cmpedu.com

序

"安全工程"本科专业是在1958年建立的"工业安全技术"、"工业卫生技术"和1983年建立的"矿山通风与安全"本科专业基础上发展起来的。1984年，国家教委将"安全工程"专业作为试办专业列入普通高等学校本科专业目录之中。1998年7月6日，教育部发文颁布《普通高等学校本科专业目录》，"安全工程"本科专业（代号：081002）属于工学门类的"环境与安全类"（代号：0810）学科下的两个专业之一㊀。按《普通高等学校本科专业目录》（2012版），"安全工程"本科专业（专业代码：082901）属于工学学科的"安全科学与工程"类（专业代码：0829）下的专业㊀。

按照《普通高等学校本科专业目录》的要求，原来已设有与"安全工程专业"相近但专业名称有所差异的高校，现也大都更名为"安全工程"专业。专业名称统一后的"安全工程"专业，专业覆盖面大大拓宽㊁。同时，随着经济社会发展对安全工程专业人才要求的更新，安全工程专业的内涵也发生很大变化，相应的专业培养目标、培养要求、主干学科、主要课程、主要实践性教学环节等都有了不同程度的变化，学生毕业后的执业身份是注册安全工程师。但是，安全工程专业的教材建设与专业的发展出现尚不适应的新情况，无法满足和适应高等教育培养人才的需要。为此，组织编写、出版一套新的安全工程专业系列教材已成为众多院校的翘首之盼。

机械工业出版社是有着50多年历史的国家级优秀出版社，在高等学校安全工程学科教学指导委员会的指导和支持下，根据当前安全工程专业教育的发展现状，本着"大安全"的教育思想，进行了大量的调查研究工作，聘请了安全科学与工

㊀ 按《普通高等学校本科专业目录》（2012版），"安全工程"本科专业（专业代码：082901）属于工学学科的"安全科学与工程类"（专业代码：0829）下的专业。

㊁ 各高校安全工程本科每年的招生数量可以通过高等学校安全工程学科教学指导委员会主办的"全国高等院校安全工程学科教育数据和信息系统"查询（www.cosha.org.cn）。

程领域一批学术造诣深、实践经验丰富的教授、专家，组织成立了"安全工程专业教材编审委员会"（以下简称"编审委"），决定组织编写"高等教育安全工程系列'十一五'规划教材"㊀。并先后于2004年8月（衡阳）、2005年8月（葫芦岛）、2005年12月（北京）、2006年4月（福州）组织召开了一系列安全工程专业本科教材建设研讨会，就安全工程专业本科教育的课程体系、课程教学内容、教材建设等问题反复进行了研讨，在总结以往教学改革、教材编写经验的基础上，以推动安全工程专业教学改革和教材建设为宗旨，进行顶层设计，制订总体规划、出版进度和编写原则，计划分期分批出版30余门课程的教材，以尽快满足全国众多院校的教学需要，以后再根据专业方向的需要逐步增补。

由安全学原理、安全系统工程、安全人机工程学、安全管理学等课程构成的学科基础平台课程，已被安全科学与工程领域学者认可并达成共识。本套系列教材编写、出版的基本思路是，在学科基础平台上，构建支撑安全工程专业的工程学原理与由关键性的主体技术组成的专业技术平台课程体系，编写、出版系列教材来支撑这个体系。

本系列教材体系设计的原则是，重基本理论，重学科发展，理论联系实际，结合学生现状，体现人才培养要求。为保证教材的编写质量，本着"主编负责，主审把关"的原则，编审委组织专家分别对各门课程教材的编写大纲进行认真仔细的评审。教材初稿完成后又组织同行专家对书稿进行研讨，编者数易其稿，经反复推敲定稿后才最终进入出版流程。

作为一套全新的安全工程专业系列教材，其"新"主要体现在以下几点：

体系新。本套系列教材从"大安全"的专业要求出发，从整体上考虑、构建支撑安全工程学科专业技术平台的课程体系和各门课程的内容安排，按照教学改革方向要求的学时，统一协调与整合，形成一个完整的、各门课程之间有机联系的系列教材体系。

内容新。本套系列教材的突出特点是内容体系上的创新。它既注重知识的系统性、完整性，又特别注意各门学科基础平台课之间的关联，更注意后续的各门专业技术课与先修的学科基础平台课的衔接，充分考虑了安全工程学科知识体系的连贯性和各门课程教材间知识点的衔接、交叉和融合问题，努力消除相互关联课程中

㊀ 自2012年更名为"高等教育安全科学与工程类系列规划教材"。

内容重复的现象，突出安全工程学科的工程学原理与关键性的主体技术，有利于学生的知识和技能的发展，有利于教学改革。

知识新。本套系列教材的主编大多由长期从事安全工程专业本科教学的教授担任，他们一直处于教学和科研的第一线，学术造诣深厚，教学经验丰富。在编写教材时，他们十分重视理论联系实际，注重引入新理论、新知识、新技术、新方法、新材料、新装备、新法规等理论研究、工程技术实践成果和各校教学改革的阶段性成果，充实与更新了知识点，增加部分学科前沿方面的内容，充分体现了教材的先进性和前瞻性，以适应时代对安全工程高级专业技术人才的培育要求。本套教材中凡涉及安全生产的法律法规、技术标准、行业规范，全部采用最新颁布的版本。

安全是人类最重要和最基本的需求，是人民生命与健康的基本保障。一切生活、生产活动都源于生命的存在。如果人们失去了生命，生存也就无从谈起，生活也就失去了意义。全世界平均每天发生约68.5万起事故，造成约2 200人死亡的事实，使我们确认，安全不是别的什么，安全就是生命。安全生产是社会文明和进步的重要标志，是经济社会发展的综合反映，是落实以人为本的科学发展观的重要实践，是构建和谐社会的有力保障，是全面建设小康社会、统筹经济社会全面发展的重要内容，是实施可持续发展战略的组成部分，是各级政府履行市场监管和社会管理职能的基本任务，是企业生存、发展的基本要求。国内外实践证明，安全生产具有全局性、社会性、长期性、复杂性、科学性和规律性的特点，随着社会的不断进步，工业化进程的加快，安全生产工作的内涵发生了重大变化，它突破了时间和空间的限制，存在于人们日常生活和生产活动的全过程中，成为一个复杂多变的社会问题在安全领域的集中反映。安全问题不仅对生命个体非常重要，而且对社会稳定和经济发展产生重要影响。党的十六届五中全会首次提出“安全发展”的重要战略理念。安全发展是科学发展观理论体系的重要组成部分，安全发展与构建和谐社会有着密切的内在联系，以人为本，首先就是要以人的生命为本。“安全·生命·稳定·发展”是一个良性循环。安全科技工作者在促进、保证这一良性循环中起着重要作用。安全科技人才匮乏是我国安全生产形势严峻的重要原因之一。加快培养安全科技人才也是解开安全难题的钥匙之一。

高等院校安全工程专业是培养现代安全科学技术人才的基地。我深信，本套系列教材的出版，将对我国安全工程本科教育的发展和高级安全工程专业人才的培养起到十分积极的推进作用，同时，也为安全生产领域众多实际工作者提高专业理论水平提供了学习资料。当然，由于这是第一套基于专业技术平台课程体系的教材，尽管我们的编审者、出版者夙兴夜寐，尽心竭力，但由于安全学科具有在理论上的综合性与应用上的广泛性相交叉的特性，开办安全工程专业的高等院校所依托的行业类型又涉及军工、航空、化工、石油、矿业、土木、交通、能源、环境、经济等诸多领域，安全科学与工程的应用也涉及人类生产、生活和生存的各个方面，因此，本套系列教材依然会存在这样和那样的缺点、不足，难免挂一漏万，诚恳地希望得到有关专家、学者的关心与支持，希望选用本套教材的广大师生在使用过程中给我们多提意见和建议。谨祝本系列教材在编者、出版者、授课教师和学生的共同努力下，通过教学实践，获得进一步的完善和提高。

“嘤其鸣矣，求其友声”，高等院校安全工程专业正面临着前所未有的发展机遇，在此我们祝愿各个高校的安全工程专业越办越好，办出特色，为我国安全生产战线输送更多的优秀人才。让我们共同努力，为我国安全工程教育事业的发展作出贡献。

中国科学技术协会书记处书记[1]
中国职业安全健康协会副理事长
中国灾害防御协会副会长
亚洲安全工程学会主席
高等学校安全工程学科教学指导委员会副主任
安全工程专业教材编审委员会主任
北京理工大学教授、博士生导师

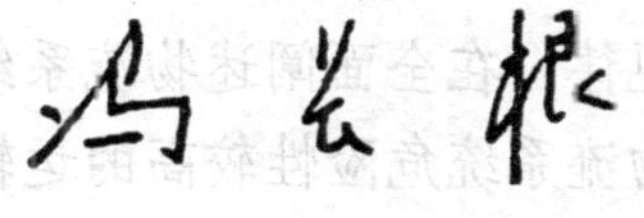

[1] 曾任中国科协副主席。

前　言

党和政府一直高度重视安全生产工作，强调“发展不能以牺牲人的生命为代价”，把安全生产纳入经济社会发展的总体布局，提出了“坚持节约发展、清洁发展、安全发展，实现可持续发展”的要求，为中国安全生产工作指明了方向。

物流业是融合运输业、仓储业、货代业和信息业等的新兴复合型服务产业，是国民经济的重要组成部分。随着2009年国务院颁布《物流业调整和振兴规划》，物流行业进入高速发展期。在物流业快速发展的同时，各类事故也在不断增加，严重阻碍了行业的进一步发展，也给人民生命财产造成了巨大损失。物流系统是涉及多环节、多功能和多要素的复杂系统，存在着大量风险因素。为保障和服务于物流业的全面、协调、快速发展，提高安全生产水平，构建和谐、绿色物流，必须依靠广大科学工作者，深入探索物流这个复杂的系统，研究其事故的规律，寻求积极有效的预防措施。

物流安全是安全工程类专业的核心课程，纵观国内关于物流安全相关的专著和教材，基本只局限于交通运输、仓储、装卸搬运等各自领域，没有关于物流安全方面的系统论述。本书在选材时，尽量遵循“全面系统、重点突出”的原则，以物流系统为研究对象，应用安全系统工程理论、现代管理理论和现代数学方法，分析物流系统事故发生、发展的规律，在全面阐述物流系统安全及其规律的基础上，突出重点，分析了物流系统危险性较高的运输、仓储、装卸搬运等物流主要环节安全技术和管理的对策。

本书的编写主要参照了国内外关于物流安全、安全系统工程、仓储和机械安全等方面的先进研究成果，同时补充了作者多年研究所形成的一些认识。

本书由福州大学沈斐敏教授主编并负责统稿。全书共八章，具体的编写分工为：第1、6章由沈斐敏编写，第2章由沈斐敏和陈伯辉共同编写，第3、7、8章由陈伯辉编写，第4章由陈明仙编写，第5章由沈斐敏和陈明仙共同编写。

在本书的编写过程中，安全工程专业教材编审委员会积极组织专家对本书的编写大纲和书稿进行审纲和审稿工作，与此同时得到了许多专家、同仁的关心与指点，在此向他们表示衷心的感谢。

本书在编写过程中，参考了大量的国内外文献资料，在此向这些文献资料的作者表示感谢。

由于作者水平所限和时间关系，本书在内容安排和各章节的衔接上还有考虑不周之处，疏漏和错误也在所难免，欢迎读者批评指正。

编　者

目 录

第 1 章

物流安全概述

安全是人类生存和发展的最基本需求，是人们生命与健康的基本保障；一切生活、生产活动都源于生命的存在，如果人们失去了生命，也就失去了一切，所以安全就是生命。在物流活动中，安全同样也贯穿始终。在物流活动的每一个环节，安全都是保证物流活动能够正常进行、发挥固有功能的重要因素。

1.1 物流安全的基本概念及特征

安全是人类永恒的话题，是人类生存和发展的最基本需要之一。凡是人类生活和生活的活动空间领域，都普遍存在着安全问题。人类生存、繁衍和发展离不开生产与安全。人类在社会活动和经济活动中，既有给人类提供物质财富，促进社会发展的一面，但也有给人类带来灾难的一面。在物流活动中，运输过程中可能发生交通事故，装卸搬运过程中可能产生物体打击事故，储存过程中可能发生火灾等。因此，安全科学和安全工作贯穿于物流活动的始终。

从安全的科学概念上看，“安全”通常是指免受人员伤害、疾病或死亡，引起设备、财产破坏或损失的状态。由安全的定义可以看出，它既涉及人，又涉及物，而且也涉及各种情况下的局部或整体损失。当人们给出约束条件时，该定义也可限定为“人的伤害或死亡”，或“设备、财产损失”。

在我国的物流发展过程中，物流安全也越来越受到重视，但系统化的物流安全理论和技术基本没有形成。大部分的物流安全都只停留在各个物流因素的各自领域内，没有形成物流安全的系统化理论。我国国家标准《物流术语》对物流（Logistics）的定义是：“物品从供应地向接收地的实体流动过程。根据实际需要，将运输、储存、装卸搬运、包装流通加工、配送、信息处理等基本功能实施有机结合。”根据现代物流发展情况和物流对安全的需求，可以认为，物流安全是为了保证物品从供应地向接收地的实体流动过程中的运输、储存、装卸搬运、包装流通加工、配送、信息处理等基本功能的顺利实现，使其免受人员伤害、疾病或死亡，引起设备、财产破坏或损失，确保最大的经济和安全效益。

物流安全有着普遍存在的基本特征。要把物流安全的工作做好，确保物流功能的正常发挥，必须深刻认识物流安全的基本特征，以实现最佳的经济效益和安全效益。物流安全主要有以下几个特征：

1. 物流安全的必要性和普遍性

安全是人类生存的必要前提。安全作为人的身心状态及其保障条件，是绝对必要的。而在物流过程中，人和物遭遇到人为的或天然的危害或损坏又是常见的，因此在物流系统中，不安全因素是客观存在的。这就要求了物流安全的普遍性，要求在物流活动中尽量使其趋向本质安全化，使人能控制和减少灾害，维护人与物、物与人、人与人、物与物相互间协调运转，保证物流功能的实现。

2. 物流安全的随机性

物流安全取决于物流活动中人、物和人与物的关系协调，如果失调就会出现危害或损坏。安全状态的存在和维持时间、地点及其动态平衡的方式都带有随机性。物流活动中，时空在不断变化，安全状态也在不断变化。因此，实现物流安全要尽量做到不安全的概率极小（即安全性极高）。但是，就当代人的素质和科技水平而言，只能尽力控制事故。

3. 物流安全的相对性

安全的标准是相对的。在物流活动中，影响安全的因素很多，以显式或隐式表征客观（宏观）安全。物流安全的内涵引申程度及标准取决于人们的生理和心理承受程度、科技发展的水平和政治经济状况、社会的伦理道德和安全法学观念、人民的物质和精神文明程度等现实条件。公众接受的相对安全与本质安全之间是有差距的，现实安全是有条件的，安全标准是随着社会的物质文明和精神文明程度提高而提高的。

4. 物流安全的局部稳定性

物流系统是一个复杂的、巨大的系统，无条件的追求绝对安全是不可能的。但有条件地实现人的局部安全和追求物的本质安全化则是可能的、必需的。只要利用系统工程原理调节、控制安全的三个要素，就能实现局部稳定的安全。

5. 物流安全的经济性

物流安全与经济效益密切相关。保障物流安全的必要经济投入，如维护劳动者的生产能力的基本条件，包括安全装置、安全技能培训、防护设施，改善安全与卫生条件、防护用品等方面的投入，是促进物流活动持续稳定进行、物流效益稳步增长的重要保证。物流安全保障所减少的危险伤害和损坏的本身就是减少了经济负效益，这就等于创造了经济效益。

6. 物流安全的复杂性

物流安全取决于人、物（机）和人与物（机）的关系，实际形成了人（主体）—机（对象）—环境（条件）运转系统。这是一个自然与社会结合的开放性系统。在物流安全活动中，由于人的主导作用和本质属性，包括人的思维、心理、生理等因素以及人与社会的关系，即人的生物性和社会性，使物流安全具有极大的复杂性。

7. 物流安全的社会性

物流安全与社会的安定、稳定直接相关。在物流活动中，无论是人为的灾害还是自然的灾害，如物流运输配送中的交通事故，仓储场所的火灾，包装过程中的有毒物质泄漏，装卸搬运中的物体打击事故等，都将给个人、家庭、企事业单位带来心灵和物质上的伤害，成为影响社会安定、稳定的重要因素。物流安全的社会性还在于物流安全影响到政府决策和政策制定等。

1.2 物流安全的指导思想

物流安全技术与管理是以安全科学和物流科学为基础的。物流安全的指导思想是将安全科学的原理和方法论用于物流活动中，确保物流活动的顺畅、各个基本物流功能的实现，以实现最大的社会效益和经济效益。

通过对物流系统的特征及其安全特性的分析，物流安全的指导思想主要有以下几方面。

1. 系统安全思想

物流是为实现特定目标而由多个不相同的结构、功能和要素有机组成的系统。物流系统的组成要素复杂、多元，要实现物流系统安全，就必须贯彻系统安全思想，将复杂的要素以系统的方式进行分析，才能实现物流系统的整体安全，实现最大的社会和经济效益。

2. 实践思想

实践观点是马克思主义哲学的理论基础，其哲学的根本之点在于：始终站在历史的基础上，不是从观念出发来解释实践，而是从物质出发解释观念的东西。随着生产方式的变更，人类从农牧业进入早期工业化社会——蒸汽机时代。由于事故与灾害类型的复杂多样和事故严重性的扩大，人类进入局部安全认识阶段，哲学上反映出：从事故与灾难的经历上来认识人类安全，有了与事故抗争的意识，学会了“亡羊补牢”的手段，是一种头痛医头、脚痛医脚的对策。如发生事故后原因不明不放过、当事人未受到教育不放过、措施不落实不放过、责任人未受到处罚不放过的“四不放过”原则；事故统计学的致因理论研究；事故整改对策的完善，管理中的事故赔偿与事故保险制度等事故对策。

3. 辩证唯物思想

辩证唯物法是马克思主义哲学的重要组成部分，是贯彻于全部哲学理论的灵魂，对安全科学也具有重要的指导作用。唯物辩证法的三个基本规律（对立统一规律、质量互变规律、否定之否定规律）和五对范畴（原因和结果、必然性和偶然性、可能性和实现性、内容和形式、现象和本质）对安全科学的研究进步与发展起到了重要的推动作用。例如，安全与事故就是对立统一的两个方面，安全是为了不发生事故，有了事故才需要安全；事故是有其必然性和偶然性的，只要掌握了事故的必然性和偶然性，就能够有效地防止事故的发生。

在物流安全中，将安全科学、物流科学及哲学的思想综合运用于物流系统，发掘物流安全的本质和普遍规律，以期产生最大的社会效益和经济效益。

1.3 物流安全的作用及意义

做好物流安全，对于生产企业和物流企业都有着不可替代的作用和重大意义。

1. 物流安全是企业生产的前提保证

物流安全能够保证物流功能的顺利实现，从而为企业创造经营的外部环境。保证了企业的正常输入和输出。物流安全保证物流功能活动的连续性和衔接性，使企业的生产得到支持。

2. 物流安全可以降低企业成本

物流安全保障所减少的危险伤害和损坏，减少了经济负效益，这就等于创造了经济效益。物流企业还可以采用安全经济原理和手段，如选择合适的安全保险、通过安全分析后选择最优的安全方案等，保证最大的企业经济利益。

3. 物流安全可以提高企业的生存能力

首先，物流安全保证了企业生产的顺利进行，保证物流活动的连续性和时间性，使企业在现代的竞争大潮中，能够取信于上下游企业，取信于消费者，对于企业的信用建设有着重要的意义。其次，物流安全可以使企业更加和谐。物流安全可以减少企业的人员伤害，使员工的利益得到保护，增加企业的凝聚力，营造和谐的氛围。

练 习 题

1. 什么是物流安全？
2. 物流安全有哪些基本特征？
3. 为什么说实现物流安全可以提高企业的生存能力？

第2章

物流基础

人类社会的经济活动主要是由生产、流通和消费组成的，其中流通是联系生产和消费的必要环节。流通的经济职能主要表现为解决生产者之间形成的三大间隔问题。这三大间隔分别为生产者和消费者的社会间隔、生产地点与消费地点的空间间隔、生产时间与消费时间的时间间隔。流通消除社会间隔的经济职能是实现商品所有权的转移，属交易流通（称为商流）；消除空间间隔和时间间隔的经济职能是实现商品物理性转移，属物资流通（称为物流）。

人类社会经济活动的产生与发展历史表明，物流是社会经济活动的基础。从古代人类有了剩余物资以后，就开始了以物易物的交换活动，以求丰富自己的物质生活。后来为了物资交换的方便，使用一种中间介质来代表所交换物品的价值，这种介质就是货币。货币最初使用石头、贝壳、羽毛等自然物品，以后随着物品交换、流通的规模与范围的不断扩大，为了使货币具有更准确的价值属性，又出现了金属币、纸币等形式，以至产生与发展了现代金融活动。但是在长期历史中，由于货币代表物质价值，成为财富的象征，有时人们反而忽视了货币、金钱的价值本质所在，这也可以说是产生通货膨胀、泡沫经济的社会原因之一。

物质是人类的第一需求，“国家富强”和“丰衣足食”的前提都是要有足够的物资来满足社会的需求。人类对物质不断增长的需求是推动社会发展的根本动力。从小生产时代到大批量生产时代，之后又进入个性化的小批量、多品种消费时代，直到电子商务时代，其增长过程就是人类对需求物质的数量、品种和方便快捷性要求不断提高的过程。

在很长的历史时期中，虽然社会经济水平不断发展，但物流活动没有得到必要的重视，始终被看做是生产和流通的一个组成部分，而不具有独立性质。直到20世纪50、60年代，由于社会产品空前丰富，流通成本快速上升，物流活动开始受到人们关注，成为社会经济中的热点，物流系统也在现代物流科学诞生后结束了长期处于潜隐状态的历史。人们开始认识到物流是社会经济活动的基础，是当代经济的主要组成部分之一。

2.1 物流基本概念

“物流”一词起源于第二次世界大战期间美国的军事应用（Physical Distribution，PD），直译为“物资分配”。其含义是销售之中的物质资料和服务，从生产地到消费地点流动过程中伴随的种种活动，后来日本人将其改称为“物流”。

20 世纪 80 年代以后，“Logistics”一词逐渐替代了 Physical Distribution，理由是 Physical Distribution 的领域较狭窄，Logistics 的概念较宽广、连贯、整体。我国使用“物流”一词始于 1979 年（有人认为，孙中山主张“贸畅其流”，可以说是我国“物流思想的起源”）。1979 年 6 月，我国物资工作者代表团赴日本参加第三届国际物流会议，回国后在考察报告中第一次引用“物流”这一术语。1988 年我国台湾也开始使用“物流”这一概念。1989 年 4 月第八届国际物流会议在北京召开，“物流”一词的使用日益普遍。

现今世界各国对物流的定义有多种表述，虽然表述文字不一，但内涵丰富，有很好的参考价值。

美国物流管理协会对物流的定义是：“物流是对货物、服务及相关信息从起源地到消费地进行有效率、有效益的流通和储存，以满足顾客要求的过程，并对这个过程进行计划、执行和控制。这个过程包括输入、输出、内部和外部的移动以及以环境保护为目的的物料回收。”

欧洲物流协会的定义是：“物流是在一个系统内对人员和商品的运输、安排及与此相关的支持活动进行计划、执行和控制，以达到特定的目的。”

我国国家标准《物流术语》对物流（logistics）的定义是：“物品从供应地向接收地的实体流动过程。根据实际需要，将运输、储存、装卸搬运、包装流通加工、配送、信息处理等基本功能实施有机结合。”

2.2 物流与生产

2.2.1 生产系统的组成

任何生产系统都是为了社会对某种产品的需求而形成的。也就是说，向社会提供一定的产品是生产系统存在的目的。而生产系统为了制造产品，必须占据一定的生产空间，拥有一定数量的加工设备，这样才能有条件按照工序逐步将原材料加工成半成品直至成品。

产品的制造过程也就是加工过程，每经一道工序，被加工对象物的形状、尺寸或性质将发生一次变化。以机械制造厂为例，为了生产某种机械设备，要购进各种原材料，如钢板、圆钢等，经过锻压、切削加工、热处理等工序，将钢材加工成各种零件，经过装配工序组装成机器，作为成品出厂。完成这些工序的设备有锻压机、金属切削机床、热处理加热炉等，这些设备都是为了改变对象物的尺寸、形状或性质的，统称为加工设备。加工活动的直接目的就是制造产品，所以它是生产系统中最主要的环节。

加工设备或加工单元（如车间）的位置一般是固定的，在工厂所占有的生产空间内呈孤岛状分布。为了保证加工活动的连续进行，被加工的物料必须依赖于运输车辆、起重机械、搬运机械或人力才能运送到各个加工孤岛，加工以后的半成品也必须用同样方式送到下一个加工点。物料在加工点的运动就是物流活动。和流通领域中的物流活动一样，在物流系统中，"物"不改变本身的形状、尺寸和性质，只有时间或空间位置的状态变化。

由上述可知，加工活动和物流活动是生产系统的两个支柱，如图2-1所示。通过物流活动把原材料运进生产系统，并使其依次在加工点之间流动，逐步形成半成品、成品直至出厂。没有加工，生产系统就失去存在的意义；没有物流，生产系统将会停顿，也就失去继续存在的必要条件。

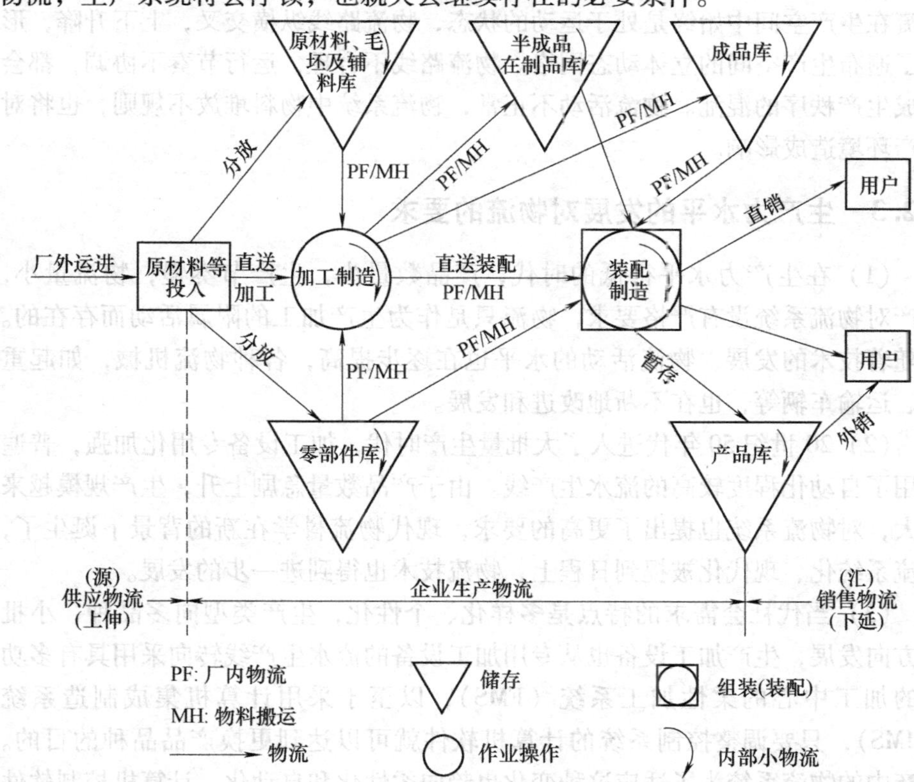

图2-1　生产系统的组成

2.2.2 物流对生产系统的影响

（1）物流为生产的连续性提供了保障。如前所述，原材料的供应、半成品在加工点之间的流转、成品的运出，只有依赖物流系统才能不间断地进行，使生产活动得以继续下去。

（2）生产系统为了自身的存在，除了产品要适应社会的需要之外，还应考虑从社会得到必要的回报，以作为生产过程所消耗费用的补偿，其盈余部分就是企业的利润。从社会得到补偿和利润是企业再生产和发展的必要条件。由于产品价格受到市场竞争机制的限制，从企业内部挖掘潜力降低成本是企业面临的最重要的课题之一。物流费用在生产成本中往往占有很大比重，而物流合理化对许多企业来说还是未曾开发的研究领域。因此，通过物流系统的改善能带来难以预料的效益，物流也就被人们称为“企业的第三利润源泉”、“企业脚下的金矿”。这就表明，生产系统必须向物流要效益才能改善自身的发展条件。

（3）物流状况对生产环境和生产秩序具有决定性的影响。在生产空间中，加工点处于固定位置，只要加工设备能正常运转，就不会对系统产生干扰，而物流在生产空间中始终是处于运动的状态，物流路线纵横交叉，上下升降，形成了遍布生产空间的立体动态网络。物流路线不合理，运行节奏不协调，都会造成生产秩序的混乱。物流活动不正常，物流系统中物料堆放不规则，也将对生产环境造成影响。

2.2.3 生产力水平的发展对物流的要求

（1）在生产力水平很低的时代，产品数量少，生产节奏慢，物流量小，生产对物流系统没有严格要求，物流只是作为生产加工的附属活动而存在的。但随着技术的发展，物流活动的水平也在逐步提高，各种物流机械，如起重机、运输车辆等，也在不断地改进和发展。

（2）20 世纪 50 年代进入了大批量生产时代，加工设备专用化加强，普遍采用了自动化程度较高的流水生产线。由于产品数量急剧上升，生产规模越来越大，对物流系统也提出了更高的要求，现代物流科学在新的背景下诞生了，物流系统化、现代化被提到日程上，物流技术也得到进一步的发展。

（3）当代社会需求的特点是多样化、个性化，生产类型向多品种、小批量方向发展，生产加工设备也从专用加工设备的流水生产线转向采用具有多功能的加工中心的柔性加工系统（FMS），以至于采用计算机集成制造系统（CIMS），只要调整控制系统的计算机软件就可以达到更换产品品种的目的。生产中的物流系统为了适应这种变化也趋向柔性化和自动化，计算机控制软件的研究开发成了物流技术发展的新标志。

2.3 物流分类

按照物流系统的作用、属性及作用的空间范围，可以从不同的角度对物流进行分类。

2.3.1 按照作用分类

按照物流系统的作用可以分为供应物流、销售物流、生产物流、回收物流和废弃物流。

1. 供应物流

生产企业、流通企业或消费者购入原材料、零部件或商品的物流过程称为供应物流，也就是物资生产者、持有者到需求者、使用者之间的物流。对于工厂而言，是指生产活动所需要的原材料、备品备件等物资的采购、供应活动所产生的物流；对于流通领域而言，是指交易活动中，从买方立场出发的交易行为中所发生的物流。

企业的流动资金大部分是被购入的物资材料及半成品等所占用的。供应物流的严格管理及合理化对于企业的成本有重要影响。

2. 销售物流

生产企业、流通企业售出产品或商品的物流过程称为销售物流，是指物资的生产者或持有者到用户或消费者之间的物流。对于工厂是指售出产品，而对于流通领域是指交易活动中从卖方角度出发的交易行为中的物流。

通过销售物流，企业得以回收资金，并进行再生产活动。销售物流的效果关系到企业的存在价值是否被社会承认。销售物流的成本在产品及商品的最终价格中占有一定的比例。因此，在市场经济中为了增强企业的竞争力，销售物流的合理化可以收到立竿见影的效果。

3. 生产物流

从工厂的原材料购进入库起，直到工厂成品库的成品发送为止，这一全过程的物流活动称为生产物流。生产物流是制造产品的工厂企业所特有的，它和生产流程同步。原材料、半成品等按照工艺流程在各个加工点之间不停顿地移动、流转，形成了生产物流。如果生产物流中断，生产过程也将随之停顿。

生产物流合理化对工厂的生产秩序、生产成本有很大影响。生产物流均衡稳定，可以保证在制品的顺畅流转，缩短生产周期。在制品库存的压缩，设备负荷均衡化，也都和生产物流的管理和控制有关。

4. 回收物流

在生产及流通活动中有一些资材是要回收并加以利用的，如作为包装容器的纸箱、塑料筐、酒瓶等，建筑行业的脚手架也属于这一类物资。还有可用杂物的回收分类和再加工。例如，旧报纸、书籍通过回收、分类可以再制成纸浆加以利用。特别是金属的废弃物，由于金属具有良好的再生性，可以回收并重新熔炼成有用的原材料。目前我国冶金生产每年有3000万t废钢铁作为炼钢原料使用，也就是说我国钢产量中有30%以上是由回收的废钢铁重新熔炼而成的。

回收物资品种繁多，流通渠道也不规则，且多有变化，因此，管理和控制的难度大。

5. 废弃物流

生产和流通系统中所产生的无用的废弃物，如开采矿山时产生的土石、炼钢生产中的钢渣、工业废水，以及其他一些无机垃圾等，但如果不妥善处理，不但没有再利用价值，还会造成环境污染，就地堆放会占用生产用地以至妨碍生产。对这类物资的处理过程产生了废弃物流。废弃物流没有经济效益，但是具有不可忽视的社会效益。为了减少资金消耗，提高效率，更好地保障生活和生产的正常秩序，对废弃物资综合利用的研究很有必要。

2.3.2 按物流活动的空间范围分类

按物流活动的空间范围可以分为地区物流、国内物流和国际物流。

1. 地区物流

所谓地区物流，有不同的划分原则。首先，按行政区域划分，如西南地区、河北地区等；其次是按经济圈划分，如苏（州）（无）锡常（州）经济区、黑龙江边境贸易区；还有按地理位置划分的地区，如长江三角洲地区、环渤海地区等。

地区物流系统对于提高该地区企业物流活动的效率，以及保障当地居民的生活福利环境，具有不可缺少的作用。研究地区物流应根据地区的特点，从本地区的利益出发组织好物流活动。如某城市建设一个大型物流中心，显然这对于当地物流效率的提高、降低物流成本、稳定物价有很大作用。但是也会引起由于供应点集中、货车来往频繁、产生废气噪声、交通事故等消极问题。因此，物流中心的建设不单是物流问题，还要从城市建设规划、地区开发计划出发，统一考虑，妥善安排。

2. 国内物流

国家或相当于国家的实体，是拥有自己的领土和领空的政治经济实体。它所制定的各项计划、法令政策都应该是为其自身的整体利益服务的。物流作为国民经济的一个重要方面，也应该纳入国家总体规划的内容。我国的物流事业是社会主义现代化事业的重要组成部分，全国物流系统的发展必须从全局着眼，对于部门分割、地区分割所造成的物流障碍应该清除。物流系统的建设投资方面也要从全局考虑，使一些大型物流项目能尽早建成，为社会主义经济服务。

国家整体物流系统化的推进，必须发挥政府的行政作用，具体说有以下几方面：

(1) 物流基础设施的建设，如公路、高速公路、港口、机场、铁路的建设，以及大型物流基地的配置等。

(2) 制定各种交通政策法规，如铁路运输、卡车运输、海运、空运的价格规定以及税收标准等。

(3) 与物流活动有关的各种设施、装置、机械的标准化，这是提高全国物流系统运行效率的必经之路。

(4) 物流新技术的开发、引进和物流技术专门人才的培养。

3. 国际物流

当前网络时代世界发展的主流是经济全球化，国家与国家之间的经济交流越来越强化。任何国家不投身于国际经济大协作的交流之中，本国的经济技术就得不到良好的发展。工业生产也走向社会化和国际化，跨国公司在世界经济中的影响越来越大，一个企业的经济活动范畴可以遍布各大洲。国家之间、洲际之间的原材料与产品的流通越来越发达。

因此，国际物流的研究已成为物流研究的一个重要分支。

2.3.3 按照物流系统性质分类

按照物流系统性质可以分为社会物流、行业物流和企业物流。

1. 社会物流

社会物流一般指流通领域所发生的物流，是全社会物流的整体，所以有人称之为大物流或宏观物流。社会物流的一个标志是：它是伴随商业活动（贸易）发生的，也就是说物流过程与所有权的更迭是相关的。

就物流科学的整体而言，可以认为主要研究对象是社会物流。社会物资流通网络是国民经济的命脉，流通网络分布的合理性、渠道是否畅通至关重要。必须进行科学管理和有效控制，采用先进的技术手段，保证高效率、低成本运行，这样做可以带来巨大的经济效益和社会效益。物流科学对宏观国民经济的重大影响是物流科学受到高度重视的主要原因。

2. 行业物流

同一行业中的企业是市场上的竞争对手，但是在物流领域中常常互相协作，共同促进行业物流系统的合理化。

例如，日本的建设机械行业提出行业物流系统化的具体内容有：各种运输手段的有效利用；建设共同的零部件仓库，实行共同集配送；建立新旧设备及零部件的共同流通中心；建立技术中心，共同培训操作人员和维修人员；统一建设机械的规格等。

又如在大量消费品方面统一传票、统一商品规格、统一法规政策、统一托盘规格，以及陈列柜和包装模数化等。

行业物流系统化的结果使参与的各个企业都得到相应的利益。各个行业的协会或学会应该把行业物流作为重要的研究课题之一。

3. 企业物流

企业是为社会提供产品或某些服务的一个经济实体。一个工厂，要购进原材料，经过若干道工序的加工，形成产品销售出去。一个运输公司要按客户要求将货物输送到指定地点。在企业经营范围内由生产或服务活动所形成的物流系统称为企业物流。

综上所述。对物流系统的分类是为了便于研究分析其活动规律，可以从不同角度进行分类，图 2-2 表明了分类状况。

图 2-2　物流分类图

2.4 物流功能

2.4.1 运输配送功能

运输是物流的核心业务之一，也是物流系统的一个重要功能。选择何种运输手段对于物流效率具有十分重要的意义，在决定运输手段时，必须权衡运输系统要求的运输服务和运输成本，可以从运输机具的服务特性作判断的基准：运费、运输时间、频度、运输能力、货物的安全性、时间的准确性、适用性、伸缩性、网络性和信息等。

配送功能的设置，可采取物流中心集中库存、共同配货的形式，使用户或服务对象实现零库存，依靠物流中心的准时配送，而无需保持自己的库存或只需保持少量的保险储备，降低物流成本。配送是现代物流的一个最重要的特征。

2.4.2　仓储功能

在物流系统中，仓储和运输是同样重要的构成因素。仓储功能包括了对进入物流系统的货物进行堆存、管理、保管、保养、维护等一系列活动。仓储的作用主要表现在两个方面：一是完好地保证货物的使用价值和价值，二是为将货物配送给用户，在物流中心进行必要的加工活动而进行的保存。随着经济的发展，物流由少品种、大批量物流进入到多品种、小批量或多批次、小批量物流时代，仓储功能从重视保管效率逐渐变为重视如何才能顺利地进行发货和配送作业。流通仓库作为物流仓储功能的服务据点，在流通作业中发挥着重要的作用，它将不再以储存保管为其主要目的。流通仓库包括拣选、配货、检验、分类等作业，并具有多品种、小批量，多批次、小批量等收货配送功能，以及附加标签、重新包装等流通加工功能。根据使用目的，仓库的形式可分为：

1）配送中心（流通中心）型仓库：具有发货、配送和流通加工的功能。

2）存储中心型仓库：以存储为主的仓库。

3）物流中心型仓库：具有存储、发货、配送、流通加工功能的仓库。

物流系统现代化仓储功能的设置，以生产支持仓库的形式，为有关企业提供稳定的零部件和材料供给，将企业独自承担的安全储备逐步转为社会承担的公共储备，减少企业经营的风险，降低物流成本，促使企业逐步形成零库存的生产物资管理模式。

2.4.3　包装功能

为使物流过程中的货物完好地运送到用户手中，并满足用户和服务对象的要求，需要对大多数商品进行不同方式、不同程度的包装。包装分工业包装和商品包装两种。工业包装的作用是按单位分开产品，便于运输，并保护在途货物。商品包装的目的是便于最后的销售。因此，包装的功能体现在保护商品、单位化、便利化和商品广告等几个方面。前三项属物流功能，最后一项属营销功能。

2.4.4 装卸搬运功能

装卸搬运是随运输和保管而产生的必要物流活动，是对运输、保管、包装、流通加工等物流活动进行衔接的中间环节，以及在保管等活动中为进行检验、维护、保养所进行的装卸活动，如货物的装上卸下、移送、拣选、分类等。装卸作业的代表形式是集装箱化和托盘化，使用的装卸机械设备有起重机、叉车、传送带和各种台车等。在物流活动的全过程中，装卸搬运活动是频繁发生的，因而是产品损坏的重要原因之一。对装卸搬运的管理，主要是对装卸搬运方式、装卸搬运机械设备的选择和合理配置与使用，以及装卸搬运合理化，尽可能减少装卸搬运次数，以节约物流费用，获得较好的经济效益。

2.4.5 流通加工功能

流通加工功能是在物品从生产领域向消费领域流动的过程中，为了促进产品销售、维护产品质量和实现物流效率化，对物品进行加工处理，使物品发生物理或化学性变化的功能。这种在流通过程中对商品进一步的辅助性加工，可以弥补企业、物资部门、商业部门生产过程中加工程度的不足，更有效地满足用户的需求，更好地衔接生产和需求环节，使流通过程更加合理化，是物流活动中的一项重要增值服务，也是现代物流发展的一个重要趋势。

流通加工的内容有装袋、定量化小包装、拴牌、贴标签、配货、挑选、混装、刷标记等。流通加工功能的主要作用表现在：进行初级加工，方便用户；提高原材料利用率；提高加工效率及设备利用率；充分发挥各种运输手段的最高效率；改变品质，提高收益。

2.4.6 信息服务功能

现代物流是需要依靠信息技术来保证物流体系正常运作的。物流系统的信息服务功能，包括进行与上述各项功能有关的计划、预测、动态（运量、收、发、存数）的情报及有关的费用情报、生产情报、市场情报活动。财物流情报活动的管理，要求建立情报系统和情报渠道，正确选定情报科目和情报的收集、汇总、统计、使用方式，以保证其可靠性和及时性。

从信息的载体及服务对象来看，该功能还可分成物流信息服务功能和商流信息服务功能。商流信息主要包括进行交易的有关信息，如货源信息，物价信息、市场信息、资金信息、合同信息、付款结算信息等。商流中交易、合同等信息，不但提供了交易的结果，也提供了物流的依据，是两种信息流主要的交汇处；物流信息主要是物流数量、物流地区、物流费用等信息。物流信息中库存量信息，不但是物流的结果，也是商流的依据。物流系统的信息服务功能必须建立在计算机网络技术和国际通用的EDI信息技术基础之上，才能高效地实现物流活动一系列环节的准确对接，真正创造“场所效用”及“时间效用”。可以说，信息服务是物流活动的中枢神经，该功能在物流系统中处于不可或缺的重要地位。信息服务功能的主要作用表现为：缩短从接受订货到发货的时间；库存适量化；提高搬运作业效率；提高运输效率；使接受订货和发出货物更为省力；提高订单处理的精度；防止发货、配送出现差错；调整需求和供给；提供信息咨询等。

2.5 物流系统

在现代物流发展过程中，系统思想和系统方法为实现物流活动的系统化和整体最优化提供了理论基础，20世纪80年代，Logistics的物流概念的确立反映了物流发展从物流基本功能各自分离、相互割裂进入有机结合、一体化管理的阶段。

现代物流是伴随着社会再生产过程的循环性系统，是在一定的时间和空间里，由所需位移的物资、基本功能、设施设备、人员等若干相互制约的动态要素构成的具有特定功能的有机整体，创造“时间价值”和“空间价值”，实现企业效益和社会效益。作为系统的输入是物流各个环境所消耗的资源和信息，经过处理转化变成系统的输出，整体优化的目的就是低物流成本、高物流服务水平。美国的科特勒指出：“物流目的必须引进投入与产出的系统效率概念，才能得出较好的定义。”

2.5.1 物流系统特征

物流系统的总目标是实现物资时空的转移，但又是一个多目标函数系统。希望物流数量最大、物流时间最省、物流服务最好、物流成本最低等相互矛盾的问题在物流系统中广泛存在，物流系统在这些矛盾中运行。物流系统中，任何物流活动都由储存保管、运输配送、装卸搬运、包装、流通加工、信息服务六个基本活动（基本要素）构成，它们承担不同的任务与使命，基本功能明确，导致要素之间的冲突，容易带来物流局部最优、整体次优的问题，与现代物流的内涵相矛盾。物流系统存在着它自己的特征，主要体现在以下几个方面。

1. 整体性特征

物流系统中任何一个要素的变化都可能引起其他要素的变化进而影响到整个系统的状态，它们之间蕴含着内在的整体性。如果某一要素的变化与其他要素没有相互协调、相互关联，将无法实现物流系统的整体性。物流系统的整体性表现为：①准确地按期将商品送交顾客；②尽可能减少对顾客商品供给的断档等，最大限度地创造“时间价值”和“场所价值”。物流系统的“时间价值”和“场所价值”是物流系统的“特质”，是物流系统各要素（储存保管、运输配送、装卸搬运、包装、流通加工、信息服务）按照特定方式相互联系形成一个整体，产生出它的组分累加性总和所没有的系统质和整体质。

2. 关联性特征

物流系统内部各要素不是相互独立的，而是相互联系、相互制约、此消彼长的，广泛地存在着关联性。例如，为了降低库存成本，企业可以采取减少每次收货数量、增加收货次数、缩短库存周期等策略，这既可以保证企业销售需要的商品不脱销，又降低企业的库存水平，从而降低保管成本。与此同时，它要求运输配送采取“小批量、多批次、短周期”的即时送货策略，使运输配送活动无法实现规模经济，导致运输配送成本的提高。反之，运输配送活动如果更多采用整车发运或铁路运输来降低运费，则导致收货人一次收货的数量上升，存货周期延长，从而企业储存保管活动的成本上升。由此可以看出物流系统各要素间密切的关联性特征。

3. 目的性特征

物流系统关联性特征分析表明，各项物流活动之间存在着成本冲突。因此，物流管理是以成本为核心，按照低总成本的要求，使整个物流活动系统化。也就是要整合物流活动各要素之间的矛盾，把它们有机地联系起来，使之成为一个整体，实现总成本最小化和整体效益最大化，这也是物流活动最基本的努力方向或目的。对于组织恰当的物流系统，它将自己积极主动地实现成本最佳组合，即具有趋目的性特征。

4. 环境适应性特征

物流活动是物资从供给者到需求者的物理性运动，通过创造时间价值和空间价值（有时也创造形态价值）的活动，达到某种军事、经济和社会要求，是一个同外界物质和信息有着密切联系的高度开放的系统。它是一个非线性系统。因此，根据耗散结构理论和协同学理论，物流系统会不断形成新的秩序，具有很明显的环境适应性特征。

2.5.2 现代物流系统

应以系统观点来研究物流活动，把物流看成一个整体，把物流看成是为实现特定目标而由多个不相同的结构、功能和要素有机组成的系统，分析物流系统各要素之间的关系。

1. 现代物流系统的组成要素

（1）一般要素。一般要素由人、财、物、信息和任务目标等构成，是外部环境对物流系统的“输入”，在物流系统本身拥有的各种手段和特定功能作用下形成物流系统的“输出”。

(2) 功能要素。功能要素由运输配送、储存保管、装卸搬运、包装、流通加工、信息活动等构成，是物流创造“空间价值”和“时间价值”的主要功能。

(3) 支撑要素。支撑要素由体制制度、法律法规、行政命令、标准化等构成，是确定物流系统社会地位不可缺少的要素。

(4) 物资基础要素。物资基础要素由物流设施、装备、工具、信息技术及见网络、组织及管理等构成，是物流系统运行的决定要素。

其中，功能要素构成总体的、系统的物流能力，是物流系统能力的基本要素。功能要素的全部或者一部分通过一定的方式形成不同形式、不同能力、不同服务水平、服务于不同要求的物流系统，要素之间的有机结合和内在联系决定了物流系统水平的高低。

物流系统要素的多元化表明，无论是实体或是思想，还是过程或活动，都可以看成物流系统或物流系统要素。物流系统的要素在时间和空间的排列组合构成了物流系统的结构，现代物流系统的构成办法有许多种：物流系统既是由设施设备子系统、信息网络子系统、经营管理子系统以及政策法规子系统等构成的运营管理系统，又是由运输配送、仓储保管、装卸搬运、包装、流道加工和信息服务等构成的物流要素系统，也是由公路、铁路、水路、航空等交通线路和站场、码头、空港、物流中心等节点构成的空间网络系统。不同的构成办法形成不同类型的物流系统，但是分析研究物流系统的方法通常有两种：①系统外部构造研究，侧重于研究某项输入而得出某项输出的关系；②系统内部构造研究，侧重于研究系统内部要素、结构、功能和过程。

现代物流系统是多种功能要素的集合，呈现多层次的结构，体现固有的系统特征，用数学模型表达物流系统定义是对现代物流展开系统分析的重要基础。许多学者认为，现代物流的系统分析是对物流系统的功能要素进行量化，集中分析系统各个部分的相互作用、权衡取舍，使每个职能部门都发挥各自特定的作用，创造一个完整的或者综合的物流功能，共同实现整体最优。因此，在系统分析中，应以物流系统的基本活动为要素，给出物流系统的数学模型，通过对物流系统的特征要素及其变化规律的抽象表述，反映系统的本质属性和系统各要素的相互关系，恰当描述物流系统的定义，阐明物流系统的特征，把握物流系统行为的内在规律性，更好地运用系统思想和方法辨识物流活动的规律和特征，服务于物流理论研究和物流实践活动的开展。

2. 现代物流系统的功能

物流系统的输入、处理（转化）、输出、限制（制约）、反馈等功能，根据物流系统的性质，具体内容有所不同，一般如图2-3所示，简述如下：

(1) 输入。也就是通过提供资源、能源、设备、劳力等手段对某一系统发生作用，统称为外部环境对物流系统的输入，包括原材料、设备、劳力、能源等。

(2) 处理（转化）。它是指物流本身的转化过程。从输入到输出之间所进行的生产、供应、销售、服务等活动中的物流业务活动称为物流系统的处理或转化。具体内容有：物流设施设备的建设；物流业务活动，如运输、仓储、装卸搬运、包装、流通加工；信息处理及管理工作等。

(3) 输出。物流系统与其本身所具有的各种手段和功能，对环境的输入进行各种处理后所提供的物流服务称为系统的输出。具体内容有：产品位置与场所的转移；各种劳务，如合同的履行及其他服务等。

(4) 限制（制约）。外部环境对物流系统施加一定的约束称为外部环境对物流系统的限制和干扰。具体有：资源条件，能源限制，资金与生产能力的限制；价格影响，需求变化；仓库容量；装卸与运输的能力；政策的变化等。

(5) 反馈。物流系统在把输入转化为输出的过程中，由于受系统各种因素的限制，不能按原计划实现，需要把输出结果返回给输入，进行调整，即使按原计划实现，也要把信息返回，以对工作作出评价，这称为信息反馈。信息反馈的活动包括各种物流活动分析报告、各种统计报告数据、典型调查、国内外市场信息与有关动态等。

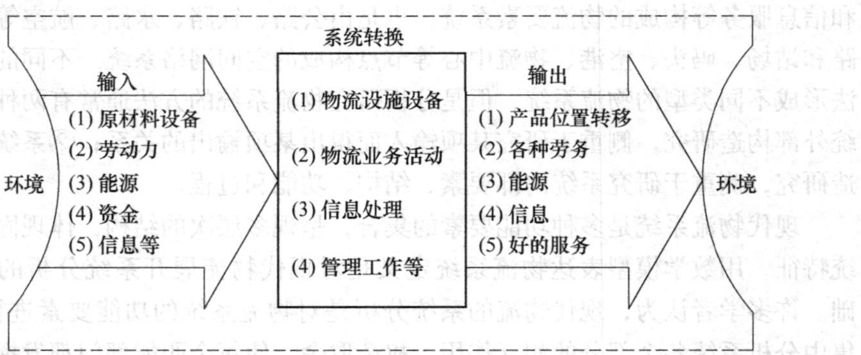

图2-3 物流系统模式

练习题

1. 我国国家标准对物流的定义是什么？
2. 物流对生产系统的影响有哪些？
3. 按照作用分，物流可分为哪几种？
4. 简要介绍物流的功能要素系统。
5. 系统工程与传统工程之间的关系。
6. 现代物流系统模式。

第 3 章

物流系统安全

3.1 物流系统安全概述

物流安全是以安全科学和物流科学为基础的学科。为物流提供安全保障的物流安全系统是物流系统的子系统。物流安全系统以现代物流的六个基本功能要素为主线，贯穿于物流活动的始终。

物流安全系统的输入输出模式如图 3-1 所示。

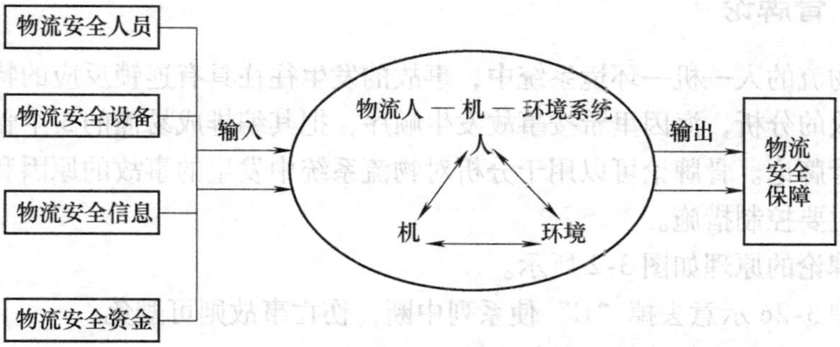

图 3-1 物流安全系统的输入输出模式

物流安全系统的主要作用是预防物流安全事故的发生，为物流活动提供安全保障。在物流安全系统中，输入安全投入并作用于物流系统，通过一系列的物流安全活动，使物流活动中的人—机—环境系统达到和谐，输出物流安全有保障，以保证物流系统的正常运作。

物流系统安全就是要运用安全系统工程的原理与方法对物流系统或物流过程中存在的各种危险进行识别、分析评价及预测，并根据其结果，采取综合安全措施予以控制或消除系统中存在的危险因素，使物流事故发生的可能性降低到最低程度，达到最佳的安全状态，保障物流系统的健康、稳定运行。

物流系统安全组成的要素主要有以下几个方面：

（1）运输配送安全。
（2）储存保管安全。
（3）装卸搬运安全。
（4）包装安全。
（5）流通加工安全。
（6）物流信息安全。

3.2 物流系统事故模式

物流系统是一个由多个人、机、环境等要素构成的复杂系统。但物流系统事故的模式同样遵守安全系统工程中的事故模式。

事故的模式是指用于阐明事故的成因、始末过程和后果的模型。事故模式对于人们认识事故的本质，指导事故调查、事故分析、事故预防及事故责任者的处理有着重要的作用，所以必须加以研究。

目前国内外提出的事故模型有很多种，各种模型都有着各自的特点。对于我国来说，在生产实践、教学与科研中影响较大的模型主要有 13 种，下面就对物流系统较为适用的、常用的模型作简单的介绍。

3.2.1 骨牌论

在物流的人—机—环境系统中，事故的发生往往具有连锁反应的特征。通过对事故的分析，海因里希按事故发生顺序，把其编排成易懂的 5 个骨牌，即所谓的骨牌论。骨牌论可以用于分析对物流系统中发生的事故的原因和确定应采取的主要控制措施。

骨牌论的原理如图 3-2 所示。

图中 3-2c 示意去掉“C”使系列中断，伤亡事故则可避免。

图 3-2 中各个骨牌的含义如下：

A：社会环境和管理欠缺，如遗传及生活环境差、家庭生活不幸福、人际关系不好、无事业心、经济困难、工作担子太重、领导不重视安全、教育培训不够、领导无方、作业方法未标准化、工作纪律差等。

B：个人的欠缺（人为过失），即个人的身体及精神状态欠佳，如个性粗暴无情、轻浮、幼稚、傲慢、自暴自弃、过分兴奋、误解、烦闷、担心、不满、喝酒成风、睡眠不足、过度疲劳、身体状况不好、无视安全规章、知识与技术缺乏等。

C：人的不安全行为和物的不安全状态。不安全行为是指造成事故的人为错误，常表现为冒险作业，高速操作，未经许可就进行操作，错误地运行设

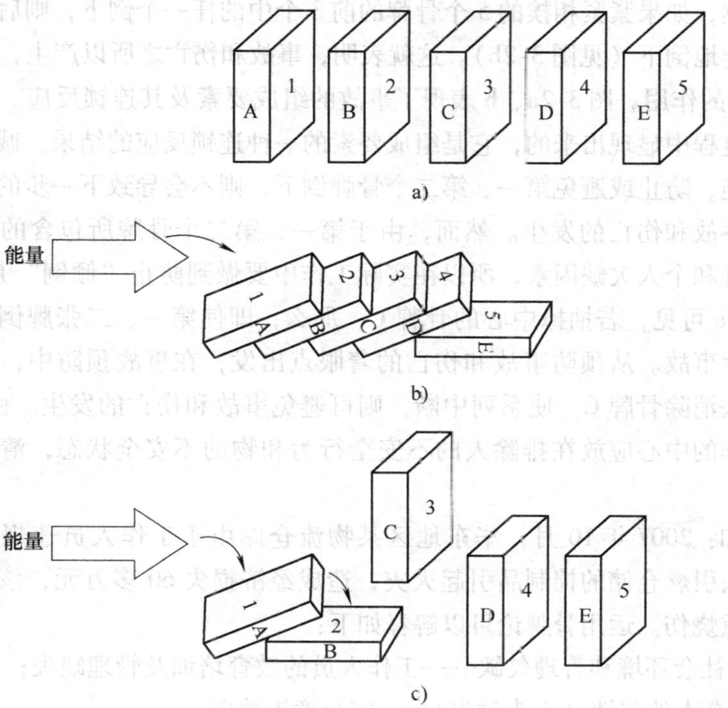

图 3-2 骨牌论模型示意图

a）伤亡事故五因素 b）伤亡事故的发生过程 c）伤亡事故预防原理

备，人为地使安全装置失效，向同事发出错误的警告或进行错误的防护，不适当地使用个人防护设备，不正确地装载、放置设备或物体，作业姿势不良，作业位置不当，不正确地进行运输、提升，对运转中的设备进行检修，投掷工具，赤脚作业，开玩笑等方面。不安全状态是指能导致事故发生的物质条件，常表现为没有充分地支撑或防护，使用不良的工具、设备或物资，工作场所过分狭小或条件恶劣，没有良好的预警系统，存在火灾和爆炸危险，工作面顶板破碎，地质水文条件复杂，存在着危险的大气条件（气体、粉尘、烟雾、水蒸气），噪声过大，照明不好，通风不良，工艺过程不合理，作业方法不当，整理整顿差等方面。

D：事故。发生了与人的意志相违背的事情，是指前 3 种因素经连锁反应，使潜在的危险暴露出来，暂时或永久地迫使生产停止。

E：人身伤亡。由于事故发生而导致的人体伤害。图 3-2a 表明：若按因果顺序，伤亡事故为 5 个因素：A 的发生促使 B 的发生，而 B 的发生又造成 C 的发生。C 的出现促成了 D 的发生，由于 D 的发生，产生了 E 的结果。

显然，如果紧紧相挨的5个骨牌的前3个中的任一个倒下，则后边的骨牌就会接连地倒下（见图3-2b）。这就表明，事故和伤亡之所以产生，是由于前3个因素的作用。图3-2a、b表现了事故的组成要素及其连锁反应。事故是在行动的过程中显现出来的，它是组成要素的一种连锁反应的结果。诚然，若能采取措施，防止或避免第一、第二个骨牌倒下，则不会导致下一步的倾倒，就可避免事故和伤亡的发生。然而，由于第一、第二个骨牌所包含的是社会环境、管理和个人欠缺因素，所以在实际工作中要做到防止“倾倒”是件难事。从图3-2c可见，若抽掉中心的骨牌C，那么，即使第一、二张牌倒下，也不致于发生事故。从预防事故和伤亡的着眼点出发，在事故预防中，应集中精力，设法消除骨牌C，使系列中断，则可避免事故和伤亡的发生。由此可见，安全工作的中心应放在排除人的不安全行为和物的不安全状态，清除事故隐患。

例如：2007年10月，华东地区某物流仓库由于工作人员违规在仓库吸烟，烟头引燃仓储的棉制品引起火灾，造成经济损失60多万元，该工作人员也被严重烧伤。运用骨牌论可以解释如下：

A：社会环境和管理欠缺——工作人员的教育培训及管理缺失；

B：个人的欠缺（人为过失）——安全意识薄弱；

C：人的不安全行为和物的不安全状态——违规吸烟，仓储物品没有明确分区分隔；

D：事故——火灾；

E：人身伤亡——严重烧伤。

3.2.2 能量意外释放论

随着生产、生活的需要，在社会的各个领域，人们对事故发生的物理本质进行了深入的探讨，1961年吉布森、1966年哈登等人提出了解释事故发生机理的能量意外释放论，认为事故是一种不正常的或不希望的能量释放。生产、生活中经常遇到各种形式的能量，如机械能、热能、电能、化学能、电离及非电离辐射、声能、生物能等，它们的意外释放都会威胁安全。能量意外释放论对事故发生的原因及防止的方法给出了较为系统的阐述。对于特定的能量系统，都可以用该理论对事故发生的机理、原因和应采取的措施进行分析。

物流系统是一个多样性、整体性的系统，系统中可能发生事故的时间、空间、形式等都呈现分散性，需要进行系统的分析。物流系统中存在大量的不同形式的能量，运用能量意外释放理论可以系统地对这些能量归类、分析，找出事故发生的前因后果，以及应采取的对策。因此，能量意外释放理论适用于物流系统的安全分析。

同样，物流系统的每个功能要素都是物流系统的子系统。每个子系统也都是一个能量系统，与物流系统类似，可以用能量意外释放理论进行分析。

运用能量意外释放理论对物流系统进行分析，我们认为，物流系统事故发生的直接原因是系统能量的意外释放，即能量的不正常或不希望的释放。人们把触发直接原因发生的原因称为间接原因，主要是由不安全行为和不安全状态两部分组成的。人们有时把导致间接原因发生的事件称为基本原因事件，但确切地说，间接原因仅是事故的一种表现，实际上，基本原因可以被追踪到不良的管理、个人和环境因素。

结合物流系统的六个主要功能要素，运用能量意外释放理论建立的事故模式如图3-3所示。

1. 直接原因

物流系统事故发生的直接原因是系统能量的意外释放，即能量的不正常或不希望的释放。

物流系统中充斥着各种能量，在运输配送过程中，行驶的车辆同时具有动能、势能和热能等；在储存保管过程中，物流仓库里面的电器设备具有电能，货物本身具有生物能、化学能、热能等；在装卸搬运过程中，起重机具有动能、势能、生物能和化学等；在包装过程中，包装设备具有热能、机械能等；在信息活动过程中，设备具有的电能、声能、电离能等；在流通加工过程中，物品和设备具有的机械能、热能等。通过分析，物流系统中的机械能是存在最为广泛的能量形式，意外释放的机械能是导致发生事故时人员伤害或财物损坏的主要类型的能量。

除了极个别的情况之外，如果没有上一级原因的触发，一般直接原因是难于发生的。比如，若物品安全检查合格，则不会形成爆炸性混合物；如果包装设备不会漏电，电能就不会释放；如果物流仓库通风情况很好，CO、CO_2就不会积聚而造成意外释放等。

从能量意外释放论出发，预防事故就是控制、约束能量或危险物质，防止其意外释放；防止伤害或损坏，就是在一旦发生事故、能量或危险物质意外释放的情况下，防止人体与之接触，或者一旦接触时，作用于人体或财物的能量或危险物质的量尽可能的小，使其不超过人或物的承受能力。

2. 间接原因

人们把触发直接原因发生的原因称为间接原因，从图3-3可见，物流系统的间接原因主要由是系统中人的不安全行为和物的不安全状态两部分组成。

（1）人的不安全行为。物流系统六大功能要素常见的人的安全行为见表3-1。

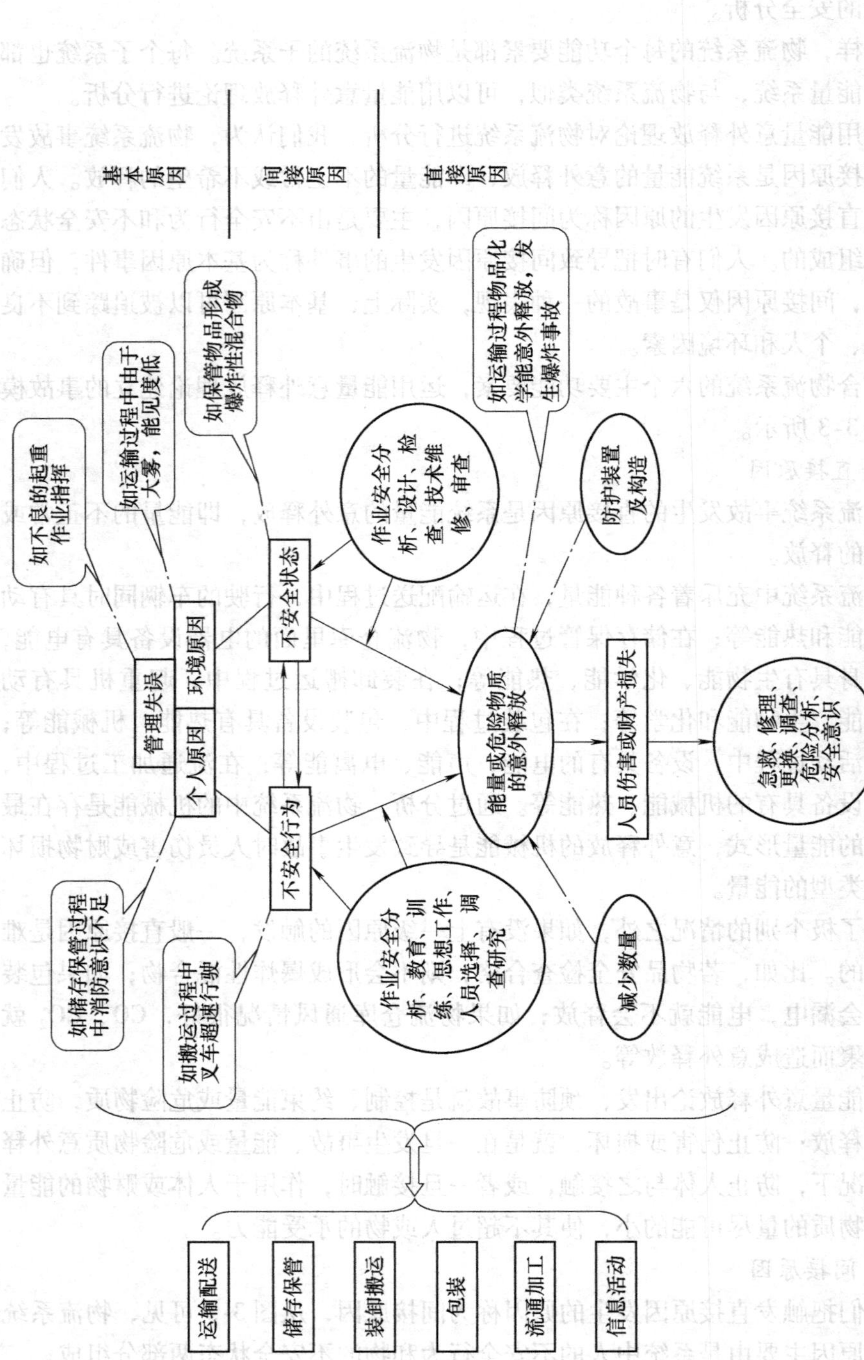

图3-3 物流系统能量意外释放分析图

表3-1　常见的不安全行为

物流主要功能要素	常见的不安全行为
运输配送	主要有驾驶员的疲劳驾驶、超速行驶、酒后驾车、驾驶差错、判断失误、违章超车、违章会车、违章停车等
储存保管	错误使用电器设备、危险作业、不适当使用安全防护装备、不合理使用消防装备、不合理使用通风机、人为损坏安全装置或使其暂时失效等
装卸搬运	起重机司机超速行驶、超载作业、超负荷作业、起重指挥错误、不按规章上下起重机、违章吊装等；叉车超速行驶、人员出现在装卸危险区域、驾驶员工作时擅自离开岗位、在坡道上未采取防滑措施、加注油料时靠近火源等
包装	模切机、分切机的不规范操作，翻边机安全间距不够，长发无包裹进行缠绕机操作，带电操作，个人防护装备老化，操作区违规动火等
流通加工	商品混凝土无防护操作、剪板机操作失误、木工锯具违规操作、锯机在未允许区域操作等
信息活动	违规用电、带静电进入防静电书房等

（2）物的不安全状态。物流系统六大功能要素常见的物的不安全状态见表3-2。

表3-2　物的不安全状态

物流主要功能要素	常见的不安全状态
运输配送	车辆的照明装置失效，车辆发动机状况不良，转向系、传动系故障，制动不足或失效，轮胎老化、胎压不合理，车辆驾驶视野不良，车辆安全装备缺失，道路条件不良、路面平整性不足、路面抗滑性较差，物品装载方式不合理，性能互抵物品不合理装载，物品防潮设备缺失等
储存保管	消防设备失效、通风装置损坏、储存物品性质改变、危险化学品无防护装置
装卸搬运	起重机械状态不良、起重机械安全装置缺失、搬运车辆制动失效、货叉强度不够、货物捆扎不牢等
包装	模切机、分切机、翻边机等包装设备状态不良、电气设备老化、物品化学性质改变等
流通加工	剪板机、锯具、锯机等加工工具缺乏维护、无安全防护装备、电气设备老化等
信息活动	通信与电气设备老化、设备出现在不安全的位置、信息活动相关区域（如机房）消防设备缺失等

值得提出的是，在物流系统中，人与物因素可互为因果，如有时是设备的不安全状态导致人的不安全行为；而人的不安全行为又会促进设备出现不安全状态。譬如，人接近流通加工领域中的切割机器转动部位进行作业，就有被机器夹住的危险，这属于不安全行为；又如，在搬运作业中，如果人为违章拆除安全装置（不安全行为），那么设备就要处于不安全状态，就有压断手指的危险。

在间接原因的两大因素中，人的不安全行为占主要的地位，纵然物流系统中工伤事故中的直接原因是能量的释放，但除了天灾之外，一般的能量范畴也都是由人来控制的。

3. 基本原因

人们有时把导致间接原因发生的事件称之为基本原因事件，但确切地说，间接原因仅是事故的一种表现，实际上，基本原因可以被追踪到不良的管理、个人和环境因素。

由图3-3可见，基本原因包括：不良的管理、个人因素、环境因素。

物流系统六大功能要素常见的事故基本原因见表3-3。

表3-3 基本原因

因素 / 功能要素	管理因素	个人因素	环境因素
运输配送	1. 运输管理制度不健全 2. 缺乏运输监管 3. 安全投入不足 4. 驾驶员及安全管理人员教育与培训不足 5. 车辆维修与检测管理不足 6. 无应急预案或预案无效等	驾驶员的驾驶反应能力、驾驶经验、安全知识、个性、心理状态和安全人员的经验等	道路交通条件、铁路及其周边地质、气象条件、通过区域水文条件等
储存保管	1. 缺乏有效的安全管理责任制 2. 缺乏有效的消防管理 3. 不合理的通风管理（如通风量不足、通风方式选择错误等） 4. 危险品储存方式不当 5. 应急预案缺失等	管理人员的经验、细致程度、教育程度、管理能力等	物流仓储中心及其周边的地质、水文条件，所在区域的气象条件等
装卸搬运	1. 起重机及叉车等特种作业人员考核、发证、教育管理不足 2. 无有效的安全检查制度 3. 特种设备无相应的操作规程 4. 传送带无定期检查制度等	操作人员的知识与经验、反应灵敏程度、小心程度、岗位适应性等	装卸搬运场所（如码头、厂矿区）的地质条件、江河湖海码头的水文情况、作业时间内气象条件等

（续）

功能要素＼因素	管理因素	个人因素	环境因素
包装	1. 充填、封装、捆扎等操作无操作规程 2. 灌装操作无防护制度 3. 包装机械布置不合理等	操作人员的知识与经验、安全意识、反应灵敏程度、小心程度、岗位适应性等	包装作业区域的地质条件、作业环境内的气候条件等
流通加工	1. 剪切、混凝土搅拌、切割等操作无职业卫生防护制度及装备 2. 剪切、混凝土搅拌、切割等操作无操作规程 3. 缺乏操作人员培训与教育 4. 非工作人员无管制或不足 5. 不良的通风管理等	操作人员与管理人员的安全知识和经验、动机、训练程度、工种的适应性、操作行为、体力和智力状态、反应灵敏度、个人的小心程度等	剪切、混凝土搅拌、切割加工场所的气候条件；混凝土搅拌场所的地质条件等
信息活动	1. 机房无消防管理制度 2. 机房无防水、防磁管理制度或规定 3. 无电气管理制度 4. 信息设备布置不合理等	活动相关人员的安全意识、安全经历、细致程度等	与湿气、温度相关的气候条件

通过建立了物流系统的能量意外释放的事故模式，并对模式的三个原因层次进行了分析，可以看出能量意外释放的事故模式适用于物流系统的事故分析，特别是对物流系统中特定功能系统和能量系统的分析有较好的适用性，对物流系统安全分析有着重大意义。

3.3　物流系统安全分析

3.3.1　物流系统安全分析概述

物流系统是一个复杂的系统，具有其自身的特性，但它拥有安全系统工程的一些普遍特征。系统安全分析法是安全系统工程的内容。系统分析方法也广泛地运用于现代物流系统的分析。物流系统安全分析就是采用系统安全分析的方法，对物流系统中的安全结构和安全状态等进行定性、定量分析，为决策者提供系统最佳方案。

系统分析认为事物是极其复杂的“系统”，需要运用科学和数学的方法对系统中的事件进行研究和分析，强调系统的最优途径不一定是各组成部分的最优途径，局部的目标不应与整体的目标相冲突，应从系统的全局出发，进行研究分析。在物流安全系统中，为了达到整体的安全性最优，各个物流功能的安全资源投入的分配和使用呈现出一定的矛盾。因此，合理的物流系统安全分析对于决策者来说是非常重要的。

物流系统安全分析就是要通过对物流系统，尤其是其六大功能要素系统的深入、细致的分析，充分了解、查明系统中存在的危险性，估计事故发生的概率和可能产生伤害及损失的严重程度，为危险的控制与消除提供依据。物流系统安全分析是物流系统安全评价及安全决策的基础。

通过对物流系统和系统安全分析的研究，可确认物流安全系统分析的过程（见图3-4）。

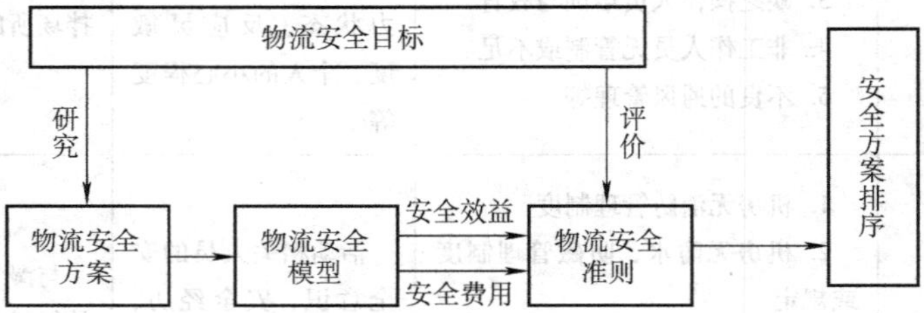

图3-4 物流安全系统分析过程

3.3.2 物流系统安全分析方法

由于物流行业所涉及的面广、条件差异性大，在物流安全系统分析方法选择上应该基于所处的物流系统特征进行。总的来说，物流安全系统分析的方法主要可以分成三类：

（1）定量分析方法。它是对系统进行精确的定量研究所采取的方法，适用于系统结构清楚、收集到的信息准确、可建立数学模型等情况。在实际分析过程中，常采用的分析方法有事件树分析法、事故树分析法、管理失误和风险树分析、投入产出分析等。

（2）定性分析方法。它是应用决策软技术，综合分析所涉及的社会、心理、行为等不能量化的问题，适用于系统结构不清、收集到的信息不准确、评价者的偏好不一样、难以形成常规的数学模型等情况。在实际分析过程中，常采用的分析方法有因果分析图法（鱼刺图法）、安全检查表法、预先危险性分析、故障类型和致命度分析、统计图表分析法等。

（3）最优化方法。它是将所有的可行方法进行比较，寻找解决问题的最优解的方法。它以运筹学、最优设计和最优控制为理论基础，主要包括活动步骤、技术手段和达到目的三个主要内容。

3.3.2.1　因果分析法

因果分析图，因其形状如鱼刺，故也称鱼刺图。该图是日本武城工业大学校长石川馨发明的，所以有人也将其称为石川图。这一方法原来主要用于全面质量管理方面。近十几年来，已被广泛地使用于安全工程领域的分析中，成为一种重要的事故分析方法。

物流系统中的事故是属于一种条件下可能发生，也可能不发生的随机事件。各条件间呈相互依存与制约的关系。这种相互依存和相互制约的诸关系之一就是因果关系。必然引起别的现象的事件叫做原因；而被原因所引起的别的现象就是结果。因果关系具有继承性（或称非单一性），即第一阶段的结果往往是第二阶段的原因。

如图3-5所示，因果分析图由原因和结果组成，事件的最终结果由原因A、B、C、D、E等导致，而原因A、B、C、D、E等又由各自的原因事件所导致，如原因A由原因A'_1、A'_2所导致，而原因A'_1又由原因A''_1、A''_2所导致，逐级类推。通过对原因的依次展开，即把对结果有影响的因素加以分类和标出，并由大到小，由粗到细，直到能直接具体地看清问题为止。

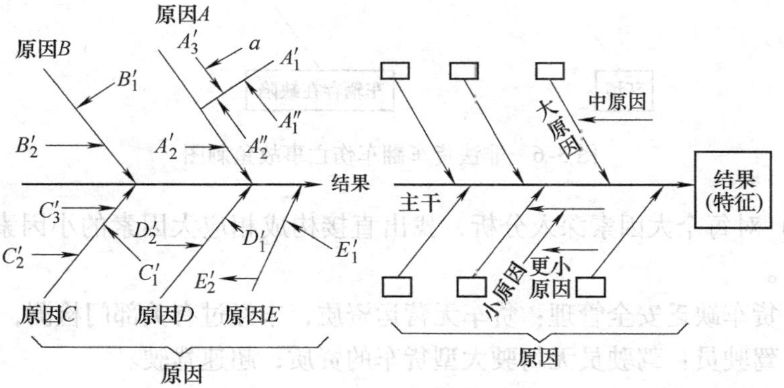

图3-5　因果分析图原理

物流系统事故的发生是由特定的因素决定的，任何特定事故都具有同时存在激发特点的若干事件和情况。按海因里奇（Heinrich）提出的观点，事故的发生按照以下5个因素的顺序进行：①人体本身；②按人的意志进行的动作；③潜在的危险；④发生事故；⑤人体受伤害。

有的学者认为：这5个因素是：①社会环境和管理；②人为过失所引起的危险性；③物的不安全因素或状态引起的危险性；④意外事件；⑤人体受伤害。它们犹如连锁反应，按照因果关系依次发生。

把系统中产生事故的原因及造成的结果所构成错综复杂的因果关系，采用简明文字和线条加以全面表示的方法，称为因果分析法。所以，用于表述事故发生的原因与结果关系的图形为因果分析图。

举例：2007 年 8 月，某物流公司一辆满载着钢管的非法“改装车”在途经县级公路一十字路口右转时，由于车辆超载，车速过快，同时路面结冰，车辆转向失灵，导致车辆向左侧翻，并撞上对向行驶的客车，导致 6 人死亡、8 人重伤。

对此事故，运用因果图分析法分析如下：

（1）发生这起死亡事故的主要原因可以从车辆安全管理、驾驶员、车辆和环境四个方面着手进行分析。

可做出“非法货车翻车伤亡事故”为主干因素（项目）的鱼刺图，如图 3-6 所示。

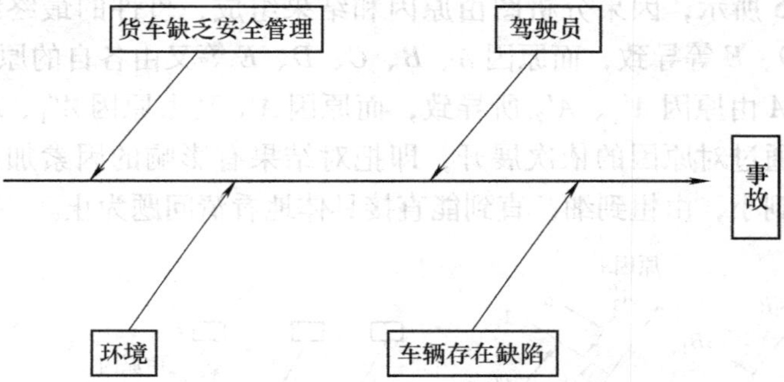

图 3-6　非法货车翻车伤亡事故鱼刺图

（2）对每个大因素深入分析，找出直接构成相应大因素的小因素（用中枝表示）。

1）货车缺乏安全管理：货车无营运资质，未经过有关部门检测，超载。

2）驾驶员：驾驶员无驾驶大型货车的资质，超速驾驶。

3）车辆存在缺陷：车辆经过非法改装，转向失灵。

4）环境：路面结冰湿滑。

根据以上分析可进一步做出鱼刺图，如图 3-7 所示。

（3）对中枝的原因进一步分析，可找出更小的因素（小枝）。

1）货车无营运资质：没有申请；校车条件不符合要求。

2）货车无安全检测：没有检测；没有获取检测信息。

3）货车超载：追求经济利益。

4）驾驶员无驾驶资质：没有申请；没有通过认证。

5）驾驶员超速驾驶：思想麻痹。

6）车辆非法改装：车辆拥有者及驾驶员追求经济利益；安全意识淡薄。

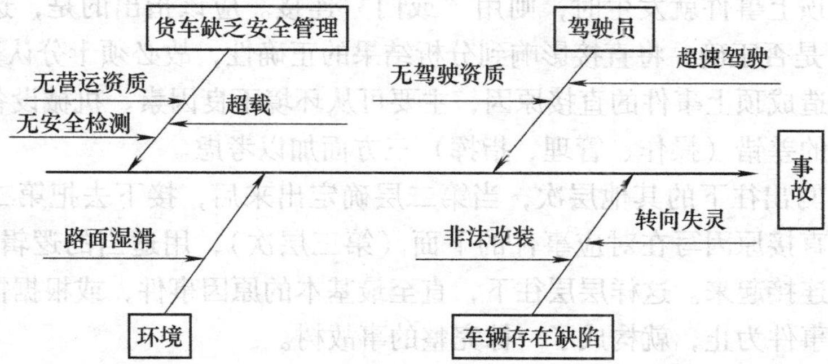

图3-7 非法货车翻车伤亡事故鱼刺图

7）车辆转向失灵：车辆没有进行安全检查。

（4）可对细枝中的各因素再进一步分析，并填入图中，直至不宜再分析为止。

3.3.2.2 事故树分析法

物流系统中发生的事故是人们所不希望发生的一种事件。但在事故过程中却隐藏着许多可能导致事故发生的危险。要保证安全（事故不发生），事先了解与控制可能导致事故发生的危险因素是必要且关键的。反之，如果事故已经发生，则表明它是由隐藏着的危险因素发生所导致的。准确无漏地找出导致事故发生的危险因素（导致事故发生的原因），对避免今后不再重复类似事故的发生是极其重要的。

由此可见，事故的风险的预先评价与导致事故发生的原因分析是保障安全生产的一个重要方面。采用事故树分析的方法就是实现这方面工作的常用方法。

事故树是由图论理论发展而来的。事故树分析也称故障树分析（Fault Tree Analysis），简称FTA。它属于演绎分析法。它是系统安全分析的一个常用的分析方法。

1. 事故树的编制

事故树的编制过程如下：

（1）事先定出顶上事件（第一层次）。顶上事件，即所要分析的事故（人们所不期望的事件）。在确定时，将顶上事件用一矩形表示，且放置于最上层，并把内容扼要记入方框内。

（2）写出造成顶上事件的直接原因事件（第二层次）。在顶上事件（即第一层）之下（即第二层），并列写出造成顶上事件的所有直接原因事件。然后依据上下层各事件的逻辑关系，用“逻辑门”把它们连接起来。若当下层事件必须全部发生，顶上事件才发生时，就用“与门”连接，如果当下层任一事件发生顶上事件就发生时，则用“或门”连接。应该指出的是，选用连接的“门”是否正确，将直接影响到分析结果的正确性，故必须十分认真。

对于造成顶上事件的直接原因，主要可从环境不良因素、机械设备故障或损坏、人的差错（操作、管理、指挥）三方面加以考虑。

（3）写出往下的其他层次，当第二层确定出来后，接下去把第二层各事件的所有直接原因写在对应事件的下面（第三层次），用适当的逻辑门把二、三层事件连接起来。这样层层往下，直至最基本的原因事件，或根据需要分析到必要的事件为止，就构成了一株完整的事故树。

事故树编制完成后，需进行简化，特别是在事故树的不同位置存在同一基本事件时，更必须化简整理，然后才能进行定性定量分析，否则，就可能造成分析结果的错误。

2. 安全应用分析

事故树分析有定性与定量分析两种方法。定性分析是通过对最小割集（最小径集）的求解，确定出基本事件的结构重要度，从而了解系统的危险程度和安全程度，掌握导致事故发生的各基本原因事件的组合关系及其重要程度。定量分析能使人们得出能够进行比较的概念，为系统安全评价提供必要的数据，为选择最优安全措施提供依据。

（1）最小割集和最小径集。

事故树分析中的割集指的是：导致顶上事件发生的基本事件的组合。通常也称截集或截止集。它是系统发生故障的必要且充分条件。

最小割集：导致顶上事件（事故）发生的最起码的基本事件的集合（实际上，在多个割集中，彼此不能存在相互包含的割集）。

径集实质上是割集的对偶。因此，当事故树某些基本事件的集合不发生，顶上事件就不发生，这种基本事件的集合就称为径集。所谓最小径集：就是使顶上事件不发生所必需的最低限度的径集（组数）。

在事故树分析中，最小割集和最小径集的安全意义：

1）最小割集表示系统的危险性。求解出最小割集可以掌握事故发生的各种可能，了解系统危险性的大小，为事故调查和事故预防提供依据。

由最小割集的定义知，每个最小割集表示顶上事件发生的一种可能。由此，事故树中有几个最小割集，顶上事件发生就有几种可能。最小割集越多，系统就越危险。另外，掌握了最小割集，实际上就掌握了顶上事件发生的各种可能。所以，这对事故发生规律的掌握，对某一事故原因的调查都是有益的。譬如在对某一已发生事故的调查中，人们可以排除那些与事故无关的割集，从而最终找到本次事故的最小割集，那就是造成所查事故的原因事件的组合。

2）最小径集表示系统的安全性。求出最小径集，可知道要使事故不发生，需控制住哪几个基本事件能使顶上事件不发生，并可知道有几种可能的预防方案。

3）从最小割集能直观地、概略地看出哪种事故发生后，对系统危险性影响最大，哪种稍次，哪种可以忽略，以及如何采取措施使事故发生概率迅速下降。

4）利用最小割集和最小径集可以直接排出结构重要度的顺序。

5）根据最小径集，选择控制事故的最佳方案。

6）利用最小割集和最小径集计算顶上事件的发生概率和定量分析。

（2）结构重要度分析。

在一棵事故树中，不同的基本事件所处的地位不同，则其对顶上事件的影响也不同。所以了解掌握各基本事件的发生对顶上事件发生所产生的影响程度，有助于人们获得修改系统的重要信息。定性分析中常采用结构重要度分析。

所谓结构重要度分析是从事故树结构着手，通过分析得到各基本事件的重要程度。人们把各基本事件在事故结构上的重要程度称为结构重要度。

通过结构重要度分析，可以知道基本原因事件中哪些因素对事故发生影响程度较高，有针对性地采取控制措施，可以用较小的投入，得到最佳的安全效益。

（3）顶上事件发生概率。

顶上事件发生概率的应用属于事故树的定量分析。顶上事件发生概率给出了事故发生可能的量化指标。在求出各基本事件发生概率的情况下，计算顶上事件的发生概率，并根据所取得的结果与预定的目标值比较。如果事故的发生概率及其造成的损失为社会所认可，则不必投入更多的人力、物力进一步治理。如果超出了目标值，就应采取必要的系统改进措施，使其降至目标值以下。

（4）概率重要度和临界重要度分析。

概率重要度和临界重要度分析应用也属于事故树的定量分析。概率重要度分析考察各基本事件发生概率的变化对顶上事件发生概率的影响程度。通过基本事件概率重要度分析，就可知道哪个基本事件的概率变化对顶上事件发生概率的变化影响最大，从而采取有效措施减少概率重要系数大的基本事件发生概率，有效地降低顶上事件发生概率。

基本事件的概率重要系数，反映了基本事件发生概率改变量对顶上事件发生概率变化量的影响程度。一般情况下，减少概率大的基本事件的概率要比减少概率小的基本事件容易，而概率重要系数未能反映这一事实。因此，需要用相对变化的比值来衡量各基本事件的重要度，即用基本事件发生概率的变化率与顶上事件发生概率的变化率的比（临界重要度）来确定各基本事件的重要度。

通过概率重要度和临界重要度分析，以便使我们了解，要改善系统应从何处着手，以及根据重要程度的不同，按轻重缓急，安排人力、物力，分别采取对策，或按主次顺序编制安全检查表，以加强人的控制，使系统处于最佳安全状态。

3.3.2.3 预先危险分析法

预先危险性分析是指在一个系统或子系统（包括设计、施工、生产）运转活动之前，对系统存在的危险类别、出现条件及可能造成的结果，作宏观的概略的分析。

进行预先危险性分析的目的在于防止采用不安全的技术路线，使用危险性物质和工艺设备。如果必须使用时，也可以从设计或工艺上采取相应的措施，使这些危险不致发展为事故。

预先危险性分析最突出的特点是“预先”两字，即分析工作做在各项活动之前，避免由于考虑不周而造成损失。当系统处于新开发时，对其危险性还没有很深的认识，或者是采用新的操作法，接触新的危险物质、工具和设备时，使用预先危险性分析就十分合适。

由于事先分析几乎不耗费什么资金，而且可以取得防患于未然的效果，因而得到越来越多的使用。

1. 危险性预先分析的内容和步骤

（1）危险性预先分析内容。由于初始危险分析从寿命周期的早期阶段开始，因此，分析中的信息仅是一般性的，不会太详细。这些初始信息应能指出潜在的危险及其影响，以提醒设计师们要通过设计加以纠正。这种分析至少应包括以下内容：

1）审查相应的安全性历史资料。

2）列出主要能源的类型，并调查各种能源，确定其控制措施。

3）确定系统或设备必须遵循有关的人员安全、环境安全和有毒物质的安全要求及其他有关的规定。

4）提出纠正措施建议，在完成识别危险、评价危险的严重程度及可能性之后，还应提出如何控制危险的建议。

（2）所需资料。

1）各种设计方案的系统和分系统部件的设计图和资料；

2）在系统预期的寿命期内，系统各组成部分的活动、功能和工作顺序的功能流程图及有关资料；

3）在预期的试验、制造、储存、修理、使用等活动中与安全要求有关的背景材料。

(3) 危险性预先分析的步骤。

1）对所要分析的系统的生产目的、工艺过程以及操作条件和周围环境作较充分的调查了解。

2）调查、了解和收集过去的经验以及同类生产中发生过的事故，查明分析对象可能出现的会造成的系统损害，尤其是人员伤害的危险性（按子系统一步步找)。

3）调查、确认危险源。所谓危险源是指系统中存在的可能导致事故发生的危险根源（下节评述)。危险源的确认可用安全检查表法、经验判断法或技术判断法。

4）识别危险转化条件。研究危险因素转变为事故状态的触发条件——即哪些条件存在可以使危险因素转化为事故。

5）进行危险性分级，即把预计到的潜在事故划分为危险等级，划分的目的是为了分清轻重缓急，即等级高的作为重点控制。通常分为4个等级：

Ⅰ级：安全的（可忽视的）——不会造成人员伤亡和系统的损坏（物质损失)。

Ⅱ级：临界（极限）——处于事故的边缘状态，暂时还不会造成人员伤亡和系统的损失或降低系统性能，应予以排除和控制。

Ⅲ级：危险的——会造成人员伤亡或系统损坏的，要立即采取措施。

Ⅳ级：灾难性的（破坏）——造成人员重大伤亡及系统严重损坏的灾难性事故。

6）制定预防危险措施。

7）指定负责改进措施的部门、人员和完成日期。

2. *危险辨识*

物流系统中潜在的危险性只有在一定的主客观条件下才能发展为事故。辨别危险性需要有丰富的基础和实践知识。

(1) 从能量角度辨识。物流活动离不开能源。在正常情况下，能量为物流服务，但一旦能量失去控制，便会转化为破坏力量，造成人员伤亡和财产损失。

能够转化为破坏能量的有电能、原子能、机械能、位能和动能、燃烧和爆炸、放射线、辐射能、热能等。

另一种表示破坏能量的因素也作为参考，如加速度、污染、腐蚀、化学分解、电气、爆炸、热和温度、火灾、泄漏、湿度、氧化、放射线、化学灼伤、压力、机械冲击等。

物流系统和子系统元件中都有能量存在，在具备一定的基础和实践知识后辨识它们并无困难，如蓄电池和变电器存在电能，发动机则有机械能和电能存在。

当然，也有些危险性与能量无关，如中毒、窒息等，辨识时要加以注意。

为了明确能量转变过程，必须进一步阐述能量失控的情况。

1）化学模式。化学模式形成的危险性，就是通过化合和分解等反应产生的能量失控状态，结果是造成火灾和爆炸。其过程一般分为两步，第一步为静态化学能通过化学反应转变为物理能；第二步由物理能对目标施加破坏力。化学爆炸的起因就是由于化学反应瞬时产生的大量高温气体，因受周围环境的约束而积累产生极高的压力；高压气体产生冲击波，对周围目标造成破坏。

物流系统中危险的化学模式通常有两种情况：①直接火灾，如汽车发生自燃，汽车汽油外漏遇火花发生火灾和爆炸；②间接火灾，间接火灾系指受到外力破坏引起本身发生火灾的情况，如油罐车发生车祸引起储罐中的油品泄漏，遇火源发生火灾和爆炸。

2）物理模式。物理模式危险性所产生的破坏力量和化学模式不同，在常态下就以物理能的状态出现。物流系统中的物理能主要有动能和势能。运动着的物体都具有动能，各种运动中的车辆、设备或机械的运动部件，被抛掷的物料等具有较大的动能。在交通活动中，处于高处的机动车辆、人体、岩体或结构的一部分等具有较高的势能。

(2) 有害因素。如不合格车辆内饰散发的有毒气体会对人造成急性或慢性的毒害；发生交通事故后，燃烧化学制成品所散发的有毒有害气体。

(3) 外力因素。外力包括人为力和自然力两个方面。如行驶过程中对车辆构件的人为破坏。而地震、洪水、雷击、飓风等属于自然力，所造成的破坏是自然力破坏。

(4) 人的因素。人是物流活动过程中的主体，但人的可靠性极低，往往由于生理和心理状态不佳造成违章操作而发生事故。如何对驾驶员、行人、车上乘员进行安全教育训练，提高其可靠性，杜绝违章，减少事故，这是物流系统事故研究的重点之一。

3.3.2.4 安全检查表简介

系统安全是人们所追求的目标，为实现这一目标，对可能引起系统事故的所有原因应事先清楚地了解和掌握，以便对不安全因素实施控制和预防。显然，了解与掌握真正的不安全因素是实现系统安全的首要任务。为能够真正地发现问题，需要一种按系统工程手段进行分析检查的方法，安全检查表就是为此目的而产生的。它是安全系统工程中最基础、最初步的一种方法。它不仅是实施安全检查和诊断的一种工具，也是发现潜在危险因素的一个有效手段和分析事故的一种方法。

1. 基本概念

系统地对一个生产系统或设备进行科学的分析，从中找出各种不安全因素，依据检查项目，把找出的不安全因素以问题清单的形式列成表，以便进行检查和避免漏检，这种表就称为安全检查表（Safety Check List，简称 SCL）。

传统安全方法中常见的检查表与本节的安全检查表，两者本质不同。前者缺乏系统、科学的检查内容和方法，检查项目不全面、检查方法不科学、检查标准不明确，容易流于形式。后者通常是建立在对系统进行科学分析，找出可能引起事故发生的全部基本事件后，制出安全检查表应查项目和内容，同时规定检查方法，明确检查负责人等，这样就使得危险因素难于遗漏，使检查可靠和不流于形式。

2. 安全检查表的形式与内容

SCL 常采用提问式和对照式两种形式。提问式是指检查项目内容采用提问方式进行；对照式是指检查项目内容后面附上合格标准，检查时对照合格标准进行作答。

安全检查表应列明所有可能导致事故发生的不安全因素和岗位的全部职责；安全检查表的内容必须与所定的检查项目一一对应；安全检查表采用提问方式，并用"是（✓）"或"否（×）"回答。"是（✓）"表示符合要求，"否（×）"表示还存在问题，有待进一步改进。除此之外，也可用其他简单的参数来进行回答。在每个提问后面，根据需要可以设改进措施栏。

安全检查表均需注明检查时间、检查者和直接负责人，以便分清责任；为了使提出的问题有所依据，可以收集与项目有关的规定和标准，简要地附于每项提问的后面，以便查对。

安全检查表的内容主要包括：①序号；②检查内容；③回答；④检查人和检查时间；⑤检查地点；⑥备注等。

3. 安全检查表的用途

安全检查表一经建立，即成为检查实施的依据。由于它的针对性强，所以对有计划，全面考察系统的安全性有明显的作用。在使用时，常用于如下几个方面：

（1）系统设计之前：为设计人员提供安全设计的参照清单。检查表所列问题均采用提问形式，给出系统应具备的标准状态和安全性能参数，同时提出应参照的标准，使设计者在安全方面有章可循，有据可查，有利于在系统设计时消除事故隐患。

（2）系统运行时：通过对检查表所示问题的回答，可以系统、全面地掌握系统运行的状况，可针对检查的问题采取相应对策，改善系统的安全性能；可利用安全检查表进行安全教育；在落实预防措施（制成安全检查表）时，可按检查表逐项检查落实，避免遗漏。

4. 安全检查表的优点

（1）可以事先编制，集思广益，有利“群防”和周密分析，避免或减少遗漏重要的不安全因素。

（2）整改责任明确。使用安全检查表，可以明确系统不安全的责任，它不仅可以避免在发生事故时的责任纠缠不清，而且有利于各个项目的落实。

（3）由于表中内容直观简单，容易掌握，易于实行“群众管理”。

（4）检查方法具体实用，可避免流于形式走过场，有利于提高安全检查效果。

（5）采用提问方式，可促进安全教育，提高安全技术人员的水平。

（6）可随着科学技术的发展和标准，规范的变化而不断修改和完善。

5. 安全检查表的编制与实施

确定检查对象与目的；根据检查对象与目的，对系统进行剖切（如可以把一个大系统分成子系统、部件或元件）；对各“剖切块”进行分析，找出被分析系统（部件或元件）存在的危险性；根据危险性大小及重要度顺序，对应所定出的检查项目，以提问的形式列成表；使用时，逐项进行检查，回答是与否，并对照标准或规范要求进行评价，提出整改意见。

除上述方法外，安全检查表也可以通过事故树分析，查出基本原因事件，把它作为检查表的基本检查项目。

安全检查表的编制与实施可用十句话概括：确定分析对象，找出其危险点；确定检查项目，定出具体内容；顺序编制成表，逐项进行检查；对照标准评价，做出正确回答；不断补充完善，提出整改意见。

6. 安全检查表编制的注意事项

（1）安全检查表内容文字要能说明问题，又要简单扼要。

（2）编制时，切忌流于形式。表中项目不仅必须包括所有检查点，而且要根据检查的着眼点，突出重点，避免同等罗列。

（3）各行各业在编制安全检查表时要结合自己的实际，把以往发生过的事故教训，及估计可能发生事故的原因都列入重点，同时要把导致事故发生的各种不安全因素列入。

（4）在编制表的过程中，应充分做好调查研究，由工程技术人员、安全管理人员和操作者共同制定，在实践中不断修改完善。

练 习 题

1. 物流系统安全的实现方式是什么?
2. 骨牌论的核心是什么?
3. 画出物流系统能量释放理论的系统图。
4. 常见的物流系统安全分析方法有哪几种?
5. 因果分析法的程序是什么?
6. 事故树如何进行定量分析?
7. 物流系统安全中的安全检查表与传统安全检查表有什么区别?

第4章 物流运输配送安全概述

运输与配送是物流过程的重要环节。在物流活动中，运输是实现时空转换的主要手段；配送是一种几乎包含了所有物流功能要素的综合活动形式，物流运输与配送紧密结合。在物流运输与配送过程中，人、运输设备、环境等因素不协调的情况时有发生，而在这种状态下就有可能发生事故，产生安全问题。从安全系统工程的角度对物流运输配送进行分析，对于解决物流过程中的安全问题、增强物流系统的协调性、减少人员伤亡和经济损失都有重大意义。

4.1 运输与配送

4.1.1 运输

1. 运输的含义

在现代物流过程中，运输是实现物品时空效用的主要手段，成为现代物流的主要功能要素。运输（Transportation）是用设备和工具将物品从一个地点向另一地点运送的物流活动，其中包括集货、分配、搬运、中转、装入、卸下、分散等一系列操作。

运输是人和物的载运及输送，是在不同空间、不同地点中，使运输主体发生位移，以达到改变物品的空间位置的目的的活动。运输作为社会生产力的有机组成部分，主要通过完成社会物品的流转表现出来。

运输通过产品转移和产品临时储存两大功能，在现代物流过程中发挥着举足轻重的作用。具体表现在：

1）运输可以实现物品的空间效用和时间效用。运输通过改变物品的地点或位置创造空间价值，并保证物品适当的时间到达消费者手中，创造时间价值。

2）运输可以扩大商品的市场范围。企业的商品能够顺利到达市场，必须借助于商品运输过程，通过运输扩大其商品市场范围，增加企业发展机会。

3）运输能够促进社会分工发展。运输是生产销售之间不可缺少的联系纽带，只有运输才能真正实现生产和销售的分离，促进社会分工发展。

4）运输是“第三利润源”的主要源泉。从运费来看，它在物流总成本中占据最大的比例，根据综合分析计算物流费用的结果，运输费在其中占近50%，因此节约的潜力非常大。

2. 物流运输的方式

物流运输的方式主要有以下几种：

（1）公路运输。公路运输是使用公路设备、设施运送客货的一种运输方式，在整个运输领域中占有非常重要的地位。公路货物运输可分为自用卡车运输和营业卡车运输，主要承担近距离、小批量的货运和水运、铁路运输难以到达地区的长途、大批量货运，以及铁路、水运优势难以发挥的短途运输。

公路货物运输的优点主要表现在：

1）灵活性强，实现“门到门”运输。汽车不仅是其他运输方式的接运工具，还可以直达运输，不需转运或反复装卸搬运。

2）投资少，资金周转快。公路建设期短，汽车车辆购置费低，原始投资回收期短。

3）受自然条件限制小。由于汽车运输的灵活方便、送达速度快，且对不同自然条件适应性较强，有利于保持货物运输质量。

公路货物运输也具有一定的局限性，如载重小，不适宜装载重件、大件货物，不适宜进行长途运输；车辆运行中振动大，易造成货损货差事故；运输成本费用较水运和铁路高。一般认为，公路运输的经济半径一般在200km以内。

（2）铁路运输。铁路运输是使用铁路设备、设施运送客货的一种运输方式。铁路货物运输可分为车皮运输和集装箱运输，主要承担长距离、大数量的原材料（煤、圆木和化工品等）和价值低的制成品（食品、纸张和木制品等）的运输，在没有水运条件的地区，几乎所有大批量货物都是依靠铁路，在干线运输中起到主力军作用。

铁路货物运输的优点主要表现在：

1）适应性强。铁路运输是在自己的专用轨道上行驶，受自然条件限制少，具有较高的连续性和可靠性。

2）运载量大。铁路运输依靠大动力机车牵引，可以运送大批量物品。

3）速度快。在长距离运输中送达速度仅次于航空运输（但在过短距离运输时不及公路运输）。

4）安全程度高。在不同运输方式中，按所完成的货物质量计算的事故率，铁路运输是最低的。

5）能耗小、污染少。铁路运输时火车在轨道上行驶，接触面积较小，行驶阻力较小，能耗较少；铁路运输特别是电气化铁路，对环境和生态平衡影响程度较小。

铁路货物运输也有不足之处，由于铁路轨道的建设是固定的，运输只能在固定线路上实现，需要以其他运输手段配合和衔接，但在衔接的过程中会带来很多不便，如运输速度减缓、装卸时货物损失等。一般认为，铁路运输的经济里程在200km以上。

（3）水路运输。水路运输简称水运，是使用船舶在通航水道进行客货运输的一种运输方式。水路货物运输可分为内河运输、沿海运输、近海运输和远洋运输，主要承担大数量、长距离的运输，是在干线运输中起主力作用的运输形式。在内河及沿海，水运也常作为小型运输工具使用，担任补充及衔接大批量干线运输的任务。

水路货物运输的优点主要表现在：

1）运载量大、运输成本低。船舶的运载量大，运输里程远，路途运输费用低。

2）投资省。水路运输利用天然航道，投资节省。

3）劳动生产率高。水路运输因运输能力大，劳动生产率较高。

水路货物运输的缺点也是比较明显的，如水运适用性低，它受港口、水位、季节、气候影响较大，一年中中断运输的时间较长，且必须靠其他运输手段加以配合和衔接；船舶在水中行驶，水流阻力大，水运速度较慢。

（4）航空运输。航空运输简称空运，是使用飞机运送客货的一种运输方式。航空货物运输的单位成本很高，因而适合运载的主要物品有两类：①价值高、运费承担能力很强的物品，如贵重设备的零部件、高档产品等；②紧急需要的物品，如救灾抢险物品等。

航空货物运输的优点主要表现在：

1）速度快。航空运输是速度最快的运输方式。

2）灵活性强。航空运输不受地形、地貌、山川、河流的障碍，对于交通不发达地区或自然灾害的紧急救援，均可采用飞机空投方式。

3）安全程度较高。航空运输平稳、安全，货物在运输中受到的振动、撞击等均小于其他运输方式。

4）航空运输建设周期较短，回收快。航空运输建设主要包括飞机、机场和其他辅助保证设施。一般来说，修建机场比修建铁路周期短，投资回收快。

航空货物运输的缺点是运输成本和运费高、载运量小。

（5）管道运输。管道运输是利用管道输送气体、液体和粉状固体的一种运输方式。其原理是运输物品在管道内顺着压力方向不断流动，以实现输送目的。管道运输与其他运输方式最大的不同是：管道设备是静止不动的，管道既是运输工具，又是运输通道，驱动方式是用机泵给货物以压能，使物品本身连续不断被运送。管道运输适合于石油及其制品、天然气、煤气以及生产和民用水等流体货物的运输。

管道运输的优点主要表现在：

1）载运量大。管道运输能够进行不间断的输送，输送连续性强，不产生空驶，运输量大。

2）管道运输建设工程比较单一。管道占用土地少，建设周期短，回收快。同时，管道还可以通过河流、湖泊、铁路、公路，甚至翻越高山、横跨沙漠、穿过海底等，易取捷径，缩短运输里程。

3）损耗少。由于采用密封设备，在运输过程中可避免散失、丢失等损耗，也不存在其他运输设备本身在运输过程中消耗动力所形成的无效运输问题。

4）污染少。管道运输不产生噪声，货物漏失污染少；不受气候影响，可以长期安全、稳定地运行。

管道运输本身工程结构上的特点，决定了其适用范围的局限性，主要是长期定向、定点输送。

4.1.2　配送

在现代物流活动中，配送是其中一种较特殊的综合的活动形式，几乎包括了所有的物流功能要素，是物流的一个缩影或某小范围中物流全部活动的体现。一般的配送集装卸、包装、保管、送货于一身，通过一系列活动达到将货物送达的目的。特殊的配送还要以加工活动为支撑，所以涉及面更广。配送的主体活动是末端或支线运输，分拣配货是配送的独特要求，以送货为目的的末端或支线运输则是最后实现配送的主要手段。

配送是在经济合理区域范围内，根据客户的要求对物品进行拣选、加工、包装、分割、组配等作业，并按时送达指定地点的物流活动。配送的目的在于最大限度地压缩流通时间，减少流通费用，提高客户服务水平，降低社会的总成本，实现资源的最优配置。

如图4-1所示，配送一般具有备货、储存、分拣及配货、包装、加工、配

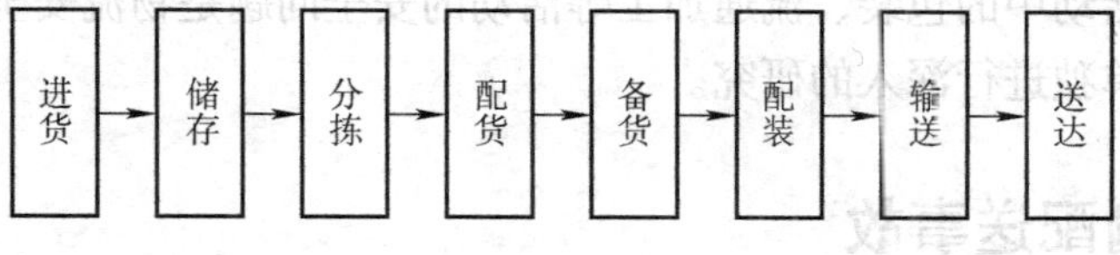

图4-1　配送一般流程

装、运输等基本功能要素。但是，并不是所有的配送都按同样的流程进行，如生鲜产品往往增加了流通加工程序，燃料油配送不拥有配货、分拣、配装程序。

从配送活动的实施过程上看，配送主要包括两个方面要素："配"是对货物进行集中、分拣和组配；"送"是以各种不同的方式将货物送达指定地点或用户手中。因此，配送不是单纯的运输或输送，而是运输与其他活动共同构成的有机体。配送中所包含的那一部分运输活动在整体输送过程中是处于"二次运输"、"支线运输"、"末端运输"的位置，其起止点是物流据点至用户。同时，配送也不是一般概念的送货，它除了送货，还有配货、分货、分割、组配等活动，是一种专业化的分工方式。

在发达国家，配送不但广为实行，而且成为企业经营活动的重要组成部分，对优化经济结构、节约社会劳动及充分发挥物流功能起到了巨大的作用。具体表现在：

1）配送有利于降低整个社会物资的库存水平。实现高水平配送后，生产企业只需保持少量保险储备而不必留有经常储备。

2）配送有利于物流活动实现合理化。

3）配送完善运输和整个物流系统。采用配送方式，将支线运输及小搬运统一起来，解决资源往往利用不合理、成本过高等问题。

4）配送增加末端物流效益。采用配送方式，通过增大经济批量来进行进货，又通过将各种商品用户集中在一起进行统一发货，使末端物流经济效益提高。

5）配送提高供应保证程度。采用配送方式，配送中心可以比任何单位企业的储备量更大，使用户免去短缺之忧。

6）配送简化事务、方便用户。采用配送方式，大大减轻了用户工作量和负担，也节省了事务开支。

运输与配送都能使物品产生位置转移，不同之处在于运输是实现以大批量、远距离的物品位置转移为主，运输途中在客观上存在一定的存储功能；配送以实现小批量、多品种物品的近距离位置转移为主，配送过程中还存在对物品进行拣选、加工、包装、分割、组配等作业。在研究物流安全时，将运输配送放在一起进行研究，主要是对实现物品位置转移的运输活动的安全问题的研究，而配送活动中的包装、流通加工等活动的安全问题是物流安全的重要组成要素，予以单独进行深入的研究。

4.2 运输配送事故

运输配送事故是物流运输配送安全的主要研究内容。物流运输安全可以理解为当物流运输事故的危险性降低到“可以接受”的程度时的物流运输系统所处的状态。在物流运输的过程中，运输事故的发生可能导致人员伤亡、物质损失及不良社会影响等。

4.2.1　物流运输事故类型

物流运输配送过程中，主要的运输方式有公路运输、铁路运输、水路运输、航空运输、管道运输等。物流运输事故的主要类型有道路交通事故、铁路运输事故、水路交通事故、航空运输事故和管道运输事故等。

1. 道路交通事故

在2003年10月28日第十届全国人民代表大会常务委员会第五次会议通过并于2004年5月1日起实施的《中华人民共和国道路交通安全法》第一百一十九条中，对交通事故重新进行了定义：交通事故是指车辆在道路上因过错或者意外造成的人身伤亡或者财产损失的事件。在此定义中，道路是指公路、城市道路和虽在单位管辖范围但允许社会机动车通行的地方，包括广场、公共停车场等用于通行的场所；车辆是指机动车和非机动车。机动车是指以动力装置驱动或者牵引，在道路上行驶的供人员乘用或者用于运送物品以及进行工程专项作业的轮式车辆。非机动车是指以人力或者畜力驱动，在道路上行驶的交通工具，以及虽有动力装置驱动，但设计最高时速、空车质量、外形尺寸符合有关国家标准的残疾人机动轮椅车、电动自行车等交通工具。

在物流运输中，公路运输主要承担近距离、小批量的货运和水运、铁路运输难以到达地区的长途、大批量货运，以及铁路、水运优势难以发挥的短途运输。公路运输承担了干线运输的一部分及大部分的支线运输，同时是终端配送的主要形式。公路运输在物流运输中承担的运输量大，范围广，事故率高。因此，道路交通事故是影响物流运输的主要因素。

2. 水路交通事故

新中国成立以来，我国有关水上交通安全管理规章中基本是采用“海损事故”一词来表示船舶在海上和内河水域中航行或停泊时发生的各种事故。在1983年颁布的《中华人民共和国海上交通安全法》和1986年颁布的《中华人民共和国内河交通安全管理条例》中规定，船舶、设施和排筏在海上或内河水域中航行、停泊或作业时发生的事故称为“交通事故”，发生在沿海水域中的事故称为“海上交通事故”，发生在内河通航水域中的事故称为“内河交通事故”。海上交通事故和内河交通事故又合称为“水上交通事故”或“船舶交通事故”，通常称为“海事”。海事并不限于船舶在海上发生的事故，船舶在江河湖泊等内陆水域中发生的事故亦属于海事的范畴。船舶在港口水域中系泊时发生的事故亦然。此外，海事不仅包括船舶发生的事故，还包括水上设施发生的事故。

3. 铁路运输事故

经1999年12月25日铁道部部长办公会议通过，自2000年7月1日起施行《铁路行车事故处理规则》规定：凡因违反规章制度、违反劳动纪律、技术设备不良及其他原因，在行车中造成人员伤亡、设备损坏、经济损失、影响正常行车或危及行车安全的，均构成行车事故。铁路运输具有运输距离长、运输量大的特点，在干线运输中起到重要作用。一旦发生铁路运输事故，则产生的损失大、影响面广。

4. 航空运输事故

物流运输中主要使用的是民航飞行。民航飞行安全是指航空器在运行中处于一种无危险的状态，也就是指民用航空器在运行过程中，不出现由于民用航空器质量和飞行组操纵原因以及其他原因而造成民用航空器上的人员伤亡和航空器损坏的事件。航空运输事故往往具有事故损失大、破坏性强等特点。在物流运输中，由于承担价值高或急需物品的运输任务，单次航空运输事故造成的损失较大。由于航空运输管理制度比较完善，留空时间短而准，货物破损率低，所以事故率较低。

5. 管道运输事故

管道事故中，发生最多的是泄漏事故，其主要原因有设置上的缺陷，如腐蚀、焊接上的缺陷，对温度引起的伸缩性考虑不周和振动等。此外，由于阀门等配置不适当而发生操作失误所造成的事故也不少。

4.2.2 物流运输事故特征

1. 物流运输事故既有随机性又有必然性

对于某种运输方式和运输工具来说，何时、何地因何原因发生交通事故是随机的，具有一定的偶然性。但每一起运输事故的发生都是一定因素综合作用的必然结果，事故的发生和发展都具有一定的必然性。只有认识到事故的必然性，掌握事故发生和发展的规律，才能够尽早发现事故发生的苗头，及时采取有效措施防止事故的发生。事故的随机性又要求人们随时都应注意运输安全，增加运输安全意识，加强运输安全管理，才能确保物流运输的安全和顺畅。

2. 运输事故是小概率、频发性事件

物流运输事故是由多种因素综合作用的结果，每个因素的出现都有一定的概率，但是由于因素繁多，在运输过程中时刻都可能出现事故隐患，运输事故隐患具有频发性。据统计，在我国每个机动车驾驶员每天至少遇到200次的事故隐患。尽管运输事故隐患具有频发性，但由于应用于公共运输的技术都是经过长期发展可靠程度较高的技术，在设计、制造运输工具和交通系统时已经考虑到它的安全性能，配备了相应的安全设备，制定了有关规定，绝大多数的失误和故障都会被及时纠正或排除，遗留下来的失误和故障大部分在潜伏一段时间后被发现并排除，或和其他因素一起引起一些无关大局的小事故而被排除。运输事故是多种因素综合作用的结果，由概率论可知，多种因素同时出现的概率为每个因素出现概率的乘积，因素越多，概率越小。以上原因决定了物流运输事故是小概率事件，有研究表明，我国大约每150万次交通事故隐患中出现1次交通事故。运输事故是小概率事件这一规律决定了物流运输安全的管理、预测和控制是有一定难度的。

3. 物流运输事故的突发性

运输事故的发生常常没有任何先兆，即具有突发性。道路、水路、航空运输中，驾驶员从感知到危险到事故发生的时间通常较短暂，往往短于驾驶员的反应时间与采取相应措施所需的时间之和。物流运输中由于操作失误、设备缺陷等往往突然发生泄漏、爆炸等事故。因此，物流运输事故具有突发性。

4. 物流运输事故的社会性

物流活动是随着社会和经济发展而发展的一种社会现象，是人们客观需要的一种活动，是现代市场经济不可或缺的部分。在目前现代化的城市中，由于大生产带来的社会分工越来越细，人际间的协作和交往也越来越密切，使得运输活动日趋频繁，成为一种社会的客观需求。

物流运输事故是伴随着物流运输的产生而产生的。只要有人参与运输活动，就存在着发生运输事故的危险性和可能性。物流活动是随着社会发展而产生和发展的活动，伴随的物流运输事故是客观存在的社会现象，即物流运输事故具有社会性。物流运输事故的危害性不仅表现在对人民财产安全的侵害，更在于它造成的巨大损失会干扰社会的正常运转，延缓经济的发展；恶化人类的生活质量，危害生态环境，降低人民生活的实际质量；破坏正常的生活秩序，危及社会安定；事故导致二次灾害的后果常常比交通事故本身更具有危害性。由于物流运输活动与社会的生产、人民的生活息息相关，进一步证明了物流运输事故具有社会性。

练　习　题

1. 物流运输的方式有哪些？各自有什么优点？
2. 物流运输中常见的事故有哪些？
3. 如何理解物流运输事故的概率特征？

第 5 章

道路运输安全

在物流运输中，使用汽车进行的道路交通运输是主要的运输方式。改革开放以来，随着我国市场经济的快速发展，道路运输作为物流运输的主要承载方式也在快速发展，无论从运输货物总量还是运输公路里程总数都达到了一个新的水平，道路运输获得了长足的发展。但是，与此同时，道路交通运输安全生产形势却日趋严峻，频繁发生的交通事故不仅使国家和人民背上了沉重的包袱，也让物流运输受到了巨大的损失和影响。

物流企业的运输活动过程中的安全影响因素主要有驾驶员、道路运输车辆、运输安全管理及管理机制等。

5.1 道路运输安全系统

道路交通运输安全系统主要由人的不安全行为、车辆的不安全状态、道路因素、管理因素和环境影响因素等构成，如图 5-1 所示。在这些因素耦合失效的情况下，就会发生道路交通事故。

物流企业的运输活动过程中的安全影响因素主要有驾驶员、道路运输车辆、运输安全管理及管理机制等。

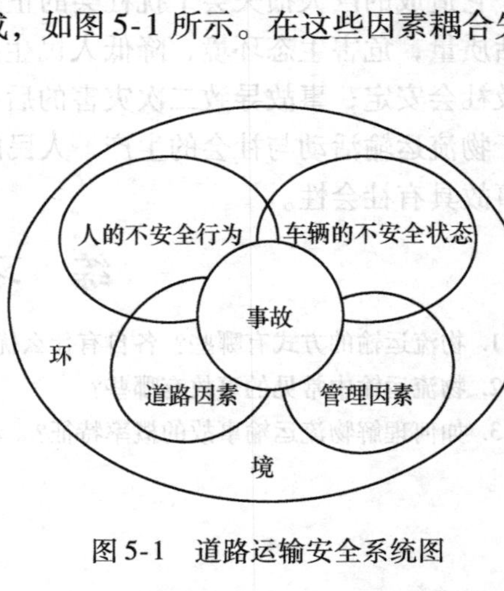

图 5-1 道路运输安全系统图

5.1.1 驾驶员因素

在导致运输事故发生的原因中，人的不安全行为占主要的地位。从我国大量的交通事故统计可以看出，由于人为失误导致的事故占了 90% 左右，而因道路交通环境条件引起的占 30% 左右，因汽车技术状况诱发的事故约为 10%。人作为各种社会活动的主体，既是交通事故的受害者，同时又是交通事故的制造者，事故导致的各种人间悲剧都将降临在人的身上。由此可见，分析交通事故中驾驶员的因素，对于预防和减少交通事故具有十分重要的意义。

在道路运输活动中，驾驶员的个体差异对事故的发生有着很大的影响，不足的反应能力、事故发生高危的年龄和性别群体、低劣的素质都是导致交通事故的原因。

1. 反应时间

驾驶员的反应时间是驾驶员在行车过程中实际感觉点和驾驶员采取躲避行动点瞬间之间所需时间，也称为驾驶员"思索距离"。它包括两个过程；一是驾驶员得到信息（情况）到判断所需要的时间（从信息要求开始至判断时间），二是制动器动作到开始生效时间。所以在险情突发时，驾驶员首先要通过大脑思维对情况在有限时间内作出正确的判断，然后再进行正确反应。当然这个过程是相当短的，有关人体工程学专家认为对于一般人，当预先接收到大脑中某一信息发生，集中注意力于这一信息时，反应时间约为2s。可是，在行车过程中往往事先并不知道什么时间会发生情况，从反应时间的表现过程来看，从驾驶员发现情况，至右脚从加速到踏板，所需包括反应情况在内的反应时间大大延长，这样就会由于反应时间的延长而导致事故的发生。影响驾驶员反应的因素包括刺激物的种类、强度、背景和复杂程度等几方面。

2. 年龄、性别

年龄和性别在交通事故中的作用主要是影响驾驶员在面对和处理复杂的交通情况和突发事件的反应时间。表5-1列出了驾驶员年龄与反应速度的关系。

表5-1 驾驶员年龄与反应速度的关系

项目 \ 年龄	10~17岁	18~29岁	30~49岁	50~69岁	70岁以上
知觉（%）	100	95	93	76	46
比较、判断（%）	72	100	100	89	69
动作与反应速度（%）	88	100	97	92	71

3. 驾驶员的素质

一名合格的驾驶员应该具有正确的驾驶动机、足够的应变能力、丰富的安全知识和经验、良好的体力和智力状态等。驾驶员的素质低，个体联户、租赁承包的在用车辆安全运行状况差是制约当前交通安全发展的主要原因。发生事故的驾驶员中，相当一部分驾驶技术不熟练，经验不足，难以适应当今的复杂交通环境；法制观念淡薄，缺少驾驶员应具备的起码的职业道德和驾驶作风；在道路的行使过程中，为了取得可能高的经济效益，短期行为和冒险行为相当严重；为了赶路，经常盲目地违章超车、超速，危险会车，越线行驶，疲劳驾驶以及车辆带病行驶等，这些因素常常发展成为交通事故。此外，驾驶员的侥幸心理和省能、省时心理也是不可忽视的一个重要因素。

通过分析道路交通事故数据可知，机动车驾驶员导致事故的不安全行为主要有疲劳驾驶、超速行驶、酒后驾驶、驾驶差错、判断失误、违章超车、违章会车、违章停车等。现分析如下：

（1）疲劳驾驶。疲劳驾驶是指驾驶员在行车过程中，出现腰酸背痛、眼睛模糊、手指和身体不灵活、反应迟钝、判断不准等驾驶能力低落的现象。理论上讲，驾驶时间、睡眠、驾驶强度和速度、人体生物节律、体质、驾驶技术、驾驶环境、营养条件等都对疲劳具有直接的影响。从生理上看来，驾驶员为了处理好行车过程中的种种复杂情况，眼睛和神经一直处于持续的紧张状态，特别是在车速较高时，眼睛的负担很大，连续工作时间一长，感觉机能弱化，听觉和视觉敏锐性变低，严重时还会引起错觉。随着疲劳的延长，对复杂刺激的反应时间增加，动作准确性下降，从而引发不安全行为。疲劳驾驶的原因是多方面的，有生活上的、工作上的、社会的等几方面。

（2）超速行驶。超速行驶中驾驶员反应能力迟钝，应急能力差。驾驶员在驾驶过程中心理活动的过程为：发现外界刺激信息——注意——分析——判断，依此来看，注意、分析、判断三者属于思维范畴，是每个驾驶员从接受外界刺激信息进行心理活动的必然程序和规律。驾驶员接收信息是为分析判断提供材料，驾驶员的动作措施则是分析判断的结果。在超速行驶过程中驾驶员注意力和判断机能降低，接收外界信息减弱，随之而来的分析、判断、动作就容易产生失误，从而导致事故的发生。

（3）酒后驾驶。酒精会刺激大脑神经系统，导致反应迟钝，甚至神志不清。饮酒后对驾驶机能的主要影响是视力降低，视野变窄、色彩感觉能力降低等。体内酒精含量低时，反应时间较饮酒前略有缩短。体内酒精含量增大时，反应时间较饮酒前有明显增大，反应差别也明显增大，其他感觉也变得迟钝。注意力减弱，判断的正确性、记忆力变差；处理信息的能力降低，动作不协调；思想麻痹，情绪不稳定；失去克制力，胆大妄为，不知危险，喜欢超速行驶、强行超车等极易诱发交通事故的不安全行为。在我国，驾驶员饮酒是造成交通事故的重要原因之一。

（4）驾驶差错。在驾驶车辆全部过程中，心理和生理活动贯穿于始终，这就要求驾驶员在行车过程中，不仅要有心理素质作保证，而且要有相当的体力来适应。驾驶员由于受到各方面（包括生理、心理和社会等方面）的影响，从而使接受有效信息的能力下降，在行车过程中或者没有感知到信息，或者感知到错误的信息，或者没有感知到所有的信息，或者过多感知信息，进而在作出判断的决策过程中，由于受认识能力、知识水平和驾驶经验不足等的影响使自己的动机与实际不相符，出现判断决策失误，引发交通事故。

（5）违章超车和会车。车辆行驶过程中，超车和会车都是常见的。每次超车和会车时与同向车辆或者对向车辆的距离都较近，同时，超车和会车存在着各自复杂的心理过程，如果不按规定超车和会车就极易产生事故；在超车或者会车时，没有看清路面和其他车辆状况或判断失误就进行动作，则很容易产生意想不到的事件，从而导致事故发生。常见的违章超车行为有：强行超车，跟随超车，长时占用超车道，超车时不合理使用制动等。常见的违章会车行为主要有：超速会车，视线不清会车时不开雾灯，会车时突然转向，夜间不合理使用灯光等。

（6）违章停车。车辆由于交通活动的需要进行停放是交通活动中的一个常见行为，但违章停车会对交通秩序造成不良影响，也会导致交通事故的发生。车辆的违章停车行为主要有以下几种：在禁止停车的地点停车；占道停车；因故障停车不合理使用警示标志等。施工路段、公共汽车站、隧道口50m内等路段是道路交通法律法规禁止停车的地方。这些地方由于交通环境复杂，停车容易与行人、施工人员、车辆或建筑发生碰撞等事故。车辆违章占道停车，会遮挡行车视线，使可供使用的道路变窄，道路的通行能力变小，易发生交通事故。当车辆因故障停放在道路中时，应按要求打开相关的警示灯和安放警示标志。一些驾驶员在车辆发生故障停车后，没有按照要求打开警示灯和安放警示标志，致使对向车辆和后方来车无法正确判断前方车辆状况，避让不及产生碰撞事故。

（7）不良的驾驶习惯。驾驶车辆时吸烟、驾驶车辆时接打电话、穿拖鞋驾驶车辆等不良驾驶习惯也是诱发交通事故的重要原因。驾驶员驾驶机动车辆时吸烟对安全行车影响巨大，首先，由于吸烟需要点烟、持烟、将烟与嘴对接等动作使驾驶员注意力分散；其次，吸烟形成的烟雾会影响驾驶员的视线；再次，吸烟容易导致火灾发生。驾驶机动车辆时接打电话分散了驾驶员的注意力，使驾驶员不能很好地处理交通状况，从而导致事故发生。穿拖鞋驾驶机动车辆时，由于人的脚底会出汗，会与拖鞋产生滑移，在踩离合器、油门踏板或制动踏板时动作不到位，从而导致事故发生。

5.1.2 道路运输车辆因素

在物流活动中，车辆是道路运输活动的主体之一。在道路运输过程中，车辆不良的驾驶视野、恶劣的驾驶环境、不足的照明、不合理的车辆结构和安全装备的缺失都是造成交通事故的重要原因。

为了道路运输活动的安全顺畅，必须保证运输车辆的安全技术条件符合要求，同时对车辆的选购、改装、使用、维护、检验和报废等环节进行严格管理。

5.1.2.1 运输车辆简介

1. 物流运输车辆的性能和特点

汽车是具有独立动力装置、能自行驱动而不依赖轨道运行的陆上运输工具，是道路运输装备的核心。

汽车的主要性能包括动力性、燃油经济性、制动性、操纵稳定性、行驶平稳性、通过性、最小转弯半径等。选用汽车作为物流运输装备时应对以下主要参数加以了解。

（1）容载量。载客车辆包括座位数和可站立乘客数，载货车辆以最大的装载质量表示。

（2）比功率，即发动机额定功率（kW）与厂定最大总质量（t）之比。

（3）最高车速。在额定载荷状态下，水平路面上，变速器最高挡，节气门全开时，车辆稳定行驶的最高速度。

（4）燃油消耗量。额定载荷下，单位行驶距离消耗的燃油量（L/100km）

（5）制动距离。额定载荷状态下，以一定车速行驶时，实施紧急制动，从踩制动踏板开始到完全停车为止，测得的车辆行驶的距离为制动距离。

除上述主要性能和参数外，汽车的质量参数和几何参数与公路等级以及所通过的桥梁承载能力密切相关。

2. 物流运输专用汽车

通过以上分析可知，采用汽车运输可以提高运输生产效率，降低运输成本，减少中间环节和劳动消耗，缩短装卸货物时间，进而实现最佳经济效益。但从运输意义上讲，在很多情况下，普通载货汽车往往既不能满足“量”的要求，也不能满足“质”的要求，因为种类繁多的货物在性质和物理状态方面相差较大，有的物品在运输过程中需要冷藏或者保温才能防止发生腐烂和变质，而有些货物易燃、易爆、易腐蚀或者有毒，因此必须使用专用汽车才能更加有效地发挥汽车运输的经济效益和专用功能。

物流专用运输汽车中最常见的装备是汽车列车。汽车列车由牵引车与挂车组合而成。牵引车也称拖车，一般不能装载货物，专门用来拖挂或牵引挂车。挂车是指由汽车牵引，本身没有自带动力以及驱动装置，用于运载人员和货物的车辆。挂车为不带有动力装置的载重部分，必须和牵引车组合才能行驶。牵引车可分为全挂牵引汽车和半挂牵引汽车两种。全挂牵引车的车架较短，只能和全挂车一起使用，半挂牵引车与半挂车一起使用，半挂牵引车承受半挂车的部分重量。挂车不带有行走动力装置，在货物抵达目的地之后就可以与牵引车脱离，单独滞留在装卸场所装卸货物，而牵引车则可以换上其他挂车继续投入运输工作，从而加快了牵引车的周转速度，提高了牵引车的利用率。

汽车列车主要分为全挂汽车列车、半挂汽车列车、双挂汽车列车和特种汽车列车等。汽车列车的运输效率较高，每百吨公里的燃油消耗一般会比单车低40%，因此，总的运输成本也低于单车。在诸多专用汽车中，发展最为迅速的是半挂汽车列车，它是由半挂牵引车和半挂车通过牵引联结装置连接而成的。半挂汽车列车始于20世纪初，由于其具有良好的牵引性能、专用联结装置，从而缩短了汽车列车的总长，行驶稳定性好，并且无普通挂车行驶时牵引钩与环的撞击、振荡现象，这就降低了行驶时的噪声，从而使联结装置更加可靠、耐损。因此，它特别适用于“区段运输”、“甩挂运输”和“滚装运输”等方式。

（1）半挂牵引车。如图5-2所示，半挂牵引车是用来牵引半挂车的汽车，其结构与普通载货汽车的区别是车架较短且无货厢，并装有鞍式牵引座（又称第五轮联结器）。它通过鞍式牵引座承受半挂车的部分货物质量，并且锁住牵引锁，以带动半挂车行驶。

图5-2　牵引车

（2）半挂车。半挂车主要由车架和车轴组成，车轴的数量和配置取决于载质量，轴数越多，可载质量就越大。按照结构形式的不同，半挂车主要有以下几种类型：

1）平板式挂车。其载货平台是一平直面，且高于车轮，适于运输钢材、木材及大型设备等。

2）阶梯式半挂车。其车架呈阶梯形结构，主载货平台平面位置较低，车架前端高于主载货平面的载货平台为第二载货平台，适合运输对重心高度有一定要求的大型设备、钢材等。

3）凹梁式半挂车。其载货平台呈凹形，具有最低的承载平面，凹形货台平面离地高度一般根据要求用户要求确定，适合低重心要求以及超高货物的运输。

按照用途的不同，半挂车又可分为以下几种：

1）厢式半挂车。如图5-3所示，此半挂车车身由普通金属、复合材料或帘布等材料制造的全封闭厢体构成，

图5-3　厢式半挂车

并设有便于装卸作业的门，具有防尘、防雨、防盗、清洁卫生等特点。根据货物的运输要求，厢式半挂车又可分为普通厢式货车、厢式保温车、厢式冷藏车、厢式邮政车和厢式运钞车等，用于零担快运、电子产品、家用电器、服装布匹、医药食品、生鲜冷饮、银行运输、贵重商品的运输。

2）集装箱专用半挂车。此半挂车货台为骨架结构，专门用于运输国际标准为6.096m和12.192m集装箱。

3）罐式半挂车。此半挂车车身由罐体构成，可运输各类粉粒物料、液体等，既可节省包装费，又可提高卸料速度，载货后剩余率低。

4）栏板式半挂车。其载货平台四周通过栏板保护，既可运输大型设备，又可运输散件货物。

5）车辆运输半挂车。此半挂车专门用于运输轿车、面包车、吉普车、小型货车等车辆。

6）自卸式半挂车。此半挂车上设有液压举升装置，适用于各种物料的自卸运输。

5.1.2.2 运输车辆与运输安全

车辆是交通活动的主体之一，不良的驾驶视野、恶劣的驾驶环境、不足的照明、不合理的车辆结构和安全装备的缺失都是造成交通事故的重要原因。车辆安全因素主要由车辆的安全技术因素和车辆安全管理因素构成。

从事物流运输的车辆应该严格遵守国家的相关法律法规的规定，从车辆的购置、检验、维护、保养、使用、报废和科技装备等各个环节严格把关，才能确定物流运输活动的正常进行。

5.1.3 道路运输环境影响因素

物流运输过程中，社会环境不良、自然条件不佳等是事故发生的因素之一。这些因素的存在，使物流运输系统处于一个不安全的状态，当外部条件成熟时，就有可能导致运输事故的发生。

道路交通环境包括社会环境和自然环境。

1. 社会环境

社会环境的影响会给驾驶员的心理造成较强的影响。当前交通管理的不完善、监督和控制的力度不够等因素很容易使驾驶员产生侥幸心理，忽视交通安全法规，违章行驶、野蛮驾车等现象严重。市场经济和社会转型时期使驾驶员在行车的过程中浮躁和为了经济利益不顾安全的现象特别严重。家庭生活和社会生活中的种种问题使驾驶员在行车过程中注意力不集中、思想涣散、情绪不稳定等情况严重制约了驾驶员的反应能力和获取正确信息、作出正确决策的能力。

2. 自然环境

事故基本原因中的自然环境主要是指交通活动中的地质、水文、气象等自然条件。我国幅员辽阔，不同地区的地质、水文、气象条件各有不同，呈现出区域特点，对交通安全影响较大。在北方地区，雨雪天气较多，车辆在行驶过程中要求有良好的抗滑能力和制动性能；在东南部地区主要是丘陵和山地，地质状况复杂且常年多雨，要求车辆具有良好的抗滑能力、驾驶员具有良好的山地驾驶经验；西部地区地质风貌奇特，不安全因素更多，要求驾驶员具有良好的综合应变能力等。

在气象条件中，常见的雨、雾、冰雪对交通安全的影响最大。雨天路面湿滑，摩擦力减小，汽车的附着系数减小，容易失控引起事故。同时，雨天还会在汽车的玻璃上形成水膜，使驾驶员的视线变得模糊，容易造成误判而发生事故。阴雨天连续行车，容易使驾驶员的情绪受到影响，产生烦躁、低落的情绪，加大了发生交通事故的可能性。

雾天行车时，能见度较低，驾驶只能看见近距离的区域范围，驾驶视野小，无法完全掌握前方的交通动态，容易发生事故。同时，雾还会降低驾驶员对车速和车距的判断能力，影响对物体的动与静、运动的快与慢的判断。另外，雾气还能影响驾驶员的色觉，使驾驶员对各种颜色产生错觉。此外，雾天行车时，驾驶员会产生焦虑、烦躁情绪，过早产生心理疲劳，影响安全驾驶。

雪天行车时，路面摩擦系数低，制动距离延长，汽车容易发生溜滑，特别是在紧急制动和转弯时，容易由于失控而发生事故。同时，由于雪天环境都是白茫茫的一片，长时间驾驶车辆极易产生视觉疲劳，诱发交通事故。

5.2 道路运输安全管理体系

物流系统道路运输安全管理体系由安全管理体系的基础管理系统、程序保障系统和安全监督系统三个部分组成。

5.2.1 基础管理系统

物流系统道路运输安全管理体系的基础管理系统包括安全目标管理、安全组织机构、安全管理规章制度、安全教育和培训、安全投入和安全文化等6个子系统。

5.2.1.1 安全目标管理

良好的安全记录，优质的服务水平，稳步增长的经济效益是物流运输长期追求的目标，而安全又是优质服务和效益增长的基础。只有确立清晰的目标，才可能改进工作，提高管理水平，安全目标体系的制定正是公司各项业务长期稳步发展之必须。

物流系统道路运输安全目标体系由四级目标构成，分别为公司安全目标、部门安全目标、车队（站）安全目标和个人安全目标。各级安全目标分别是上级主管部门考核下级部门绩效的重要依据之一。安全目标是一个相对动态的目标，企业要根据具体情况定期进行评审和调整。福建省道路运输企业安全目标结构如图5-4所示。

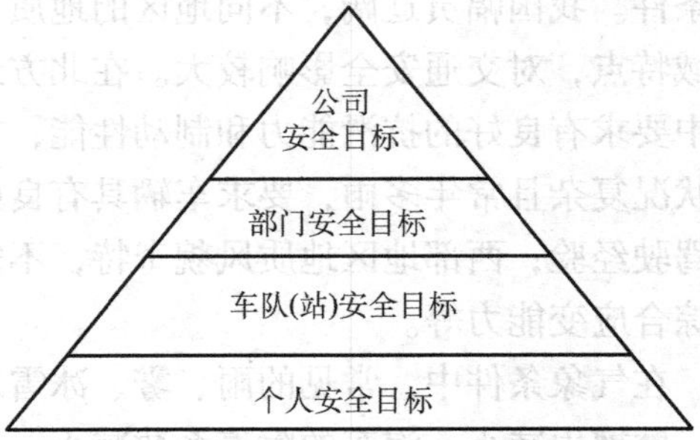

图5-4　物流企业四级安全目标结构图

5.2.1.2　安全组织机构

安全管理是一种有组织的活动。设置安全管理机构是安全生产、企业生产正常顺利进行的组织保证。物流企业应按照“全员、全过程、全方位管理”的原则，建立健全与企业安全生产工作相适应的安全管理机构；其次是安全管理机构中，各职能部门和职能人员必须有明确的职责范围，只有这样，安全管理工作才能从组织上落到实处。

1. 安全管理机构

物流企业应建立完善的从上到下的安全管理机构。企业设立安全生产委员会，由一把手任安全生产委员会主任，党委书记和主管安全生产的副经理任副主任，由企业其他领导和各部门领导任委员。各车队都建立安全领导小组，由车队主任任组长，车队其他领导和安全员任组员，负责本车队的安全管理工作。

一般中小物流企业推荐设立三级安全管理机构，大型企业推荐设立四级安全管理机构，分别如图5-5、图5-6所示。

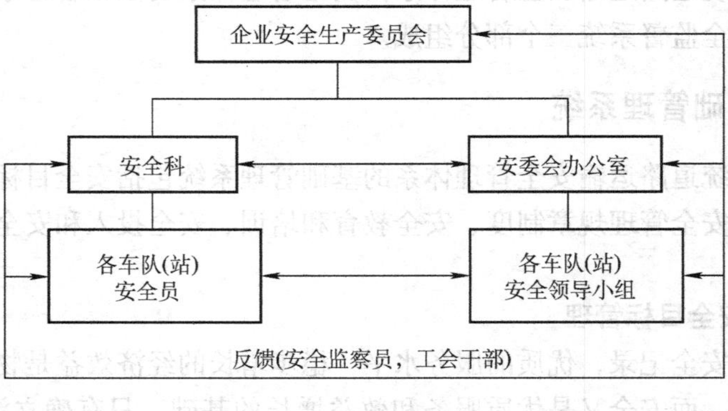

图5-5　三级安全管理机构结构图

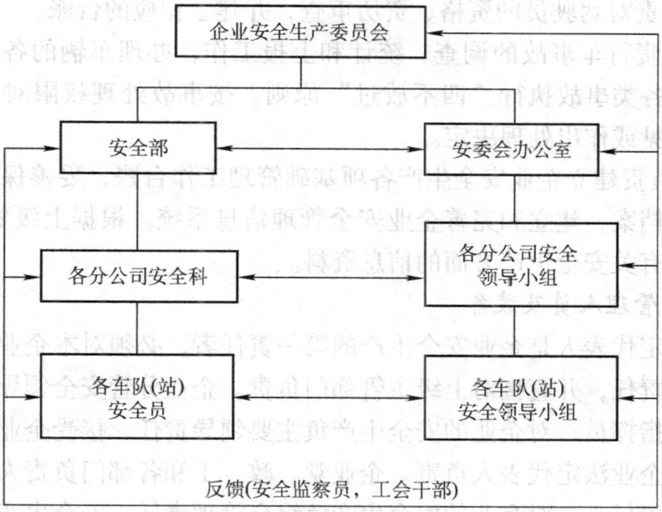

图5-6 四级安全管理机构结构图

物流企业道路运输安全管理机构主要具有以下职责：

(1) 贯彻执行国家有关安全生产的方针、政策，落实上级、运管部门和企业制定的安全生产各项制度、标准和办法。

(2) 对企业安全生产实行统一监管，实现对企业安全生产的综合管理，加强对基层各级安全管理机构的业务指导和检查，及时协调，定期考评。

(3) 建立健全一套具有监督、反馈、制约、激励等诸多功能的安全管理运行机制，制定并完善企业安全生产规章制度，制定不低于上级下达的安全生产考核指标方案，健全和落实安全生产岗位责任制，落实重特大事故救援应急预案。

(4) 定期组织召开本级范围内的安全例会，随时掌握各基层单位的安全生产动态，督促落实各项安全生产规章制度和责任制，出现问题及时协调和解决。

(5) 组织企业范围内的安全生产教育和培训，组织开展多种形式的安全竞赛活动，组织总结交流安全生产经验，推广安全生产先进经验。向企业领导人推荐表彰安全先进单位及安全先进个人，提出有关责任单位或责任人的处理建议。

(6) 负责组织对各基层单位车辆机械、动力、设备的安全性能、维护及安全操作管理及特殊工种持证上岗等情况的监督、检查和考核。

(7) 根据有关规定，随时抽查企业车辆的安全运行情况，并充分运用GPS卫星定位系统、汽车行驶记录仪等高科技管理手段，对车辆实施监控和动态管理，及时纠正违章行为。

（8）负责对驾驶员的资格、资历审查，并建立相应的台账。

（9）负责行车事故的调查、统计和上报工作，办理车辆的各项保险、索赔手续。对各类事故执行“四不放过”原则，按事故处理权限对事故责任人提出处理意见或作出处理决定。

（10）负责建立企业安全生产各项基础管理工作台账，妥善保管各项原始记录和资料档案，建立和完善企业安全管理信息系统。根据上级要求，及时、准确地提供有关安全生产方面的信息资料。

2. 安全管理人员及装备

企业法定代表人是企业安全生产的第一责任者，必须对本企业的安全生产负全面领导责任，并直接对上级主管部门负责。企业分管安全领导是企业安全生产的直接指挥员，对企业的安全生产负主要领导责任，接受企业法定代表人的领导，向企业法定代表人负责。企业党、政、工和各部门负责人是安全生产综合治理的责任人，对企业的安全生产负综合管理责任。安全生产管理职能部门及相关职能部门负责人向分管安全生产的企业负责人负责，并在基层设立专职安全员。道路运输企业可参照表5-2配备一定数量的专职安全员。

表5-2 物流企业道路运输专职安全员规定配置

车辆数（辆）	安全员数（人）
10~50	1~2
50~100	3~5
>100	≥6

专职安全人员应经相关业务培训，具有安全管理相关知识、技术和管理能力，并经考核合格后上岗。有危险品运输业务的企业应按规定至少配备一名具有初级职称的化工专业技术人员。

物流企业道路运输专职安全员的主要职责是：

（1）宣传贯彻执行国家及上级部门下达的有关安全生产的方针、政策和法规，认真执行企业各项安全管理规章制度。

（2）组织安全学习活动，会同有关部门进行经常性的安全生产宣传教育，积极开展行车安全竞赛等活动。

（3）经常深入现场进行安全生产监督检查，督促检查营运车辆保持良好的技术状况，保障各项基础管理工作的落实。对危及安全生产的行为有制止和向上级反映的权利。

（4）负责本单位安全事故的处理、统计和上报。

（5）加强对驾驶员的安全行车管理，协助做好驾驶员的审验、评比工作。

具有三级以上道路运输资质的物流企业必须配备安全管理专用装备，如安全生产检查专用车、计算机、道路交通安全宣传设备、通信设备等。

5.2.1.3　安全管理规章制度

为了实现安全管理的目的，企业应该建立健全各项必要的安全规章制度，为所有的员工预先设立一个行动的准则规范，以便员工照此行事，实现有组织、有秩序的安全生产。一般而言，物流企业为了实现安全生产的目的，需要建立健全以下制度。

1. 以目标管理为核心的安全生产责任制度

物流企业应建立以目标管理为核心的安全生产责任制，把目标管理和安全生产责任制结合起来，以事故隐患的控制等安全目标作为安全责任的界定和奖惩的依据。

在实施过程中，随着安全目标的层层分解，安全责任明确到人，形成一个自上而下逐级管理、自下而上逐级负责的管理网络。具体来说，公司领导主抓全公司安全，对国家和企业负责；各部门的领导、安全员主抓部门安全，对二级单位领导负责；车队长主抓车队安全，对部门领导负责；员工自抓本岗位安全，对车队长负责。各机构之间每年层层签订安全生产责任书，年终逐级考核兑现。

为确保安全生产责任的层层落实，可把安全质量状况与个人经济利益挂钩，实行逐级安全承包和全员安全生产风险资金抵押。由公司和各二级单位签订安全生产承包责任书，将安全生产责任制落实到生产岗位和个人，用承包合同将“责、权、利”固定下来。各二级单位根据本企业特点，或实行安全责任承包管理办法，或按照安全风险抵押金管理办法，或采用安全经济责任制，以此使安全工作层层落实。以安全风险抵押金制度为例，在签订责任书时，要求基层单位党政一把手交一定金额的安全风险抵押金，凡单位发生重伤以上事故一次，即罚没单位党政一把手1000元等。

2. 安全会议制度

物流企业安全生产领导小组每季度召开一次安全会议，每月召开一次安全工作例会；驾驶员安全会议（活动）原则上每周一次，每月不少于两次。遇有特殊情况或发生重特大事故应随时召开有关会议。

物流企业道路运输安全工作例会每月不得少于一次。安全工作例会的主要内容是传达、学习有关安全管理工作的文件、指示；总结本单位近期内行车安全工作的经验教训，制定措施，布置开展安全活动。

驾驶员“安全活动日”应每周开展一次。活动日主要活动内容包括传达、学习有关行车安全的法规、文件；总结、交流安全行车经验，分析安全生产形势；针对行车安全中存在的问题提出防范措施。安全活动日应建立活动记录，实行签到制度。物流企业也可根据自身条件和特点，结合生产实际，积极开展不同形式的安全竞赛活动。

3. 行车安全档案制度

物流运输企业应建立行车安全档案制度，包括基础资料档案、驾驶员行车安全档案、行车事故档案。基础资料档案主要包括有关行车安全的法规、条例、规章制度，企业的行车安全管理机构设置和安全管理人员编制名册、驾驶员名册、检查考核记录、安全例会记录、安全活动记录；驾驶员行车安全档案一人一档，记录其安全运行和遵章守纪等情况；行车事故档案一般事故以上一事一档，记录事故经过、事故原因及事故处理情况。

4. 行车安全教育和培训制度

物流企业应重点对安全管理、驾驶、维修、乘务、车辆安全技术检查等人员进行以业务和技术为主要内容的行车安全教育和岗位培训。

5. 行车安全检查制度

物流企业应建立行车安全监督、检查制度，对营运车辆和驾驶员等生产人员进行安全技术情况检查，做好详细记录，对检查中发现的问题和事故隐患，应制定措施及时整改。

6. 驾驶员管理制度

物流企业必须加强对驾驶员的管理，抓好驾驶员的资质审查和培训、考核、教育及其驾驶证、上岗证的管理工作。教育驾驶员遵章守纪，服从管理，自觉执行安全管理的各项规章制度。

7. 车辆管理制度

物流企业要加强车辆管理，建立车辆技术管理制度，严格车辆维修、检测，并建立健全车辆技术档案。要强化车辆风险保障能力的管理，凡国家规定实行强制保险的险种，所有营运车辆（含租赁、挂靠车）必须按要求投保，不得漏保、脱保。运输企业和交通主管部门还可采取设立责任赔偿保障金和安全统筹等办法，建立和完善车辆风险保障体系。

8. 安全奖惩制度

物流企业应建立科学的奖惩制度，做到奖惩分明，保障企业安全管理人员的合理权益，处罚相应的不安全行为。建立安全行车奖惩制度，使安全行车与经济利益挂钩。对安全行车的驾驶员每月按行车里程发放奖励基金，年终发安全奖，鼓励他们对发生事故的驾驶员根据损失大小按责论处，使安全行车与经济利益挂钩，加强安全管理效果。

安全奖惩应采用安全一票否决制，企业各单位、个人，未完成给定的安全生产目标的，取消一切评优资格；企业各项决策中，也应实行“安全一票否决”，当经济利益与安全问题相冲突时，要把安全放在第一位。

9. 安全责任追究制度

物流企业应秉承对安全事故严格按照事故原因不查清不放过、责任人员未处理不放过、整改措施未落实不放过、有关人员未受到教育不放过的“四不放过”原则，追究事故直接责任人和有关负责人的责任。

10. 行车日志制度

物流企业应建立行车日志制度，加强对车辆的运行管理，按班次填写行车日志。行车日志包括始发站、中途停靠站、终点站、停车时间、天气和道路状况，以及行车中发生的车辆故障、隐患、事故等内容。行车日志由驾驶员负责填写，企业专人负责管理。

制度的建设只是搞好安全管理工作的第一步，只是手段不是目的，它只是设立了一个人们行为的规范，更重要的是要遵照执行，将制度规章落到实处，否则只是白白浪费时间精力而已。

企业必须定期检查安全规章制度的执行情况，年终进行总结、分析，提出进一步完善的意见。各道路运输企业原则上一年要开展两次安全大检查。检查的主要内容是职工安全意识的确立情况、各项安全制度的执行情况、有关安全机构功能发挥的情况、车辆和设备实际的情况、各类事故处理的情况、安全防范措施落实的情况等。安全大检查以自检、普检为主，并适当与互检、抽检结合起来。对查出的问题要果断处理，并在制度上加以完善。

5.2.1.4　安全教育和培训

安全教育和培训系统的建立，是确保企业员工的安全意识、安全素质得以提升，营造良好安全文化的基础。企业应严格遵守有关部门关于安全教育的有关规定，建立自上而下的、系统完整的安全教育和培训系统，同时通过自身的管理得到保障和落实。该系统具体包括安全教育培训的类型、安全教育培训的形式和实施安全教育与培训效果的监控。企业的安全教育培训流程如图5-7所示。

安全教育培训是一项系统性、长期性和基础性工作，是为安全生产提供智力和能力支持的重要手段。不同的生产岗位、不同的文化程度、不同的技能类型和不同的工作经历，对安全教育培训的要求是不一样的，要使安全教育培训真正能够达到员工要安全、会安全、能安全的目的，关键在于区别对待，在制定培训方案时要从培训工作量、培训内容和培训方法上进行分类组合，提高针对性和实效性，以达到事半功倍的效果。企业的安全教育培训类型可以分为5种，分别为企业安全文化、岗前安全常识、专项安全培训、每月安全形势和专业安全知识。

要想获得好的教育效果，培训形式的选择至关重要。培训的形式很多，在道路运输安全教育中，要坚持克服一成不变的照本宣科、我讲你听、坐而论道

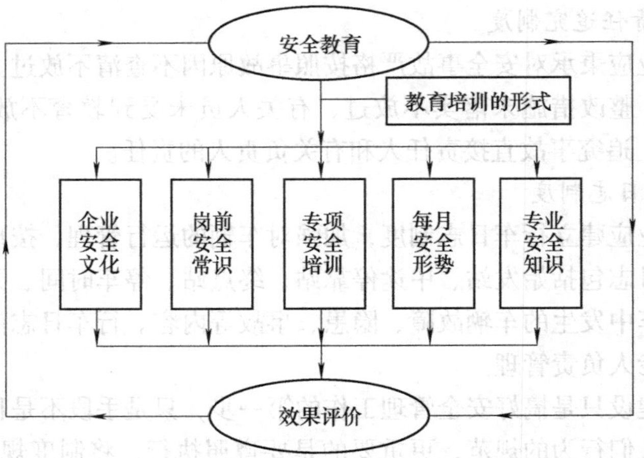

图 5-7 企业道路运输安全教育培训流程

的呆板单一形式，力求内容和形式的鲜活性，以丰富多彩的形式激发驾驶员、全体职工主动参与的热情，活跃教育学习的气氛，增强教育学习的客观效果。培训的最终目的是使职工安全意识得到提高。随着时代的发展，企业设备不断更新，技术水平不断提高，这就要求安全培训工作不断更新、完善、提高，改变一成不变的局面。企业的安全教育必须是全方位的，要运用各种有效的方法和手段，把一般的安全教育引向多样化，把多样化的安全教育引向纵深化。

物流企业安全教育和培训的可以采取以下九种形式。

（1）讨论式。利用专题案例讨论进行宣传教育。通过向驾驶员提供相关的案例背景资料，组织大家进行研讨；或通过案例重演，来查找发生事故的原因，知道如何防范以及发生事故后正确的处理方法。通过以重特大事故、违规违章操作造成事故等为题进行事故原因分析、讨论，可以尽快使驾驶员从单纯工作角色进入学习型角色，把对安全知识的感性认识上升为理性认识，提高职工安全生产的自觉性。同时可以使广大驾驶员在相互启发中思想得到统一，认识得到提高，缺点得到纠正，安全知识得到充实。让广大驾驶员可以吸取经验教训，有效杜绝同类事故的再次发生，并在行车中养成不违章违规操作的习惯。

（2）答题式。经常以小测验的形式，把《交通安全法》《道路运输条例》等安全法律、法规，与本职工作息息相关的专业理论知识，以填空、选择、简答、判断等题型发给驾驶员，让他们答卷，这样既能提高驾驶员安全理论知识，又能规范驾驶车辆正规操作程序。

（3）竞赛式。通过定期组织安全知识竞赛、演讲赛及主办驾驶员、承包经营者、企业员工结伴竞赛等多种形式，可以增强教育学习的趣味性，调动驾驶员的学习积极性，同时营造“人人为安全、安全为人人”的社会氛围。

(4) 互动式。公司可以组织驾驶员自由组合成甲、乙、丙三组，由甲组人员提出问题，乙组人员进行解答，丙组人员进行评判。让每组人员都承担出题、解题、判题的任务，如此循环，使所有驾驶员都参与到安全管理工作中来，亲身体会，增强针对性和实效性。

(5) 换位式。采用职工轮流讲课、安全故事会等方式，让职工自己当教员，在备课中学习，在讲课中提高。驾驶员书写讲稿备课的过程，本身就是自我教育与学习的过程。听取同类专业人员的演讲，亲身经历演讲，在倍感亲切的同时，又能产生一种共鸣，更能广泛有效的吸取他人成功经验来弥补自身不足，这样一来，有利于企业安全形式上的稳定和驾驶从业人员水准的提高。

(6) 观看式。影像教学直观，视听效果好，驾驶员一般都比较乐于接受。要经常组织一些安全教育音像片、图片让大家观看，通过反面典型警醒，通过正面典型教育，从中汲取营养。通过发放图文并茂的安全知识小手册和播放安全教育多媒体教程的方式增加培训效果，大力宣传安全生产的重要性，并做到辐射到岗、教育到人。可以加大反违章力度，从“严、细、实”着手，提高现场安全教育和管理水平。

(7) 见缝插针式。由于驾驶员职业具有流动性较强、比较忙等工作特点，决定了不可能用大量的整块时间来经常接受安全教育，必须充分利用网络信息平台以及驾驶员出车前、回库后的时间在车站、修理厂（检验站）见缝插针地进行，做到长流水不断线，保持安全教育的经常化。根据生产实际灵活变换培训方式：在生产任务不重的时间段开展集中学习、现场演练、专题研讨、经验交流等活动进行巩固、提高；在工作现场则以反违章为主要方式进行作业，确保现场安全生产，从而形成在工作中学习、在学习中工作的安全氛围。

(8) 活动式。通过参观先进典型、召开事故现场会等活动，对驾驶员进行直观培训。利用“安全生产月”、创建安全合格班组活动及反事故演习等形式，把职工文化与安全文化有机结合起来，增强员工的安全意识和反事故技能，为生产的安全管理营造浓厚的文化氛围。在网页上建立网上多功能安全教育活动室，扩大培训范围，利用一切可利用的资源来丰富和完善现代化的安全教育培训工作。

(9) 讲授式。听专业老师讲课，接受系统的安全知识培训。

安全教育和培训的效果评价是安全教育培训体系的重要组成部分。安全教育和培训是一个持续改进的过程，培训是否已发挥了作用，职工是否掌握了培训的内容，是否已经能够判断自己岗位存在的风险，是否愿意接受公司安全的方针，接受公司的安全文化，培训内容设计是否合理等问题，必须通过培训效果的评价来控制。

物流企业应定期对安全培训的效果进行评价，可以在培训完后通过问卷、总结、组织交流的方式听取职工对培训内容的反应，以及对培训内容、技能的吸收掌握程度，培训人员获得安全知识的效果进行检验评价，并存入个人培训档案。也可按不同的考核项目，按年、季、月进行逐项考核及检查来评价安全教育的效果。通过评价，对企业的安全教育计划进行修改和完善，找出不足之处，进行针对性的改进和加强，确定下一阶段主要的培训方向。

5.2.1.5 安全投入

物流企业道路运输安全投入指在控制危险源、消除事故隐患、提高驾驶安全系数、改善企业环境、强化安全教育、加大安全文化建设、提高安全文化素质、实现驾驶员及乘客本质安全化等方面的投入。

道路运输企业的安全投入来源主要有：①在工程项目中预算安排，包括安全设备、设施等内容的预算费用；②企业上级相关部门根据行业或部门的需要，给企业按项目管理的办法下拨安全技术专项措施费；③企业按月提取的安全费用；④作为企业运输生产性费用的投入，满足从事安全或劳动保护活动的需要；⑤企业从利润留成或福利费中提取的保健、职业工伤保险费用。

物流企业安全投入主要由安全管理投入与安全技术投入两个部分组成。

安全管理成本主要包括以下费用项目：①安全管理费；②安全培训费；③安全教育费；④劳动保护品费；⑤安全宣传费；⑥安全奖励费；⑦安全检查费；⑧安全检验费；⑨其他。

安全技术成本主要包括以下费用项目：①安全设备设施购置费；②安全技术引进费；③环境卫生措施费。

下面以福建省道路运输企业为例来阐述企业安全费用的提取和使用。

1. 福建省道路运输企业安全费用

安全费用是道路运输企业按比例提取的主要用于车辆检测、车辆保修、高科技车辆监控和跟踪投入、安全教育培训投入、劳保费用投入等方面的安全专项资金。从企业的角度看，安全费用的提取的目的在于保证安全投入。因此，通过规范道路运输企业安全费用的提取，保证企业合理充足的安全投入，从而尽可能消除事故隐患，保障运输生产安全顺利地进行，保障社会稳定。

针对福建省道路交通运输量主要由二级及其以上道路运输企业承担的实际情况，鉴于福建省客运二级企业数据较全面、可靠，选择客运二级企业为研究对象。全省抽样调查的客运二级企业各项安全指标汇总见表5-3。

根据表5-3将全省客运二级企业各项安全指标绘制成图，如图5-8所示。由图5-8可以看出，福建省客运企业的安全投入占总营业额的比重为1.8%~2.9%；事故率及伤亡率总体上呈下降趋势，2004年之后趋于平缓；事故损失虽然在2000年有所增加，但总体上也保持下降；安全总代价率及总经济损失

表5-3 福建省客运二级企业各项安全指标

年份	伤亡率	事故率	事故损失率	安全投入率	安全总代价率	安全总经济损失率
1998	0.0426	0.0586	0.0194	0.0188	0.0382	0.0582
1999	0.0291	0.0650	0.0192	0.0269	0.0462	0.0576
2000	0.0294	0.0569	0.0255	0.0294	0.0549	0.0764
2001	0.0212	0.0439	0.0171	0.0220	0.0392	0.0514
2003	0.0152	0.0332	0.0140	0.0180	0.0321	0.0421
2004	0.0122	0.0245	0.0120	0.0182	0.0302	0.0361
2005	0.00841	0.0231	0.0113	0.0206	0.0316	0.0339

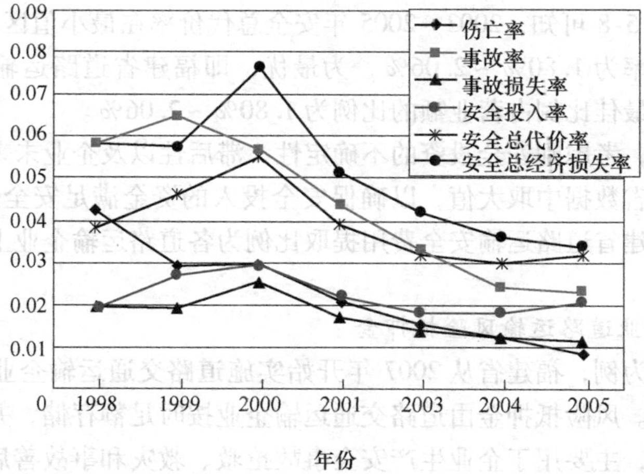

图5-8 福建省客运二级企业各项安全指标图

率在2000年达到峰值之后急剧下降，而在2003年之后趋于平缓下降；从整体上看，在2001年之后的各项安全指标稳定降低，2001年为福建省客运企业安全工作的转折点。

由图5-8作以下分析：

（1）当福建省客运企业的安全投入占总营业额的比重为1.8%～2.9%时，事故率及伤亡率总体上呈下降趋势，这说明1.8%～2.9%的安全投入比能保证降低企业的事故率，提高安全度，控制重特大事故的发生频率。

（2）事故损失总体上也保持下降，这说明当安全投入率为1.8%～2.9%时，能使事故损失保持在较低水平，是有效的安全投入。

（3）有效的安全投入，使总经济损失比在2003年之后开始趋于平缓下降，说明安全投入的效果不仅能使企业的损失减小，同时也保护了国家及社会的利益不受损害。

（4）1998～2005年，安全投入基本保持在1.8%～2.9%，但安全效果有所不同。从图5-8看，虽然事故率及伤亡率保持下降，但安全总代价率及安全总经济损失率两项指标在2000年之前增加，之后才降低。这说明等量的资金投入、不同的资金分配导致获得的安全效果不同。在2000年之前，事故损失率增加，但事故率及伤亡率都保持下降。可知在这个时期，安全投入的使用主要侧重于控制重特大事故的发生。巨大的经济损失也使人们意识到在控制重大事故发生率的同时，安全投入也要能达到降低事故的经济损失的目的。因此经过资金的整合和重新分配，在2000年之后已经能够实现事故率、伤亡率及事故损失率同时保持下降的目的。因此，在合理进行资金分配的前提下，对于福建省的道路运输行业2%左右的安全投入率能够收到较好的安全效果。

（5）从图5-8可知，2003～2005年安全总代价率在最小值区间微微波动，此时安全投入率为1.80%～2.06%，为最优，即福建省道路运输企业抽样调查的安全投入最佳比例占营业额的比例为1.80%～2.06%。

综上所述，考虑到安全投资的不确定性、滞后性以及企业未来的发展，在企业数据和全省数据中取大值，以确保安全投入的资金满足安全运输的需要，因此，确定福建省道路运输安全费用提取比例为各道路运输企业上年营业额的2%。

2. 物流企业道路运输风险抵押金

以福建省为例，福建省从2007年开始实施道路交通运输企业安全生产风险抵押金制度。风险抵押金由道路交通运输企业按时足额存储，并实行专户管理、专款专用，主要用于企业生产安全事故抢救、救灾和事故善后处理。一旦发生交通事故，将按规定从抵押金中提取资金，供第一时间使用。

在风险抵押金的存储金额方面，运管部门要求：小型企业存储金额不低于30万元，中型企业不低于100万元，大型企业不低于150万元，特大型企业不低于200万元。

5.2.1.6 安全文化

企业安全文化是企业在长期安全生产和经营活动中，逐步形成的，或有意识塑造的，又为全体职工接受、遵循的，具有企业特色的安全价值观、安全行为准则、安全知识和技术的综合体现。

1. 安全文化构成

企业安全文化要素包括安全习惯、安全理念、安全政策、安全目标、安全行为、安全科学等6个要素（见图5-9）。通过这6个要素间的逐级递变，安全文化实现自身的不断循环、改进和提升。

营造企业自身的安全文化，使企业的每一位员工都能自觉地按照安全的要求来规范自己的行为，自觉地把安全放在第一位，这是全面履行安全责任的内

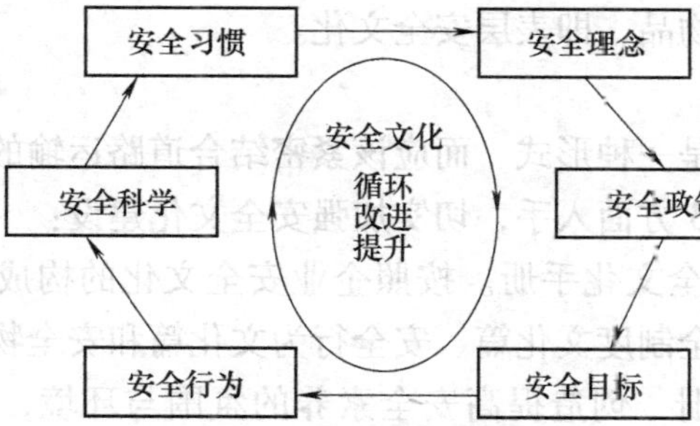

图5-9　安全文化要素图

在驱动力，是保证安全目标实现的活的灵魂。通过加强企业安全文化的建设来提升企业的安全管理水平，是对企业传统安全管理工作的一种创新，它超越了传统被动式的安全监督管理的局限。用安全文化去塑造每一位员工，从更深的文化层面激发员工“关注安全、关爱生命”的本能意识，体现了“预防为主”的安全管理精髓，由此才能确保安全规章的有效实施，提升安全管理的执行力，建立企业安全生产的长效机制。

物流企业安全文化包括4个方面，分别是安全精神文化、安全制度文化、安全行为文化、安全物质文化（见图5-10）。

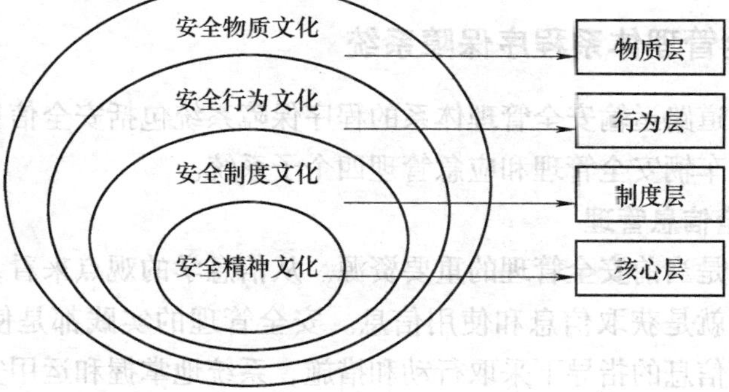

图5-10　道路运输企业安全文化构成

安全精神文化是企业核心安全理念，包括决策层的安全承诺、领导层的安全价值观、员工履行安全工作的态度等。

安全制度文化是包括安全生产责任制度、驾驶员管理制度、车辆管理制度、安全教育和培训制度、安全监督检查制度、安全生产奖罚制度等制度体系。

安全行为文化是包括安全行为规范、安全行为习惯、安全责任落实等安全行为体系。

安全物质文化是企业为了保证安全而使用的各种保护员工或设备免受伤害

的安全工具、器物和物品，即表层安全文化。

2. 安全文化建设

安全文化绝不应是一种形式，而应该紧密结合道路运输的安全生产实践活动。企业可以从以下3方面入手，切实加强安全文化建设：

（1）编制企业安全文化手册。按照企业安全文化的构成，手册可以分为安全精神文化篇、安全制度文化篇、安全行为文化篇和安全物质文化篇。大力宣传企业安全文化手册，创造提高安全素养的氛围与环境，提升全员安全意识，使职工将遵守安全行为规范变成自觉自愿的行动。

（2）对企业安全文化进行评估。从文化和管理的角度对企业安全文化的发展状况进行定期评估和动态评估，分析企业安全文化的不足之处，揭示企业安全管理不善的内在原因，进而提出企业在不同阶段安全文化建设的发展方向，加强安全文化建设。

（3）将安全文化建设融合于各项工作之中。在企业中开展安全文化建设，不应该把安全文化看做特别的事务，而要在企业的总体理念、形象识别、工作目标与规划、岗位责任制制定、生产过程控制及监督反馈等各个方面融合进安全文化的内容。在企业中也许看不到、听不到“安全文化”的词语，但在各项工作中处处、事事体现安全文化，这才是安全文化建设的实质。

5.2.2 安全管理体系程序保障系统

物流企业道路运输安全管理体系的程序保障系统包括安全信息管理、驾驶员安全管理、车辆安全管理和应急管理四个子系统。

5.2.2.1 安全信息管理

安全信息是当前安全管理的重要资源。从信息学的观点来看，企业的安全管理工作主要就是获取信息和使用信息。安全管理的实践都是使用信息的过程，即人们在信息的指导下采取行动和措施，系统地掌握和运用安全信息，提高企业安全管理的创新能力、响应能力，改善安全管理，为安全生产提供有效的服务。

在实际生产中，企业每天获取的安全信息量很大，这些信息都需要得到及时的处理和分析，单靠人是很难在短时间内完成这些工作的。道路运输企业应利用计算机建立安全信息数据库来完成对安全信息的管理。

安全信息数据库以大量安全基本信息作为主要数据基础，具有安全信息的录入、查询、修改、打印和基于安全信息的安全分析、安全预测、安全评价等功能。以安全数据为基础，选取适当的预测和评价模型，实现对企业的安全预测和安全评价。安全信息数据库的功能结构如图5-11所示。

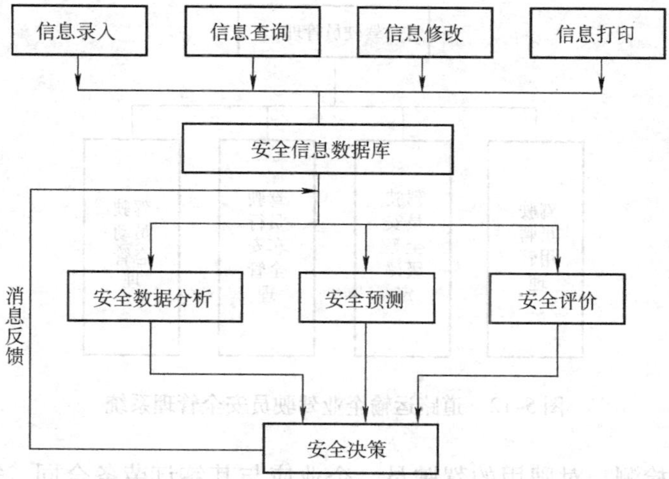

图5-11　安全信息数据库的功能结构

5.2.2.2　驾驶员安全管理

道路交通安全问题的关键在于人，驾驶员是交通安全的核心。在我国，机动车驾驶人违法行为是交通事故的主要原因，其中超速行驶、占道行驶、无证驾驶、酒后驾驶、疲劳驾驶等原因造成的交通死亡事故比较突出。因此，加强营运车辆驾驶员培训，提高营运车辆驾驶员素质，健全驾驶员行车安全管理制度，把好营运车辆驾驶员准入关，对道路运输行业的安全生产工作具有重大现实意义。

随着社会经济的迅速发展，驾驶员已经从一种职业向大众化转变，在驾驶员数量增长的同时驾驶员综合素质在降低。驾驶属于技术和经验并重的行为，这决定驾驶员的综合素质是基于驾驶技能和行车经验，包括道路交通基础知识、道路交通安全意识、驾驶心理、公共道德等指标。也就是说，普通人在通过驾驶培训与考核后，获得的机动车驾驶证是对其基本驾驶技能和基础交通知识的认证，并不意味着该驾驶员综合素质的合格。所以，物流企业要建立健全驾驶员安全管理系统。

企业驾驶员安全管理系统包括驾驶员聘用管理、驾驶员安全等级评定、驾驶员行车安全管理和驾驶员动态管理，如图5-12所示。

1. 驾驶员聘用管理

道路运输企业应制定驾驶员聘用制度。负责驾驶员招聘的部门须严格审核应聘驾驶员的安全行车经历，以及驾驶证、从业资格证和危货运输押运员从业资格证书等各种证书，并对审核结果负责。新录用的驾驶员须通过企业有关部门组织的技能考试和安全意识考核后方能录用，有条件的还可以对驾驶员进行

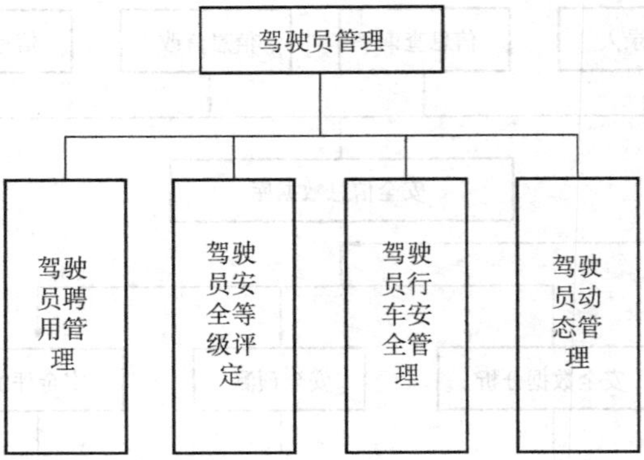

图 5-12　道路运输企业驾驶员安全管理系统

驾驶适宜性检测。对聘用的驾驶员，企业应与其签订劳务合同、安全生产合同，办理各类保险、福利，进行统一管理。建立一人一档、一车一档制度，并做到证档相符、车档相符。

对新聘用的驾驶员，在其上岗前至少应进行1周的安全教育，并针对其今后要从事的具体岗位进行岗前培训。组织驾驶员学习企业规章制度、安全操作规程、职业道德等，进一步熟悉以后所驾车辆的车况、性能，行车路线以及其他需要注意的事项。新聘用的驾驶员上岗后，应作为实习驾驶员跟随在该线路安全行驶1年以上的驾驶员行车1个月以上，方可单独驾驶该线路的客车或货车。驾驶员应具有良好的职业道德及基本的医疗抢救和事故逃生常识，危货运输押运员应熟悉所押运货物的特征及防范措施等。

2. 驾驶员安全等级评定

对驾驶员进行安全等级评定，有助于企业更好地掌握现有驾驶员的综合素质。基于驾驶员安全档案信息，每年度对驾驶员进行一次安全等级评定。安全等级评定的指标包括驾驶员的职业技能等级、年龄、文化程度、驾龄、从业时间和安全行车里程。根据以上指标对驾驶员进行安全等级评定，可把驾驶员分为一级驾驶员、二级驾驶员、三级驾驶员和四级驾驶员（见表5-4）。

表5-4　汽车驾驶员安全等级评定标准

驾驶员安全等级	职业技能等级	年龄/岁	文化程度	驾龄/年	从业时间/年	安全行车里程/万 km
一级	高级以上	35~45	高中以上	≥10	≥8	≥50
二级	高级以上	30~50	初中以上	≥8	≥5	≥30
三级	中级以上	25~55	初中以上	≥5	≥3	≥10
四级	初级以上	20~60	不限	≥3	不限	≥5

3. 驾驶员行车安全管理

企业应及时掌握驾驶员违法行车情况，制定相应的评比、奖惩措施；准确记录驾驶员安全行驶里程，制定肇事后安全公里扣除标准，并严格执行；对驾驶员出车前进行询问、告知，防止驾驶员疲劳、酒后或带病、带不良情绪上岗；督促驾驶员做好对车辆的日常维护和检查。

在出车前，组织管理人员应上车询问驾驶员的身体、精神状况，告知气候、路面情况以及注意事项，还可通过发短信、在路单上贴盖安全警示和问候短语等，以及给驻外点的驾驶员发手机短信等形式告知，使驾驶员感受到组织的关怀、集体的温暖，从而提高安全行车的责任感，增强安全观念。

建立企业驾驶员安全行车记录及档案管理制。驾驶员档案分为两级管理制，即安全职能管理部门和车队安全员的管理，其中安全职能管理部门为一级管理单位，行车事故的原始记录、驾驶员的监理、行政处分决定等一律交一级管理单位入档保存。

4. 驾驶员动态管理

驾驶员动态管理包括驾驶员行车过程中的管理和驾驶员聘用动态管理。企业应借助GPS系统等先进技术，对行车中易出现的驾驶员疲劳、超速、超载等行为给予监督。GPS系统可以实现车速实时监控，即每台车辆可设置规定的限速，车辆运行速度超过规定限速时系统迅速向监控工作站和车辆发出超速警告。聘用的驾驶员也应该实行有进有出的管理办法，对严重违反各项法规、制度和安全操作规程，发生重大行车事故的驾驶员，经考核已经不胜任本岗位工作的应坚决予以辞退。

5.2.2.3 车辆安全管理

车辆是旅客和货物运输的载体，车辆技术状况是驾驶员行车安全的物质基础。通过对大量的交通事故分析，因车辆的技术状况不佳（尤其是底盘部分）导致的交通事故一般多为恶性事故，如果能保障车辆随时处于良好的技术状况，这类事故的发生是完全可以避免的。

为加强企业的车辆管理，保持营运车辆技术状况良好，促进道路交通安全形势好转，企业营运车辆的购置、使用、经营方式等各个环节，应综合考虑安全因素，对运输车辆实行择优选配、正确使用、定期检测、强制维护、视情修理、适时更新和报废的全过程综合管理。

企业的车辆安全管理系统包括车辆技术管理、车辆维护和检测、车辆更新和报废及车辆先进安全技术的应用，如图5-13所示。

1. 车辆技术管理

具备三级以上道路运输资质的企业和二级以上道路运输资质企业的分支运输机构应成立专职的企业车辆技术管理部门，四级及以下道路运输企业应有专

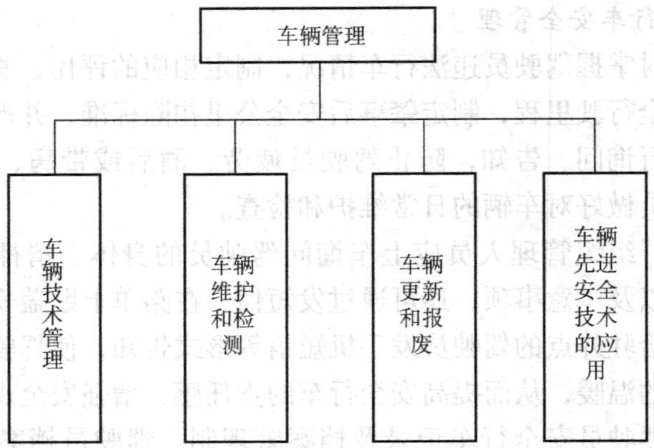

图 5-13 企业车辆安全管理系统

职的车辆技术管理人员，专门负责企业车辆技术管理工作。

企业车辆技术管理包括车辆技术管理规章制度、车辆技术档案和车辆技术状况管理三个方面。

（1）车辆技术管理规章制度。企业车辆技术管理规章制度包括：

1）企业车辆必须符合《机动车安全运行技术条件》（GB 7258—2004）和有关汽车运输车辆技术管理规定，证照齐全，手续完备。

2）车辆技术管理应坚持预防为主和技术与经济相结合的原则，对运输车辆实行择优选配、正确使用、定期检测、强制维护、视情修理、适时更新和报废的全过程管理。

3）建立车辆"回场必检、合格放行"制度，并指定专人负责。

（2）车辆技术档案。车辆技术档案是车辆从购置到报废全过程情况的记录。主要内容有车辆基本情况和主要性能、参加保险情况、运行使用情况、主要部件更换情况、检测和二级维护记录、事故处理记录。

（3）车辆技术状况管理。车辆的技术状况主要有两个考核指标，车辆技术等级和车辆新度系数。车辆技术等级根据交通部行业标准《营运车辆技术等级划分和评定要求》（JT/T 198—2004）的规定，用汽车使用年限、关键项和项次合格率来衡量，将车辆分为一级车、二级车和三级车 3 个等级。

1）一级车。使用年限在 7 年以内；关键项分级的项目达到二级以上，关键项不分级的项目为合格；项次合格率大于等于 80%；在运行中无任何保留条件。

2）二级车。使用年限超过 7 年；关键项分级的项目达到二级，关键项不分级的项目为合格；项次合格率大于等于 90%；在运行中无任何保留条件。

3）三级车。凡达不到二级车技术标准的汽车均为三级车。

车辆新度系数是衡量道路运输企业车辆新旧程度的指标，其定义为：

$$车辆新度系数=\frac{年末道路运输企业全部运输车辆固定资产净值}{年末道路运输企业全部运输车辆固定资产原值} \quad (5-1)$$

对运输企业来说，采用车辆平均新度系数来衡量，计算公式为：

$$a = 1 - \frac{\sum(V_1 t_1)}{96V_n} \quad (5-2)$$

式中 a——车辆新度系数；

V_1——单车原值；

t_1——单车实际使用月数（超过96的按96计算）；

V_n——全部营运车辆原值。

另外还可以用车辆完好率来表征车辆技术状况，其定义为：

$$车辆完好率=\frac{完好车日}{总车日}\times 100\% \quad (5-3)$$

2. 车辆维护与检测

企业必须执行国家有关规定的车辆维护制度。车辆维护应贯彻“预防为主、强制维护”的原则，保持车容整洁、装备完好，及时发现和消除故障、隐患，增强道路运输安全保障能力。企业车辆维护计划的制订应符合有关主管部门的要求，维护手续齐全，记录完整，保持车辆技术状况良好。

企业应按照《汽车运输业车辆技术管理规定》的要求，对车辆实行计划预防维护制度，如图5-14所示。

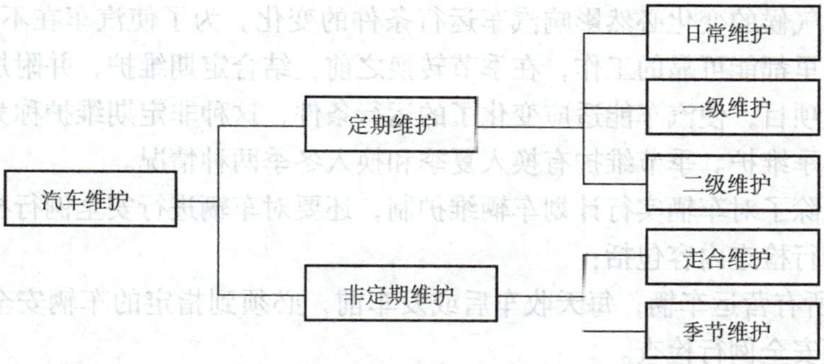

图5-14 汽车预防维护制度

日常维护是各级维护的基础，由驾驶员在每天出车前、行车中、收车后进行，其作业中心内容是清洁、补给和安全检视。通过日常维护，使汽车达到：车容整洁；螺栓、螺母不缺不松；油、气、水、电等不渗不漏；轮胎气压正常；制动系统、转向系统灵活可靠，操纵轻便，润滑良好；发动机、底盘无异响和异味；灯光、喇叭、刮水器、信号、仪表等工作正常。

一级和二级维护由具备资质条件的维修企业进行。一级维护作业的中心内容除日常维护作业外，以清洁、润滑、紧固为主，并检查有关制动、操纵等安全部件。二级维护作业的中心内容是除一级维护作业外，以检查、调整转向节、转向摇臂、制动蹄片、悬架等经过一定时间的使用容易磨损或变形的安全部件为主，并拆检轮胎，进行轮胎换位。

企业要实行车辆强制二级维护制度。车辆的二级维护由各级管理机构负责监督管理；二级维护必须按期进行，二级维护车辆出厂前，须进行竣工检测，所出具的检测报告作为维修企业质量检验员签发出厂合格证的依据之一。

为保证汽车的使用寿命，新车或大修后的汽车在开始投入使用时都应进行走合期磨合和走合期磨合后的维护，方可投入正常使用。汽车走合期维护作业的主要内容为清洁、润滑、检查和紧固工作：

1）更换发动机机油，更换变速器、后桥润滑油。

2）更换机油滤清器滤芯，更换燃油粗滤芯。

3）检查变速器、后桥、转向器、发动机等处泄漏情况，紧固半轴螺栓、转向垂臂螺母、横直拉杆转向球头螺母。

4）检查发动机冷却液系中的冷却液量，风挡玻璃洗涤液液量等。

5）检查传动轴、前后悬架系统，紧固传动轴联接螺栓和悬架骑马攀螺栓。

6）检查轮胎气压及技术状况，紧固轮胎螺母。

7）检查制动系的制动性能，补充制动液，检查、调整制动摩擦片间隙。

8）检查、调整发动机气门间隙等。

季节气候的变化必然影响汽车运行条件的变化。为了使汽车在不同地区、不同季节里都能可靠的工作，在季节转换之前，结合定期维护，并附加一些相应的作业项目，使汽车能适应变化了的运行条件，这种非定期维护称为季节维护或叫换季维护。季节维护有换入夏季和换入冬季两种情况。

企业除了对车辆实行计划车辆维护制，还要对车辆进行安全例行检查。车辆安全例行检查内容包括：

1）所有营运车辆，每天收车后或发车前，必须到指定的车辆安全检查站进行车辆安全例行检查。

2）检查站检验员必须具备质检员资质，对每一台车辆逐项、认真进行检查。

3）对检查完好的车辆，认真做好车辆安全检查记录，开具车辆安检合格通知单。

4）对检查不合格的车辆，认真做好车辆安全检查记录，开具车辆报修单。车主持报修单到运输企业的合约维修企业进行维修。修理合格后，经车辆安全检查站核验通过后开具车辆安检合格通知单。

5）车辆无车辆安检合格通知单禁止担任运行任务。

6）每日各车辆安全检查站将上个工作日的车辆安全检查情况报企业车辆技术管理部门。

企业结合车辆年检、车辆技术等级评定，强制二级维护等，制订企业的车辆检测计划，做到所有车辆不漏检、不漏维护。

3. 车辆更新与报废

为适应道路运输市场的发展需求，增强企业竞争力，加快客、货运车辆的更新步伐，提高运输车辆的安全性和舒适性，企业根据自身发展需要应积极制订车辆更新计划。同时，也应按照国家有关法规要求，确保达到报废标准的车辆能按规定及时实施报废。

（1）车辆的更新。即以新车或高效率、低油耗、性能先进的车辆更换在用车辆。车辆更新应以提高经济效益和社会效益为原则。更新下来的车辆，道路运输企业可根据国家有关规定进行处理。处理后的变价收入应用于车辆更新改造，不得挪作他用。

（2）车辆的报废。企业车辆技术管理部门应定期对车辆的技术状况和使用年限进行技术鉴定和确定，对于已到国家强制报废使用年限或车型老旧、性能低劣，油耗超标、维修费用过高，继续使用不安全、不经济的车辆，经鉴定确认后提出车辆报废意见，办理车辆报废手续。凡经批准或确定报废的车辆，交通运输管理部门应及时吊销营运证。报废车辆不得转让或移作他用，严禁用报废车辆的零部件拼装车辆。

4. 车辆先进安全技术的应用

世界上许多国家的实践表明，采用技术手段和措施，能有效防范和及时发现交通事故、挽救生命、减少损失。行车记录仪和GPS车辆定位监控管理系统的应用，使道路运输企业对驾驶员在路上行车状况的全过程实时监控成为可能，有效地控制了驾驶员的疲劳驾驶、超速、超载等违法行为，对预防重、特大道路交通事故的发生具有重大意义。

（1）行车记录仪。行车记录仪是对车辆行驶速度、时间、里程以及有关车辆行驶的其他状态信息进行记录、存储并可通过接口实现数据输出的数字式电子记录装置。行车记录仪的主要作用有：

1）记录360h内（15d）的所有行车数据，为事故处理提供数据支持。

2）设置超速提醒，当车辆行驶速度超出约定速度后，自动发出提示音，提醒驾驶员减缓速度。

3）具有行车数据的记录功能，对驾驶员能够起到威慑作用，不会任意违规操作车辆。

4）交警可以通过U盘、232串口、打印机、无线局域网等现场读取行车记录仪的数据，确认车辆是否违规操作。

5）车辆回到车队后，车队可采集车辆的行驶数据，进行数据分析，对超速、车辆使用时间、驾驶员等内容统计分析，进行有效管理。

（2）GPS 车辆监控管理系统。GPS 车辆监控管理系统的主要作用包括：

1）车辆位置实时监控。运行中的所有车辆能够准确地在电子地图中显示其位置。

2）车速实时监控。每台车辆可设置规定的限速，车辆运行速度超过规定限速时系统迅速向监控工作站和车辆发出超速警告。

3）信息实时发布。通过GPS 终端显示屏，向司乘人员发出天气、路况、救援等各种通知。

4）数据查询。可查询运行速度、运行轨迹、运行里程、超速次数、电子地图等相关信息。

5.2.2.4 应急管理

建立企业应急管理系统，保证企业在运输事故发生时，通过应急管理系统各个组成部分的快速反应，准确地启动相应的预案，使应急资源发挥最大化功效，有效预防、降低突发事故的损失和影响程度。

1. 应急管理组织机构和职责

根据现有大部分物流企业都设有安全生产委员会和独立的安全管理部门的特点，在物流企业事故应急管理系统建设过程中没有必要成立新的组织机构，可将原有的组织机构直接纳入应急管理系统，但必须明确其应急管理职责和权利。应急管理机构的主要应急救援职责可以按如下要求进行明确。

（1）安全生产委员会。安全生产委员会的主要应急管理职责应包括：

1）公司事故应急救援系统的建设、应急救援机制的建立和监督应急救援系统的有效运转。

2）公司应急救援工作制度的建立。

3）统一指挥和协调公司的事故应急救援工作。

4）组织公司事故应急预案的编制、演习、评估和修订。

5）公司总体预案和专项预案的应急救援指挥工作。

6）协调应急救援工作中与外部应急救援力量的联系。

（2）安全管理部门。安全管理部门的主要应急救援职责应包括：

1）应急救援管理制度的编写制定。

2）组织事故应急预案的编制。

3）协助安全生产委员会做好事故应急救援指挥。

4）组织公司总体事故应急预案的演练，指导各部门做好事故应急预案的演习。

2. 事故应急预案

企业应急预案应明确事故应急救援机构及指挥人员，制定各类事故（包括危货运输）应急处置办法，落实应急救援车辆和其他应急救援物资的储备，以及紧急情况的及时上报。企业应定期进行应急救援行动的训练和演练。

企业应急预案的主要内容包括以下几个方面：

1）报警、报告。

2）发生重大安全生产事故赶赴现场实行领导分级制，并率员完成营救、处理事件等任务。

3）重大安全生产事故发生后，应当按照应急预案成立事故应急救援指挥机构，负责统一指挥。

4）重大安全生产事故发生后，有关单位或个人应当服从应急救援指挥机构的调度，提供有关支援。

5）应急组织机构及职责：应急组织机构设总指挥、副总指挥、现场保护组、抢救组、维护秩序组、后勤组，并须明确各机构的职责。

3. 应急管理工作机制

企业应建立以下工作机制以确保事故应急管理体系的正常运转：

(1) 指挥机制。建立“集中领导，统一指挥”的事故应急指挥机制，在紧急情况发生时，任何单位和个人无条件服从应急指挥部的统一指挥，所有救援物资无条件服从指挥部的统一调配，以便最大限度开展事故应急救援工作。在日常工作中，要加强员工这方面意识的培训，在组织事故预案演习时，要把这方面的内容作为重点考核。

(2) 响应机制。根据事故影响的范围大小和事故后果的严重性，将事故紧急情况分级，制定相应的分级响应标准，在紧急情况发生时，作出相应的事故应急反应，启动相应的事故应急预案。

(3) 演习机制。建立事故应急演习机制，明确负责部门，按规定制订应急演习计划，并按计划开展应急演习工作。应急演习的具体形式包括桌面演习和实战模拟演习，按演习内容又可以分为单项演习、组合演习和全面演习。演习结束后，应对演习的结果进行总结和评估，对演习中暴露出的问题和不足应及时解决，必要时提请上级应急机构予以协调解决。

(4) 监督、检查和考核机制。建立事故应急工作的监督、检查和考核机制，促进事故应急管理工作的开展。

5.2.3 安全管理体系的安全监督系统

物流企业道路运输安全管理体系的安全监督系统包括安全生产监督检查和安全绩效管理两个子系统。

1. 安全生产监督检查

企业应在企业安全生产委员会统一领导下，建立安全生产监督检查系统，同时建立和完善监督激励相容制度。

安全生产监督检查是企业安全管理体系有效实施的重要保证。内部安全监督检查的主要任务是将企业各项安全工作都纳入日常监督的范畴，通过一整套措施，系统地、有针对性地对企业各部门的安全状况进行定期和不定期的监督，确保道路运输企业各项安全管理工作能持续有效地进行。

企业应改进契约，完善激励相容制度。对于企业内部的监督，可通过3条途径完善激励相容制度：一是实施安全监督“一票否决”制；二是逐步建立和实施专职安全工程师制度；三是赋予直接利益损失者惩治违规者的权利，以激励员工监督企业安全生产的积极性。对于企业外部的监督，主要是通过加大处罚力度来实现的。

企业安全监督检查系统，包括日常的安全监督、定期或不定期的安全检查、综合安全检查和专项安全检查。

（1）日常安全监督。企业分管安全的领导、安全管理部门及其专、兼职安全员共同对企业实施日常安全监督，其中专职、兼职安全员是企业内安全生产监督的主体力量。企业安全管理部门的专职安全员，保持对企业各部门的巡视监督；各部门领导和兼职安全员负责本部门管辖范围的巡视监督工作。物流企业领导和运输业务相关各部门领导有责任和义务随时对企业的生产运行进行安全监督。

安全监督人员应时刻关注企业的运行状况，注意发现安全隐患、了解核实职工发现的现场隐患、发现员工的不安全行为和安全管理中存在的问题。对于安全监督中发现的问题，安全监督人员应立即予以纠正。员工对被纠正的行为若有不服，可以有一次机会向安全管理部申诉，由安全经理裁决。安全监督人员对有疑问的地方要和一线人员认真讨论，查清问题及其原因，并研究改进措施。

对于内部安全监督发现的问题，安全监督人员应及时报告安全经理，由安全管理部整理分析存档，并录入安全信息数据库。内部监督结果应经过安全委员会讨论，提出整改措施，由安全经理监督各相关单位落实。

（2）安全生产检查。企业应坚持定期进行综合安全大检查。企业每半年对全公司各部门进行一次安全大检查，各部门每季度进行一次安全大检查，各车队每月进行一次安全大检查。对查出的安全问题和隐患，安委会召开专题会议，落实相关责任单位和责任人进行整改。企业还应坚持定期对运输车辆进行专项安全检查。在运输车辆的专项安全检查中，车辆专业技术人员组成专项检查组，根据专业要求，进行有针对性的安全检查。

企业安全检查的主要内容包括职工安全意识的确立情况、各项安全制度的执行情况、有关安全机构功能发挥的情况、车辆和设备实际的情况、各类事故处理的情况、安全防范措施落实的情况等。企业安全生产检查的内容如图5-15所示。

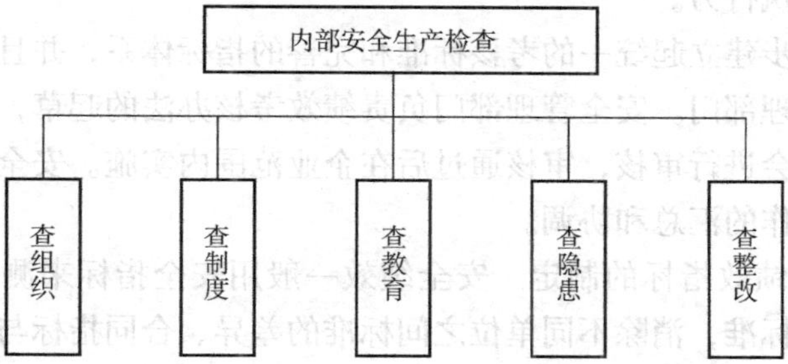

图5-15 企业安全生产监督检查的内容

企业安全管理部门负责制订安全检查计划，明确安全检查目标，并负责组织具有丰富安全管理与一线安全工作经验的人员，在安全检查前进行学习提高，回顾以前的经验教训，熟悉本次检查的目的及流程，熟练掌握本次检查时所要采用的新技术新工具，保证达到满意的安全检查结果。

企业安全检查人员由安全生产监管人员、企业专职安全员、企业分管安全的负责人、专业技术人员、相关的安全生产专家组成。

企业可以采用安全检查表的方式对企业进行安全生产检查。安全检查表是为检查系统安全状况而事先制定好的、用问题清单或提问的方式列出的一种检查格式表。企业安全检查表的编制，应由专业安技人员和有经验的驾驶员共同编制。运用系统分析方法对企业、部门或设备进行分析评价，找出导致事故的不安全因素，参考各种规章制度和规范标准中的规定和要求，并针对过去多发性和严重性事故，制定出检查项目，然后分类制成各种安全检查表。每个检查表都应有改进措施、检查时间和检查人等项目，这样便于改进存在的问题和分清责任。安全检查后，安全主管部门对安全检查结果进行评审并签字认可，评审出的不合格单位或有缺陷单位及时用安全通知书的形式反馈到生产单位，以便生产单位有的放矢地整改。

2. 安全绩效管理

企业对安全管理体系的有效性进行审核，即通过评估安全管理体系的运行在企业的安全管理方面所取得的效果，用安全绩效来体现。安全绩效管理是通过安全方针的建立、安全目标逐层分解、制订安全绩效计划、绩效考核，并将绩效用于企业日常管理活动中，以激励员工的工作业绩持续改进并最终实现安全目标的一种管理活动。绩效考核是提升企业执行力的有效手段，是整个安全管理过程中起关键作用的环节，因为工作的好坏要靠考核去检验，绩效的高低要靠奖惩去体现。没有考核奖惩会使职工的工作积极性受到挫伤。只有搞好考核奖惩工作，才能激发职工的工作热情，挖掘职工的工作潜能，从根本上提升安全管理整体执行力。

企业应逐步建立起统一的考核标准和完善的指标体系，并且明确安全绩效考核工作的管理部门。安全管理部门负责绩效考核办法的起草，并上交给企业安全生产委员会进行审核，审核通过后在企业范围内实施。安全管理部门还负责绩效考核工作的汇总和协调。

（1）安全绩效指标的制定。安全绩效一般用安全指标来测量。企业应建立统一的安全标准，消除不同单位之间标准的差异、合同指标与考核指标的差异、扣分与加分标准的差异。此外，企业在制定安全绩效指标时，除了选取事故数量、事故频率等基于结果的安全指标，还应充分考虑基于过程的安全绩效指标，如内部安全监督发现问题的处理率和处理效果、安全培训的效果等。这些指标虽然不是具体的不安全事件的数量，但是其完成情况可以反映道路运输企业对安全的重视情况、执行情况和对风险的控制情况。

另外，企业在制定安全绩效指标时，还应考虑到绩效考核结果对被评价对象的激励作用，即激励员工积极担负起各自的职责来提高企业安全水平。因此，企业应根据不同级别员工的安全目标，制定不同的安全绩效指标，具体细分为企业的安全绩效、管理层的安全绩效、员工的安全绩效等。

企业安全管理体系的安全绩效指标见表5-5。

表5-5 企业安全管理体系的安全绩效指标

层级	安全绩效指标
企业	企业每月发生的不安全事件数
	不安全事件造成的财务损失是否低于上年度同期水平
	企业安全目标的完成情况
	每月的安全会议是否按照规定召开
	内部安全监督发现问题的处理率和处理效果
	突发事件、例外情况的应急措施是否完善
各部门	部门每月发生的不安全事件数
	部门安全目标的完成情况
	是否认真贯彻各级领导关于安全工作的指示
	每月的安全会议是否按照规定召开
	每月是否及时上交上个月的安全月报
	对提交报告的员工是否及时反馈信息

（续）

层级	安全绩效指标
车队	车队每月发生的不安全事件数
	车队安全目标的完成情况
	是否认真贯彻上级领导关于安全工作的指示
	每月的安全会议是否按照规定召开
	每月是否及时上交上个月的安全月报
个人	员工安全生产违规率
	驾驶员安全行驶里程
	个人安全目标的完成情况
	是否按照规定主动报告安全信息
	是否按照企业规定参加安全会议
	安全培训的效果是否理想

（2）安全绩效考核。安全绩效的考核过程和结果应形成记录，由安全管理部门存档，并由安全经理上报企业法定代表人，考核结果应在安全生产委员会会议上进行讨论，并提出整改措施，由安全经理负责监督各单位落实。

要使考核做到客观、公正，企业还必须建立考核评价办法。一是领导抽样监督。由领导不定期对某个考核项目进行抽样检查，发现问题对考核部门负责人按照规定进行处罚。二是群众举报监督。凡因考核不公、造成职工意见大，出现上访、写匿名信、写举报信的，一经查实，对考核部门负责人从严从重处罚，并调离管理岗位。

3. 物流运输的信息化监控

将GPS、GIS等信息化手段用到物流道路运输的监控之中，可以对运输过程进行有效的安全监督和控制，从而有效地降低事故发生的几率。

GPS监控系统，是一种"事前监督与事后核查并举"的技术，它尽可能地做到"防患于未然"。GPS可以提高企业安全行车的动态管理水平，消除驾驶员违法违规行为，有效地预防道路交通事故的发生，确保行车安全。在发挥各职能部门安全监督管理作用的同时，通过配套的物流企业客户端应用软件，可对运行数据进行宏观分析，提升企业管理水平，带来经济效益。

GPS监控系统对行车安全和运输管理的作用主要体现在：

1）监控车辆是否超速。

2）监控是否疲劳驾驶。

3）通过车内的摄像头可以不分昼夜、实时了解其是否超载（员）。

4）通过图片分析，可粗略检测和监督驾驶员是否私自带客。

5）通过语音对话和报警监听功能，实现监控端与被监控车辆的语音调度和信息交流。

6）被记录在系统和车载机中的车辆行驶轨迹、状态信息，可供事后查询。

7）对驾驶员的超速行车、疲劳驾驶、工作量、出勤率、车辆行驶里程等数据可进行宏观统计和分析，形成日报、月报和年报表等。

以上作用主要通过车辆跟踪监控、超速/停车报警、历史轨迹记录查询、紧急报警、语音报警等来实现。

（1）车辆跟踪监控。监控中心可以随时掌握车辆状态，迅速下达调度命令，还可以为车辆提供服务信息，有多种监控方式可供选择。一般监控方式，主要分为以下几种：

1）多个监控窗口。监控终端可以根据需求增加/删除监控窗口。

2）单目标监控。可以在一个监控窗口内对单个特定目标重点监控，可以控制其他目标不显示。

3）多目标监控。可以在一个监控窗口内对多个目标同时监控。

4）区域监控。可选择某个需要重点监控的区域，一般适用于用户对某个特定区域比较关心的情况下。

（2）超速/停车报警。车辆一般都有限速行驶的规定，并且运输途中不能随意停车。监控中心可以预先设定限制速度，当车辆的行驶速度超过或者小于规定的阈值时，将自动发出报警信息，以便监控中心采取措施，提醒驾驶员注意速度或者要求驾驶员汇报情况。

（3）历史轨迹纪录查询。车辆在行驶过程中的轨迹信息将被记录保存。企业可查询选定时间段内指定车辆的历史数据，是事故分析的得力助手。

（4）紧急报警。当车辆遭遇紧急情况时，只需按下报警按钮，车载终端会自动向监控中心发送报警数据，在监控终端显示出车辆位置，并声光提示。另外，在行驶过程中遇到险情或发生交通事故、车辆故障等情况下，可通过车载终端的报警按钮向监控中心求救。监控中心还可对车内情况进行监听并录音。

（5）遥控熄火。监控中心经公司授权后可随时对车辆进行实时监听和控制（遥控熄火或声光报警），锁定车辆位置，配合警方跟踪捕捉罪犯，缴回被骗、被盗、被抢的车辆。

（6）语音监听。在一些特殊情况（比如劫夺）发生后，可由车载终端主动向指定号码的固定或移动电话上拨号，使得监控中心可以监听车内情况。

（7）偏航报警。为了加强调度管理，一般要求车辆行驶固定路线或者只能在特定区域活动。在系统中为任务车辆预先设置行车路线，任务开始时，车辆行走路线及状态开始被监控及记录，如车辆未按预设行车路线行车或者驶出设定区域，系统将会自动报警，中心可以根据实际情况采取措施。

（8）车辆统一信息管理。系统能够对车辆进行集中统一的信息化管理。管理内容涵盖车辆的车牌号码、车台号码、车型、颜色、发动机号、底盘号码、用途等。系统将对车辆的所有这些信息进行采集、录入，而后向用户提供修改、删除以及查询功能。

（9）营运数据实时回传。车载单元可以与计价器接口，对车辆实时采集营运数据。营运数据包括载客起点、载客终点、载客里程、行驶路线、载客营业额、空车起点、空车终点、空车里程、载客量。营运数据可以通过无线方式传输至管理中心，管理中心存储营运数据。

为保证GPS监控系统的有效运行，运输企业应该制定相关的管理与维护制度。

GPS车辆定位监控系统带来了诸多好处，例如可以增加司机的安全性，确保车辆与乘客的安全，减少空驶率；及时控制车辆进入限定区域；智能监控被偷车辆或违规车辆；遥控车门开锁；记录司机违规情况；增加企业的管理信息流，减少响应时间，实现快速反应；增强社区服务，做到及时到位；降低调度中心的工作强度和压力，做到有的放矢；加强了系统管理和控制，增加经济与社会效益；改进对实际事件和情况的判断和评估能力，有利于正确决策等。

在物流活动中，应实施科技管理手段，应用车载GPS跟踪监控系统，制定管理细则，不间断跟踪管理，发现违规违章行为及时纠正，排除安全隐患，减少事故的发生率。

5.3　大型物件的运输安全

在现代的工业企业生产中，特别是钢铁、造船、石油化工和土木建筑行业中，所需的单体预制构件逐渐向超大型、超重型和超长型方面发展。大型物件的运输因此而变得常见。由于大型物件本身具有较大的长度、体积和质量，对运输的人员和设备都提出了较高的要求，在运输过程中应特别注意安全技术措施和安全管理。

为加强道路大型物件运输管理，提高运输质量，保证运输安全，保护合法经营，维护运输市场秩序，满足国民经济发展对道路大型物件运输的需要，应该根据国家有关规定加强对大型物件运输安全的关注。

5.3.1　大型物件的确定与分级

1. 大型物件的确定

大型物件是指符合下列条件之一的货物：

（1）货物外形尺寸：长度在14m以上或宽度在3.5m以上或高度在3m以上的货物。

（2）质量在20t以上的单体货物或不可解体的成组（捆）货物。

道路大型物件运输是指在我国境内道路上运载大型物件的运输。

2. 大型物件的分级

大型物件，按其外形尺寸和质量（含包装和支承架）分成四级：

（1）一级大型物件是指达到下列标准之一者：

1）长度大于14m（含14m）小于20m。

2）宽度大于3.5m（含3.5m）小于4.5m。

3）高度大于3m（含3m）小于3.8m。

4）质量大于20t（含20t）小于100t。

（2）二级大型物件是指达到下列标准之一者：

1）长度大于20m（含20m）小于30m。

2）宽度大于4.5m（含4.5m）小于5.5m。

3）高度大于3.8m（含3.8m）小于4.4m。

4）质量大于100t（含100t）小于200t。

（3）三级大型物件是指达到下列标准之一者：

1）长度大于30m（含30m）小于40m。

2）宽度大于5.5m（含5.5m）小于6m。

3）高度大于4.4m（含4.4m）小于5m。

4）质量大于200t（含200t）小于300t。

（4）四级大型物件是指达到下列标准之一者：

1）长度在40m及以上。

2）宽度在6m及以上。

3）高度在5m及以上。

4）质量在300t及以上。

大型物件的级别，按其长、宽、高及质量四个条件中级别最高的确定。

5.3.2 道路大型物件运输业户开业的安全条件

营业性道路大型物件运输业户，按其设备、人员等条件，分为四类：

1）一类 能承运一级大型物件。

2）二类 能承运一、二级大型物件。

3）三类 能承运一、二、三级大型物件。

4）四类 能承运一、二、三、四级大型物件。

1. 一类道路大型物件运输业户的安全条件

（1）车辆装备。具有装载整体大型物件实际能力在20t以上100t以下的超重型车组，包括牵引车和挂车（半挂车、凹式低平台挂车），并有相应的配套附件。车组技术状况良好，在重载条件下能顺利通过8%的坡度。

（2）技术人员。具有助理工程师以上职称的汽车运用专业技术人员不少于1人；主管技术的车队长须有从事大型物件运输两年以上的实际经验。

（3）技术工人。具有符合行业安全要求的超重型汽车列车驾驶员、超重型汽车列车挂车工、公路运输起重工，其中各类工种工人的等级不低于初级。凡尚未按《等级标准》考核的地区，可根据《等级标准》规定的技术要求进行应知、应会、工作实例等考核。

（4）技术、安全规章。具有上级或本单位制定印发的车和起重装卸机具、工具的使用技术、操作规定、质量保证制度等规章。

（5）历史记录。已开业业户应提供以往运输过的主要大型物件重量、外形尺寸、件数、安全情况和货主反映。

2. 二类道路大型物件运输业户的安全条件

（1）车辆装备。具有装载整体大型物件实际能力在100t及以上200t以下的超重型车组，包括牵引车和挂车（半挂车、凹式低平台挂车、长货挂车、其他变型挂车），并有相应的配套附件。车组技术状况良好，在重载条件下能顺利通过8%的道路坡度。

（2）技术人员。设有分管技术的副经理；具有工程师以上职称的汽车运用专业技术人员不少于1人；主管技术的车队长须有从事大型物件运输四年以上的实际经验。

（3）技术工人。具有符合行业安全要求的超重型汽车列车驾驶员、超重型汽车列车挂车工、公路运输起重工，其中各类工种的中级工人不少于1人。凡尚未按《等级标准》考核的地区，可根据《等级标准》规定的技术要求进行应知、应会、工作实例等考核。

（4）技术、安全规章。具有上级或本单位制定印发的车组和起重装卸机具、工具的使用技术、操作规定、质量保证制度等规章。

（5）历史记录。已开业业户应提供以往运输过的主要大型物件重量、外形尺寸、件数、安全情况和货主反映。

3. 三类道路大型物件运输业户的安全条件

（1）车辆装备。具有装载整体大型物件实际能力在200t及以上300t以下的超重型车组，包括牵引车和挂车（半挂车、凹式低平台挂车、长货挂车、3纵列或4纵列挂车、其他变型挂车），并有相应的配套附件。车组技术状况良好，在重载条件下能顺利通过8%的道路坡度。

（2）技术人员。设有分管技术的副经理；具有高级工程师职称的汽车运用专业技术人员不少于1人；主管技术的车队长须有从事大型物件运输六年以上的实际经验。

（3）技术工人。具有符合行业安全要求的超重型汽车列车驾驶员、超重型汽车列车挂车工、公路运输起重工，其中各类工种的高级工人不少于1人。凡尚未按《等级标准》考核的地区，可根据《等级标准》规定的技术要求进行应知、应会、工作实例等考核。

（4）技术、安全规章。具有上级或本单位制定印发的车组和起重装卸机具、工具的使用技术、操作规定、质量保证制度等规章。

（5）历史记录。已开业业户应提供以往运输过的主要大型物件重量、外形尺寸、件数、安全情况和货主反映。

4. 四类道路大型物件运输业户的安全条件

（1）车辆装备。具有装载整体大型物件实际能力在300t及以上的超重型车组，包括牵引车和挂车（半挂车、因式低平台挂车、长货挂车、3纵列或4纵列挂车、其他变型挂车），并有相应的配套附件。车组技术状况良好，在重载条件下能顺利通过8%的道路坡度。

（2）技术人员。设有分管技术的副经理或总工程师；具有高级工程师职称的汽车运用专业技术人员不少于2人；主管技术的车队长须有从事大型物件运输十年以上的实际经验。

（3）技术工人。具有符合行业安全要求的超重型汽车列车驾驶员、超重型汽车列车挂车工、公路运输起重工，其中各类工种的高级工人不少于1人。凡尚未按《等级标准》考核的地区，可根据《等级标准》规定的技术要求进行应知、应会、工作实例等考核。

（4）技术、安全规章。具有上级或本单位制定印发的车组和起重装卸机具、工具的使用技术、操作规定、质量保证制度等规章。

（5）历史记录。已开业业户应提供以往运输过的主要大型物件重量、外形尺寸、件数、安全情况和货主反映。

5.3.3 大型物件运输安全管理

由于大型物件本身具有较大的长度、体积和重量，在运输过程中应特别注意安全技术措施和安全管理。大型物件运输的安全管理主要应注意以下几个方面：

（1）大型物件运输的装卸作业，由承运人负责的，应根据托运人的要求、货物的特点和装卸操作规程进行作业；由托运人负责的，承运人应按约定的时间将车开到装卸地点，并监装、监卸。

（2）承运人要了解货物的尺寸、货物的实际质量及形状、货物的重心位置、装运中有何特殊要求、可否卧倒装运等。

（3）装卸货物前，应察看装卸场地附近有无电缆、水管、电话线、煤气管道、沟管及其他地下建筑物，车辆能否进入装卸场地，现场是否适合机械装卸。

（4）货物装车后，必须用垫木、铁丝或钢丝绳固定牢固，以防滑动；货物长度超过车身时，应在后栏板用坚固方木垫高或使之呈前低后高状；对于圆柱体及易于滚动的货物，必须使用座架或凹木加固。

（5）在货物的装卸过程中，由于操作不当或违反操作规程造成车货损失或第三者损失的，由承担装卸的一方负责赔偿。

（6）承运人应根据大型物件的外形尺寸和车货质量，在起运前会同托运人勘察作业现场和运行路线，了解沿途道路线形和桥涵通过能力，并制定运输组织方案和应急措施。涉及其他部门的应事先向有关部门申报并征得同意方可起运。要随时勘察运行路线是否能通过。

（7）运输大型物件，应按有关部门核定的路线行车；运送货物之前，应对承运路线的道路和桥梁的宽度、弯道半径、承载能力以及其他车辆的流通情况进行充分的调查研究，并请公路及有关部门在沿途和现场作技术指导，必要时还要对桥梁加固，以确保安全运行。

（8）对于超高、长大、笨重货物，为确保安全通行，运输时需由托运人配备电工、携带应用材料、工具随车护送，必要时还需请有关部门协同在前引道开路，以便排除障碍，顺利通行和提示过往车辆注意。

（9）运输中要悬挂明显的标志，以引起其他车辆和行人的注意；标志要悬挂在货物超限的末端，白天行车时，悬挂标志旗；夜晚行车和停车休息时悬挂、装设标志灯。

（10）驾驶员要集中精力，谨慎驾驶，密切注意运行情况，利用灯光、喇叭、广播等配合运输。

5.4　物流运输事故多发的原因及控制

5.4.1　物流运输事故多发的主要原因

随着我国经济的快速发展，物流行业也在飞速发展。而在市场经济竞争条件下的物流道路运输存在着诸多的问题，使得物流道路事故频繁发生，给社会、企业和当事人的生命财产带来巨大损失，经过调查，笔者认为当前交通事故频发的主要原因主要体现在以下方面。

1. 市场竞争中交通事故风险被忽视

经济体制转变使企业和个人成为自主经营、自负盈亏的市场竞争主体，并在竞争中优胜劣汰。运输企业或个人常常为了经济利益而无视交通安全，各种违章行为时有发生且屡禁不止。为了获得高额的利润常常选择牺牲安全成本。例如，为了获得更多的利益，企业和驾驶员在运输中常常超载，有的甚至装载超过核载吨位数倍的重量。

2. 驾驶员培训质量差

驾驶员培训学校作为培养驾驶员的摇篮，在道路交通安全中负有不可推卸的责任。当前存在的问题主要体现在以下几个方面：

（1）驾驶员培训工作与考试发证工作不能很好地衔接，市场监督检查不到位，致使驾驶员培训市场竞争无序，培训质量低劣，安全隐患严重。

（2）对机动车驾驶员培训的市场准入管理不到位，使素质低劣的驾驶员不断涌入社会，导致驾驶员队伍整体素质不高。

（3）以营利为目的，不注重培训质量的现象比较严重。

（4）驾驶员培训市场经济运行秩序还存在一些突出问题，不公平竞争和行业垄断的现象在一些地方依然存在。

（5）部分驾驶员培训学校缺乏自律意识和共同维护市场秩序的观念。

（6）缺乏对培训全过程有效的监督管理体制。

3. 物流运输安全投入不足

一些小型的物流企业对物流安全意识不强或存在短视行为，对物流安全的人员、设备、管理和投入较少，使物流运输事故时有发生。

4. 承担物流企业运输的驾驶员安全意识较差

一些承担物流运输任务的驾驶员安全意识较差，存在着侥幸、省时、经济至上等容易产生不安全行为的意识。

5. 物流运输车辆技术水平低下

由于我国经济水平和物流业总体发展水平较为落后，承担物流运输任务的车辆较发达国家有一定的差距。同时，由于技术、经济和管理上的原因，物流运输车辆的安全装备落后，甚至缺失。

6. 物流安全管理模式落后

我国的物流安全管理的模式较多复制了原有车队、场站管理的模式，管理模式老旧，不能适应大型企业的物流管理。

5.4.2 物流运输事故的预防与控制

道路交通运输系统是由人、车、道路、环境等几个方面构成的，是一个典型的复杂系统。根据钱学森等杰出科学家提出的解决复杂系统问题的新方法——定性与定量综合集成方法和系统工程原理，可以具体地说，道路交通事故防治是运用系统工程的思想和方法，分析交通事故信息，揭示交通事故的发生、发展规律，综合运用系统论、控制论、行为科学、管理科学、风险决策科学和工程技术等方面的知识，对交通事故的演化机理、相关因素进行定性和定量分析，研究交通事故防治对策的分析、评价、优化技术以及对道路交通安全进行系统控制的方法。

根据事故致因理论可知，交通事故的发生是人（道路交通参与者、交通安全管理人员等）和物（车辆、道路环境等）两大系列轨迹交叉的结果。因此，防止事故发生的基本原理就是使人和物的运动轨迹中断，使两者不能交叉。具体地说：如果消除了物的不安全状态，就消除了物的连锁；如果加强了对人的交通安全教育、培训提高安全意识和安全技能，进行科学、系统的安全管理，从生理和心理方面预防不安全行为的产生，就有可能消除人的连锁。这样，人和物系列轨迹就不会相交，事故就可以得到避免。在上述的两连锁中，消除人的连锁无疑是非常重要的，应该给予充分的重视。首先要对人员的结构和素质情况进行分析，找出容易发生事故的个人、群体和人的不安全行为。然后，在对人的身体、生理、心理进行检查测验的基础之上合理选配人员。从研究行为科学出发，加强对人的教育、训练和管理，提高生理、心理素质，增强交通安全意识，提高交通安全技能，可以最大限度地减少和消除人的不安全行为。但也应该看到，人是有自由意志的，个人所处的社会环境和生活环境会对人产生巨大的影响，这些影响因素对人的影响程度和范围将随时间的推移而发生变化，进而造成人的生理和心理状态不稳定，致使人的安全可靠性也随时间的变化而发生波动。在交通活动过程中，道路交通参与者往往会由于一些偶然因素而产生事先难以预料的不安全行为。从某种意义上来讲，人的不安全行为的发生概率不可能为零，要想完全防止人的不安全行为是不可能的，因此消除物的不安全状态就显得非常必要了。

消除物的不安全状态，应该把重点放在提高车辆的主动与被动安全措施和提高道路的安全等级、完善道路交通安全设施等方面。物的安全化水平的提高有助于交通安全管理的改善。人物轨迹交叉是在一定的环境条件下进行的，因此除了人和物外，为了防止交通事故的发生，还应致力于道路交通环境的改善。此外，还应从人机工程学原理入手，解决好人、车辆、道路环境的合理匹配问题，使车辆的设计和道路设计符合人的生理和心理需求。

人、车辆、道路环境等因素是造成事故的主要原因。运输安全管理虽是事故的基本原因。道路交通参与者安全素质和安全技能的提高、车辆的控制和安全防护措施的加强、道路交通环境的改善等都有赖于安全管理水平和效能的提高；事故防止措施最终都是管理方面的措施。为此，必须大力关注管理的改进，大力推进运输安全管理的科学化、现代化；应该对安全管理的状况进行全面的调查分析，找出管理上存在的薄弱环节，在此基础上确定从交通安全管理角度出发的预防事故发生的各项措施。

1. 驾驶员因素控制

在物流运输活动中，驾驶员是直接执行运输任务的人员。人是交通活动的主体，人既是交通事故的制造者又是交通事故的直接受害者。正如前文所述，80%左右的交通事故是人的原因引起的。因此，人为因素的控制显得非常重要。人为事故的预防和控制，是在研究人与事故的联系及其运动的基础上，认识到人的不安全行为是导致与构成交通事故的要素，依据人机工程学原理和交通安全心理学等原理，运用人为事故规律和预防、控制事故原理联系实际而产生的一种对交通事故进行超前预防、控制的方法。为此笔者认为应从以下几个方面加强对人为因素的控制与预防。

（1）驾驶员的教育。车辆是道路运输的主体，其速度快、危险性大，提高驾驶员的交通道德水平、思想意识和技术水平，对预防物流企业交通事故有着十分重要的意义。应该从提高机动车驾驶员培训质量，不断提高驾驶员对安全行车的认识，提高交通道德水平、礼貌行车、保护交通弱者，树立安全第一的思想，增强遵守交通安全法规、安全行车的自觉性等几个方面提高驾驶员的交通职业道德。从学习安全行车常识，交流安全行车经验，分析事故的原因和隐患，逐步掌握安全行车规律，取得安全行车的主动权，熟悉车辆构造性能，提高维修保养技能等几个方面对驾驶员进行安全教育与培训。

（2）提高驾驶员的安全技能。驾驶员获得了驾驶证，并不说明他具有了足够的安全技能。人的交通安全知识丰富，并不等于就能够安全地进行交通活动。只有将安全知识变成安全技能，才能够取得预期的安全效果。安全技能的获得必须通过个人的努力和训练。因此在驾驶员的工作中，应当注意通过培训、经验交流等各种不同的方式提高驾驶员的安全技能。

（3）强化驾驶员的适应能力。交通环境是变化的、不断出现新的信息。人们的视觉特性、听觉特性、触觉特性等直接影响着信息的接收能力。只有当这些感觉器官能够正确地接收交通环境中的信息刺激，才能保证人们获取信息的可靠性，能够随着环境的变化作出正确的反应，减少失误等。为此，应从下面几个方面加强驾驶员的适应能力：首先应加强对驾驶员资格的审查，杜绝不符合驾驶员从业标准的人员进入驾驶员队伍；其次是要加强对驾驶员以及易发生事故群体的适应性测试。

（4）合理调节驾驶员的心理状态。人的失误与心理状态有关，合理调节人的心理状态，有利于减少失误，促进人的行为安全。所以驾驶员在驾驶车辆的过程中应保证良好的情绪，或者在情绪不佳时停止驾驶。通过改善工作条件、降低工作的单调性、采用必要的监督和检查等手段避免或缓解驾驶员的紧张情绪。此外还应该保证交通参与者的警觉水平。

(5) 改变和抑制人的异常行为。众所周知，人一方面是事故要素，另一方面是安全因素。人的安全行为能保证系统交通安全，人的异常行为会导致与构成交通事故。因此，要想有效预防、控制交通事故的发生，必须做好人的预防性安全管理，强化和提高人的安全行为，改变和抑制人的异常行为，使之达到交通安全所必需的客观要求，以此预防、控制事故的发生。

(6) 建立健全驾驶员的考核制度。对企业聘用的驾驶员进行科学考核，考核结果作为聘用、晋级、分配、奖惩和解聘的主要依据。根据企业及运输线路的特点，制定量化考核标准，建立健全适合各类人员的简便、易操作的考核评价体系，强化驾驶员的交通安全意识。

2. 车辆的安全化

车辆是物流企业道路运输的最重要的工具，车辆造成的交通运输事故及其损害后果与车辆性能紧密相关。由于车辆制动器失效或制动效果不佳、转向系失效等原因会导致交通事故的发生。车辆结构、保险杠、安全气囊、安全带、车内设计等因素也直接影响着交通事故的损害后果。因此，提高车辆性能可以减少交通事故及其损害后果。

(1) 加强运输车辆的安全性。车辆性能的提高涉及车辆的主动安全性和被动安全性两方面。此外，物流运输企业在选择运输车辆时，应注意车辆的设计要满足从人机工程学原理角度充分考虑人机性能的匹配，应从驾驶员对驾驶作业的耐受性、人体尺寸、人体的生物力学特性、人体的感知响应特性、人体的适宜驾驶姿势、人体的安全保护等几个方面考虑车辆的驾驶适宜性，选购能创造良好的车内环境、减轻人的疲劳、缓解人的压力的运输车辆。同时，还应加强车辆主被动安全装置的配备。

(2) 加强车辆日常维护与技术检查。物流运输企业由于车辆的营运频率高，里程长，许多驾驶员对车辆的日常维护不够重视，机动车常常带病行驶，也有一部分车辆超龄使用，这给行车安全带来很大的隐患。由于我国车辆技术水平比较差、机动车总量大且车型复杂，对营运车辆的安全检查有一定的困难。但是，基于车辆安全状况对交通安全的重大影响，不能因为困难就放松了对机动车的技术检查和管理，反而更应采用各种措施加强对机动车的技术检查和管理。

(3) 在汽车维修与检测、车辆管理中运用以现代电子信息技术为代表的新技术。在运输车辆汽车维修与检测时，应选择应用新技术、新工艺和新设备进行维修与检测服务，努力提高维修质量，确保营运车辆始终处于良好的技术状态之下。同时要利用现代计算机信息技术，建立健全营运车辆技术档案和营运驾驶员安全管理信息系统，对营运车辆和驾驶员实施动态管理，对从事高速运输、危险货物运输的车辆，逐步引导推广安装 GPS、行车记录仪等先进技术设备，以便对车辆运行、驾驶员行为进行有效监控，进一步提高运输安全保险系数。有条件的企业可以利用卫星技术、摄像电子技术实现运输车辆运行过程的动态监控。

3. 安全管理对策

（1）贯彻落实道路运输法律法规。交通法规规范了人们的交通行为，以法律的形式规定了交通主体的权利和义务。它是人们交通活动经验和教训的总结，也是道路安全畅通的保证，是判断交通活动是非的标准。因此，物流运输企业应该加强道路运输法律法规的教育普及与贯彻，使物流运输的整个过程中都依法进行，才能有效地保证物流运输的通畅。

（2）建立健全企业运输安全管理规章制度。规章制度是每个企业实施科学和有效管理的基础。在国家的法律法规的基础上，物流企业还应该加强企业自身的运输安全管理规章制度的建立与完善，着重加强安全管理规章制度的系统化、标准化。

（3）加大道路运输管理体制改革。现有的运输管理体制比较僵化，信息化水平低，决策效率低下，难以适应现代化的物流运输安全管理的需要。因此，必须加大对道路运输管理体制的改革力度，引进国际国内先进的管理体制和管理模式，如 OHSMS 管理模式。

（4）加大道路运输安全管理的信息化建设。有条件的物流企业应该着力推进安全管理的信息化建设，适时建立运输安全管理信息系统，以实现对跨地区、多分支机构、配送中心等的多点在线管理，提高安全管理的效率。

（5）强化事故应急与救援建设。为了确保系统的交通安全，使人员伤亡和财产损失降低到可接受的范围内，在采取预防措施的同时，物流企业应该配合相关部门尽快建立交通事故紧急救援系统，降低事故损失的程度和影响范围。

（6）提高物流运输安全管理人员的素质。现有物流企业的运输安全管理人员的水平良莠不齐，素质不均，大部分人员对安全工作的理解和实践还停留在计划经济时代比较被动的状态下。因此，应该对物流企业运输安全管理人员进行定期的聘用、培训、教育等，提高安全管理人员的素质。在实际的工作中应提高安全管理人员的管理水平和方法，不断地提高安全管理的业务能力和决策能力。

（7）改善物流运输安全管理的手段。运用 GPS、GIS 等新技术、新方法对物流运输的过程进行监控，加强过程管理与控制，实时掌握物流运输系统的运行状况。

5.5 危险化学品的运输安全

我国目前有6000多种危险化学品，其中常用的有2000多种，这些物品从生产、储存领域向消费领域转移过程中，主要以车辆道路运输为主。由于危险化学品运输具有易燃、易爆、有毒和有腐蚀性的特点，运输过程中如果受热、遇到明火、碰撞、振动、摩擦等，存在着爆炸、火灾、中毒、辐射等重大事故风险。据统计，危险化学品运输事故占危险化学品事故的30%~40%。

据统计，截至2006年6月30日，全国危险化学品经营单位共有210667家，其中在2006年6月30日前取得经营许可证的有205541家，逾期没有提出申请及限期整改不合格依法予以关闭的有5126家。截至2005年，我国有危险化学品道路运输企业35000家，从业人员16万余人，运输车辆9万多辆，60%左右为汽车罐车，涉及9大类物品的运输。据2005年年底调查统计，全国26个省（区、市）共有具有资质的危险化学品道路运输企业5196家（其中剧毒品运输企业786家），从业驾驶人83033人，危险化学品道路运输车辆64401辆，而无资质却从事危险化学品道路运输的企业和已达到报废标准的危险化学品道路运输车辆不在统计之内。

1990年以来，我国发生多起危险化学品道路运输重大事故，特别是近期频发的危险化学品道路运输事故，如2005年京沪高速公路江苏淮安段“3·29”特大液氯泄漏事故、2005年9月12日云南省弥勒县硝酸铵货车特大爆炸事故等。这些事故，不仅危及社会公共安全和人民生命财产的安全，导致了严重的环境污染，而且由于其影响范围大，发生地点具有随机性，从而造成很大的社会恐慌。

5.5.1 危险化学品道路运输事故致因分析

1. 危险化学品道路运输事故特点

（1）事故的突发性和并发性。绝大多数化学危险品的化学反应速度快，使得当其获得足够的能量时瞬间引爆，因而呈现诱导时间短、爆炸突发性强且瞬间完成的先兆不明显的爆炸。燃烧和爆炸交叉发展，爆炸导致燃烧，燃烧导致爆炸。

（2）危害巨大。流体状态的化学品在事故的发生过程中由于具有良好的流动特性，从储运容器中泄放出来，造成大面积的流淌状火场局面，当遇到适合的环境条件（风速、温度）使得火灾迅速蔓延、扩大，有毒的化学品迅速进入周围环境，不仅危害人类而且危害动物（特别是进入水体的毒物），受灾环境的修复也是十分困难的。

（3）事故发生地点的不确定性和流动性。危险化学品的运输过程是一个不断转移的过程，在这个过程中致灾因素的影响随时间和空间的不同而有所不同，从而导致事故发生地点的不确定性和流动性，传统的监控和报警装置无法奏效。

（4）生命和财产损失变化大。由于事故发生地点的不确定性，不同地域范围内的财产和人口密度变化大，从而导致的生命和财产损失也不尽相同，传统的生命、财产防护措施难以奏效。

（5）扑救困难。由于危险化学品运输事故发生地点的不确定性，使得消防队员难以及时赶到灾难现场，可调用的灭火装备也受到很多局限，影响扑救工作，特别是对于发生在隧道中的事故更是如此。由于隧道空间狭长，燃烧产生的热量和烟气滞留在隧道中无法及时排除，使得其中的烟气温度高、浓度大、湿度大；另外，由于新鲜空气不畅，使得隧道内的不完全燃烧状况严重，烟气中含有大量可燃组分，使得灭火人员难以接近，灭火设备更难以奏效等使得扑救非常困难。

2. 危险化学品道路运输事故致因

（1）人员失误。

1）驾驶员技术不过关（驾驶技术差、安全驾驶规章执行不严、事故处理应急能力差等）。

2）驾驶员不安全行车状态（带病行车、过度疲劳等）。

3）装车人失误（超重装载；超高装载；过量充装；没对危险化学品容器采取紧固措施、危险化学品容器的阀门没有拧紧等）。

4）押车人失误（指使驾驶员违章随意停车；搭乘无关人员；擅离职守，使危险货物失去监控，油罐压力升高不及时排放，最后导致超压爆炸，或货物落下发生事故等）。

（2）车辆事故。

1）底盘故障导致发生交通事故（发动机故障、车闸故障、方向盘失控、轮胎故障等）。

2）罐体缺陷导致发生危险化学品泄漏事故（安全阀泄漏、绝缘/热保护故障、装置泄漏、焊接不好、腐蚀等）。

3）安全附件失效，导致无法有效控制事故（紧急切断装置失灵，没有消除静电装置，安全阀不动作，液位计、压力表、温度计等故障导致无法正确显示或其与罐体结合处泄漏，缺少消防器材等）。

（3）管理失误。

1）驾驶员安全意识不高，对驾驶员的安全教育不够。

2）危险化学品运输车辆、容器未经过检测。

3）危险化学品运输车辆检修、检查执法不严格。

4）运输路线选择和运输时间选择不合理。

5）事故应急处理程序不合理。

6）运输车辆与运输人员配置不合理。

7）危险化学品的装置、包装不合理。

（4）外部事件。

1）恶劣天气（雪、雨、冰、雾、风等）。

2）路面条件变化（急转弯/陡坡、洪水/塌方、岩石滑动/山崩、地震等）。

3）其他事故影响（休息/停车场火灾、行驶过程中其他车辆事故等。）

4）故意破坏的行为/阴谋破坏。

由于危险化学品道路运输的系统组成复杂，危险化学品道路运输事故发生的原因往往是复杂的、多样的，而非单个因素。

据专家统计，危险化学品道路运输事故的致因有以下特点：

（1）危险化学品公路运输事故发生的可能性大于一般的公路交通事故，交通事故是引发危险品公路运输事故的主要原因之一；危险化学品公路运输车辆及其装载状况也是引发危险化学品公路运输事故的重要因素；运输车辆在候车、停车休息、加油、装卸等停车状况下也容易发生事故。

（2）危险化学品公路运输过程中易燃液体事故次数多，爆炸品、易燃气体和有毒物品运输事故易造成严重的人员伤亡、环境破坏和社会影响。

（3）公路运输过程中，易燃液体泄漏后比易燃气体泄漏后更容易着火；易燃气体泄漏起火后引发爆炸事故的可能性比易燃液体泄漏起火后引发爆炸事故的可能性要大。

（4）夏季是危险化学品公路运输事故高发期，常规路段、道路变化处、调整公路、桥梁或隧道等地点均易发生事故。

5.5.2　危险化学品运输事故危害后果的定量分析

1. *危险化学品的爆炸危害分析*

危险品在运输过程中由于交通事故获得意外能量从而导致爆炸事故的发生，其危害涉及蒸气云爆炸和沸腾液体扩展为蒸气爆炸伤害两方面，定量分析如下。

（1）蒸气云爆炸危害后果分析。

1）TNT当量：

$$W_{TNT}=1.8aW_fQ_f/Q_{TNT} \tag{5-4}$$

式中　1.8——地面爆炸系数；

W_f——易燃物质泄漏的量（kg）；

a——蒸气云当量系数；

Q_f——危险品的爆热（kJ/kg）；

Q_{TNT}——TNT 的爆热，取 $Q_{TNT}=4520kJ/kg$。

2）死亡半径 R_1：

$$R_1=13.6\ (W_{TNT}/1000)^{0.37} \tag{5-5}$$

3）重伤半径 R_2：

$$\Delta P_s=0.137Z^{-3}+0.119Z^{-2}+0.269Z^{-1}-0.019$$

$$Z=R_2/(E/p_0)^{1/3}$$

$$\Delta P_s=44000/p_0 \tag{5-6}$$

式中　ΔP_s——目标处的超压（MPa）；

E——爆源总能量（kJ）$E=1.8aW_fQ$；

R_2——重伤半径（m）；

p_0——标准大气压（Pa）。

4）轻伤半径 R_3：

$$\Delta P_s=0.137Z^{-3}+0.119Z^{-2}+0.269Z^{-1}-0.019$$

$$Z=R_3/(E/P_0)^{1/3}$$

$$\Delta P_s=17000/P_0 \tag{5-7}$$

（2）沸腾液体扩展为蒸气爆炸伤害后果分析。

1）火球半径：

$$R=2.9W^{1/3} \tag{5-8}$$

式中　R——火球半径（m）；

W——火球中消耗的可燃物质质量（kg），取罐容量的50%。

2）火球持续时间 t(s)：

$$t=0.45W^{1/3} \tag{5-9}$$

3）死亡、二度烧伤（重伤）、一度烧伤（轻伤）热通量的计算：

$$P_r=-37.23+2.56\mathrm{Ln}\ (tq_1^{4/3}) \tag{5-10}$$

$$P_r=-43.14+3.0188\mathrm{Ln}\ (tq_2^{4/3}) \tag{5-11}$$

$$P_r=-39.83+3.0186\mathrm{Ln}\ (tq_3^{4/3}) \tag{5-12}$$

式中　P_r——伤害几率（一般取为5）；

q_1、q_2、q_3——死亡、二度烧伤（重伤）、一度烧伤（轻伤）热通量（kW/m^2）。

4）死亡、二度烧伤（重伤）、一度烧伤（轻伤）半径的计算：

$$q(r)=q_0R^2r(1-0.058\mathrm{Ln}r)/(R^2+r^2)^{3/2} \tag{5-13}$$

式中　$q(r)$ ——死亡、二度烧伤（重伤）、一度烧伤（轻伤）热通量（kW/m^2）；

r——死亡、二度烧伤（重伤）、一度烧伤（轻伤）半径（m）；

q_0——对圆柱罐取为270000W。

2. 危险化学品的火灾危害分析

易燃易爆的危险化学品由于交通事故泄漏后遇到引火源就会被点燃而着火燃烧，其燃烧的方式有池火、喷射火、火球和突发火4种。

（1）池火危害后果分析。可燃液体在运输过程中由于交通事故泄漏后流到地面形成液池，遇到火源燃烧而形成池火。其定量分析包括以下几个方面：

1）火焰高度

$$h = 84r\left[\frac{dm/dt}{\rho_0(2gr)^{1/2}}\right]^{0.6} \tag{5-14}$$

式中　h ——火焰高度（m）；

r ——液池半径（m）；

ρ_0——周围空气密度（kg/m^3）；

g ——重力加速度，g = 9.8（m/s^2）；

dm/dt ——燃烧速度（$kg/(m^2 \cdot s)$），一般可以从手册中直接查取。

2）热辐射通量

$$Q = (\pi r^2 + 2\pi rh)\frac{dm}{dn}\eta H_c / \left[72\frac{dm^{0.61}}{dt} + 1\right] \tag{5-15}$$

式中　Q——总热辐射通量（W）；

η——效率因子，可取0.13～0.35。

3）目标辐射强度及伤害半径

假设全部辐射热量由液池中心点的小球面辐射出来（伤害的热辐射通量见表5-6），则在距液池中心某一距离 x 处的入射热辐射强度为：

$$I = \frac{Qt_c}{4\pi x^2} \tag{5-16}$$

式中　I ——热辐射强度，（W/m^2）；

Q——总热辐射通量（W）；

t_c——热传导系数，在无相对理想的数据时，可取为1；

x ——目标点到液池中心距离，m。

表5-6　伤害的热辐射通量

入射热辐射通量/（kW/m^2）	对设备的损害	对人的伤害
37.5	操作设备全部损坏	1%死亡：10s；100%死亡：1min
25	在无火焰、长时间辐射下，木材燃烧的最小能量	重大损伤：1/10s 100%死亡：1min

（续）

入射热辐射通量/（kW/m²）	对设备的损害	对人的伤害
12.5	在有火焰时，木材燃烧、塑料熔化的最低能量	1 度烧伤：10s 1%死亡：1min
4.0		20s 以上感觉疼痛，未必起泡
1.0		长期辐射无不舒服感

（2）喷射火分析。加压的可燃物质从储运容器泄漏时形成射流，如果在泄漏裂口处被点燃，则形成喷射火。这里的喷射火辐射热计算包括气流效应在内的喷射扩散模式的扩展，把整个喷射火看成是由沿喷射中心线上的所有几个点热源组成，每个点热源的热辐射通量相等。

点热源的热辐射通量按下式计算：

$$q = \eta Q_0 H_c \tag{5-17}$$

式中　q——点热源热辐射通量（W）；

η——效率因子，可取为 0.35；

Q_0——泄漏速度（kg/s）；

H_c——燃烧热（J/kg）。

从理论上讲，喷射火的火焰长度等于从泄漏口到可燃混合气燃烧下限（LFL）的射流轴线长度。对表面火焰热通量，则集中在 LFL/1.5 处。n 点的划分可以是随意的，对危险评价分析一般取 $n=5$。

射流轴线上某点热源 i 到距离该点 x 处的一点热辐射强度为：

$$I_i = \frac{qR}{4\pi x^2} \tag{5-18}$$

式中　I_i——点热源 i 至目标点距离 x 处的热辐射强度（W/m^2）；

q——点热源的辐射通量（W）；

x——点热源到目标点的距离（m）。

某一目标点处的入射热辐射强度等于喷射火的全部点热源对目标的热辐射强度的总和：

$$I = \sum_{i=1}^{n} I_i \tag{5-19}$$

式中　n——计算时选取的点热源数，一般取 $n=5$。

（3）火球和爆燃危害分析。运输过程中低温可燃液化气由于过热，容器内压增大，使容器爆炸，内容物释放并被点燃，发生剧烈的燃烧，产生强大的火球，形成强烈的热辐射。其危害后果的分析涉及以下几个方面：

1）火球半径：

$$R = 2.665 M^{0.327} \tag{5-20}$$

式中　R——火球半径（m）；

M——急剧蒸发的可燃物质的质量（kg）。

2）火球持续时间：

$$t = 1.089M^{0.327} \tag{5-21}$$

式中　t——火球持续时间（s）。

3）火球燃烧时释放出的辐射热通量：

$$Q = \frac{\eta H_c M}{t} \tag{5-22}$$

式中　Q——火球燃烧时辐射热通量（W）；

H_c——燃烧热（J/kg）；

η——效率因子，取决于容器内可燃物质的饱和蒸气压 p，$\eta = 0.27p^{0.32}$。

4）目标接受到的入射热辐射强度：

$$I = \frac{QT_c}{4\pi x^2} \tag{5-23}$$

式中　T_c——传导系数，保守取值为1；

x——目标距火球中心的水平距离（m）。

（4）固体火灾。固体火灾的热辐射参数按点源模型估计。此模型认为火焰辐射出的能量为燃烧的一部分，并且辐射强度与目标至火源中心距离的平方成反比：

$$q_r = fM_c H_c/(4x^2) \tag{5-24}$$

式中　q_r——目标接受到的辐射强度（W/m^2）；

f——辐射系数，可取（$f = 0.25$）；

M_c——燃烧速率（kg/s）；

H_c——燃烧热（J/kg）；

x——目标至火源中心间的水平距离（m）。

3. *有毒液化气体容器破裂时的毒害区估算*

有毒物质，特别是液化有毒物质由于交通事故泄漏后，往往会在较大范围对环境造成破坏，致人员中毒、死亡。液化介质在容器破裂时会发生蒸气爆炸。当液化介质为有毒物质，如液氯、液氨、二氧化硫、氢氰酸等，爆炸后若不燃烧，会造成大面积的毒害区域。其危害分析如下。

（1）全部液体所放出的热量。公式为：

$$Q = WC\ (t - t_0) \tag{5-25}$$

式中　W——有毒液化气体质量（kg）；

t——容器破裂前器内介质温度（℃）；

t_0——当地大气压下的标准沸点（℃）；

C——液体介质的比热容（kJ/(kg·℃)）。

（2）蒸发量计算。公式为：

$$W' = \frac{Q}{q} = \frac{QC(t - t_0)}{q} \tag{5-26}$$

式中 q——汽化热（kJ/kg）；

W'——蒸发量（kg）。

（3）沸点下蒸发蒸气的体积。公式为：

$$V_g = \frac{22.4W'}{M} \cdot \frac{273 + t_0}{273} = \frac{22.4WC(t - t_0)}{Mq} \cdot \frac{273 + t_0}{273} \tag{5-27}$$

式中 V_g——沸点下蒸发蒸气的体积（m^3）；

M——介质的相对分子质量。

（4）有毒气体扩散半径。公式为：

$$R = \sqrt[3]{\frac{V_g/C}{\frac{1}{2} \times \frac{4}{3}\pi}} = \sqrt[3]{\frac{V_g/C}{2.0944}} \tag{5-28}$$

式中 R——有毒气体的扩散半径（m）；

V_g——有毒介质的蒸气体积（m^3）；

C——有毒介质在空气中危险含量值（%）。

4. 蒸气云爆炸危害后果分析模型的应用及讨论

（1）模型的应用。

一辆装载10t丁二烯的运输车辆在运输过程中由于交通事故获得意外的能量而导致火灾爆炸事故，其危害的定量分析一般考虑丁二烯蒸气云爆炸。

依据上述理论分析，经计算可以得到各种危害后果的影响范围，见表5-7。

表5-7 丁二烯蒸气云爆炸伤害——破坏半径 （单位：m）

死亡半径	重伤半径	轻伤半径
29	75	137

从上述计算结果和模型的分析可以得出以下的结论：

危险化学品所导致的二次灾害后果是巨大的，且灾害后果随危险品的数量增加而增加；可以近似认为，不同的危险化学品以不同的伤害形式所造成的危害后果是不同的。

（2）模型的讨论。分析上述的各种计算模型可以得出以下的结论：

1）危险化学品的危害后果随危险品数量的增加而增加；不同的危险化学

品由于其化学和物理性质的不同所造成的危害后果也不同。

2）同一种危险化学品以不同的致灾方式所造成的危害后果一般是不相同的。

3）事实上模型计算所得的结果仅仅是一种理想化的情形（偏于保守），在实际的应用中还需要考虑受灾点的地形条件、气象条件、周围的建筑物、人口密度和财产密度等因素。

5.5.3 危险化学品的运输安全管理

1. 危险化学品运输安全法律法规

我国对于危险化学品安全管理工作历来十分重视，颁布实施了一系列的法律法规，其中与危险化学品运输安全有关的法律法规主要有以下一些。

（1）《中华人民共和国安全生产法》。于2002年颁布的《中华人民共和国安全生产法》对危险物品的运输管理作出了以下规定：

1）生产经营单位使用的涉及生命安全、危险性较大的特种设备，以及危险物品的容器、运输工具，必须按照国家有关规定，由专业生产单位生产，并经取得专业资质的检测、检验机构检测、检验合格，取得安全使用证或者安全标志，方可投入使用。检测、检验机构对检测、检验结果负责。

2）生产、经营、运输、储存、使用危险物品或者处置废弃危险物品的，由有关主管部门依照有关法律、法规的规定和国家标准或者行业标准审批并实施监督管理。

生产经营单位生产、经营、运输、储存、使用危险物品或者处置废弃危险物品，必须执行有关法律、法规和国家标准或者行业标准，建立专门的安全管理制度，采取可靠的安全措施，接受有关主管部门依法实施的监督管理。

（2）《危险化学品安全管理条例》。于2002年颁布的《危险化学品安全管理条例》从危险化学品运输的部门职责、资质认定、运输监管和其他规定等四个方面保障运输安全。该条例从我国实际出发，按照现有分工，规定由交通、铁路、民航部门负责各自行业危险化学品运输单位和运输工具的安全管理、监督检查以及资质认定等。针对公路、水路运输分布广、社会性强和近年来安全生产形势严峻的情况，该条例把管理的重点放在公路和水路运输上。该条例还对从事危险化学品运输的企业以及相关人员要求具备相应的资质条件；在运输监管方面，针对剧毒化学品，提出了剧毒化学品目录和未列名危险化学品公布程序；另外，对违反该条例有关运输方面的行为还规定了处罚内容。

（3）《汽车运输危险货物规则》。于2004年颁布的《汽车运输危险货物规则》规定了汽车运输危险货物的托运、承运、车辆和设备、从业人员、劳动防护等基本要求。

(4)《铁路危险货物运输管理规则》。自1996年1月1日起施行的《铁路危险货物运输管理规则》纳入了危险物品运输的国家技术标准，还参考了大量国内外有关技术管理法规和资料，在标准化、规范化方面进一步完善，进一步方便我国铁路运输和其他几种方式的联运和外贸进出口运输。该规则主要对运输包装、托运和承运、按普通货物运输的条件、装卸和运输、放射性物品运输、危险货物罐车运输、爆炸品保险箱、洗刷除污、保管和交付等进行了规定。

(5)《水路危险货物运输规则》。1996年交通部颁布的《水路危险货物运输规则》是在总结我国现有危险货物运输实践经验，参照国际规则制定的。它不仅依据我国相关的法律、法规，还参照国际海事组织的《国际海运危险货物规则》和联合国《危险货物运输建议书》以及相关的国际公约、规则而制定的，内容包括船舶运输的积载、隔离、危险货物的品名、分类、标记、标识、包装检测标准等。该规则从我国实际出发，特别是在危险货物品编号、货物分类、适用范围、危险货物明细表、总体格式和运输协调等几方面，具有自己鲜明的特点。水路运输危险货物有关托运人、承运人、作业委托人、港口经营人以及其他有关单位和人员，应严格执行该规则和各项规定。

2. 安全管理

(1) 运输、装卸危险化学品，应当依照相关法律、法规、规章的规定和国家标准的要求，并按照危险化学品的危险特性，采取必要的安全防护措施。

(2) 用于化学品运输工具的槽罐以及其他容器，必须依照《危险化学品安全管理条例》，由专业生产企业定点生产，并经检测、检验合格方可使用。

质检部门应当对前款规定的专业生产企业定点生产的槽罐以及其他容器的产品进行定期或者不定期的检查。

(3) 运输危险化学品的槽罐以及其他容器必须封口严密，能够承受正常运输条件下产生的内部压力和外部压力，保证危险化学品在运输中不因温度、湿度或者压力的变化而发生任何渗（洒）漏。

(4) 装运危险货物的罐（槽）应适合所装货物的性能，具有足够的强度，并应根据不同货物的需要配备泄压阀、防波板、遮阳物、压力表、液位计、导除静电等相应的安全装置；罐（槽）外部的附近应有可靠的防护设施，必须保证所装货物不发生“跑、冒、滴、漏”，并在阀门口装置积漏器。

(5) 通过公路运输危险化学品，运输车辆必须配备押运人员，并随时处于押运人员的监管之下，不得进入危险化学品运输车辆禁止通行的区域；确需进入禁止通行区域的，应当事先向当地公安部门报告，由公安部门为其指定行车时间和路线，运输车辆必须遵守公安部门规定的行车时间和路线。

危险化学品运输车辆禁止通行区域，由设区市的市级人民政府公安部门划定，并设置明显标志。

运输危险化学品途中需要停车住宿或者遇有无法正常运输的情况时，应当向当地公安部门报告。

（6）运输危险化学品的车辆应专车专用，并有明显标志，要符合交通管理部门对车辆和设备的规定：

1）车厢、底板必须平坦完好，周围栏板必须牢固。

2）机动车辆排气管必须装有有效的隔热和熄灭火星的装置，电路系统应有切断总电源和隔离火花的装置。

3）车辆左前方必须悬挂黄底黑字“危险品”字样的信号旗。

4）根据所装危险货物的性质，配备相应的消防器材和捆扎、防水、防散失等用具。

（7）应定期对装运放射性同位素的专用运输车辆、设备、搬运工具、防护用品进行放射性污染程度的检查，当污染量超过规定的允许水平时，不得继续使用。

（8）装运集装箱、大型气瓶、可移动罐（槽）等的车辆，必须设置有效的坚固装置。

（9）各种装卸机械、工具要有足够的安全系数，装卸易燃、易爆危险货物的机械和工具，必须有消除火花的措施。

（10）三轮机动车、全挂汽车列车、人力三轮车、自行车和摩托车不得装运爆炸品、一级氧化剂、有机过氧化物；拖拉机不得装运爆炸品、一级氧化剂、有机过氧化物、一级易燃品；自卸车除二级固体外，不得装运其他危险货物。

（11）危险化学品在运输中包装应牢固，各类危险化学品包装应符合《危险货物运输包装通用技术条件》（GB 12463—2009）的规定。

（12）性质或消防方法相互抵触，以及配装号或类项不同的危险化学品不能装在同一车、船内运输。

（13）易燃、易爆品不能装在铁帮、铁底车、船内运输。

（14）易燃品闪点在28℃以下，气温高于28℃时应在夜间运输。

（15）运输危险化学品的车辆、船只应有防火安全措施。

（16）禁止无关人员搭乘运输危险化学品的车、船和其他运输工具。

（17）运输爆炸品和须凭证运输的危险化学品，应有运往地县、市公安部门的爆炸品准运证或危险化学物品准运证。

（18）通过航空运输危险化学品的，应按照国务院民航部门的有关规定执行。

3. 剧毒品运输管理

由于剧毒品的危害特别巨大，《危险化学品安全管理条例》（国务院令第344号）对剧毒品的运输进行了专项规定：

（1）通过公路运输剧毒化学品的，托运人应当向目的地的县级人民政府公安部门申请办理剧毒化学品公路运输通行证。办理剧毒化学品公路运输通行证，托运人应当向公安部门提交有关危险化学品的品名、数量、运输始发地和目的地、运输路线、运输单位、驾驶人员、押运人员、经营单位和购买单位资质情况的材料。剧毒化学品公路运输通行证的式样和具体申领办法由国务院公安部门制定。

（2）禁止利用内河以及其他封闭水域等航运渠道运输剧毒化学品以及国务院交通部门规定禁止运输的其他危险化学品。

（3）剧毒化学品在公路运输途中发生被盗、丢失、流散、泄漏等情况时，承运人及押运人员必须立即向当地公安部门报告，并采取一切可能的警示措施。公安部门接到报告后，应当立即向其他有关部门通报情况，有关部门应当采取必要的安全措施。

（4）铁路发送剧毒化学品时必须按照铁道部《铁路剧毒品运输跟踪管理暂行规定》（铁运［2002］21号）执行：

1）必须在铁道部批准的剧毒品办理站或专用线、专用铁路办理。

2）剧毒品仅限采用专用车、企业自备车和企业自备集装箱运输。

3）必须配备2名以上押运人员。

4）填写运单一律用黄色纸张印刷，并在纸张上印有剧毒危险品图案。

5）铁道部运输局负责全部剧毒品运输跟踪管理工作。

6）铁路不办理剧毒品的零担发送业务。

（5）对装有剧毒物品的车、船卸货后必须清刷干净。

5.6 物流运输事故分析示例

物流运输事故分析是应用系统工程的原理和方法，通过对物流运输系统事故发生的原因、概率及各种隐患表现形式的定性和定量分析，以充分识别系统的危险性。其目的在于找出引发事故的因素及其不同组合形式；把握物流运输系统的安全薄弱环节所在；寻求预防事故发生的各种途径，并为物流安全管理与决策提供依据。系统安全分析法目前已有数十种之多，我国目前经常采用的方法有事件树、事故树、因果分析图法（鱼刺图法）、安全检查表和统计图表分析法、预先危险性分析等。我国的物流运输中，道路运输占较大比例。而在道路交通事故的形态中，最常见的为碰撞和翻车事故。

5.6.1 碰撞事故分析

我国公安部门在进行道路交通事故统计分析时，对道路交通事故形态分类为正面碰撞、追尾碰撞、侧面碰撞、对向刮擦、同向刮擦、辗压、翻车、坠车、失火、撞固定物、其他共11种。根据1995—2001年公安部的统计，发生在我国的各类交通事故中，碰撞事故所占的比例可达57%，碰撞事故造成的人员伤亡占70%～90%，包括正面碰撞、追尾碰撞、侧面碰撞在内的车对车碰撞交通事故，无论是事故次数、人员伤亡还是经济损失都占到相应总数的2/3以上，成为现代道路交通事故的主要形态。所以减少碰撞事故的发生，对于减少道路交通事故具有重要意义。

本节主要讨论采用因果分析图、事故树和预先危险性分析方法，通过对因果分析图和事故树的建造，剖析可能导致事故发生的基本原因事件间的关系，求出最小径集和各基本事件的结构重要度，为此类的分析、预防提供依据。

1. 因果分析图

构造出的因果分析图如图5-16所示。

2. 事故树分析

构造出的事故树图如图5-17所示。

根据最小割（径）集最多个数差别法判定，此事故树最小割集有252个，而最小径集仅3个，所以，宜采用最小径集进行分析。

（1）最小径集的求解。根据成功树的构造法则，做出图5-17的成功树图，即图5-18。

成功树的结构函数为：

$$T' = x_1' + x_2'x_3'x_4'x_5'x_6'x_7'x_8'x_9'x_{10}'x_{11}'x_{12}'x_{13}'x_{14}'x_{15}'x_{16}' + x_8'x_9'x_{10}'x_{11}'x_{12}'x_{13}'x_{14}'x_{15}'x_{17}'x_{18}'x_{19}'x_{20}'$$

可得3个最小径集如下：

$P_1 = \{x_1\}$

$P_2 = \{x_2, x_3, x_4, x_5, x_6, x_7, x_8, x_9, x_{10}, x_{11}, x_{12}, x_{13}, x_{14}, x_{15}, x_{16}\}$

$P_3 = \{x_8, x_9, x_{10}, x_{11}, x_{12}, x_{13}, x_{14}, x_{15}, x_{17}, x_{18}, x_{19}, x_{20}\}$

（2）结构重要度的求解。

$I_{\Phi(1)} = 1$

$$I_{\Phi(2)} = I_{\Phi(3)} = I_{\Phi(4)} = I_{\Phi(5)} = I_{\Phi(6)} = I_{\Phi(7)} = I_{\Phi(16)} = I_{\Phi(17)} = I_{\Phi(18)} = I_{\Phi(19)} = I_{\Phi(20)} = 1/2^{14} = 6.1 \times 10^{-5}$$

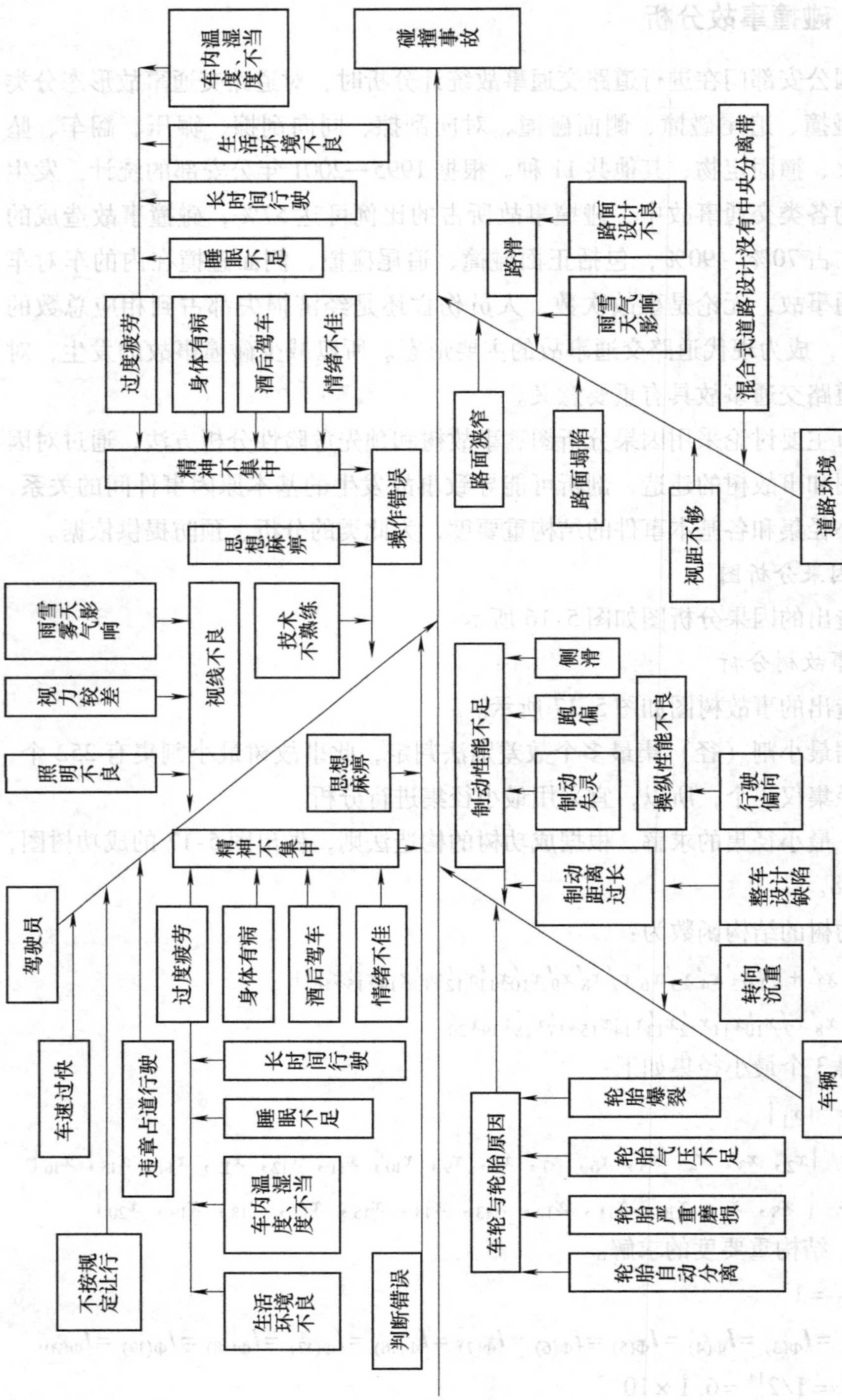

图 5-16 碰撞事故因果分析图

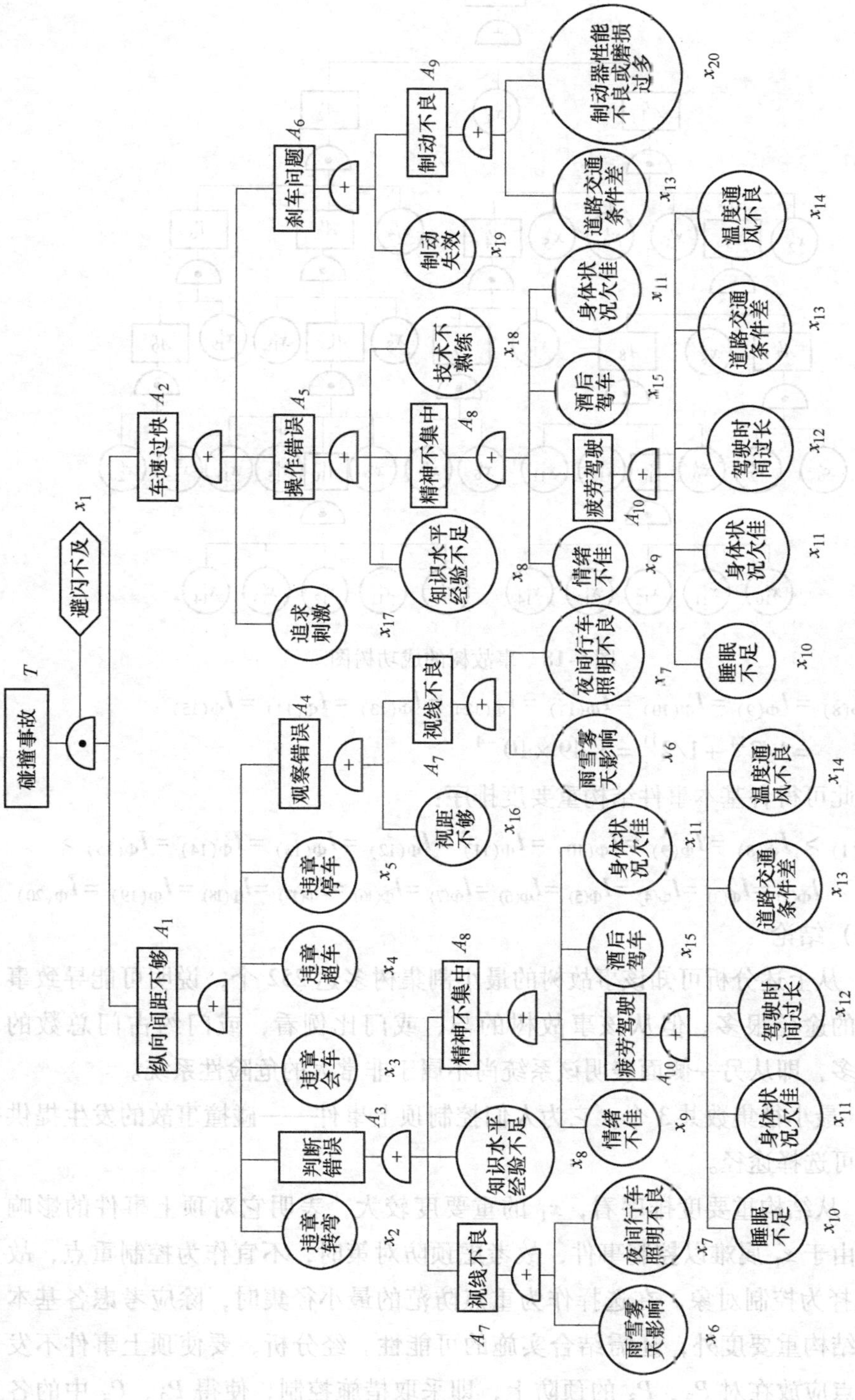

碰撞事故
T
避闪不及
x_1
纵向间距不够
A_1
车速过快
A_2
违章转弯
x_2
判断错误
A_3
违章会车
x_3
违章超车
x_4
违章停车
x_5
观察错误
A_4
追求刺激
操作错误
A_5
刹车问题
A_6
视线不良
A_7
知识水平经验不足
精神不集中
A_8
视距不够
x_{16}
雨雪雾天影响
x_6
夜间行车照明不良
x_7
情绪不佳
x_8
疲劳驾驶
A_{10}
酒后驾车
x_{15}
身体状况欠佳
x_{11}
睡眠不足
x_{10}
驾驶时间过长
x_{12}
道路交通条件差
x_{13}
温度通风不良
x_{14}
x_9
x_{17}
技术不熟练
x_{18}
制动失效
x_{19}
制动不良
A_9
制动器性能不良或磨损过多
x_{20}

图5-17　碰撞事故树图

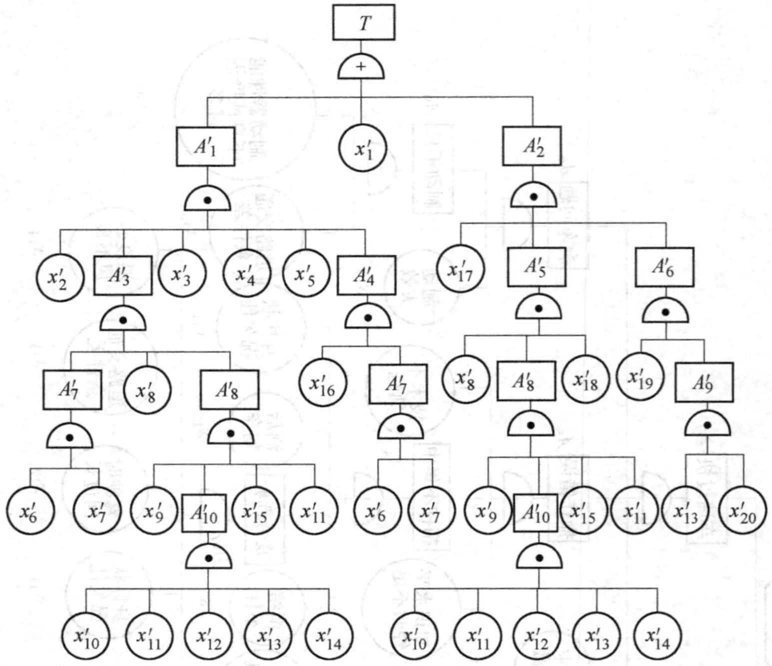

图 5-18 事故树的成功树图

$$I_{\Phi(8)}=I_{\Phi(9)}=I_{\Phi(10)}=I_{\Phi(11)}=I_{\Phi(12)}=I_{\Phi(13)}=I_{\Phi(14)}=I_{\Phi(15)}$$
$$=1/2^{14}+1/2^{11}=5.49\times10^{-4}$$

因此可得各基本事件结构重要度排序：

$$I_{\Phi(1)}>I_{\Phi(8)}=I_{\Phi(9)}=I_{\Phi(10)}=I_{\Phi(11)}=I_{\Phi(12)}=I_{\Phi(13)}=I_{\Phi(14)}=I_{\Phi(15)}>$$
$$I_{\Phi(2)}=I_{\Phi(3)}=I_{\Phi(4)}=I_{\Phi(5)}=I_{\Phi(6)}=I_{\Phi(7)}=I_{\Phi(16)}=I_{\Phi(17)}=I_{\Phi(18)}=I_{\Phi(19)}=I_{\Phi(20)}$$

（3）结论

1）从上述分析可知该事故树的最小割集树多达 252 个，说明可能导致事故发生的途径很多。但从该事故树的与、或门比例看，或门约占门总数的 92% 之多，即从另一侧面表明该系统尚不属于非常大的危险性系统。

2）最小径集数共 3 个，它为人们控制顶上事件——碰撞事故的发生提供了 3 条可选择途径。

3）从结构重要度排序看，x_1 的重要度较大，表明它对顶上事件的影响大。但由于 x_1 属难以控制事件，故考虑预防对策时，不宜作为控制重点，故 x_1 不选择为控制对象。在选择作为重点防范的最小径集时，除应考虑各基本事件的结构重要度外，还需结合实施的可能性。经分析，要使顶上事件不发生，重点应放在对 P_2、P_3 的预防上，即采取措施控制，使得 P_2、P_3 中的各基本事件均不发生。为保证措施的执行，结合做出安全检查表见表 5-8。

表 5-8　预防碰撞事故安全检查表

序号	检查项目	检查内容	是否 √ ×	措施
1	驾驶员	1. 是否违章转弯 2. 是否违章会车 3. 是否违章超车 4. 是否违章停车 5. 是否超速行驶 6. 是否经过正规培训、考核 7. 驾驶技术是否熟练 8. 视力状况是否适合驾驶 9. 对所驾车辆状况是否熟悉 10. 对行驶道路状况是否熟悉 11. 行车时是否有情绪波动 12. 是否酒后驾车 13. 身体状况是否良好 14. 是否长时间驾驶 15. 睡眠是否足够		
2	车辆	1. 制动器是否性能不佳 2. 制动器是否磨损过多 3. 制动是否失效 4. 轮胎是否气压不足 5. 轮胎是否磨损严重 6. 车内温度湿度是否适宜人体 7. 车灯照明是否良好 8. 车辆是否定期检验维护		
3	道路环境	1. 所行路段路面是否塌陷 2. 路面是否狭窄 3. 混合式道路是否设有中央分离带 4. 视距是否足够 5. 是否有必要的交通标志 6. 交通信号设置是否合理 7. 交通安全设施是否欠缺 8. 天气状况是否良好		
单位		检查人	日期	审核

3. 预先危险性分析

为分析道路交通事故中碰撞事故的主要潜在危险，识别碰撞事故与驾驶员、车辆、道路和环境因素的关系，在对碰撞事故进行事故树分析的基础上，通过对碰撞事故的各因素分析，识别危险因素及其转变为事故状态的触发条件，形成事故的原因事件和导致事故的后果。预先危险性分析法的分析结果见表5-9。

表5-9 碰撞事故预先危险性分析

危险因素	车辆性能不佳，道路环境状况不良
触发事件	未谨慎驾驶
事故原因	1. 驾驶员 （1）观察不周：驾驶员对驶来的车辆、行人、自行车等未观察清楚或判断失误，措施不力、抢道行驶而导致 （2）超速驾驶 （3）违章操作：违章转弯，占道行驶，违章会车，违章超车，违章停车，酒后开车等 （4）疏忽大意：驾驶员思想不集中或专注于驾驶任务无关的思想活动，没有认真观察和判断外界事物，与车内人员闲谈说笑 （5）措施不当：制动使用不及时或使用不当，制动抱死，车辆滑移转向失效 （6）其他：药物损伤，疲劳驾驶，驾驶员缺乏经验，反应迟缓，判断错误等 2. 车辆 （1）车辆设计、制造中的缺陷以及汽车零配件的质量缺陷 （2）车辆技术维护保养制度未落实，带病上路 3. 道路环境 （1）道路增加的速度不及车辆增加速度快，致使道路上车流密度越来越大，车间距缩短，当前车突然减速，后车容易措手不及而与前车发生相撞事故 （2）路面状态不良，路面强度、稳定性、平整度不够 （3）视距不良 （4）雨季和冬季，道路摩擦系数低，车辆制动效果差，易发生追尾事故
事故后果	车辆损坏，人员伤亡，道路设施破坏，造成重大经济损失
防范措施	1. 驾驶员 （1）车辆在转弯、超车及变更车道时驾驶员要遵守交通规则，遵章驾驶 （2）驾驶员和车内人员要使用安全带 （3）有效取缔违章停车，特别是在道路交叉口、人行横道、公交车站点等性质恶劣、危险性大、且迷惑性高的地方的违章停车 （4）开展对驾驶员交通安全教育和指导 2. 车辆 （1）在汽车抗撞性能的设计中，考虑车辆结构的完整，驾驶员保护系统和汽车抗撞能量的吸收装置，改进反光镜、车辆照明、信号和显示设计，提供可靠的车辆控制器，改进制动转向系统等

（续）

防范措施	（2）强化对制动系统和轮胎的检查 （3）强化车辆的周期性检查 3. 道路 （1）在道路设施上加大改善力度，增设中央分隔带，避免车辆对向行驶时发生正面相撞 （2）对城市部分道路设置公交专用道，以缓解交通流量 （3）路侧增设缓冲设施 （4）改善道路线性、坡度 （5）在降雨、雪天气，必须及时提高驾驶员的警惕性和安全意识，在路旁设置预警标志和限速标志，及时清理路面，保障行车畅通有序

5.6.2　翻车事故树分析示例

在道路运输事故中，翻车也是常见的事故之一。汽车翻车后不但造成经济损失，而且造成人员伤亡。本节主要针对翻车事故，采用因果分析图法、事故树分析的方法进行分析，找出结构重要度最大的基本事件。翻车是指部分或全部车轮悬空、车身着地的现象，通常指车辆没有发生其他事态而造成的翻车。

1. 因果分析

翻车事故的主要原因可以从人、车、道路、环境四大方面着手分析，做出因果分析图（见图5-19）。

2. 翻车事故树的构造

根据因果分析图，可以发现主要是由于车辆失稳和施救不及时造成的。图5-20是在对翻车事故进行广泛的调查和研究，反复分析顶上事件、各中间事件和各原因事件之间的逻辑关系后，所构造出的事故树。

3. 事故树的定性分析

由事故树分析图（见图5-20）可知，或门占了绝大多数。根据或门的定义可得大部分的单个基本原因事件都有输出，所以道路交通系统中发生翻车事故的危险性还是很大的。

（1）求最小径集。由于翻车事故树的基本原因事件比较多，而且或门占绝大多数，所以用最小径集进行分析。根据事故树可以做出对应的成功树图，由成功树图计算出共有3个径集，如下所示：

$$P_1=\{x_1\};$$
$$P_2=\{x_2,\ \cdots,\ x_{22}\};$$
$$P_3=\{x_{23},\ \cdots,\ x_{30}\}。$$

（2）结构重要度分析。结构重要度分析是在不考虑各基本事件发生的概率

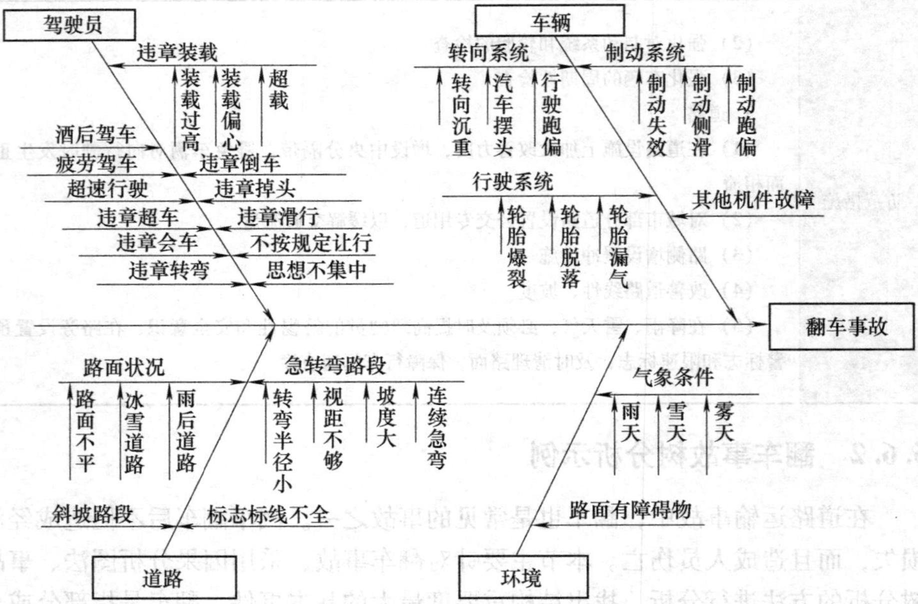

图 5-19 因果分析图

的情况下，分析各基本事件的发生对顶上事件的发生所产生的影响程度。结构重要度系数是从事故树结构上反映基本事件的重要程度，为从结构上改进系统的安全性提供依据。从各基本事件在 P_i 中的分布可得：

$$I_{\phi(1)}=\frac{1}{3}$$

因为 $I_{\phi(2)}$，$I_{\phi(3)}$，…，$I_{\phi(22)}$ 都均等地分布在 P_2 中，所以各重要度一样。

$$I_{\phi(2)} = I_{\phi(3)} = \cdots = I_{\phi(22)} = \frac{1}{3}\times\frac{1}{21} = 0.01587301$$

同理，因为 $I_{\phi(23)}$，$I_{\phi(24)}$，…，$I_{\phi(30)}$ 都均等地分布在 P_3 中，所以各重要度也一样。

$$I_{\phi(23)} = I_{\phi(24)} = \cdots = I_{\phi(30)} = \frac{1}{3}\times\frac{1}{8} = 0.04166667$$

为此，可得各基本事件结构重要度排序为：

$$I_{\phi(1)} > I_{\phi(23)} = I_{\phi(24)} = I_{\phi(25)} = I_{\phi(26)} = I_{\phi(27)} = I_{\phi(28)} = I_{\phi(29)} = I_{\phi(30)} > I_{\phi(2)} = I_{\phi(3)} = I_{\phi(4)} = I_{\phi(5)} = I_{\phi(6)} = I_{\phi(7)} = I_{\phi(8)} = I_{\phi(9)} = I_{\phi(10)} = I_{\phi(11)} = I_{\phi(12)} = I_{\phi(13)} = I_{\phi(14)} = I_{\phi(15)} = I_{\phi(16)} = I_{\phi(17)} = I_{\phi(18)} = I_{\phi(19)} = I_{\phi(20)} = I_{\phi(21)} = I_{\phi(22)}$$

（3）结论：

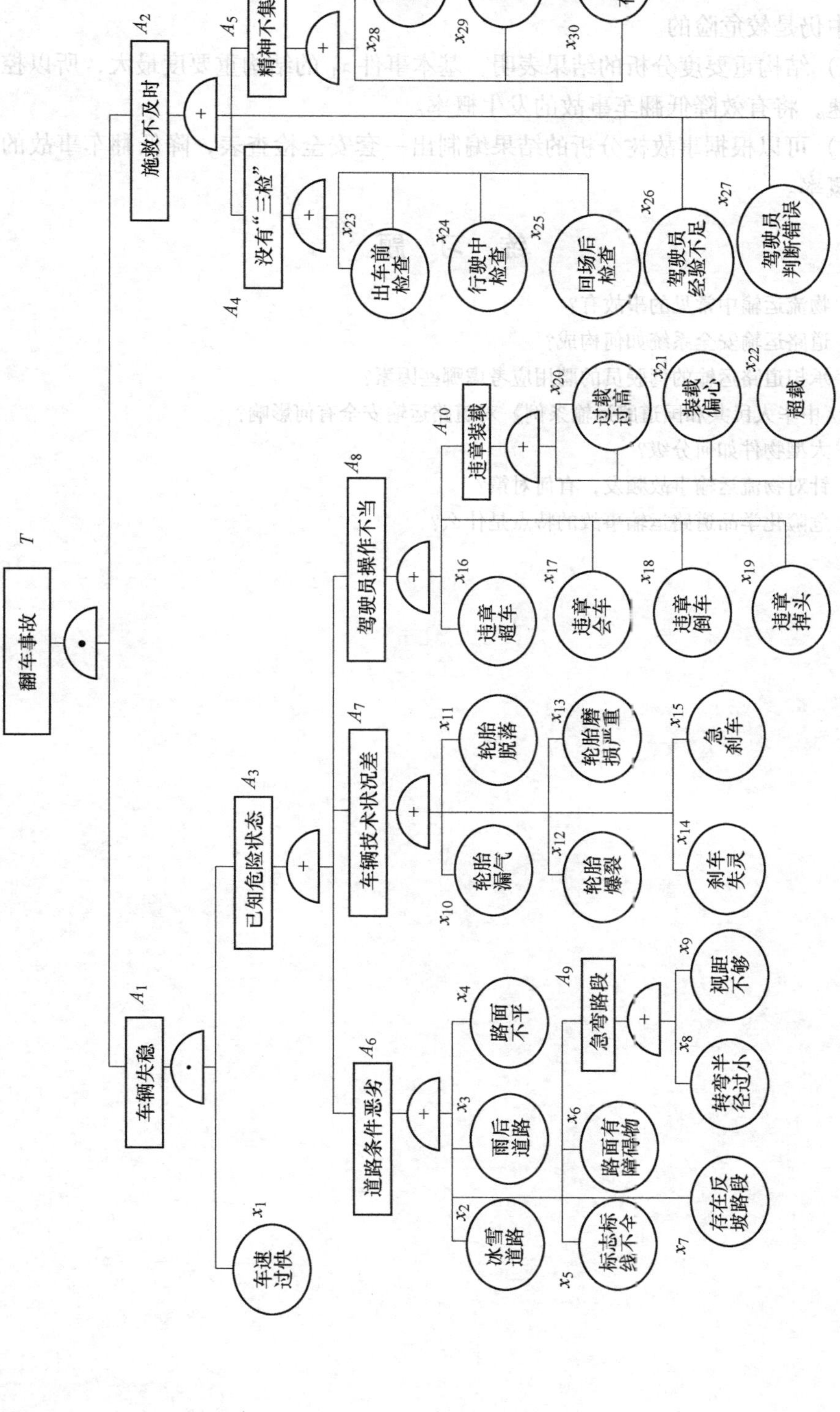
翻车事故
T
车辆失稳
A1
施救不及时
A2
车速过快
x1
已知危险状态
A3
道路条件恶劣
A6
车辆技术状况差
A7
驾驶员操作不当
A8
没有"三检"
A4
精神不集中
A5
冰雪道路
x2
雨后道路
x3
路面不平
x4
标志标线不全
x5
路面有障碍物
x6
存在反坡路段
x7
急弯路段
A9
转弯半径过小
x8
视距不够
x9
轮胎漏气
x10
轮胎脱落
x11
轮胎爆裂
x12
轮胎磨损严重
x13
刹车失灵
x14
急刹车
x15
违章超车
x16
违章会车
x17
违章倒车
x18
违章掉头
x19
违章装载
A10
过载过高
x20
装载偏心
x21
超载
x22
出车前检查
x23
行驶中检查
x24
回场后检查
x25
驾驶员经验不足
x26
驾驶员判断错误
x27
酒后驾车
x28
疲劳驾车
x29
思想有压力
x30

图5-20 翻车事故树

1）事故树的基本事件虽然只有30个，但最小割集有168组，最小径集只有3组，说明顶上事件发生的途径较多，控制途径较少，所以翻车事故在道路交通中仍是较危险的。

2）结构重要度分析的结果表明，基本事件 x_1 的结构重要度最大，所以控制车速，将有效降低翻车事故的发生概率。

3）可以根据事故树分析的结果编制出一套安全检查表，降低翻车事故的发生概率。

练 习 题

1. 物流运输中常见的事故有？
2. 道路运输安全系统如何构成？
3. 承担道路运输的驾驶员的聘用应考虑哪些因素？
4.《中华人民共和国道路运输条例》对道路运输安全有何影响？
5. 大型物件如何分级？
6. 针对物流运输事故频发，有何对策？
7. 危险化学品道路运输事故的特点是什么？

第 6 章

铁路、水路、航空和管道运输安全

随着经济全球化的加剧，世界经济对于运输的要求越来越高。针对不同的运输要求，不同的运输方式也被更多、更灵活地运用，如针对跨洋大宗货物的水路运输、内陆大宗货物的铁路运输、石油天然气的管道运输和时间要求高的航空运输等。在各种运输方式蓬勃发展的同时，相应的各种运输事故也在不断增多。正确地认识各种运输方式及其特点，掌握事故的要点，减少事故的发生是物流运输安全工作的重点之一。

6.1 铁路运输安全

铁路运输由于拥有适应性强，运载量大，速度快，安全程度高，能耗低和污染小等特点，在物流运输中起主力军的作用。铁路线路长，通过地的地理环境、气候环境跨度大，自然条件复杂，且在运输过程中作业比较频繁，系统使用的部件如路基、钢轨、机车等组成复杂，数量繁多，只要一个要害部位发生损坏或故障，就可能导致行车事故。因此，良好的运输安全技术和管理是保障铁路运输顺畅进行的必要条件。

6.1.1 铁路运输装备

铁路运输装备是指通过铁路轨道运行的各种机车与车辆。铁路运输装备以铁路轨道进行导向，车辆通过自身带凸缘的钢轮沿铁轨内侧行驶。在运行过程中，轨道起着支承车辆和导向的作用，而驾驶员的作用仅是控制车辆的行驶速度。按铁路动力装备的类型不同，可分为轻轨交通列车、快速轨道交通列车、市郊铁路列车、铁路客货运输列车、调整铁路列车、磁悬浮铁路列车等几种。

1. 铁路机车

铁路机车也就是人们常说的火车头，是铁路运输的基本动力。由于铁路车辆大都不具备动力装置，列车的运行和车辆在车站内有目的的移动均需机车牵引或推送。根据原动力不同，铁路机车分为蒸汽机车、内燃机车及电力机车。

（1）蒸汽机车。蒸汽机车是以蒸汽为原动力，通过蒸汽机把燃料的热能转变为机械能来牵引列车的一种机车。蒸汽机车结构比较简单，造价也相对低廉。随着科学技术的发展和不可再生能源的日益减少，在现代铁路运输中，用蒸汽机车来进行牵引已经逐渐被其他新型牵引机车所取代。

（2）内燃机车。内燃机车是以内燃机为原动力的机车。与蒸汽机车相比，内燃机的热交换效率很高，一般可以达到20%～30%。而且内燃机车的独立性也很强，整备时间比蒸汽机车短，起动快，通过能力强。内燃机车在一次加足燃料后，持续工作时间长，运行路线长，特别适合在水量和水质无法保证的地区运行，并可实现多机联挂牵引。此外，内燃机车单位功率重量轻、乘务员工作环境相对较好。因此，内燃机车的发展较快。其缺点是机车构造复杂，制造、维修和运营费用较高，对环境污染也较大。

（3）电力机车。电力机车是从铁路沿线的接触网获取电能并以此作为牵引动力的机车，是非自带能源的机车（见图6-1）。电力机车的优点主要有：①热效率比蒸汽机车高一倍以上；②起动快，速度快，爬坡性能好；③可以作为大功率机车使用，运输能力大，运营费用低，如果利用水力发电则更为经济；④电力机车无需用水，无空气污染，运行噪声小，乘务员工作环境好；⑤便于多机牵引。但是电力机车所依赖的电气化铁路需要建设一套完整的供电系统，基础投资要比传统的蒸汽机或内燃机车大得多。

图6-1 株洲公司SS4型8轴重载货运电力机车

2. 铁路车辆

铁路车辆是指自身不具备动力，连接成车后由机车牵引运行的铁道运输装备。铁路车辆由车体、车底架、走行部、车钩缓冲装置和制动装置五个基本部分组成。走行部采用转向架结构，能相对于车底架自由转动，并缩短了车辆的固定轴距，使车辆顺利通过曲线，从而提高车速和载质量。由于车轮踏面为锥形，故能在轨道上以蛇形方式运行，以使踏面磨损均匀，并能在通过曲线形道路时使外侧车轮以较大半径滚动，进而减少轮轨间的滑动。但如果转向架设计不妥，则车轮蛇行状态将加剧，而使整个系统失稳。因此，任何车辆均应保证其失稳临界速度大于运行速度。但另一方面，为加大临界速度，往往会造成弹簧悬架过硬，进而使动态响应加大，导致运行平稳性下降，增加振动和噪声，使舒适性大大降低。所以，同时保证车辆的运行稳定性和运行平稳性，是车辆设计所追求的主要目标。

铁路车辆包括客车和货车两大类。在物流运输中，使用较多的是货车。

货车是指以运输货物为主要目的铁道车辆。在特殊情况下，个别货车也用来运送旅客或兵员。有些铁道车辆并不直接参加货物运输，而是用于铁路线路施工、桥梁架设及轨道平衡检测等。但这些车辆也归入货车类。

根据运输货物的类型，货车可分为通用货车和专用货车两大类。其中，通用货车包括棚车、敞车和平车，能够装运多种货物；专用货车只能装运某些种类的货物，包括罐车、冷藏车、矿石车、长大货物车、粮食车等。

1）棚车（见图6-2）。棚车具有车顶、侧墙、墙端，并设有窗和滑门。棚车主要承运粮食、食品、日常工业品以及怕晒、怕湿的货物和贵重物品等，必要时还可运送人员和家畜。

图6-2 棚车

2）敞车（见图6-3）。敞车是没有车顶但有平整地板和固定侧墙的货车。它主要装运矿石、砂、木材、钢材等不怕日晒及雨淋的货物；货物上覆盖防水篷布可代替棚车。

3）平车（见图6-4）。平车没有侧墙、墙端和车顶，但有的具有可以放倒的侧板和端板。平车总体为单纯的底架承载结构，可装运大型建筑材料、钢材、汽车、拖拉机及军用装备，低边平车还可转运矿石、煤炭等货物。

4）罐车。罐车是专门用于装运液体、液化气或粉末状货物的车辆。其外形为一个卧放的圆筒体。从结构来看，罐车可分为有底架和无底架两种。罐车按运载货物的类型可分为轻油罐车、黏油罐车、沥青罐车、液化气罐车、酸碱罐车、水泥罐车等。轻油罐车主要装运汽油、柴油、煤油和其他不需要加热的

图6-3　敞车

图6-4　双层集装箱平车

轻质油料及化工产品；黏油罐车用于装运原油、重质润滑油、燃料油等需要加热卸车的油料；沥青罐车用于装运液态沥青；液化气罐车用于装运常温下加热液化的石油烃类，如丙烯、正丁烷、异丁烯、丁烯及其混合物；水泥罐车主要运输散装水泥、石英砂等粉状货物。

5）保温车。保温车又称冷藏车，外形结构类似棚车，也是整体承载结构。保温车的车体设有隔热层，加装有冷冻设备以控制温度，用于装运新鲜易腐货物。保温车具有车体隔热、气密性好的特点。在温热季节能通过车内的冷却装置保持比外界气温低的温度；在寒冷季节，还可用来不制冷保温运送或用电热器加温运送，使车内保持比外界气温高的温度。

6）漏斗车（见图6-5）。漏斗车车体的下部设有一个或多个漏斗形卸货口用来卸货。漏斗车可分为无盖漏斗车和有盖漏斗车。其主要特点是卸货方便，打开漏斗口的挡板，货物靠重力自行卸下。漏斗车主要用于装运煤、石渣、石灰石、粮食等散粒货物。

7）长大货物车（见图6-6）。用于运装大型或重型货物，如电力、冶金、化工、重型机械等行业的发电机定子、变压器、轧钢机及部件等。长大货物车一般采用多轴转向架或多重底结构，以便运输重型货物。

图6-5　漏斗车

图6-6　长大货物车

8）其他货车。除了上述几种货车外，还有附挂于货物列车头尾搭载随车人员的守车、可在铁路和公路上行驶作业的公铁路两用车、专门进行木材运输的木材专用车，以及球团矿车、钢水车、铸锭车、鱼苗车等。

6.1.2　铁路运输事故

1. 事故等级

根据事故造成的人员伤亡、直接经济损失、列车脱轨辆数、中断铁路行车时间等情形，事故等级分为特别重大事故、重大事故、较大事故和一般事故。本节所称的“以上”包括本数，所称的“以下”不包括本数。

（1）特别重大事故。有下列情形之一的，为特别重大事故：

1）造成30人以上死亡，或者100人以上重伤（包括急性工业中毒，下同），或者1亿元以上直接经济损失的。

2）繁忙干线客运列车脱轨18辆以上并中断铁路行车48h以上的。

3）繁忙干线货运列车脱轨60辆以上并中断铁路行车48h以上的。

（2）重大事故。有下列情形之一的，为重大事故：

1）造成10人以上30人以下死亡，或者50人以上100人以下重伤，或者5000万元以上1亿元以下直接经济损失的。

2）客运列车脱轨18辆以上的。

3）货运列车脱轨60辆以上的。

4）客运列车脱轨2辆以上18辆以下，并中断繁忙干线铁路行车24h以上或者中断其他线路铁路行车48h以上的。

5）货运列车脱轨6辆以上60辆以下，并中断繁忙干线铁路行车24h以上或者中断其他线路铁路行车48h以上的。

（3）较大事故。有下列情形之一的，为较大事故：

1）造成3人以上10人以下死亡，或者10人以上50人以下重伤，或者1000万元以上5000万元以下直接经济损失的。

2）客运列车脱轨2辆以上18辆以下的。

3）货运列车脱轨6辆以上60辆以下的。

4）中断繁忙干线铁路行车6h以上的。

5）中断其他线路铁路行车10h以上的。

（4）一般事故。造成3人以下死亡，或者10人以下重伤，或者1000万元以下直接经济损失的，为一般事故。

2. 事故类别

事故类别包括物体打击，提升、车辆伤害，机械伤害，起重伤害，触电，淹溺，灼烫，火灾，高处坠落，坍塌，冒顶片帮，透水，爆破，火药爆炸，瓦斯煤尘爆炸，其他爆炸，煤与瓦斯突出，中毒和窒息，其他伤害。

3. 事故原因

1）违反操作规程或劳动纪律。

2）对现场工作缺乏检查或指挥错误。

3）安全设施缺少或有缺陷。

4）其他。

4. 伤害程度

（1）轻伤。指造成人员肢体、某些器官功能性或器质性轻度损伤，致使劳动能力轻度或暂时丧失的伤害。其事故伤害损失工作日等于或超过1个工作日，等于或小于299个工作日。

（2）重伤。指造成人员肢体残缺或某些器官受到严重损伤，致使人体长期存在功能障碍或劳动能力有重大损失的伤害。其事故伤害损失工作日等于或超过300个工作日。

（3）死亡。其事故伤害损失工作日数按6000个工作日计算。

6.1.3　铁路运输安全技术

铁路运输设备种类繁多、数量大，要求有很强的整体配合性；配置分散，延伸面广，连续运行时间长，自然因素影响大；设备有形损耗严重，轮轨冲击作用剧烈，设备运行过程中的状态监控难度大，故障发生时间短。因此，铁路运输对设备安全性要求很高。世界各国的铁路物流发展都在积极寻求技术进步，一方面强化基础设施，使之适应列车的重量、速度和密度提高的要求，另一方面研究和采用先进的安全技术和设备。

铁路运输行车安全技术设备主要有：

（1）安全监测设备，如钢轨探伤车、轨道检测车、车辆轴温探测装置等。

（2）安全监控设备，如列车进路监视器，列车无线调度电话，机车自动信号等。

（3）安全防护设备，如列车超速防护系统、道口安全防护系统等。

（4）自然灾害预防设备，如地震报警系统，线路塌方落石报警装置等。

此外，还有行车事故救援设备，如消防、起复、排障和抢修设备等。

6.1.4　铁路运输安全管理

（1）设计、生产、维修或者进口新型的铁路机车车辆，应符合国家规定的标准，并分别向国务院铁路主管部门申请领取型号合格证、生产许可证、维修合格证或者型号认可证，经国务院铁路主管部门审查合格的，发给相应的证书。

（2）按照国家有关规定生产、维修或者进口的铁路机车车辆，在投入使用前，应经国务院铁路主管部门验收合格。

（3）申请领取型号合格证、生产许可证、维修合格证、型号认可证和铁路机车车辆验收的具体程序由国务院铁路主管部门另行规定。

（4）生产铁路道岔及其转辙设备、铁路通信信号控制软件及控制设备、铁路牵引供电设备的企业，应符合下列条件并由国务院铁路主管部门认定：

1）有按照国家规定标准检测、检验合格的专业生产设备。

2）有相应的专业技术人员。

3）有完善的产品质量保证体系和管理制度。

4）近3年内无产品质量责任事故。

铁路道岔及其转辙设备、铁路通信信号控制软件及控制设备、铁路牵引供电设备经符合国家规定条件的专业检测、检验机构检测、检验合格方可使用。

用于危险化学品和放射性物质铁路运输的罐车及其他容器的生产和检测、检验，依照有关法律、行政法规的规定管理。

（5）除国务院验收合格、按规定生产、维修或者进口的铁路机车车辆以外，其他直接关系铁路运输安全的铁路专用设备、器材、工具和安全检测设备，实行产品强制认证制度（已实行工业产品生产许可证制度的铁路专用产品除外），相关产品的认证实施规则由国务院认证认可监督管理部门会同国务院铁路主管部门依法共同制定。

（6）用于铁路运输的安全防护设施、设备、集装箱和集装化用具等运输器具，篷布、装载加固材料或者装置、运输包装及货物装载加固，应符合国家有关技术标准和规范。

（7）铁路运输企业应建立、健全并严格执行铁路运输的设施、设备的安全管理和检查防护的规章制度，加强对铁路运输的设施、设备的检测、维修，对不符合安全要求的应及时更换，确保铁路运输的设施、设备性能完好和安全运行。在法定假日和传统节日等铁路运输高峰期间，铁路运输企业应加强铁路运输安全检查，确保运输安全。

（8）铁路机车车辆和自轮运转车辆的驾驶人员应经国务院铁路主管部门考试合格后方可上岗。具体办法由国务院铁路主管部门制定。

（9）铁路运输企业应加强对从业人员的安全教育和培训。铁路运输企业的从业人员应严格按照国家规定的操作规程使用、管理铁路运输的设施、设备。

（10）铁路运输企业应将有关旅客、列车工作人员及其他进入车站的人员遵守的安全管理规定在列车内、车站等场所公告。

（11）铁路运输企业应使用国务院铁路主管部门认定的符合国家安全技术标准的铁路运输管理信息系统，并配备专门的安全管理人员，负责系统安全保护工作。

（12）铁路运输企业应按照法律、行政法规和国务院铁路主管部门的规定，对旅客携带物品和托运的行李进行安全检查。从事安全检查的工作人员，应佩戴安全检查标志，依法履行检查职责，并有权拒绝不接受安全检查的旅客进站乘车。

（13）旅客应接受并配合铁路运输企业在车站、列车实施的安全检查，不得违法携带、夹带匕首、弹簧刀及其他管制刀具，或者违法携带、随身托运烟花爆竹、枪支弹药等危险物品、违禁物品。旅客进站乘车、出站应接受铁路工作人员的引导。

（14）铁路运输托运人托运货物、行李、包裹时不得有下列行为：

1）匿报、谎报货物品名、性质。

2）在普通货物中夹带危险货物，或者在危险货物中夹带禁止配装的货物。

3）匿报、谎报货物重量或者装车、装箱超过规定重量。

4）其他危及铁路运输安全的行为。

（15）铁路运输企业应对承运的货物进行安全检查，并不得有下列行为：

1）在非危险品办理站、专用线、专用铁路承运危险货物。

2）未经批准承运超限、超长、超重、集重货物。

3）承运拒不接受安全检查的物品。

4）承运不符合安全规定、可能危害铁路运输安全的其他物品。

（16）办理危险货物铁路运输的承运人，应具备下列条件：

1）有按国家规定标准检测、检验合格的专用设施、设备。

2）有符合国家规定条件的驾驶人员、技术管理人员、装卸人员。

3）有健全的安全管理制度。

4）有事故处理应急预案。

（17）办理危险货物铁路运输的托运人，应具备下列条件：

1）具有国家规定的危险物品生产、储存、使用或者经营销售的资格。

2）运输工具、运输包装、装载加固条件及专用设施、设备符合国家规定的技术标准和安全条件。

3）有符合国家规定条件的掌握危险货物铁路运输业务和相关知识的专业技术人员、运输经办人员和押运人员。

4）有事故处理应急预案。

（18）申请从事危险货物承运、托运业务的，应向铁路管理机构提交符合（16）、（17）条所述承运人和托运人条件的证明文件。铁路管理机构应当自收到申请之日起20日内作出批准或者不予批准的决定。决定批准的，发给相应的资格证明；不予批准的，应当书面通知申请人并说明理由。

（19）办理超限、超长、超重、集重货物运输的承运人，应具备下列条件：

1）装载加固、运输工具及其他设施、设备符合国家有关技术标准和安全要求。

2）有符合国家规定条件的专业技术人员、管理人员和作业人员。

3）有健全的安全管理制度。

4）有事故处理应急预案。

（20）办理超限、超长、超重、集重货物运输的，承运人应按照国家有关规定向国务院铁路主管部门或者铁路管理机构提出申请。国务院铁路主管部门或者铁路管理机构应当自收到申请之日起7日内作出批准或者不予批准的决定。决定批准的，发给相应的资格证明；不予批准的，应当书面通知申请人并说明理由。

（21）运输危险货物应按照国家规定，使用专用的设施、设备，托运人应配备必要的押运人员和应急处理器材、设备、防护用品，并且使危险货物始终处于押运人员的监管之下，发生被盗、丢失、泄漏等情况，应按照国家有关规定及时报告。

（22）办理危险货物运输的工作人员及装卸人员、押运人员应掌握危险货物的性质、危害特性、包装容器的使用特性和发生意外时的应急措施。危险货物承运单位的主要负责人和安全生产管理人员，应经铁路管理机构对其安全生产知识和管理能力考核合格后方可任职。

（23）危险货物的托运人和承运人应按照国家规定的操作规程包装、装卸、运输，防止危险货物泄漏、爆炸。

（24）特殊药品的托运人和承运人应按照国家规定包装、装载、押运，防止特殊药品在运输过程中被盗、被劫或者发生丢失。

6.2 水路运输安全

水路运输在物流运输中主要承担大数量、长距离的运输，是在干线运输中起主力作用的运输形式。由于其具有运量大、运距长、经济的特点，在现在国际物流中占有重要的地位，发挥着不可替代的作用。

水路运输安全与水上交通安全紧密相关。水上交通安全属公共安全范畴，涉及船舶交通的监管和险情救助。水上交通事故突发性强，远离陆地，救援困难，易造成群死群伤和重大经济、环境损失以及重大社会影响。加强安全工作、处理公共突发事件是政府的重要职能。加强水上交通安全监管和救助系统建设，对提高安全管理水平，增强应对水上突发事件的能力，切实保障人民群众的生命财产安全，促进经济发展，维护国家权益，具有重要意义。

经过多年努力，我国水上交通安全保障能力得到了提高，安全形势初步好转，水上交通安全监管与救助为社会经济发展作出了贡献。2005 年与 2000 年相比，等级以上运输船舶交通事故减少了 15.9%，死亡人数减少了 16.8%。2001 年至 2005 年期间，组织搜救行动 8788 次，救助人员 71168 人、船舶 6877 艘、财产价值约 171 亿元。但是目前我国水上交通安全监管和救助系统仍然是低水平的，尤其是监管和救助装备的数量和性能与实际需求差距很大。

随着我国经济社会的发展，特别是物流业的快速发展，水上运输安全呈现出新的特点，主要有以下几个方面：

（1）航运业高速发展，船舶流量快速增长。未来我国水路运输将持续增长，预计 2010 年，全国港口吞吐量将达到 72 亿 t，水路货运量达到 31 亿 t，分别比 2005 年增长 49% 和 41%；海上油气资源开发、海产捕捞、海洋工程、海水养殖等用海活动将会是海上活动的主要增长点，因而港口、海峡、水道和内河干线的船舶交通流量和交通密度将进一步增加，水上交通安全事故的风险增大，交通安全的压力巨大。

(2) 危险货物运输量不断增加。随着国民经济的增长，我国危险货物特别是原油的运输量也在不断增加。2005 年我国水上危险货物运量 4.1 亿 t，比 2000 年增加 36.6%，原油进口量 1.27 亿 t，目前每天航行于我国水域的各类危险品运输船舶 1000 多艘次，进口原油 90% 通过海运，预计 2010 年原油进口量和液体化工品运量都将有较大幅度增长，通航环境更加复杂，水上交通事故引发的重大溢油污染的风险将呈上升趋势。

(3) 船龄长、船舶技术状况差。我国远洋、沿海和内河超老龄船舶的比重分别达到 41%、68%、43%，普遍高于世界平均水平；船舶种类繁多，特别是内河船舶种类多达 1600 多种，船龄长、船型复杂及船舶技术状况差是引发船舶交通事故的重要因素。

(4) 通航环境日益复杂，对安全监管和救助提出了更高要求。我国水上运输量大，交通密度高，长江下游和珠江口水域的日均船舶自然流量均在 3000 艘次左右，超过世界上任何一条水道的船舶流量。而沿海港口进港航道普遍狭窄，水深不足，大型船舶操纵受限；内河水域多为天然航道，狭窄弯多，礁石密布，水流变化大，船舶航行风险高；北方海区和东海海区 8 级大风日年均 60d 以上，南方台风多，平均每年有 11 次以上的台风；北方海区冬季表层水温较低，经常在 0℃以下。在这些条件下，一旦发生海难，如果搜寻救助不及时，极易造成重大生命财产损失。

(5) 运输不平衡，季节性客运强度大。春节、黄金周和集市、庙会期间是水上运输特别是客运最繁忙的时间。这期间由于运量集中，船舶运力有限，老旧船舶和非运输船舶参与运输及超员超载现象十分普遍，是水上交通安全事故的多发时段。

(6) 水上交通安全事故多发区域较为集中。水上交通安全区域分布与水路运输和海洋开发格局密切相关，我国水上交通险情的主要分布特点是：

1) 水上交通险情主要集中在沿海和内河干流。在全部险情中沿海占 63.3%（其中，渤海占 5.3%，黄海占 8.0%，东海占 38.3%，南海占 11.7%），内河干流占 30.8%，其他水域不到 6%。

2) 沿海险情主要发生在离岸 50n mile（海里，下同）以内。在沿海水上交通险情总量中，发生在离岸 50n mile 以内海域的占 94%，其中发生在港区的险情占 36.5%；发生在离岸 50 ~ 100n mile 和 100 ~ 200n mile 的险情分别只占 3%。渤海湾、长江口（含舟山、宁波水域）、台湾海峡、珠江口和琼州海峡是沿海的事故多发水域。

3）内河险情主要发生在长江干线。在内河水上交通险情总量中，发生在长江干线的占 64.8%，其中长江下游占 44%。

6.2.1 水路运输装备

水路运输装备是指在江、河、湖、海上进行客货运输的各种船舶。全球水路运输量占总运输量的 70%。和其他几种运输装备相比，水路运输装备具有占地少、通航能力大、运量大、运输成本低等优势，因此，在整个运输体系中，它主要承担大批量货物特别是集装箱的运输、原料和半成品等散货（如建材、石油、煤炭、矿石、粮食）的运输，同时也是国际贸易运输的主要工具。当然，水路运输装备也存在航速较低、受自然条件影响大等缺点。

运输船舶主要分客船、货船、客货船及其他特种船舶。专运旅客的船舶称为客船，专门用于运送货物的船舶为货船，而客货兼运的称为客货船。在物流运输活动中，主要使用的是货船。

货船是运送货物的船舶的统称，一般不载客，若载旅客，不能超过 12 人。因为根据《国际海上生命安全公约》规定，凡载客 12 人以上的船舶均需按客船规范要求来建造与配置设备及人员。根据所运输货物的种类不同，货船可分为如下几种。

1. 干货船

干货船又称杂货船，是以装运各种包装、桶装以及成箱、成捆等零批件货为主要业务的货船。

杂货船有下列一些特征：

（1）载质量不可能很大，远洋的杂货船总载质量为 10000 ~ 14000t；近洋的杂货船总载质量为 5000t 左右；沿海的杂货船总载质量为 3000t 以下（由于货种多，货源不足，装卸速度慢，停港时间长，杂货船的载质量过大会不经济）。

（2）为了理货方便，杂货船一般设有 2 ~ 3 层甲板。载质量为万吨级的杂货船，设有 5 ~ 6 个货舱。机舱位置多数位于中后机型，也有的采用尾机型。

（3）杂货船一般都设有首楼，在机舱的上部设有桥楼。老式的 5000t 级杂货船多采用三岛型。

（4）许多万吨级的杂货船，因压载的要求，常设有深舱，同时深舱可以用来装载液体货物（动植物油、糖蜜等）。

（5）杂货船一般都装设有起货设备，多数以吊杆为主，也有的装有液压旋转式起重机。

（6）大多数杂货船，每个货舱一个舱口，但少数杂货船根据装卸货物的需要，采用双排舱口。

（7）不定期的杂货船一般为低速船。航速过高对于杂货船是很不经济的。远洋杂货船为14～18节（kn，1kn＝1nmile/h），续航力为12000nmile以上；近洋杂货船的航速为13～15kn；沿海杂货船的航速为11～13kn。

（8）杂货船一般都是一部主机、单螺旋桨。

2. 散货船

散装运输谷物、煤、矿砂、盐、水泥等大宗干散货物的船舶都可以称为干散货船，或简称散货船。因为干散货船的货种单一，不需要包装成捆、成包、成箱的装载运输，不怕挤压，便于装卸，所以都是单甲板船。总载质量在50000t以上的，一般不装起货设备。由于谷物、煤和矿砂等的积载因数（每吨货物所占的体积）相差很大，所要求的货舱容积的大小、船体的结构、布置和设备等许多方面都有所不同。因此，一般习惯上仅把装载粮食、煤等货物积载因数相近的船舶称为散装货船，而装载积载因数较小的矿砂等货物的船舶，称为矿砂船。用于运输粮食、煤、矿砂等大宗散货的船通常分为如下几个级别。

（1）总载质量DW为100000t级以上，称为好望角型船。

（2）总载质量DW为60000t级，通常称为巴拿马型（见图6-7）。这是一种巴拿马运河所允许通过的最大船型，船长要小于245m，船宽不大于32.2m，最大的允许吃水深度为12.04m。

图6-7　巴拿马型散货船

（3）总载质量DW为35000～40000t级，称为轻便型散货船，吃水较浅，世界上各港口基本都可以停靠。

(4) 总载质量DW为20000~27000t级，称为小型散货船。可驶入美国五大湖泊的最大船型，最大船长不超过222.5m，最大船宽小于23.1m，最大吃水深度要小于7.925m。用于运输矿砂的船，由于载质量越大，运输成本越低，随着造船技术的不断发展，矿砂船也呈现大型化的趋势。由于船型高大，在高潮时岸上的起货设备的高度往往不够高。因此，这种矿砂船在装卸货的同时，利用压载水的多少来调节船舶吃水高低。

3. 油船

油船：从广义上讲是指散装运输各种油类的船。除了运输石油外，装运石油的成品油、各种动植物油、液态的天然气和石油气等。但是，通常所称的油船，多数是指运输原油的船，而装运成品油的船，称为成品油船，装运液态的天然气和石油气的船，称为液化气体船。油轮的载质量越大，运输成本越低。由于石油货源充足，装卸速度快，所以油船可以建造得很大。近海油船的总载质量为30000t左右；近洋油船的总载质量为60000t左右，如图6-8所示的巴拿马型油轮；远洋的大油轮的总载质量为20万t左右；超级油轮的总载质量为30万t以上，最大的油轮的总载质量已达到56万t。油船都是单甲板、单底结构。因为货舱范围内破损后，货油浮在水面上，舱内不至于大量进水，故油船除了在机舱区域内设置双层底以外，货油舱区域一般不设置双层底。但是，油轮发生海损事故会造成污染，近年来有的大型油轮设置双层底或双层船壳。

图6-8 巴拿马型油轮

4. 液化气体船

液化气体船是指专门散装运输液态的石油气和天然气的船，也有人称为特种油船。按其运输时液化气的温度和压力分为三种类型：

（1）压力式液化气体船。这种液化气体船，适用于近海短途运输少量的液化气体，（见图6-9）。它是在常温下将气体加压至液化压力，把液化气储藏在高压容器中进行运输。这种运输方式，船体结构及操作技术都比较简单，但容器质量大，船舶的容量利用率低，不适用于建造大型高压容器。

图6-9　3000m³ 压力式液化气体船

（2）低温压力式液化气体船。把液化气体的温度控制在45℃以下，但高于液化气体的沸点，在这样的温度范围内，把气体加压至液态进行运输。采用这种方式运输，对于液化气体的温度和压力都需要进行控制，舱内要隔热绝缘，并且设置冷冻装置。

（3）低温式液化气体船。在大气压力下，将气体冷却至液态的温度以下进行运输。船上设有温度和压力控制装置。它适用于大量运输液化气体，目前这种类型的液化气体船较多。

5. 集装箱船

集装箱船（Container Ship）是指以装运集装箱货物为主的船舶（见图6-10）。货舱多为单层甲板，双船壳，可堆放3～9层集装箱。经济航速为19～24kn，集装箱规格：40ft（1ft＝0.3048m）（40ft×8ft×8ft）和20ft（20ft×8ft×8ft）两种。

事先将货物装入集装箱内，再把集装箱装上船。这种运输方式的优点是装卸效率高、降低劳动强度、减少货损货差和便于开展多式联运。目前，集装箱运输发展很快，已成为件杂货的主要运输方式。

集装箱船基本上可以分为全集装箱船和半集装箱船两大类。全集装箱船的货舱和甲板均能装载集装箱。货舱内设有格栅式货架，以利货箱的固定。其甲板和货舱盖是平直的，上面可以装2～4层集装箱。通常船上不设起货设备，

图6-10 集装箱船

而利用码头上的专用设备装卸。半集装箱船则只在部分货舱装运集装箱，其他货舱装运杂货或散货。

集装箱船的货舱舱口很大，为了保证船体强度，采用双层船壳。其不仅装卸效率高，航速也较快，多在20kn以上。目前，已建造第六代集装箱船，可装载8000个集装箱。集装箱船可分为部分集装箱船、全集装箱船和可变换集装箱船三种：

(1) 部分集装箱船（Partial Container Ship），仅以船的中央部位作为集装箱的专用舱位，其他舱位仍装普通杂货。

(2) 全集装箱船（Full Container Ship），指专门用以装运集装箱的船舶。它与一般杂货船不同，其货舱内有格栅式货架，装有垂直导轨，便于集装箱沿导轨放下，四角有格栅制约，可防倾倒。集装箱船的舱内可堆放3~9层集装箱，甲板上还可堆放3~4层。

(3) 可变换集装箱船（Convertible Container Ship），其货舱内装载集装箱的结构为可拆装式的。因此，它既可装运集装箱，必要时也可装运普通杂货。

集装箱船航速较快，大多数船舶本身没有起吊设备，需要依靠码头上的起吊设备进行装卸。这种集装箱船也称为吊上吊下船。

6. 冷藏船

冷藏船（Refrigierated Ship）是运送肉、鱼、蔬菜和水果等易腐货物的专用船舶，其船舶结构与杂货船相近，但货舱口较小，货舱具良好的隔热功能，并配有大能量的制冷装置（见图6-11）。由于受货源批量的限制，冷藏船的吨位一般在万吨以下。目前，用于装运冷藏货物的冷藏集装箱发展迅速。由于其运输方便，所以在某种程度上取代了冷藏船的运输。船上设有冷藏系统，能调节多种温度，以适应各舱货物对不同温度的需要。货舱口较小，吨位不大，货舱甲板层数较多，一般有4～8层。

图6-11 冷藏船

7. 滚装船

滚装船（见图6-12）（Roll on/Roll off Ship）：船舶靠码头装卸时，先从船尾放下跳板到岸上，由拖车把货箱拖入船舱。故它的结构特殊，上甲板平整，无舷弧和梁拱，没起货设备，甲板层数多（2～4层），货舱内支柱少，甲板为纵通甲板。造价高。航速16～18kn。

图6-12 12300t滚装船

它装运的货物主要是汽车和集装箱。这种船本身无需装卸设备，装卸时，在船的尾部、舷侧或艏部有跳板放到码头上，汽车或者是集装箱（装在拖车上的）直接开进或开出船舱，实现货物的装卸。滚装船又称开上开下船或滚上滚下船。

滚装船的上层建筑高大，最上层的露天甲板平坦，无起货设备。货舱内设有多层纵通甲板，汽车或拖车可以通过坡道或升降平台进入各层舱内。滚装船对码头要求低，装卸效率高，船速较快。但舱容利用率低，造价高。这种船的优点是不依赖码头上的装卸设备，装卸速度快，可加速船舶周转。

8. 载驳货船

载驳货船，又称子母船：这是一种把驳船作为“浮动集装箱”，利用母船升降机和滚动设备将驳船载入母船，或利用母船上的起重设备把驳船（子船）由水面上吊起，然后放入母船体内的一种船舶，统称为载驳货船。许多载驳货船的甲板上载有集装箱船。

典型的载驳货船有下列四种：

（1）普通载驳货船，又称拉西式载驳货船（Lighter Aboard Ship，简称LASH）。它与全集装箱船一样，也是一种分格结构的船，舱内设有许多驳格，每一驳格内可装4层驳船，甲板上可堆装2层。

（2）海蜂式载驳货船，又称西比式载驳货船（See－Bee Carrier）。其特点是没有舱口，舱内设有三层全通甲板，驳船的装卸靠船尾升降井内设置的升降平台和小车水平滚动装卸驳船。

（3）双体载驳货船，又称巴卡侍载驳货船（Barge Aboard Catama－ran，简称BACAT）。这种船为双体结构，首部封闭而尾部分开，依靠升降平台和甲板上的滚轮装卸驳船。

（4）浮坞式载驳货船，又称巴可型载驳货船，采用母船沉入一定水深，用浮坞船方式将驳船浮进浮出，并可多层装载驳船。

9. 兼用船

兼用船是既可以装载原油，也可以装载散货或矿砂的两用船或三用船。散货船、矿砂船和油船等专用船舶，虽然载质量都比较大，但是由于所运输的货物种类单一，回航不能装运其他种类货物，只好压载空放。兼用船是根据货物种类的变化，船舶在往返航程中，可以装载不同种类的货物。

兼用船主要有下列两种类型：

（1）矿/油两用船。用于运输矿砂和原油，简称为O. O船（Ore/Oil），这种船的中间货舱比较窄，占整个船舶货舱的船容40%～50%。运输矿砂时装在中间货舱内，而运输原油时，装在两侧边舱和中间舱内。

（2）矿/散/油三用船。用于运输矿砂、较轻的散货和原油，简称为O. B. O（Ore/Bulk/Oil Carrier）。

6.2.2 水路运输事故

1. 水运系统分析

船公司、船舶、航道和港口，是维持船舶正常动作的重要环节，它们相互依存，构成了船舶营运系统。水路运输历来是高风险行业；船上有限的空间，被人员、货物、机器、能量系统充分利用，密度甚高，相互间的干扰容易引发事故；船体属于薄壳系统，运动于礁石、浅滩间，航行于急流、狂风、巨浪或浓雾中，难免会发生海上事故（Maritime Accident）。“海事”一词首先成了海上生命财产安全和海洋环境污染的代称。船舶运输在世界经济发展中的重要地位和高风险特性，使海上安全上升为沿海国政府和IMO（国际海事组织）的一项主要工作。现代科技和船员教育为抑制海事创造了良好的条件，但要有效地防止事故的发生，则需要每个管理者和操作者自觉地运用安全科学理论加强安全管理。首先必须明确船舶营运系统中各大要素（子系统）的概况和相互间的影响。

系统是相互作用、相互依赖的若干要素组成的具有特定功能的整体，又从属于更大的系统。系统具有整体性、相关性和环境适应性。船舶营运系统同样具备这些特性，其外围是包括广义的海事在内的社会大环境，船舶营运系统与外围经济的发展相适应。根据安全科学基本要素结构，该系统中的船员属于“人”要素，船舶、货物属于“机（物）”要素，航道和港口属于“环境”要素，船公司属于“管理”要素，由此构成船舶营运系统的安全四面体结构。

（1）船舶

船舶主要由船体系统、操纵系统、导航系统（罗经、雷达、GPS等）、通信系统、动力系统、货物运输系统和安全应急系统构成。

船舶速度概况：集装箱船和客船在20kn左右，高速船（客船、货船）速度可达45kn，超大型油轮在10kn左右，其他船舶多为10~16kn。与安全有关的船舶主要性能有抗沉性、稳性、强度、浮性、航向稳定性、旋回性和停船性（冲程）等。

船内风险源于人、机、能、货拥挤于薄壳系统中，隐患、危险或潜能等事故源占多，易在触发能量和偶发条件作用下发生事故。若不考虑船外环境，则船内的风险和事故类型与陆地工厂相同，包括火灾、爆炸、机器故障、触电、人或物的坠落、机械损伤等。

（2）货物

货物属于物，在安全理论中“物、机、技术”属于侧重点不同的同一类要素。货物性质包括质量和硬度；易移动或滚动；忌热、忌湿、忌压、忌倒置、忌气味、忌污染性；扬尘污染、挥发气味；易破碎、易腐烂；贵重性；危险性等。这些性质涉及货运质量和人、船、货的安全乃至海洋环境保护，需通过合理配载、衬垫、隔票、堆装、绑固、隔离、防盗、通风、冷藏等措施来保证。

货物的技术风险，在此是指与安全有关的风险。机械性风险包括货物的翻倒、坠落以及货物移动导致船舶横倾和倾覆，稳性、强度受损，撞坏船体、设备和伤害人员等。理化性风险包括火灾、爆炸、毒害、腐蚀、浸染、放射、感染，具备此类风险的货物绝大多数已归入危险货物，国际海事组织（International Maritime Organization，IMO）要求缔约国政府按照《1974 年国际海上人命安全公约》（SOL74）和《国际海运危险货物规则》（International Maritime Dangerous，IMDG Code）实施管辖，以确保安全和防止污染。

（3）船员

船员是在船上任职和专门从事船上工作的乘员的总称。海船船员又称为海员。船员是船舶营运系统中最能动的因素，在船公司规章体系和航次任务确定后，船员的素质和行为直接关系到能否安全、优质、经济、高效地完成航次任务。船员可以领略异国风情、赚取外汇和享受本国海关的免税优惠，更重要的是肩负着保证船舶航行安全、防止本船污染海洋环境的神圣使命，由此受到IMO、船旗国（Flag State）和港口国（Port State）的共同关注，并通过 STCW 公约及有关规则，对船员的技术素质和行为实施管辖。船员的工资待遇受到ILO（国际劳工组织）和 ITF（国际运输工人联合会）的关注。船员职业受到如此的重视，是船员的重要性所决定的。

SOL74 公约要求船舶持有船旗国签发的船舶最低安全配员证书（Minimum Safety Certificate），以保证航行安全和防止污染。配员包括船员适任证书要求和人数要求，使船员能按一定的组织和分工行使职责。国际上货船的船员组织中，船长、高级船员和负有值班职责的普通船员必须按 STCW 公约要求持有船员适任证书和有关专业训练证书，所有船员都须通过基本安全训练。船长是船舶最高领导，我国船舶常设政委作为船舶领导之一。大副是甲板部（驾驶部）部门长，也是船长的第一助手。轮机长是轮机部（机舱部、机电部）部门长。高级船员是参加值班的驾驶员、轮机员、无线电人员。全体船员和船上其他人员，都必须统一服从船长的指挥。船舶配员人数，大型货船一般在 25 人左右，其中包括配员证书未作要求的厨师、服务员和政委等人。STCW 公约 95 修正案同时作职能发证规定，将船上职能分成航行、货物装卸和积载、船舶作业管理和人员管理、轮机工程、电气电子和控制工程、维护和修理、无线电通信七大职能块。船员分为管理级、操作级和支持级。同一高级船员可以通过考试和评估取得所需的适任凭证从事相应工作。职能发证使传统的部门分工和船员组织体系受到冲击，需要船舶有较高的自动化程度。该发证方式便于一人多职和一职多人，有利于共享人员技术资源，保障船舶的安全营运。

船员对安全的影响，在于职业素质和行为，职业素质包括道德、身心、技术、能力、语言等方面，有良好的素质才能有良好的行为。STCW 公约 95 修正案给出了国际海员的技术素质和值班行为标准。

(4) 航行环境

航行环境是指船舶航行所处的自然的和人工的背景，包括航道和港口。

航道由盘路、航标、气象和指定水道等组成，在大洋上表现为以气象和海洋环境为基础的大圆航线和恒向线航线。航标是人为设置的提供定位、导航信息的地理位置参照物。航标分成近程的视听类和中、远程的无线电类。视听类航标数量最多，包括灯塔、灯桩、灯浮、导灯、陆标、浮标、立标、导标、电光指示标等。灯标容易熄灭，浮标常有移位，雾号传播距离仅 1 ~2n mile，且易受天气影响。气象和海洋环境属于航海环境学范畴，指气象和海洋对船舶航行的单独影响和综合影响。雾、大风、海浪、流、潮汐对航行安全的影响最大。

航道的风险源于浅滩、礁石、航道弯头、狭窄、流向流速多弯的急流；江河内及入海口航道的频繁迁移；航标的灭失和移位；进行雾雨雪等导致的能见度不良，大风及其掀起的风浪和涌浪，潮汐异常导致的潮高、潮流紊乱等。

港口是航路的起迄点，是海陆运输的连接点。海港是指沿海港口以及河流入海处附近，以靠泊海船为主的港口，包括该港区范围内的水域和通海航道。常用的港口种类有海港、河港、商港、军港、渔港、油港、避风港、开放港口和非开放港口等。港口的水深、岸线总长、泊位数、吞吐量、管理能力、服务能力、服务种类和质量等是港口能力的重要标志。港口规模取决于水道、附近的陆路交通和经济规模，港口的兴衰也影响到港口城市的经济发展。港章是保证港口正常运作的规范，用以维护船舶航行和作业秩序，确保港口和船舶的安全，防止船舶污染港区水域。

(5) 管理方——船公司

船公司是指船舶所有人、经营人和管理人。船公司是“人 - 机 - 环境 - 控制（管理)”系统中“管理”要素的重要组成部分。“海上事故的80%是人为因素造成的”，这是国际海事界公认的统计分析结论。人为因素责任主要在于船公司的岸上管理和船上管理。公司在其范围内，直接把握着人、机、环境三大要素的宏观控制。人员如何选择、培训和调配，船舶如何使用、维护和修理，航行什么航线，对于恶劣环境是鼓励还是冒险等，都取决于公司。因而船公司是船舶安全管理的重要环节。传统的海上安全管理倾向于从船员角度追查事故原因和责任，即使是船舶和机械破旧不堪、航行环境险恶，也常责备船员没有根据情况采取相应的措施。这种管理方式的后果是：船员对事故防不胜防，事故却依然发生。惨痛的教训终于使人们懂得：事故发生在船舶，根本原因在公司。重视公司的安全管理已成为国际海事界控制海上事故的重要途径。

船公司的组织类型较多，在基本组织框架下，其组织服从能级原则，就是高层决策，部门经理组织本部门工作，操作人员执行。公司应有整套的管理规章，使各项事务构成"布置－指导－执行－反馈－监控－改进"的闭环。经典的管理注重于组织管理，内容包括决策、计划、组织和控制。行为科学的管理理论侧重于根据人的需要层次设置和实施激励机制。目前，劳动合同制的实施使船员的数量在迅速增加，这必将促进我国船公司的经营管理，包括涉及船舶和船员的安全管理。

公司安全管理的风险，在于公司直接关系着人、机、环境，公司的安全管理体制和岸船人员素质直接影响着公司的事故控制状况，不完善的管理系统难以产生完善的管理，而最好的制度也必须依靠人的执行才能见效。特别是岸上人员的安全素质、业务水平、激励意识和管理水平直接关系着船舶的安全。

2. 水上事故的定义

水上事故是指在海洋开发、航运、水上水下施工及水产养殖、捕捞等海上活动中，由于航海者或海洋开发工作人员的疏忽及某些不可抗力造成的意外损失或灾祸。

按致损原因划分，水上事故可分为碰撞或触碰、触礁或搁浅、火灾或爆炸、风灾、冰损等。

按发生过程与结果划分，又可分为单一水上事故和连带水上事故。连带水上事故有碰撞＋爆炸、触礁＋沉船＋污染等。1987 年，菲律宾油船与客船在海上相撞造成客船沉没和3000 余人死亡的特大海事，就属于碰撞＋失火＋沉船＋污染这一连带性事故。

一般来讲，水上事故可能造成人员的伤亡，也可能不造成人员伤亡。但火灾、爆炸等水上事故大多会造成人员伤亡。

此外，某些不构成水上事故的事故，也能造成人员伤亡。这类事故有：

(1) 化学品或载运的危险品及放射性物质中毒。

(2) 船上的或属于该船的任何索具、构件或机器的损坏或故障对船员的伤害以及大风浪中人员的伤害等。

(3) 船员的工伤事故及生病等。

(4) 由海盗袭击造成的他伤（杀)。

3. 水上事故的特点

就伤亡情况而言，水上伤亡事故与陆地伤亡事故基本相同。但由于水上伤亡事故多发生于海上，水上伤亡事故又有其特殊性。

(1) 海洋开发和海上航运的特点是作业地点和航线远离海岸，虽然《海员保健医疗公约》要求"适用公约的任何船舶都备有一药品箱"，"未配备医生的所在船舶，应作为船员配备一名或几名特定人员，作为其部分正式职责负责提供医疗和管理药品"，但由于船员的医疗培训过于简单，且药品箱内的药品只能适应简单的医疗需要，所以并不能满足海上救生的需要。

（2）由于远离海岸，对伤病人员的救助及转运困难，在救助中"初步救助"只能依靠无线电给予必要的医疗指导。

（3）某些船舶特别是国内船舶，未按公约要求配备"负责提供医疗和管理药品"的船员，在船上有人生病或受伤时，不能正确判断病情。

以上这些给水上伤员的救助带来了极大的困难。

6.2.3　水路运输安全法律法规

在水路运输过程中，物流运输的安全管理主要根据国际和国内的相关法律法规来进行。现将水路运输过程的主要法律法规介绍如下：

1.《1974 国际海上人命安全公约》

《国际海上人命安全公约》(The International Convention for the Safety of Life at Sea）是关于在海上航行时，保障人命安全的公约，简称 SOLAS 公约。这一公约是海上人命安全方面最古老最重要的公约。SOLAS 公约是因 1912 年 Titanic轮沉没，致使1493 人丧生，于1914 年被通过的。其后有1929 年、1948 年、1960 年 SOLAS 公约。现为 SOLAS74 公约，于 1980 年 5 月 25 日起生效(以下称 SOLAS 公约)。我国政府于 1980 年 1 月 7 日核准了该公约。之后，IMO 又通过了 1978 年和 1988 年两个议定书，以及若干不同年份的修正案，这些修正案大都按照"默认程序"生效。

公约规定，SOLAS74 及其 78 议定书和附则三者是不可分割的。它包含为增进航运安全的各种各样的强制措施。公约附则主要内容有：总则（检验与证书)；构造（分舱与稳性、机电设备；防火、探火和灭火)；救生设备和装置；无线电通信；航行安全；货物装运；危险货物装运；核能船舶；船舶安全营运管理；高速船的安全措施；加强海上安全的特别措施。

2.《国际船舶安全营运和防止污染管理规则（ISM 规则)》

2007 年 10 月 12 日 经 MSC. 104 （73） 号决议修正的大会 A. 741 （18） 号决议通过的《国际船舶安全营运和防止污染管理规则（ISM 规则)》，旨在提供船舶安全管理、安全营运和防止污染的国际标准。该规则要求各国政府采取必要措施，以保证船长在海上安全和保护海洋环境方面正当履行其职责。大会通过的第 A. 680 （17） 号决议，进一步认识到需要建立适当的管理组织，使其能够对船上的某些需求作出反应，以达到并保持安全和环境保护的高标准；认识到航运公司或船舶所有人的情况各异以及船舶操作条件的大不相同；无论是在岸上还是在船上，不同的管理层次对所列条款需要有不同程度的了解和认识；高级领导层的承诺是做好安全管理工作的基础。就安全和防止污染而言，各级人员的责任心、能力、态度和主观能动性将决定其最终结果。

该规则对安全管理体系的内容和功能要求、安全和环境保护方针、船公司的责任和权力、船长的责任和权力、船上操作方案的制定、应急准备、不符合规定情况、事故和险情的报告和分析等方面进行了规定。

3.《国际海运危险货物规则》

国际海事组织海上安全委员会于2002年5月24日以MSC.123（75）决议案通过了《1974年国际海上人命安全公约》第Ⅶ章的修正案。根据该修正案，2002年新版《国际海运危险货物规则》（下称《国际海运危险货物规则》）将成为强制性规则，并于2004年1月1日起生效。新版《国际海运危险货物规则》增加了新定义、条款、危险货物品名以及用于运输非冷冻气体的多单元气体容器（MEGCs）的设计、构造、检验、试验和批准等规定。对《船舶载运危险货物应急措施》（EmS）作了全新改版，并已被《船舶载运危险货物应急反应措施》（EmS指南）所取代。

交通部在之后颁布了若干不同年份的修正案，这些修正案大都按照“默认程序”生效。最新《国际海运危险货物规则》第33－06套修正案现已出版，并从2007年1月1日起生效。

4.《中华人民共和国海上交通安全法》

为加强海上交通管理，保障船舶、设施和人命财产的安全，维护国家权益而制定的法律。《中华人民共和国海上交通安全法》1983年9月2日经中华人民共和国第六届全国人民代表大会常务委员会第二次会议通过，同日由中华人民共和国主席公布，自1984年1月1日起施行。

《中华人民共和国海上交通安全法》共十二章五十三条。第一章总则规定了安全法的适用范围，中华人民共和国港务监督机构是对海上交通安全实施统一监督管理的主管机关。第二章船舶检验和登记，规定船舶必须具备由船舶检验部门签发的有效技术证书和由船舶登记机构颁发的船舶国籍证书或登记证书。第三章船舶、设施上的人员，规定高级船员必须具有合格的职务证书，船员必须遵守有关海上交通安全的规章制度。第四章航行、停泊和作业，就船舶特别是外籍船舶进出港口、移泊等作出规定，并规定主管机关有权检查船舶实际状况，可禁止威胁港口安全的船舶入港或责令离港；对违反法规、不适航、发生交通事故而手续未清、未缴应承担的费用或可能妨害交通安全的船舶，可禁止其离港或令其停航、改航、停止作业。第五章安全保障，就水上水下施工划定安全作业区，在沿海水域划定禁航区保护助航标志和导航设施，对港口码头加强安全管理等作出了相应规定。第六章危险货物运输，规定船舶储存、装卸、运输危险货物必须遵守国家有关规定，具备安全可靠的设备和条件。第七章海难救助，规定遇难船舶必须向主管机关报告并尽力组织自救，附近船舶立尽力救助，发生碰撞事故的船舶应互报船名、国籍、登记港，并积极参加救助；外国船舶或飞机进入中国领海或领海上空搜寻救助遇难的船舶或人员，须经主管机关批准。第八章打捞清除，规定对中国沿海水域内的沉船沉物，未经主管机关批准，不得擅自打捞；主管机关对影响安全航行的沉船沉物可以限期打捞或强制打捞。第九章交通事故的调查处理，规定船舶发生交通事故后应接受主管机关调查，由主管机关判明责任。第十章法律责任，就违犯安全法的行政处罚、民事纠纷处理及追究刑事责任等作出规定。第十一章特别规定，对渔船在渔港水域内的交通安全管理作出了特别规定。第十二章附则，就《中华人民共和国海上交通安全法》中“沿海水域”、“船舶”等用语的含义和制定实施细则等作出规定。

5.《中华人民共和国内河交通安全管理条例》

2002年，前国务院总理朱镕基6月28日签署第355号中华人民共和国国务院令，《中华人民共和国内河交通安全管理条例》已经2002年6月19日国务院第60次常务会议通过，自2002年8月1日起施行。

《中华人民共和国内河交通安全管理条例》包括总则，船舶、浮动设施和船员，航行、停泊和作业，危险货物监管，渡口管理，通航保障，救助，事故调查处理，监督检查，法律责任，附则11章内容，共95条。

该条例对我国内河通航水域从事航行、停泊和作业以及与内河交通安全有关活动的行为，作出了明确的法律规范，违反者将受到法律制裁。

6.《中华人民共和国水路运输管理条例》

《中华人民共和国水路运输管理条例》于1987年5月12日由国务院发布，并经1997年12月3日《国务院关于修改〈中华人民共和国水路运输管理条例〉的决定》修正。

7.《中华人民共和国港口法》

为了加强港口管理，维护港口的安全与经营秩序，保护当事人的合法权益，促进港口的建设与发展，2003年6月28日第十届全国人民代表大会常务委员会第三次会议通过《中华人民共和国港口法》。

该法的主要内容有港口规划与建设、港口经营、港口安全与监督管理、法律责任。

8.《中华人民共和国国际海运条例实施细则》

《中华人民共和国国际海运条例实施细则》于2002年12月25日经第14次部务办公会议通过，自2003年3月1日起施行。

相关部门为了规范国际海上运输活动，保护公平竞争，维护国际海上运输市场秩序，保障国际海上运输各方当事人的合法权益，制定了《中华人民共和国国际海运条例》。

该条例对国际海上运输及其辅助性业务的经营者、国际海上运输及其辅助性业务经营活动、外商投资经营国际海上运输及其辅助性业务、调查与处理、法律责任等方面作了规定。

9.《中华人民共和国船舶安全营运和防止污染管理规则》

为了保障水上交通安全，保护水域环境，应用《国际船舶安全营运和防止污染管理规则》（ISM 规则）的原理，结合我国实际情况，制定该规则。该规则提供了船舶安全和防止污染的管理标准。考虑到航运公司及其船舶状况各有不同，该规则依据安全和防止污染要求的一般原则和总体目标制定。该规则用概括性术语写成，船岸不同层次的管理人员应对所列条款具有适应其岗位需要的理解和认识；高级领导层的承诺是做好安全管理工作的基础，各级人员的责任心、能力、态度和主观能动性则对船舶的安全和防止污染起决定性作用。

6.2.4 水路运输安全管理

1. 水上交通安全管理现状

（1）水上交通安全监管和救助机制基本形成。我国水上交通安全管理机制由水上交通安全监督管理和搜救应急指挥两大机制构成，中央政府和地方政府分别履行相应职责。

中央管理水域由交通部海事局管理，在沿海、主要跨省（区、市）的内河干线（通航里程约 3.2×10^4km）设立了14个直属海事机构，98个分支机构和366个派出机构。在中央管理水域以外的内河、湖泊和水库，实行以地方政府管理为主的管理体制，设立了27个地方海事管理机构。各级海事机构负责行使水上安全监督和防止船舶污染、船舶及海上设施检验、航海保障管理和行政执法职责，对水上交通安全实行行业管理。

根据国务院批准的《国家海上搜救应急预案》，建立了国家水上应急救助指挥体制。国家海上搜救部际联席会议是国家水上搜救的领导机构，中国海上搜救中心（设在交通部）负责国家海上搜救部际联席会议的日常工作，统一协调指挥全国海上搜救应急反应工作。沿海及内河主要通航水域的各省（区、市）海上搜救机构，在中国海上搜救中心的指导下负责本辖区的海上应急组织指挥工作。国家专业救助打捞队伍隶属于交通部，下设北海、东海、南海三个救助局、一个飞行中心和烟台、上海、广州三个打捞局，承担水上人命救生、海上消防、海上溢油应急清除、特殊政治军事抢险以及船舶财产救助、沉船沉物打捞等任务。

（2）水上交通安全监管和救助设施建设初具规模。初步建成遇险与安全通信系统；在全国沿海主要港口、水道建立了24个船舶交通管理系统；拥有20m级及以上各类船舶489艘（海船265艘、内河船224艘），码头（基地）219个，救助飞机4架，救助机场1个；在北方海区设立了两个小型溢油应急中心，配备了少量的溢油控制清除设备。

（3）水上交通的风险不断加大。近年来，随着水路运输的快速发展和海洋开发利用力度加大，水上遇险人数和遇险船舶数量不断增加，2005年与2000年相比，水上遇险人数增加2.6倍，遇险船舶数量增加1.3倍，水上交通安全风险几乎与船舶交通量同步增长。

（4）重大事故比例居高不下，事故后果呈恶化趋势。2000年与1995年相比，大和重大事故占等级以上水上交通事故的比例由48.3%增加到76.1%，为历史最高点，近几年虽然有所下降，但依旧在高位徘徊。2005年与1995年相比，平均每起等级以上事故死亡人数增加83%，直接经济损失增加570%。相当一批水上交通事故造成群死群伤的后果，严重影响社会的和谐稳定。

2. 水上交通安全存在的问题

（1）缺乏综合性的长远规划，国家投入长期不足。新中国成立至今尚没有国家级水上交通安全监管和救助系统的长远规划，难以指导水上交通安全监管和救助工作的开展和基础设施的建设，且国家投入长期不足，1986—2005年，20年年均投资仅3.5亿元，设施装备配备结构不尽合理，力量布局较为分散，远不能适应发展的要求。

（2）设施装备数量不足、性能落后，水上安全保障能力薄弱。

1）有效监管范围小，预控能力不强。我国内河通航里程、海岸线长度和200n mile专属经济区面积均居世界前列，与美、日等发达国家以及与我国国情相似的印度管理水域面积相当，但水上交通安全监管和救助装备水平差距很大，目前我国万船事故率和百万吨港口吞吐量死亡人数是发达国家的6~7倍，未能成功救助人员的比例是发达国家的4~5倍。

2）搜寻救助装备落后，应急反应和救助能力弱。船舶船龄长、航速低，“十一五”期间，56%的救助船舶将达到报废年限，其中船龄28年以上的占44%；巡逻船舶近40%将达到报废年限。救助船舶平均航速不到14kn，三分之一的巡逻船航速小于15kn；船舶操纵性能差，抗风浪能力低，大中型船舶能在6级海况（风力9级、浪高6m）下出动的不到40%。我国沿海离岸50n mile监管救助力量应急到达时间平均为210min，平均每次搜救时间约为7.2h，分别是发达国家的2倍多和5倍。

3）溢油设施布局不完善，应急设备严重不足。发达国家早已建立溢油监视、监测、控制、回收和处理的完备体系和机制，而我国目前仅有两个小规模的船舶溢油应急中心，大部分地区没有国家级的应急设备库，没有抗风能力强的可在开敞水域作业的溢油应急回收船，无现代化的溢油监视手段，散装化学危险品泄漏处理设备尚属空白，尚未建立有效的油污防控体系。

4）缺乏现代化的打捞装备，制约了打捞能力和效率。目前我国最大的起重船船龄已经25年，起重能力不足2000t，世界上起重能力8000t以上的浮式起重机有10多艘，其中最大浮式起重机的起重能力已达14000t。我国打捞万吨级沉船一般需40d左右，高于发达国家一倍多。此外，我国缺少先进的自航半潜打捞船和深潜水母船，至今尚不具备60m以上的深水沉船打捞能力，而发达国家的作业深度已达500m。

（3）安全监管和救助的人才队伍亟待加强。水上交通安全监管和救助工作专业性强、技术复杂，对人员素质要求很高。随着水上交通安全形势日趋严峻，监管救助装备的技术水平不断提高和数量的增多，监管和救助工作对人才的需求越来越大。目前水上交通安全监管和救助队伍中高层次的搜救指挥人才、高素质的技术保障人才和高技能的专业人才（包括监管值班员、船员、飞行员、救生员和潜水员）十分缺乏，人才队伍建设亟须加强。

综上，我国水上交通安全监管和救助系统建设严重滞后，突出表现为险情预控水平低，应急反应速度慢，恶劣海况下监管救助能力弱，船舶污染防治力量不足四个薄弱环节。

3. 船舶安全管理体系

安全管理体系（SMS）是指能使公司人员有效实施公司的安全及环境保护方针所建立并文件化的体系。

6.3 航空运输安全

随着物流行业要求运输时间越来越短，航空运输成为许多物品的运输方式。由于航空运输系统中存在着的人的不安全行为、机器的不安全状态及环境和管理方面的因素，事故时有发生。航空事故的破坏性大，一旦发生事故，则人、机、物俱毁。因此，加强对航空运输安全的研究，预防航空运输事故的发生，对于降低物流成本、减少物流企业损失都有着重大的意义。

6.3.1 航空运输装备

航空运输装备是指通过空中运行实现客货运输的各种航空器。航空器可分为重于空气的航空器和轻于空气的航空器两类，每种又可分为动力驱动和非动力驱动两种，每种又可以分为若干类。例如，气球是轻于空气而不用动力驱动的；汽艇是轻于空气而需要动力驱动的；滑翔机是重于空气而不需要动力驱动的；飞机是重于空气而需要动力驱动的。在各种航空器中，飞机是航空运输的主要装备。

航空运输装备和其他运输装备相比，具有速度快、不受地形限制、舒适性好、安全性高等优点，是中长途快速客货运输的重要工具，可适用于运输价值高、承担运费能力强、保鲜要求强、时间价值高的货物，如贵重设备的零部件、高级水果等；适用于使用其他运输装备运输时间达不到预定要求的情况，如抢险救灾、紧急救援等。航空运输装备和其他运输装备联合使用，可共同完成多式联运。但航空运输的运输成本较高，受气候条件影响大，需要机场和指挥中心等基础设施，不能实现门到门运输，在一定程度上限制了航空运输在物流活动中承担更多的任务。

承担物流航空运输任务的主要是运输机。

1. 运输机的分类

运输机按飞机航程可分为远程飞机、中程飞机、近程飞机和短程飞机。

（1）远程飞机。远程飞机的航程在8000km以上，主要用于洲际飞行。由于航程远，需消耗大量燃料，机体尺寸和质量都很大，所需跑道也更长。

（2）中程飞机。中程飞机的航程在3000～5000km，适用于各洲内的航行。

（3）近程飞机。近程飞机的航程在3000km以下，适用于国内主要航线上的飞行。

（4）短程飞机。短程飞机的航程在1000km以下，主要用于地方支线和通勤运输的飞行。

2. 物流中的常用运输机

目前世界上主要的运输机型有波音系列（B—）、麦道系列（MD—）、安系列（An—）、图系列（Tu—）、伊尔系列（IL—）、空中客车系列（A—）以及我国的运系列产品（Y—）、新舟60、运输直升机系列。

（1）波音系列（B—）。波音系列是美国波音公司研制生产的运输机，从波音707到波音777系列（见图6-13）。波音707主要型别有707—120、707—220、707—320和707—420等，驾驶舱机组人员4名，载客量219人。波音777为双发宽体客机。

（2）麦道系列（MD—）。麦道系列飞机是美国麦克唐纳、道格拉斯公司研制的运输机，包括MD—11中远程宽机身运输机、MD—12大型远程四发机身客机、MD—80中短程客机、MD—90双发中短程客机、MD—95双发喷发商用运输机等。

（3）安系列（An—）。安系列运输机是由乌克兰安东诺夫航空科研技术联合体研制的飞机，包括An—12军用运输机、An—74短距起落运输机、An—24双发涡轮螺桨支线客机、An—26双发涡轮螺桨支线飞机、An—32双飞短程

图 6-13 波音 747—400 改装货机

运输机、An—124 四发远程重型运输机、An—225 六发涡轮风扇式重型运输机。

(4) 图系列（Tu—）。图系列飞机是俄罗斯图波列夫设计局研制的运输机，包括 Tu—114 超音速客机、Tu—134 支线运输机、Tu—144 超音速客机、Tu—154 三发中程客机和 Tu—21M 双发中程客机。

(5) 伊尔系列（IL—）。伊尔系列飞机是由俄罗斯伊留申设计局研制的运输机，包括 IL—114 双发涡轮螺桨短程客/货支线运输机、IL—18 四发涡轮螺桨短程客机、IL—62 远程客机、IL—76 四发中远程重型运输机、IL—86 四发宽机身客机、IL—96 四发远程宽体客机等。

(6) 空中客车系列（A—）。空中客车是由国际合作欧洲空中客车工业公司研制的系列运输机，包括 A300 双发宽机身客机、A310 中程宽机身客机、A318 双发中/短程窄机身客机、A319 双发中/短程客机、A319/A321 双发中/短程客机、A320 双发窄机身中/短程客机、A330/A340 双过道宽机身客机、A350 双发洲际航程宽体客/货两用运输机以及最新研制的 A380 客机，其远程航线货运成本同比可降低 25%。

(7) 运系列（Y—）。运系列是由我国自主研发的运输机，主要包括 Y—5、Y—7、Y—8、Y—11、Y—12 等。其中，Y—8 是主力机型，由中航工业陕西飞机工业（集团）有限公司研制的四发涡轮螺桨中程多用途运输机，又有 Y—8A 直升机载机、Y—8B 民用型、Y—8C 全气密型、Y—8D 出口型、Y—8E 无人机载机、Y—8H 民航机、Y—8F 货运型和 Y—8X 海上巡逻机等 17 个型号。

(8) 新舟 60。新舟 60 是中国西安飞机工业公司在 Y—7200 基础上研制生产的新一代双发涡轮螺桨短/中程客货运输机。该运输机采用了世界先进水平的航空技术和成果。该机座位数为 50 ~ 60 座，商载 5.5t。

（9）运输直升机。常见的运输直升机机型主要有“黑鹰”S—70突击运输直升机、CH—53运输直升机、CH—47“支奴干”运输直升机、米格系列运输直升机、中国的直—系列直升机。

（10）其他机型。除上述机型外，常用的机型还有：由道格拉斯飞机公司研发制造的四发涡轮螺桨远程军用运输机C—133“运输霸王”，主要供美国空军使用，可向世界各地运载各种重型武器和兵员；由洛克希德马丁公司研制的四发涡桨式多用途战术运输机C—130“大力神”，可以运送或空投人员或物资，经改进具有更加多样化的功能等。

6.3.2　航空运输事故

1. 事故确定

凡发生（1）～（21）事件中的一件并符合①②条件之一者，确定为航空地面事故：造成人员重伤、死亡；②航空器及车辆、设备、设施损坏，直接经济损失30万元（含）以上。

（1）航空器与航空器、车辆、设备、设施碰撞造成航空器及车辆、设备、设施损坏或导致人员重伤、死亡。

（2）航空器在牵引过程中造成航空器及车辆、设备、设施损坏或导致人员重伤、死亡。

（3）航空器不依靠自身动力而移动造成航空器及车辆、设备、设施损坏或导致人员重伤、死亡。

（4）航空器在检查和操纵过程中造成航空器及车辆、设备、设施损坏或导致人员重伤、死亡。

（5）航空器在维护和维修过程中造成航空器及车辆、设备、设施损坏或导致人员重伤、死亡。

（6）航空器在发动机开车、试车、滑行过程中造成航空器及车辆、设备、设施损坏或导致人员重伤、死亡。

（7）航空器失火、爆炸造成航空器及车辆、设备、设施损坏或导致人员重伤、死亡。

（8）航空器在移动过程中撞击障碍物，造成航空器损坏或导致人员重伤、死亡。

（9）人为原因造成航空器及车辆、设备、设施损坏或导致人员重伤、死亡。

（10）车辆与设备在运行过程中造成航空器及车辆、设备、设施损坏或导致人员重伤、死亡。

（11）在装卸货物、行李、邮件和机上供应品等物品过程中造成航空器及车辆、设备、设施损坏或导致人员重伤、死亡。

(12) 旅客在登、离机过程中或在机上造成航空器及车辆、设备、设施损坏或导致人员重伤、死亡。

(13) 加油设备、设施失火、爆炸造成航空器及车辆、设备、设施损坏或导致人员重伤、死亡。

(14) 在加油、抽油过程中或因航油溢出引起失火、爆炸造成航空器及车辆、设备、设施损坏或导致人员重伤、死亡。

(15) 车辆、设备、设施失火、爆炸造成航空器及车辆、设备、设施损坏或导致人员重伤、死亡。

(16) 载运的物品失火、爆炸造成航空器及车辆、设备、设施损坏或导致人员重伤、死亡。

(17) 载运的物品发生外溢、泄漏和活体动物逃逸造成航空器及车辆、设备、设施损坏或导致人员重伤、死亡。

(18) 飞机尾喷流、直升机涡流造成航空器及车辆、设备、设施损坏或导致人员重伤、死亡。

(19) 车辆与车辆、设备、设施相撞造成车辆、设备、设施损坏或导致人员重伤、死亡。

(20) 外来物致使航空器损坏。

(21) 意外原因造成航空器及车辆、设备、设施损坏或导致人员重伤、死亡。

2. 事故等级

按照事故造成的人员伤亡和直接经济损失程度划分为以下三类。

(1) 一般航空地面事故。凡属下列情况之一者为一般航空地面事故:

1) 造成人员重伤。

2) 直接经济损失30万(含)~100万元。

(2) 重大航空地面事故。凡属下列情况之一者为重大航空地面事故:

1) 死亡人数3人(含)以下。

2) 直接经济损失100万(含)~500万元。

(3) 特别重大航空地面事故。凡属下列情况之一者为特别重大航空地面事故:

1) 死亡人数4人(含)以上。

2) 直接经济损失500万元(含)以上。

6.3.3 航空事故致因分析

在航空运输安全系统中,人、机和环境是影响安全的主要因素。

1. 人因素分析

近50年来，随着各种分析、设计、试验和制造技术的不断发展，特别是近20年来，微电子器件和计算机等高新技术的广泛应用，促使航空航天飞行器的安全性水平不断提高。然而，尽管人为因素造成的飞行事故的绝对数量减少，但人为因素造成的事故的相对比例却显著提高。美国民机飞行事故原因的比例，1940年人为因素造成飞行事故的比例为35%，1990年提高到65%。因此，人为因素仍然是当前飞行安全的大敌，是造成各种飞行事故的主要因素。美国总审计局对1994和1995年美国三军飞机事故报告进行分析表明，三军飞机的灾难性事故中，人为因素造成的事故占73%，其中空军71%、陆军76%、海军及海军陆战队为80%（1990—1994年）。英国皇家空军飞机人为因素造成事故的比例大于60%。世界民航因人为因素造成民用飞机飞行事故在1959—1992年期间的统计数为73.6%。

航空运输安全涉及的人、机器和环境三个要素中，人的可靠性最低，因此人为差错成为导致飞行事故的直接因素。造成人为差错的主要因素包括驾驶员负担过重、设计缺陷、训练不足、疲劳及疾病、错误的操作规程以及缺乏经验和知识等。为了减少飞行事故，改善飞行安全，应采取对策加强对人为因素的研究，采取各种有效途径来消除或减少各种人为差错。

2. 机器因素分析

如同心脏病对人类生命威胁一样，发动机故障一直是造成单发战斗机/攻击机灾难性事故的主要原因。以号称美国空军最安全的单发战斗机F—16为例，在1975—1996年间由于发动机故障造成飞机灾难性事故88起，约占飞机总灾难性事故的40%；1992—1996年的5年中，由于发动机造成的灾难性事故几乎占F—16总灾难性事故的一半。发动机可靠性及安全性已成为单发战斗机安全性的关键和技术难点，必须从加强发动机的可靠性及安全性设计、加强事故管理及维修人员培训等方面努力。

3. 环境因素分析

影响飞机飞行安全性的环境因素主要是大气。飞机航行处于大气环境中，大气中发生的一切现象都会对飞机的航行有重要影响。对航空运输安全影响最大的危险天气状况主要有低空风切变、雷暴、大气湍流和降水。

（1）低空风切变。风切变是指空间两点之间风的矢量差。发生在600m高度以下的平均风矢量在空间两点之间的差值称为低空风切变。

根据风切变的空间结构不同，风切变表现为水平风的垂直切变、水平风的水平切变、垂直风的切变三种形式。根据飞机的运动相对于风矢量之间的各种不同情况，把风切变分为顺风切变、逆风切变、垂直风切变、侧风切变四种。

风切变是在雷暴、地形地物、锋面、辐射逆温型的低空急流等气象条件作用下产生的。

1）顺风切变对飞行安全影响。顺风切变又叫正风切变，它使飞机的空速减小、机头下沉，是一种对起飞、着陆威胁较大的风切变形式，空速减小后，产生两个结果：一是阻力减小，推力大于阻力，飞机将缓慢增速；二是升力减小，飞机高度降低，机头下沉，这在低空进场着陆阶段是十分危险的。

2）逆风切变对飞行安全影响。飞机若遇到逆风切变，由于飞机的空速突然增大，升力也增大，因此飞机抬升，危害相对轻一些。但如果逆风切变的高度低、强度大或飞行员未及时修正也会使飞机冲出跑道或过早接地。

3）垂直风切变对飞行安全影响。垂直风切变因为具有猝发性特点，其危害也最大。飞机遇到垂直风切变时，迎角和过载发生较大变化。如果飞机刚起飞或进入着陆过程中，速度较小，迎角较大，遇到上升气流切变，将使迎角过大，可能导致飞机失速，改变状态。如果原来速度较大，则可能导致过载过大，超过最大使用过载，造成飞机局部变形形成损坏。

4）侧风切变对飞行安全影响。侧风切变会使飞机发生明显的侧滑。因为飞机在均匀移动的气团中飞行，飞机只有偏流而无侧滑。但遇到侧风切变，飞机将带偏流又有侧滑，从而引起飞机偏移和滚转。如果侧风切变过强，甚至全偏副翼也难以制止飞机的滚转，从而酿成事故。

5）风切变对着陆下滑的影响。在飞行中，最危险的是在低空既遇到下沉气流切变，又遇到顺风切变，这两个风切变都使飞机升力减小高度，如果飞机又处在着陆下滑阶段速度较小，油门也较小，高度又低，将直接危及飞行安全。

风切变对着陆下滑的影响主要取决于遭遇风切变时的飞行高度和风切变强度。如果遭遇风切变的高度高，飞行员还可以修正。但是，如果飞机刚离地或接近着陆阶段，遇到较强的顺风切变或下冲气流切变，由于高度很低，来不及修正，就容易造成飞机失事。

（2）雷暴。雷暴的形成一般有三个必要条件：第一，深厚而明显的不稳定气层；第二，充沛的水汽；第三，足够的冲击力。雷暴是一种强烈的对流性天气，深厚而明显的不稳定气层具有大量的不稳定能量，为强烈对流的发展提供了充足的能源。充沛的水汽，一方面是形成庞大的积雨云体，是兴雨降雹的物质基础，另一方面，水汽凝结时释放出的潜热也是能量的重要来源。雷鸣、闪电及强风所需的能量都是从云中水汽凝结时释放的潜热中得到的，所以在某种意义上，雷暴是自我发展的，产生的降水越多，被释放到雷暴中的能量也越多。但大气中不稳定能量和水汽的存在，只具备了发生雷暴的可能性，要使可能变为现实，还需要有促使空气上升到达自由对流高度以上的冲击力，这样，不稳定能量才能释放出来，上升气流才能猛烈地发展，形成雷暴云。大气中的冲击力有地表受热不均，地形抬升，锋面、气旋、槽线、低涡等天气系统所引起的辐合上升运动等。

雷暴按强度不同，可分为一般雷暴和强雷暴。而根据形成雷暴的冲击力分类，又可分为热雷暴、地形雷暴和天气系统雷暴。

雷暴云能产生各式各样的危及飞行安全的天气现象，如强烈的湍流、积冰、闪电击（雷击）、雷雨、大风，有时还有冰雹、龙卷风、下冲气流和低空风切变。当飞机误入雷暴活动区内，轻者造成人机损伤，重者造成机毁人亡。因此，雷暴是目前被航空界、气象界所公认的严重威胁飞行安全的敌人。

1）雷暴会造成飞机颠簸。雷暴云中的上升、下降气流对飞行造成严重威胁，特别是成熟阶段的雷暴云，最强的上升气流可达到50～60m/s，同台风不相上下，航空器在雷雨区内飞行，飞机会遇到严重颠簸，使飞行高度在几秒内升降几十米到几百米。严重时，飞行仪表失真、飞机操纵困难甚至失控，是导致飞行事故最危险的天气现象之一。

2）雷暴造成飞机积冰。雷暴云中含有大量的过冷水滴，容易造成飞机积冰，特别是在飞机起飞着陆阶段，往往速度较低，不易操纵，如果飞机在起飞着陆时遇到积冰往往会引发飞行事故。

3）雷击。当飞机在雷区内飞行时，由于机翼、机身等凸出部位，电场很强，导致飞机遭受雷击。根据统计分析，各部位雷击的概率为：雷达天线为27%，机翼为22%，机身为15%。且雷击多发生在零度等温线（±5℃）附近。

4）产生下击暴流。下击暴流是雷暴强烈发展的产物，其水平尺度通常为4～40km，产生的雷暴大风风速可达18m/s以上，但其生命周期很短，一般只有10～16min（微下击暴流只有几分钟）。由于下击暴流（包括微下击暴流）中伴有强烈的下降气流和雷暴大风，对飞机的起降有极大的危害，航空器在起飞阶段遇到下击暴流，如果处置不当，就会导致飞行事故的发生。

5）产生雹击。飞行中遇到冰雹，由于相对速度很大，所以飞机的雷达罩、机翼、水平安定等部位易遭雹击，雹击也多发生在零度等温线（±5℃）附近的下降气流中，从而使飞机的空气动力性能变差，加大了失速速度，容易造成飞行事故。

（3）大气湍流。大气中常常有不规则的气流存在，这种不规则的气流称为大气湍流（又称大气乱流），分为热力乱流、动力乱流、晴空乱流和航迹乱流。

大气乱流对飞机的作用，对飞行中的飞机来说，是经受一种方向和强度均有明显变化的阵风，这种阵风分为水平阵风和垂直阵风，而水平阵风又分为航向阵风和侧向阵风。

大气湍流会使飞机产生颠簸，从而影响到航空安全。飞机颠簸是指飞机在飞行中遇到大气乱流时，由于受到不均匀空气的动力冲击，造成飞机左右摇晃、前后颠簸、上下抛掷以及局部振颤等现象，使飞机仪表不准、操纵困难的情况。常见的飞机颠簸的形式有云中颠簸、锋面颠簸、高空槽和高空低涡所引起的颠簸、地区性颠簸、急流区颠簸、山地波产生的地形颠簸等。

飞机颠簸对于飞机结构、飞行操纵、仪表指示和旅客的舒适与安全都有很大的影响。

1）颠簸对飞机结构的影响。飞行中出现颠簸，飞机各部分和构件都要经受忽大忽小的载荷变化，颠簸越强，载荷变化就越大。如果飞机长时间受到强烈载荷变化的作用，或受到超过飞机所能承受的最大载荷，飞机的某些部位（如机翼或尾翼）就可能变形甚至因疲劳而损坏。当强烈颠簸出现时，机翼挠度随载荷因数的变化而变化。

2）颠簸对操纵飞机的影响。飞机出现颠簸时，其飞行高度、速度以及飞行姿态（包括俯仰角速度、偏转角速度和滚转角速度）都会不断地发生不规则的变化，颠簸强烈时，飞行高度变化可达数十米至数百米，飞行速度和飞行姿态的变动也很剧烈，这样就给操纵飞机带来很大的困难，飞行员要费很大的精力来尽量保持飞机处于正常状态。因而体力消耗大，易于疲劳，必须立即脱离强颠簸区，否则容易失去对飞机的操纵，酿成事故。

3）颠簸对仪表指示的影响。飞机颠簸时，仪表受不规则振动，其指示常发生一些误差，特别是在强颠簸条件下，升降速度率表、空速表、高度表和罗盘等飞行仪表就会产生明显的误差，有时甚至不能读数，以致丧失修正飞行状态的依据。

（4）降水。降水的形成过程就是云滴增大成为雨滴、雪花或其他降水的过程。降水是云的产物，但是有云不一定形成降水。因为云滴尺度很小，在空气阻力和上升气流的作用下，降落速度极慢，很容易被蒸发掉。只有当云滴增大到能克服空气阻力和上升气流的抬举，并在下降的过程中不被蒸发掉，才能以雨、雪或其他形态降落到地面。

我国幅员辽阔，地形复杂，各地年降水量分布极不均匀。一般从东南沿海向西北内陆减少，其中台湾、海南和东南沿海的广东、广西、福建和浙江南部年降水量一般在2000mm左右，云贵高原在1000mm左右，长江流域在1200mm左右，而西北内陆则在200mm以下，青藏高原西北、北部不足50mm，南疆沙漠地区仅10mm左右。

在我国直接影响降水的天气系统很多，主要有锋面、锋面气旋、空中切变线、高空低涡、空中槽和热带气旋。

降水对飞行安全有着重大的影响，主要表现为以下几个方面：

1）降水使能见度减少。降水使能见度减少的程度与降水的种类、降水强度及飞行速度有关。降小雨或中雨时，地面能见度一般大于4km。但在雨中飞行，若速度不大，空中能见度会减少到2～4km；若速度很大时，空中能见度会降到1～2km以下。在大雨中飞行时，空中能见度只有几十米。这是因为一方面雨水使能见度变坏，另一方面雨水打在飞机座舱玻璃上形成的水膜折射光线，使能见度变坏。降水越大，对飞行能见度影响也越大。特别是当飞机着陆时，降水使飞行员目视无法准确判定飞机离跑道的高度，容易造成接地不良，严重时可造成事故。

在降雪区中飞行，能见度比在降雨中坏得多，在小雪区中飞行，能见度不超过1km，中雪和大雪时，能见度只有几百米。降雪时由于降雪强度不易掌握，所以低层能见度变化很大，短时间能见度可由几千米转为几百米，因此在降雪区飞行一定要谨慎。降雪还使地面上所有物体的亮度和色彩对比度显著减小，使目视地标发生困难，影响对地形地物的判断。飞机在降雪区起飞前一定要清除机身的积雪积冰，否则容易发生事故。

2）过冷雨滴会造成飞机积冰。在过冷雨滴（温度在0℃以下尚未冻结的雨滴或毛毛雨滴）的降水区飞行，雨滴打在飞机上，会立即产生积冰，因为雨滴比云滴大得多，所以积冰强度也比较大。冬季在长江以南区域飞行最容易出现这种现象。

3）降水产生的碎雨云影响飞机起飞和着陆。在降水区内，由于低空湿度大，很容易产生碎雨云，这种云的云高都很低，通常只有50～200m，严重影响飞机起飞和着陆。所以，在有降水时组织复杂气象飞行时，要特别注意掌握云高的变化。

4）大雨下方最容易出现下冲气流。由于飞机在着陆阶段，加速性能和上升性能均变差，高度较低、速度较小，如果此时飞机遇到意外的下降气流或下击暴流时，飞行员难于操纵，严重时可使飞机失事。

5）大雨和暴雨能使发动机熄火。在雨中飞行时，喷气飞机的速度会增大一些。这是因为在发动机转速不变的情况下，雨滴进入涡轮压缩机后，由于雨滴的蒸发吸收热量降低燃烧室的温度，而低温空气容易被压缩，使增压比变大，增加了发动机的推力，因而飞机的速度也会相应地增大一些。但是如果雨量过大，点火不及时，也有可能造成发动机熄火，特别是飞机处于着陆中的低速阶段，更要提高警惕。如三叉戟飞机进入雨中要打开点火开关，防止熄火。

6）大雨恶化飞机的空气动力。大雨对飞机冲击产生的三种效应是危及飞行安全的潜在因素。

一是空气动力的损失，因雨滴撞击机翼（机身），使其粗糙度增大从而改变了机翼和机身周围气流的流型。粗糙不平的机翼面使翼面的转折点移向前缘，从而增加阻力，并使最大升力迎角变小。理论计算表明，机身和机翼两者的阻力增加5%～20%，约造成30%的升力损失。

二是雨滴撞击飞机引起动量损耗，雨滴撞击飞机时，将动量给予飞机并使其速度发生变化。雨滴的垂直分速度施予飞机向下的动量，使其下沉，迎面撞击飞机的雨滴则使其减速。尤其是当飞机在大雨中处于着陆阶段，这种水平动量损失将使空速迅速降低。

三是水膜作用，大雨能使机身、机翼产生一层流动性的水膜，其厚度与降雨强度有关。例如，若降雨强度为100mm/h，则机翼水膜厚度小于0.2mm。这层水膜增加飞机重量，但仅增加1%～2%，其影响较小，可以不计。

综上所述：飞机在着陆、起飞和复飞阶段遇到大雨、暴雨是十分危险的。

因为飞机在这些状态下空速小，临界失速值也很小，并且由于飞机捕获到更多的雨滴（因放襟翼），故大雨、暴雨恶化空气动力的效应显著。这时，仅仅由于飞机表面水膜的波纹及其被雨滴撞击可使飞机的阻力增大，再结合雨滴撞击引起的动量损耗，将促使飞机减速并且低到正常下滑轨迹之下。由于这时候微小的升力损失都会加大飞机下沉速率，进而导致飞机提前或过早接地。

7）降水影响跑道的使用。降水影响跑道的使用是由跑道上的积雪、结冰和积水引起的。

跑道积雪：跑道上有积雪时一般应及时将积雪清除掉，但各类运输机飞行手册上并没有规定跑道上有积雪禁止飞机起降，而只规定一些限制。

跑道结冰：有的是由于过冷雨滴或过冷毛毛雨滴降落在道面上冻结而成的。跑道上结有冰层时，飞机轮胎与冰层间摩擦力很小，滑跑的飞机不易保持方向，容易冲出跑道。跑道上结冰可利用专门的热力装置予以清除。

跑道积水：是由于下大雨时雨水来不及流出道面形成的，或者是道面排水不良引起的。跑道有积水时飞机滑跑会产生滑水现象。所谓滑水，就是飞机在一定速度下，轮胎与道面之间被一个有限厚度的液体膜隔开而造成的。即当飞机轮胎以一定速度在湿跑道滚动时，不断地把水挤出来，水层被挤压，将对轮胎产生反作用力和动压力，其水平分力是轮胎行进的阻力，垂直分力则使轮胎不断从道面上浮起，减少轮胎接触跑道的面积，一直到全部轮胎不再和跑道接触为止，从而使轮胎与道面之间的摩擦力减小或消失，轮胎在离开道面的情况下，就不再具有保证方向操纵或刹车的有效作用了。这就是飞机在跑道积水层上滑跑或简称为滑水的全过程。发生滑水时，滑跑飞机容易冲出或偏离跑道；一般来说，各类飞机都有可能发生滑水现象，但以喷气运输机发生最多。1985年就发生5起滑水事故，我国也曾发生多起。在滑水情况下，一般运输机要增加50%的滑跑距离，具有反推力的运输机要增加25%的滑跑距离。

6.3.4　航空运输安全技术

在飞机近百年的发展和航天飞行器40多年的发展历史中，飞行安全性有了很大的提高，军用飞机的灾难性事故率从20年代初期的每10万飞行小时发生500次左右的灾难性事故降低到90年代中期的每10万飞行小时发生1.5次灾难性事故；各种安全性分析、设计和管理技术有了迅速的发展。航空航天飞行器安全性技术的发展大致可划分为如下四个阶段。

1. 事故调查阶段（20年代初期至40年代前期）

自从飞机投入实际应用以来，飞行安全问题一直引起人们重视。早期的飞机虽然事故频繁，但由于飞行速度低，造成灾难性事故并不多，美国陆军航空兵在1908—1914年间共发生11次灾难性事故。

20年代初，美英军方开始记录飞行事故，统计飞机的飞行事故率。1922年是美国军用飞机发生事故率最高的一年，每10万飞行小时发生506次灾难性飞行事故。随着飞机设计、制造和飞行训练水平的提高，飞行事故率呈逐年下降的趋势。

在30年代之后，美英都进一步加强了重大飞行事故的记录和调查。英国于1937年成立航空事故调查组，由于第二次世界大战期间，飞行事故剧增，1944年皇家空军也成立飞行安全机构负责军用飞机重大事故的调查。美国陆军航空兵于1943年正式实施飞行安全大纲，1944年创刊《飞行安全》杂志，加强事故调查与分析。

在第二次世界大战期间，飞行训练损失大于战斗中的损失，最坏的一年是1943年，该年美国军用飞机的事故率为每10万飞行小时发生64次灾难性事故。

2. 事故预防阶段（40年代中期至60年代中期）

飞行安全机构的建立及飞行安全大纲的实施，使飞行事故率继续下降，1946年，美英军用飞机的灾难性事故率分别为每10万飞行小时发生44次和40次灾难事故。

二次大战结束后，美英空军都把工作重点从事故记录和调查转向事故预防。一方面不断完善事故的调查、报告和分析研究方法；另一方面利用事故调查和分析得到的信息，找出引发事故的各种重复的和共同的原因，采取纠正措施以防止类似事故的发生，并强调在飞机和系统的设计和制造中考虑安全性问题。事故预防主要采取以下措施：加强飞行安全研究和技术检查工作；制定各种安全规章和条例；开展安全培训；推行标准化。

3. 实施系统安全阶段（60年代后期至80年代中期）

早在60年代初期，美国空军在“民兵”洲际导弹的研制中首先引入了系统安全原理，并颁发了军用规范《空军弹道导弹系统安全工程》，进而成为“民兵”导弹研制的系统安全大纲。“民兵”导弹的成功研制，使系统安全引起了美国国防部的重视。1969 年 7 月，美国国防部在空军发布的军用规范 MIL－S－38130的基础上，制定了军用标准 MIL－STD－882《系统及其有关的分系统、设备的系统安全大纲要求》，规定了系统安全管理、设计、分析和评价的基本要求，作为国防部范围内武器系统研制必须遵循的文件。

随后，美国空军的 F—15、F—16 战斗机和 B—1 战略轰炸机等的研制都开展系统安全工作，包括制定系统安全大纲、确定安全性设计要求、进行系统安全分析、开展安全性设计与验证、进行系统安全培训等。

NASA 参照 MIL－STD－882 标准于 1970 年颁发了标准 NHB. 1700. 1（V3）《系统安全》。在“阿波罗”4 号发射失败后，NASA 对以后的“阿波罗”计划进行了包括故障模式、影响及危害性分析（FMECA）、故障树分析（FTA）和潜在通路分析（SCA）在内的系统安全分析，严格的安全性设计，定性及定量的风险评估，安全性设计评审，材料的可燃性与毒性分析和测试，以及严格的质量控制和管理。

随着系统安全的全面贯彻和实施，美国国防部分别于 1977 年和 1984 年颁发 MIL－STD－882A《系统及有关分系统和设备的系统安全大纲要求》和 MIL－STD－882B《系统安全大纲要求》，把系统安全工作项目划分为系统安全管理和系统安全工程两大类；NASA 分别在 70 年代末和 80 年代中颁布 NHB. 5300. 4（1D－2）《航天飞机的安全性、可靠性、维修性和质量条例》和 NHB1700. 1（V7）《系统安全手册》；欧洲航天局在“使神号”航天飞机计划中，吸收了美国在系统安全方面的经验，制定了航天飞机的安全性设计分析和管理程序。同时，在民用领域也吸取了系统安全分析技术进行民用飞机安全性评定，以确定是否满足适航当局提出的安全性要求。

4. 综合预防阶段（80 年代中期至 90 年代中期）

系统安全大纲的全面实施，使航空航天飞行器的安全性水平有了显著的提高，灾难性事故率不断下降。然而，80 年代中期以来的 10 多年中，航空航天飞行器的灾难性事故仍有发生。例如，在 80 年代中期以来的 10 多年中，世界民航的喷气式客机的灾难性事故率处在（1.5～2.0）百万离站次数，每年死亡人数为 600 人左右；美国空军与英国皇家空军的灾难性事故率大致处于（1.5～2.0）/10 万飞行小时，平均每年损失飞机几十架，死亡数十人。为了进一步提高航空航天飞行器的安全性，80 年代中期以来，除了进一步加强安全性分析、设计和验证工作外，还综合运用人为因素分析、软件安全性、风险管理和定量风险评估等各种先进技术来预防事故发生。从飞行器的故障与操作人员的人为因素、设备的硬件与软件、安全性设计与风险管理、定性分析与定量风险评估等各个方面对飞行事故进行综合预防。

现阶段我国对航空运输安全技术的研究主要是在航空事故调查技术、航空安全鉴定分析技术、安全预防与评估技术、安全信息分析技术等研究领域。

我国的航空运输安全的研究主要有以下几个方面。

(1) 机载记录信息的采集、译码和分析技术研究。多种机载记录系统/设备记录了大量准确、翔实的航空器运行信息，它们是进行安全分析和事故鉴定的重要依据。该项研究将跟踪国际机载记录系统/设备的发展，研究各种新型记录信息的采集、译码、校验、传输、存储技术，充分获得航空器运行和人员操纵相关信息；研究民航安全、生产中的实际问题和需求，开发记录信息的分析应用技术，运用信息自动分析判断差错事件；将机载记录信息与其他相关信息综合，开发深层次的信息综合分析技术，为安全管理、事故调查、事件分析、安全评估等提供技术支持和服务。

(2) CVR 语音识别分析研究。CVR 记录的声音是事故调查中分析飞行员感知和决断情况的重要依据。该项研究将分析民用航空器驾驶舱语音、声音特点，开发 CVR 语音识别分析技术，用于分辨飞行人员的对话，并通过驾驶舱背景声音（各种警告和噪声）分析，判别航空器系统的工作状态及环境变化，为事故调查和事件分析提供科学依据。

(3) 飞行图形仿真技术研究。仿真技术是计算机技术发展的重要领域。利用机载记录的飞行信息以及其他相关数据，应用计算机仿真技术，研究开发飞行图形仿真技术和系统，直观再现航空器飞行过程，用于分析研究航空器的运行状态和飞行人员的操纵情况。该技术将广泛应用于事故调查、事件分析、飞行训练、飞行讲评、安全教育等领域。

(4) 飞行品质监控（FOQA）技术研究。飞行品质监控是航空安全管理的重要科学手段，已成为国际民航界公认的未来航空安全管理的六大关键领域之一。该项研究将利用机载 QAR 记录的飞行信息，结合中国民航 FOQA 工作中的实际问题，研究开发 FOQA 的关键技术及应用程序，推动相关管理政策的制定，促进民航 FOQA 工作向深入、综合的方向发展。FOQA 也是一项信息应用技术，它广泛适用于安全管理、飞行技术管理、飞行训练、安全评估、事件分析等多个领域，深入开发这些信息，还可为航空公司的经济运营服务。

(5) 事故调查技术方法的研究。该项研究将根据航空技术的发展和事故调查的特性，总结事故调查中的经验，利用新技术开发先进的事故调查方法和手段，提高事故调查的质量和水平，改进事故调查效率，为吸取事故教训，制定切实有效的改进措施提供充分的技术支持和信息。

(6) 航空装备机械失效分析。民用航空器机体、发动机、附件等装备的机械失效是造成航空器事故和事故征候的重要原因。该项研究应用材料学、力学、断口形貌学、痕迹学等科学理论，利用各种先进的实验仪器设备，判断失效模式与机理，找出失效原因，提出预防对策。此外，还将利用滑油金属屑分析开展发动机状态监控研究，确定发动机内部故障部位和损伤情况；开展发动机涡轮叶片金相检验研究，确定发动机在使用中超温状况；在已发生的失效案例基础上开展失效预测与预防研究。

（7）舱内材料阻燃性检测。舱内材料必须达到规定的阻燃性要求，这是保障客舱安全的重要方面。该项研究将按照相关法规要求，研究并建立检测标准、程序、设备，对候选材料进行阻燃性检测，为客舱安全和航空器适航提供鉴定分析。此外，还将研究发展先进的阻燃检测技术、开展航空器防火研究、开发先进的阻燃性材料。

（8）航空化学品检测。为防止航空化学品对航空器及人身造成危害，民航法规规定航化产品在投入使用前必须通过多项检测并获批准。该项研究将研究航化产品检测技术和方法，按照相关法规要求的标准和程序对候选航化产品进行检测鉴定，担任安全事件调查中与航空化学产品有关的技术分析工作，并研究发展先进检测技术，开发高效能、高安全性的航化产品。

（9）航空油品检测分析。航空润滑油、液压油、燃油是航空器的“血液”，通过对运营中的航空器油料的分析、监控，可以促进航空器的正常、高效运营，预报相关故障的发生趋势。该项研究方向应用 MOA 多元素油料分析仪、傅里叶红外光谱仪、水分测定仪等实验设备，对滑油和液压油中的金属含量、水分、闪点等项指标以及燃油中的微生物指标进行分析，鉴定油料的品质，监控、预报品质参数的变化趋势。

（10）航空人为因素研究。人是航空运输生产中最活跃的因素，也是造成飞行事故的主因。人为因素的研究是国际民航界最关注的航空安全研究课题。该项研究将探讨中国民航航空安全中人为因素的突出问题，研究产生的技术原因及文化背景，借鉴国外民航和国内其他行业人为因素研究的成果，提出解决中国民航人为因素的技术、方法、措施、政策，并不断跟踪研究成果的实际应用效果，持续发展和改进。

（11）安全趋势分析与评价。建立安全信息系统，全面收集与安全和运行有关的数据。根据安全信息结合其他信息资源，研究航空安全趋势的分析方法、技术和指标体系，开发安全信息管理数据库和趋势分析系统，为政府航空安全宏观管理和政策规章制定提供技术依据。

（12）安全评估技术与指标体系。研究中国民航安全管理规章政策，分析航空企业的运行特点和安全管理制度，参照国际民航组织安全审计方法，研究适合中国民航特点的航空企业安全评估技术和指标体系，用于政府对企业的安全监督检查，以及企业的自检。

（13）空防安全技术研究。“9·11”事件后空防安全变得更加重要。该项研究将针对地面和空中保安的问题，结合航空器设计、飞行操纵、客舱安全、空中交通管制的工作特点，从预防和控制两方面研究空防安全的方法、技术、程序。

（14）安全经济学研究。研究安全预防效益的评估体系和经济计算分析法，研究安全事故的损失评价统计体系，建立安全投入产出的经济学计算模型，用于评价安全工作的效益，指导企业有效地开展安全预防管理，提高对安全工作效益的全面认识。

6.4 管道运输安全

管道是用于输送气体、液体或含粉体的液体（稀泥浆）等的设备，在某些情况下也用于水泥、小麦粉等粉状物体的输送。在所有场合中，都要求管道对输送物质的性质和形状不产生任何影响，并且还有适当的输送能力。

管道是工业装置中输送原料、中间产品和产品的不可缺少的设备，并且，所输送的物料也是各式各样的。有毒、有腐蚀性或可燃性等的危险物质都有。输送条件在多数场合是要求低温、高温、高压等。因而，在选择管道、阀门、接头和密封垫圈等管道部件时，考虑满足上述输送条件是首要的问题。

管道事故中，发生最多的是泄漏事故，其主要原因有设置上的缺陷，如腐蚀、焊接上的缺陷、对温度引起的伸缩性考虑不周和振动等。此外，由于阀门等配置不当而发生操作失误所造成的事故也不少。

因此，要求管道具有足够的强度，用在高温、低温、高压等恶劣条件下时，则必须考虑特殊的安全措施。

6.4.1 管道的种类

随着输送物质和输送条件的不同，管道的特性也是不同的。即使在一般的场合，用管道输送物料时，多少都需要一定的正压或负压。然而，对于危险性大的高压气体、液化气体或高温高压条件下使用的管道，特别需要慎重考虑，如图6-14所示的石油管道。

图6-14 刚完成对接的中哈石油管道

可燃性物质的运输管道也同样要注意泄漏引起火灾和爆炸的危险。可燃性气体和液体的高压管道要根据其消防规章制度进行严格管理。根据管道特性对管道可进行以下分类。

1. 高压管道

与常压管道相比，高压管道不仅强度要有较大的安全系数，而且也要求具有发生异常状况时的安全装置。

高压管道的维修保养必须特别予以注意。安装建设时，要进行耐压试验，使用中要定期进行安全检查。

2. 高温、高压管道

在管道运输中，可能需要高温、高压的管道环境。在高温环境下，要求管道材料具有适应高温环境的特性，材料的物理性质一般都是在常温条件下测定的，当温度升高时，与常温时的数据就有很大差异。抗拉强度和屈服点等将随着温度升高而逐渐降低，特别是在315~470℃降低十分明显。在温度超过350℃时，材料可能出现蠕变。因此，高温下必须考虑到材料的高温强度。

其次，还应考虑在高温下的耐蚀性和抗氧化性。腐蚀中，最严重的是由硫化氢引起的腐蚀。硫化氢与钢反应，或者渗透于钢结构中，这种腐蚀随着温度的上升而加剧，约在538℃腐蚀性最大，尔后下降。另外，随着压力、浓度的增加，腐蚀逐渐显著。

此外，还必须注意管道中流动的固体粒子引起的腐蚀，和氢渗透于组织中所发生的氢脆性。与常温、常压时相比，高温、高压情况下这种影响特别显著。

腐蚀作用不仅对原材料，而且对管道焊接部位附近受热影响的部位也发生作用，这个部分比主体部分和焊接处更易受到腐蚀，即所谓的“二次腐蚀”。高温硫化氢腐蚀在这个部位也特别显著，主要原因是由于钢组织中发生的变形，对策是焊接前后进行热处理。

高温、高压管道应根据条件选择满足以上所述管道特性的材料。另外，在确定管道的壁厚时，必须考虑到使用时管内壁上切线方向产生的最大应力不大于材料使用温度的允许应力和强度。

3. 低温管道

在管道运输中，石油和天然气是常见的运输物质。对于液化石油气的低温储藏（-45℃）和液化天然气的低温储藏（-161℃）等低温下使用的管道，首要的问题就是材料在低温下的强度。一般地说，温度越低，金属的抗拉强度、硬度和弹性模量就越大。但是，受影响最大的是材料的韧性。材料的韧性不仅随温度降低而逐渐降低，而且会在所谓的转变临界温度的某温度范围内急剧下降。所以，在低温下，选用转变临界温度低的材料，安全性较好。

若管道防潮性能不好，大气中的湿气就会浸入，使管道结冰、膨胀、破损，导致管道损坏。所以，在保证其需要温度的同时，选择材料时还要注意它要有良好的防潮性能。为了防止火灾，还应注意材料的耐燃性或不燃性。

4. 特殊管道

前述分类是按输送物料的条件不同区分的。而一些管道从其用途和设置条件看，都具有一定的特殊性，一般统称为特殊管道。特殊管道由于其自身的特殊性，有固有的安全要求。在物流流动中，经济实用的特殊管道有地下埋设管道和长距离管道等。

（1）埋设管道。从土地利用和安全观点出发，气体、水和可燃性物质的长距离输送主要采用地下埋设管道。腐蚀，特别是电腐蚀，对地下埋设管道造成的损害是最大的，甚至土壤中的细菌也会引起腐蚀，因此要采取充分的防腐蚀措施，具体将在本书6.4.2节中阐述。

在埋设管道时，其埋设深度首先要考虑到地表上增加的载荷因素（如地表行驶的汽车等），为了不致使管道受到损伤，应有一定深度，同时还要考虑到由于土壤下沉而发生管道损伤的可能性。

（2）长距离管道。在物流运输中，对于石油、天然气等能源往往需要进行长距离的运输，有时甚至需要进行跨国界的运输，如中哈石油管道、中俄石油管道等。这类管道所经地区的环境复杂，往往要穿过江河、公路、村庄、城镇以及市区等。如果发生泄漏及其他的事故将引起很大的危害。

长距离管道在安全上要考虑的问题和一般管道所考虑的问题有所不同，其中最重要的是在城镇地区泄漏时所带来的火灾爆炸危险和公害问题。伴随着水管的破裂，可能发生淹没一般居民住宅事故，或者冲毁、淹没道路等意外的损害。而可燃性物质在人群密集区发生火灾、爆炸等将对人员造成巨大的伤害。

对泄漏事故的防止措施首先是要求做到早发现，并采取特别措施防止事故扩大，应对防腐蚀措施、管道伸缩、通过特殊地域（公路、铁路、河流等）等给予特别考虑，还必须考虑巡回检查问题，设置便于检查的检查孔，以便能够早期发现隐患。同时，应做好事故的应急预案。

6.4.2 管道的安全措施

由于管道运输自身的特点，必须加强管道运输的安全技术与安全管理。管道运输的安全措施主要由防腐蚀、热膨胀吸收、防止振动、防止异常压力和防止静电等方面组成。

1. 防腐蚀

对于输送有腐蚀性流体的管道，要用耐蚀性材料的管。如果是地下埋设管道和长距离管道，应同时考虑到土壤可能引起的腐蚀并采取措施。将管道涂上沥青可以预防土壤中水分引起的腐蚀，但对于来自电气铁路和变电设备的漏电流所引起的腐蚀，即所谓的电蚀无防护效果。对电蚀的预防，常常使用掺入镁等比铁电位顺序低的金属，使管道本身具有电位差，防止漏电电流流入管道，利用电工措施把流经管道的漏电电流排斥回轨道上，把地下的杂散电流作为防蚀电流加以利用等方法。

对于土壤中的腐蚀细菌——亲气性的铁细菌和厌气性的硫酸盐还原细菌，也可以用选择排流方式解决。特别对于在 pH 值在 6～8 的黏土质土壤中繁殖而且腐蚀性很强的厌气性细菌来说，保持 -0.95V 以下的电位即可取得较大的防腐蚀效果。

腐蚀是管道安全性降低的主要危害之一，将在下节作详细的介绍。

2. 热膨胀的吸收

用于气温变化较明显条件下的管道，必须考虑材料的伸缩。为了减少由于热膨胀带来的管道变形，一般采用伸缩性接头、挠性管和弯管等对热膨胀进行吸收。

由于碳素钢、不锈钢、铜、铝等金属的热膨胀系数由小到大，所以在不能采取大弯曲或在预计有较大的伸缩的场合中，采用吸收措施是必要的。通常可使用弯管接头或者弯管等。弯管的曲率半径为管直径的 4～5 倍。在弯曲半径极小的场合可采用数个弯管吸收的方法。

3. 振动的防止

管道振动或共振，可造成与支架的接触部位磨耗和疲劳破坏。这种振动通常发生在使用往复式泵的场合或阀门将流量控制在很小的时候。特别是在大流量通过减压阀的时候，往往会发生振动，并直接损坏减压阀。因此，在这些明显会发生振动的部位采取缓冲、调整流量等方法防止振动、特别是共振的发生。

4. 防止异常压力引起的破坏

输送管道可能由于误操作或管道堵塞而产生异常压力，使管道受到破坏。另外，对于乙炔气和过氧化物之类易于产生分解爆炸物质的输送管道来说，在着火的时候，会在很长的管道中依次地传爆，产生很大的爆炸力。因此，在有可能发生危险的管道系统，当压力异常时，有必要采取措施把异常压力释放（将液体、气体排入大气），以避免破坏和减少损失。为此，可采用安全阀、破裂盘或回火防止装置。逆止阀同样也是防止压力异常变化的装置。

5. 防止产生静电的措施

石油等导电率低的可燃性液体在管道中流动时，由于液体与管壁间的摩擦可产生静电，并可积蓄成为电荷量很大的带电体，一旦遇可燃性气体就可能引起火灾和爆炸。一般认为，在油中含有微量水分时、有气泡的场合和流速较大时，所产生的静电较大。为了消除静电，有必要把这种静电电荷导入大地，可通过管道接地和用导线将各法兰盘连接。

6. 其他

管道运输的物质中可能含有微量的不纯物，但是由于管道运输的时间较长，这些不纯物也会累积相当的数量。因此，对于有害的、有爆炸危险的物质的累积，应加以注意。防止措施是把有可能积累不纯物发生爆炸危险的管道设计成不产生积累的结构，同时定期清除。

对于有可燃性气体或蒸气存在以及有滞留危险的管道，为了维修或运转时的安全，要做成能全部进行气体清扫的结构。因此，管道系统中不应有死角存在，并应设置清扫用的喷嘴。

氧气管道中，附着油脂是形成爆炸性烧损的原因。乙炔管道中的微量铁粉亦可能导致爆炸。因此，在管道的材料上，应注意异物可能导致的危险。

除上述的危险外，乙炔管道如在过高的压力下输送有发生分解爆炸的危险，氧气管道中如流速过高会造成管道烧毁的危险等。

6.4.3　管道施工安全

由于管道运输系统的特殊性，在施工期间应对主要的安全要求特别加以重视。在管道事故中，相当多的事故是由于焊接缺陷所致。经验证明，即使使用可靠的和强度足够的材料，由于焊接作业的问题也可能造成事故隐患，酿成事故。焊接作业往往都在野外进行，而且焊接构件复杂，在管道直径较小的管道焊接中，几乎只能从外部进行焊接，为达到要求的焊接强度，对焊接技术和操作要求很高。

导致管道焊接作业缺陷的主要原因有：①采用的坡口不符合要求；②大风下作业，使焊缝中有气泡；③熔透不良；④使用受潮的焊条；⑤高级管材焊接前的热处理不完善等。而这些都是由于焊接人员的失误造成的。因此，管道焊接工作必须由经过考核且拥有较高技能的焊工进行。为防止焊接不良，应采取以下措施：

（1）在确定足够坡口的同时，进行坡口检查，以避免焊接坡口不完整而影响焊接强度。

（2）在风速大于 10m/s 的大风条件下进行焊接会在焊缝中产生气泡。因此，禁止在风速大于 10m/s 的条件下进行焊接作业，只有在采取了适当的防风措施后方可进行焊接作业。

（3）焊接时（尤其是在高级材料的焊接时）保证使用干燥的焊条，避免因使用受潮的焊条而使焊接强度降低。

（4）不锈钢、铬钼钢或高强度钢等的焊接必须进行规定的热处理。

（5）在可能存在可燃性气体的场所动火，必须进行作业前的气体检测、事前处理或有控制可燃性气体的周密措施。

在管道的运行过程中，发生频率较高的是管道泄漏事故。虽然大部分泄漏事故是产生于阀门的密封套部位和法兰盘的衬垫部位，但是由管道的腐蚀所致的泄漏也较常见，因此，要加强管道的日常维修和保养工作。

运营中管道的维护保养可早期发现泄漏，不致导致大规模泄漏事故的发生。常使用超声波探伤仪和检查流体声音是否异常来检查是否发生泄漏。

6.4.4 管道防腐蚀

由于管道一般所处的物理空间含有发生腐蚀变化的条件，如空气、土壤等，管道的内部和外部容易发生腐蚀。管道的腐蚀是发生泄漏、管道穿孔、压力不足等故障的主要原因之一。在一些运输活动中，由于输送介质种类不一，有些在高温高压下进行，且腐蚀介质复杂，腐蚀严重，经常出现穿孔泄漏，甚至引起火灾爆炸，严重危害人身和财产安全，污染环境，影响正常的物流活动。因此，管道运输过程中，应特别注意管道的防腐工作。

1. 金属管道腐蚀的分类

（1）按腐蚀环境分类。可分为化学介质腐蚀、大气腐蚀、海水腐蚀和土壤腐蚀等。

（2）根据腐蚀过程的特点和机理分类：

1）化学腐蚀。金属管道与介质发生化学反应，反应的过程中没有电流产生。化学腐蚀又可分为气体腐蚀（金属管道在干燥气体中表面上没有湿气冷凝的腐蚀）和非电解质溶液中的腐蚀。

2）电化学腐蚀。金属管道与介质发生反应的过程中有电流产生。电化学腐蚀是最普遍和常见的腐蚀。

3）物理腐蚀。金属管道由于单纯的物理溶解作用而引起的腐蚀。

2. 金属管道腐蚀的破坏形式

（1）均匀腐蚀。整个管道表面均匀地发生腐蚀。均匀腐蚀一般危险性较小。

（2）局部腐蚀。整个管道仅局限于一定的区域发生腐蚀，而其他部位则几乎不发生腐蚀。常见的局部腐蚀有如下几种：

1）小孔腐蚀。又称点蚀，在金属管道某些部位，被腐蚀成一些小而深的孔，严重时发生穿孔。

2）斑点腐蚀。腐蚀像斑点一样分布在金属管道表面上，所占面积较大，但不深。

3）电偶腐蚀。两种不同电极电位的金属相接触，在一定的介质中发生的电化学腐蚀。

4）应力腐蚀破裂（SCC）。金属材料或金属结构在静载拉力和特定的腐蚀环境的共同作用下所引起的脆性破裂。

5）晶间腐蚀。腐蚀发生在金属晶体的边缘上，晶粒间的结合力减小，内部组织变得松弛，机械强度降低。

6）选择性腐蚀。多元合金中的某种组分，由于腐蚀物优先溶解到溶液中去，造成其他组织富集在合金表面。

7）氢脆。金属在某些介质溶液中，因腐蚀或其他原因而产生的氢原子渗入金属内部，使金属变脆，并在应力的作用下发生脆裂。

8）磨损腐蚀。因介质运动速度大或介质与金属管道相对动力速度大，使金属管道局部表面遭受严重的腐蚀损坏。

9）细菌腐蚀。指在细菌繁殖活动参与下发生的腐蚀。

此外，还有缝隙腐蚀、穿晶腐蚀、垢下腐蚀、浓差电池腐蚀等。

3. 管道腐蚀与防护对策

（1）管道外防腐技术。

1）石油沥青防腐层。环氧煤沥青和煤焦油具有较好的抗细菌腐蚀和抗植物根茎穿透能力，施工工艺也较成熟，应用最广、量最大，取得了良好的效果。

2）聚乙烯黏胶带。具有较好的防腐性，施工工艺简便，成本低，质量易控制，国内有很多成功的实例。

3）熔结环氧粉末涂层。具有很好的黏结力、防腐蚀性及耐温性较好。其优异的抗阴极剥离性和涂层屏蔽作用，能很好地与阴极保护相配合，近年来在我国得到大规模应用。

4）包覆聚乙烯和聚乙烯泡沫夹克。20世纪90年代引进的三层PE夹克防腐层技术是由环氧粉末、共聚物黏结剂和聚乙烯互熔为一体，并与钢质管道牢固地结合，形成优良的防腐层。

（2）管道内防腐技术。由于管道内介质的多样化，管道腐蚀穿孔日益频繁。管道内防腐技术逐渐得到发展，20世纪90年代初形成了环氧液体涂料内挤涂工艺以及环氧粉末涂装技术。配套使用的内涂层补口技术有管头胀口内衬短节、钢质记忆合金接头、机械压接、机械速接接着以及自动找口、补口内防腐补口机等，实现了内防腐层连续性施工，保证了喷涂质量。

对腐蚀严重的旧管道进行返修，采用涂敷固化法、塑料管穿插法、软管翻转法、预成型二次固化法等工艺技术，使管道恢复正常使用，具有较好的经济效益和安全效益。

（3）管道阴极保护技术。近年来，我国的阴极保护技术发展较快，阳极材料、保护参数的遥控遥测、保护电源等技术日趋完善。在保护电源方面完善并提高了恒电位仪设备，采用形状电源、信号传输接口技术、计算机技术，实现了无IR降管地电位测量技术，从而实现了自动化控制无人管理，提高了管理水平。

6.4.5 管道安全检测

由于管道长期受到腐蚀、振动等因素的作用，使其在结构和材质上不利于安全运输，定期地管道安全检测是十分必要的。对于管道腐蚀的检查，主要是在定期检修中进行，用手锤试和用壁厚测定器、超声波测厚仪等进行厚度测定。由于管道输送物质的条件不同，管道的腐蚀程度也不同。经定期的测定，腐蚀的分布情况是可以预测的。相同条件下的管道，在弯管接头等部位的腐蚀最严重，在有气体凝结成液体的蒸气管道腐蚀也较大。根据以上几点以确定管道的测定点，通过连续测定的结果，可为制订维修保养计划提供依据。

现有的管道检测技术主要有以下几种。

1. 管道外检测技术

埋地管道通常采用涂层与电法保护（CP）共同组成的防护系统联合作用进行外腐蚀控制，这两种方法起着一种互补作用：涂层是阴极保护，既经济又有效，而阴极保护又使涂层出现针孔或损伤的地方受到控制。该方法是公认的最佳保护办法，并已被广泛用于对埋地管道腐蚀的控制。

涂层是保护埋地管道免遭外界腐蚀的第一道防线，其保护效果直接影响着电法保护电流的工作效率。NACE1993年年会第17号论文指出：“正确涂敷的涂层应该为埋地构件提供99%的保护需求，而余下的1%才由阴极保护提供。”因此要求涂层具有良好的电绝缘性、黏附性、连续性及耐蚀性等综合性能，对其完整性的维护是至关重要的。涂层综合性能受许多因素的影响，诸如涂层材料、补口技术、施工质量、腐蚀环境以及管理水平等，并且管道运行一段时间后，涂层综合性能会出现不同程度的下降，表现为老化、龟裂、剥离、破损等状况，管体表面因直接或间接接触空气、土壤而发生腐蚀，如果不能对涂层进行有效的检测、维护，最终将导致管道穿孔、破裂破坏事故。

涂层检测技术是在对管道不开挖的前提下，采用专用设备在地面非接触性地对涂层综合性能进行检测，科学、准确、经济地对涂层老化及破损缺陷定位，对缺陷大小进行分类统计，同时针对缺陷大小、数量进行综合评价并提出整改计划，以指导管道业主对管道涂层状况的掌握，并及时维护，保证涂层的完整性及完好性。

国内实施管道外检测技术始于20世纪80年代中期，检测方法主要包括标准管/地电位检测、皮尔逊（Pearson）涂层绝缘电阻测试、管内电流测试等。

检测结果对涂层的总体评价起到了重要作用，但在缺陷准确定位、合理指导大修方面尚有较大的差距。近年来，通过世界银行贷款以及与国外管道公司交流，管道外检测设备因价格相对较为便宜，操作较为方便，国外管道外检测的技术已广泛应用于国内长输油气管道涂层检测，目前国内管道外检测技术基本上达到发达国家的水平，在实际工作中应用较为广泛的外检测技术主要包括：标准管/地电位检测、皮尔逊检测、密间距电位测试、多频管中电流测试、直流电位梯度测试。

(1) 标准管/地电位检测技术（P/S）。该技术主要用于检测阴极保护效果的有效性，采用万用表测试接地 Cu/CuSO4 电极与管道金属表面某一点之间的电位，通过电位距离曲线了解电位分布情况，用以区别当前电位与以往电位的差别，还可通过测得的阴极保护电位是否满足标准衡量涂层状况。该法快速、简单，现仍广泛用于管道管理部门对管道涂层及阴极保护日常管理及监测中。

(2) 皮尔逊检测技术（PS）。该技术是用来找出涂层缺陷和缺陷区域的方法，由于不需阴极保护电流，只需要将发射机的交流信号（1000Hz）加载在管道上，因操作简单、快速曾广泛用于涂层监测中。但检测结果准确率低，易受外界电流的干扰，不同的土壤和涂层段组都能引起信号的改变，判断是否缺陷以及缺陷大小依赖于操作员的经验。

(3) 密间距电位测试技术（CIS、CIPS）。密间距电位测试（Close Interval Survey）和密间距极化电位（Close Interval Potential Survey）检测类似于标准管/地电位（P/S）测试法，其本质是管地电位加密测试和加密断电电位测试技术。通过测试阴极保护在管道上的密集电位和密集化电位，确定阴极保护效果的有效性，并可间接找出缺陷位置、大小，反映涂层状况。该方法也有局限性，其准确率较低，依赖于操作者经验，易受外界干扰，有的读数误差达 300 mV。

(4) PCM 多频管中电流测试。多频管中电流法是检测涂层漏电状况的新技术，是以管中电流梯度测试法为基础的改进型涂层检测方法。它选用了目前较为先进的 PCM 仪器，按已知检测间距测出电流量，测定电流梯度的分布，描绘出整个管道的概貌，可快速、经济地找出电流信号漏失较严重的管段，并通过计算机分析评价涂层的状况，再使用 PCM 仪器的“A”字架检测地表电位梯度，精确定位涂层破点。该方法适用于不同规格、材料的管道，可长距离检测整条管道，受涂层材料、地面环境变化影响较小，适合于复杂地形，并可对涂层老化状况评级；可计算出管段涂层面电阻 R_g 值，对管道涂层划分技术等级，评价管道涂层的状况，提出涂层维护方式。采用专用耦合线圈，还可对水下管道进行涂层检测。

(5) 直流电位梯度（DCVG）方法。该方法通过检测流至埋地管道涂层破损部位的阴极保护电流在土壤介质上产生的电位梯度（即土壤的*IR*降），并依据*IR*降的百分比来计算涂层缺陷的大小，其优点在于不受交流电干扰，通过确定电流是流入还是流出管道，还可判断管道是否正遭受到腐蚀。

（6）几种测试方法的比较。对上述几种方法进行比较，发现各种涂层缺陷检测技术都是通过在管道上加载直流或交流信号来实现的，不同的仅是在结构上、性能上、功用上的差异。每种方法各有侧重，在对涂层综合性能评价方面均具有一定说服力，但各有利弊。

为克服单一检测技术的局限性，现场检测中综合运用几种检测方法对涂层缺陷进行检测，可以弥补各项技术的不足。对于由阴极保护的管道，可先参考日常管理记录中（P/S）的测试值，然后利用CIPS技术测量管道的管地电位，所测得的断电电位可确定阴极保护系统效果，在判断涂层可能有缺陷后，利用DCVG技术确定每一缺陷的阴极和阳极特性，最后利用DCVG确定缺陷中心位置，用测得的缺陷泄漏电流流经土壤造成的*IR*降确定缺陷的大小和严重性，以此作为选择修理的依据。对于未施加阴极保护的管道，可先用PCM测试技术确定电流信号漏失较严重的管段，然后在PCM使用的“A”字架或皮尔逊检测技术精确定位涂层破损点，确定涂层破损大小。PCM测试技术也可用于具有阴极保护的管道，其检测精度略低于DCVG技术。

由于所有涂层检测技术均是在管道上施加电信号，因此各种技术均存在一些不足，对某些涂层缺陷无法查找，如部分露管涂层破损处管体未与大地接触，信号因不能流向大地形成回路，只能通过其他手段查找；因屏蔽作用，不适用于加套管的穿越管线；所有技术均不能判定涂层是否剥离。

2. 管道内检测技术

管道内检测技术是将各种无损检测（NDT）设备加在清管器（PIG）上，将原来用作清扫的非智能改为有信息采集、处理、存储等功能的智能型管道缺陷检测器（SMART PIG），通过清管器在管道内的运动，达到检测管道缺陷的目的。早在1965年美国Tuboscopc公司就已将漏磁通（MFL）无损检测（NDT）技术成功地应用于油气长输管道的内检测，紧接着其他的无损内检测技术也相继产生，并在尝试中发现其广泛的应用前景。

目前国外较有名的检测公司有美国的Tuboscopc GE PII、英国的British Gas、德国的Pipetronix、加拿大的Corrpro，且其产品已基本上达到了系列化和多样化。内检测器按功能可分为用于检测管道几何变形的测径仪、用于检测管道泄漏的检测仪、用于因腐蚀产生的体积型缺陷检测的漏磁通量检测仪、用于裂纹类平面型缺陷检测的涡流检测仪、超声波检测仪以及以弹性剪切波为基础的裂纹检测设备等。下面对应用较为广泛的几种方法进行简要介绍。

（1）测径检测技术 。该技术主要用于检测管道因外力引起的几何变形，确定变形具体位置，有的采用机械装置，有的采用磁力感应原理，可检测出凹坑、椭圆度、内径的几何变化以及其他影响管道内有效内径的几何异常现象。

（2）泄漏检测技术。目前较为成熟的技术是压差法和声波辐射方法。前者由一个带测压装置的仪器组成，被检测的管道需要注以适当的液体。泄漏处在管道内形成最低压力区，并在此处设置泄漏检测仪器；后者以声波泄漏检测为基础，利用管道泄漏时产生的20～40kHz范围内的特有声音，通过带适宜频率选择的电子装置对其进行采集，再通过里程轮和标记系统检测并确定泄漏处的位置。

（3）漏磁通量检测技术（MFL）。在所有管道内检测技术中，漏磁通量检测历史最长，因其能检测出管道内、外腐蚀产生的体积型缺陷，对检测环境要求低，可兼用于输油和输气管道，可间接判断涂层状况，其应用范围最为广泛。由于漏磁通量是一种相对的噪声，即使没有对数据采取任何形式的放大，异常信号在数据记录中也很明显，其应用相对较为简单。值得注意的是，使用漏磁通量检测仪检测管道时，需控制清管器的运行速度，漏磁通量对其运载工具运行速度相当敏感，虽然目前使用的传感器替代传感器线圈降低了对速度的敏感性，但不能完全消除速度的影响。使用该技术检测管道时，要求管壁达到完全磁性饱和。因此，其测试精度与管壁厚度有关，厚度越大，精度越低，其适用范围通常为管壁厚度不超过12mm。该技术的检测精度不如超声波的高，对缺陷准确高度的确定还需依赖操作人员的经验。

（4）压电超声波检测技术。压电超声波检测技术类似于传统意义上的超声波检测，传感器通过液体耦合与管壁接触，从而测出管道缺陷。超声波检测对裂纹等平面型缺陷最为敏感，检测精度很高，是目前发现裂纹最好的检测方法。但由于传感器晶体易脆，传感器元件在运行管道环境中易损坏，且传感器晶体需通过液体与管壁保持连续的耦合，对耦合剂清洁度要求较高，因此仅限于检测液体输送管道。

（5）电磁波传感检测技术（EMAT）。超声波能在一种弹性导电介质中得到激励，而不需要机械接触或液体耦合。这种技术是利用电磁物理学原理以新的传感器替代了超声波检测技术中的传统压电传感器。当电磁波传感器在管壁上激发出超声波能时，波的传播采取已关闭内、外表面作为“波导器”的方式进行，当管壁是均匀的，波沿管壁传播只会受到衰减作用；当管壁上有异常出现时，在异常边界处的声阻抗的突变产生波的反射、折射和漫反射，接收到的波形就会发生明显的改变。由于基于电磁声波传感器的超声波检测最重要的特征是不需要液体耦合剂来确保其工作性能，因此该技术提供了输气管道超声波检测的可行性，是替代漏磁通量检测的有效方法。

练 习 题

1. 铁路运输企业的安全生产制度和人员培训有何规定？
2. 水路运输安全相关的法律法规有哪些？
3. 我国水上交通安全存在的问题主要有哪些？
4. 航空事故的事故等级如何确定？
5. 管道运输安全的主要工作是什么？
6. 管道安全检测的技术手段有哪些？

第7章 储存保管安全

储存保管是物流的中心环节之一。储存保管作为社会再生产各环节之间的“物”的停滞，是供求之间的缓冲器，创造了时间价值。由于储存物品本身的特性、环境和管理等方面的原因，储存保管环节中存在着大量的不安全因素，容易导致事故的发生。

7.1 储存保管

储存保管是指在一定的时期和场所，以适当的方式维持物资质量和数量等的储存活动，是包含了库存和储备在内的一种广泛的经济现象。储存保管在物流系统中起着缓冲、调节和平衡的作用，是物流的中心环节之一。

7.1.1 储存保管的作用

储存保管是以改变“物”的时间状态为目的的活动，从克服产需之间的时间差异上获得更好的效用。它具有以下几个方面的作用：

(1) 降低运输成本。大规模、整车运输会带来运输经济性，通过储存保管将运往同一地点的小批量的商品聚集成较大的批量，到达目的地后再小批量送到不同客户手中，这样大大降低运输成本，提高运输效率。

(2) 协调供求。一般来说，生产和消费不可能是完全同步的，它们之间存在着时差的矛盾，通过储存保管可以消除这种时间性的需求波动，提高产品时间效用，保证供求协调。

(3) 生产需要。储存保管活动可以看做是生产过程的一部分，如一些产品（奶酪、葡萄酒等）在制造过程中，需要储存一段时间使其变陈，满足生产需求。

(4) 营销需要。储存保管活动通过加快交货时间，支持企业的销售活动，使产品适时地送达客户，改善客户服务。企业在储存保管过程中对商品进行二次加工（如配套、组合、二次包装），满足客户个性化需求。

7.1.2 储存保管方式

1. 公共仓储

公共仓储是指企业通常租赁为一般公众提供营业性服务的公共仓库进行储存保管。其优点主要在于：①公共仓储不要求企业对其设施和设备做任何投资，企业只需要支付较少的租金即可得到储存保管服务，避免资本投资和财务风险；②公共仓储没有仓库容量限制，能够满足企业在不同时期对储存保管空间的需求，尤其是库存高峰时大量额外的库存要求；③公共仓储可以避免管理上的困难，如解决对于产品需要特殊搬运或季节性经营特征明显的企业来说很难进行的员工系列培训和专门管理问题等；④公共仓储为众多企业储存保管大量库存，会产生自有仓储难以达到的规模效益，带来货主仓储成本的降低，同时它采用更有效的先进设备，提供更好的服务；⑤公共仓储的合同是短期的，当市场、运输方式、产品销售或企业财务状况发生变化时，企业能灵活地改变仓库的位置、空间等；⑥公共仓储便于企业确定其可变成本和固定成本的变化情况，掌握保管和搬运成本。

但是，企业使用公共仓储进行储存保管活动时，必须对货物进行保护性包装，从而增加了包装成本；在控制库存方面，使用公共仓储比使用自有仓储承担更大的风险。

2. 自有仓储

企业利用自有仓储进行储存保管活动主要包括四个方面：①自有仓储使企业拥有所有权，能够对储存保管实施更大程度的控制，易于协调整个分销系统；②自有仓储具有灵活性，企业可以按照要求和产品特点对仓储地进行设计和布局；③自有仓储长期储存保管大量货物，其成本将低于公共仓储的成本；④自有仓储为企业树立良好形象，给客户一种企业长期持续经营的良好印象，有助于提高企业的竞争优势。

但是，并不是所有企业都适合使用自有仓储。自有仓储存在一些缺点，如其固定的容量和成本使得企业的一部分资金将长期占用，不能随着市场的大小、市场的位置和客户的偏好等变化进行灵活配置；自有仓储是一项长期、有风险的投资，且因其专业性而难以出售。

3. 第三方仓储

第三方仓储是指企业将储存保管活动转包给外部公司，由外部公司为企业提供综合物流服务。它不同于一般公共仓储，不仅提供存储服务，而且还可为货主提供一整套物流服务。第三方仓储的优势在于：①第三方仓储比自有仓储更能有效地处理季节性产业普遍存在的产品淡、旺季存储问题，更有效地利用设备、空间等资源；②第三方仓储能通过设施的网络系统扩大企业的市场覆盖范围，降低人力成本；③第三方仓储可以考察产品的市场需求，具有测试新市场的灵活性，加强客户服务；④第三方仓储处理不同货主的大量产品，经过拼箱作业后可大规模运输，大大降低了运输成本。但是，第三方仓储也存在一些不利因素，如企业对第三方仓储的动作过程和雇用员工等控制较少，这成为产品价值较高的企业利用第三方仓储的最大障碍。

7.2　储存保管安全概述

物流储存保管的过程一般都发生在物流中心的仓库中。仓库的安全管理应始终贯穿于整个仓储管理的全过程。从商品入库验收、堆垛，到商品保管、养护，直至商品出库点交，都离不开安全工作。

现代仓储的安全管理是其他一切管理工作的基础和前提，具有十分重要的意义。现代仓储的安全管理主要包括人的安全管理和现代仓储设施、设备、仓储商品等物质的安全管理。现代仓储不安全因素很多，如火灾、水灾、爆炸、盗窃、破坏等，此外，还有放射性物品、腐蚀性物品、有毒物品等均会对现代仓储管理人员人身安全造成威胁。针对所有这些不安全的因素，只有努力克服和预防，才能保证现代仓库的安全，也才能使仓库的生产活动得以正常进行。

7.2.1　现代仓储安全管理的重要性

生产与安全，是一个整体的两个方面，即生产必须安全，安全为了生产。

安全对于现代仓库来说具有特殊的重要意义，因为，仓库是商品重要的集散地，也是储藏和保管商品的场所，其价值和使用价值均很高，一旦发生火灾或爆炸等严重的灾害，不仅仓库的一切设施可能被毁坏，而且客户存放在仓库中的所有商品也全部变成一堆废品，其损失之大，远远超过一般厂房的火灾。因此，现代仓库的安全工作应该位于一切管理工作的首位，必须警钟长鸣，做好一切防范工作。

在现代仓库的安全工作中，造成不安全的因素主要有两大类：一类是由管理人员认识上的局限性造成的，如对某些化学物品、危险品、易燃品、腐蚀品的性质不了解，对某些商品储存的规律没有完全掌握，以至于发生事故；另一类是管理人员素质不高引起的，如有的仓库管理人员失职，也有的管理人员贪图小利而出卖仓库利益，还有个别仓库领导官僚主义严重等。对于第一类因素克服的方法是，应加强对仓库保管人员的培训，让上岗的每一位保管人员都能较全面地掌握各类商品的特性及储存、保管的方法。对于第二类因素克服的方法是，努力提高仓库管理人员的素质，增加仓库管理人员的道德素养和工作责任感；对于腐败成风、不学无术的个别管理人员及仓库领导，则应该采取必要的措施，如下岗、开除、直至追究刑事责任。总之，必须杜绝一切不安全的因素，确保仓库的安全。

7.2.2 现代仓库安全的要求

（1）为了确保仓库人、财、物的安全，必须建立和健全消防、保卫、保密、安全操作等规章制度，并设专人负责。

（2）应建立和健全各项安全制度相应的执行、监督机制，组织日常检查、定期检查、节假日重点检查等，真正把各项安全制度落到实处。

（3）必须培养一支消防队伍，设立专职或兼职的消防人员，仓库领导中应有人分管消防工作；配备相关的消防设备，并确定专人负责。

（4）应严格管理各类火种、火源、电源、水源等，严禁各类火种及易燃品带入仓库。储货区与生活区应该严格隔离，储货区内不允许居住家属。

（5）现代仓库中装卸、搬运、堆垛及各种机械设备操作时，必须严格遵守操作程序和规则，防止各类工伤事故的发生。

（6）对仓储商品的品名、数量、规格、种类等，仓库管理人员必须严格保密。

7.2.3 现代仓储安全工作的重点

现代仓储安全工作的重点主要有以下几个方面：

（1）仓储消防安全。

（2）储存通风。

（3）储存物品霉变腐烂防治。

（4）储罐安全技术与管理。

（5）危险化学品的储存。

7.3 仓储消防安全

7.3.1 仓储消防设备

仓储消防设备是实现仓储消防安全的物质保障，对于预防火灾的发生、预警、快速采取灭火措施和控制火灾发展态势等都有着重要的作用。

7.3.1.1 火灾探测器

在火灾初起阶段，总会产生少量烟雾、高温、火光及可燃性气体。利用各种不同敏感元件探测到上述四种火灾参数，并转变成光电信号的传感器称为火灾探测器。

1. 火灾探测器简介

根据火灾的探测方法及原理，火灾探测器通常可分为五类：感烟式火灾探测器、感温式火灾探测器、感光式火灾探测器、可燃气体式火灾探测器和复合式火灾探测器等，每一类型又按其工作原理分为若干种。仓储消防中常用的火灾探测器有感烟式、感温式和感光式三类。

感烟火灾探测器用于探测物质初期燃烧所产生的气溶胶或烟粒子含量。

感烟式火灾探测器又可分为点型探测器和线型探测器。其中，点型探测器有离子感烟探测器、光电感烟探测器（见图7-1）、电容式感烟探测器和半导体式感烟探测器。线型感烟探测器包括红外光束感烟探测器和激光型感烟探测器。线型探测器由两部分组成，其中一个为发光器，另一个为接收器，中间形成光束区，当有烟雾进入光束区时，接收的光束衰减，从而发出报警信号。红外光束探测器用于无遮挡大空间或有特殊要求的场所。

感温火灾探测器对异常温度、温升速率和温差等火灾信号予以响应，如图7-2所示。感温式火灾探测器也可分为点型和线型两类。点型探测器又称定点型探测器，其外形与感烟式类似。它有定温、差温和差定温三种；按其构造又分为机械定温、机械差温、机械差定温、电子定温、电子差温和电子差定温等。缆式线型定温探测器适用于电缆隧道、电缆竖井、电缆夹层、电缆桥架、配电装置、开关设备、变压器、各种皮带输送装置、控制室和计算机室的闷顶内、地板下和重要设施的隐蔽处等。空气管式线型差温探测器用于可能产生油类火灾且环境恶劣的场所及不宜安装点型探测器的夹层、闷顶。

图7-1 光电感烟火灾探测器

图7-2 感温火灾探测器

感光火灾探测器又称为火焰探测器，如图7-3所示，它主要对火焰辐射出的红外、紫外、可见光予以响应。常用的有红外火焰型和紫外火焰型两种。按火灾的规律，发光是在烟生成及高温之后，因而它是属于晚期探测器，但对于易燃、易爆物有特殊的作用。紫外线探测器对火焰发出的紫外光产生反应。红外线探测器对火焰发出的红外光产生反应，而对灯光、太阳光、闪电、烟尘和热量均不反应，其规格为监视角。

可燃性气体探测器（见图7-4）主要用于探测易燃、易爆场所中探测可燃气体（粉尘）的含量，其动作报警整定值一般整定在爆炸体积分数下限1/4～1/6。可燃性气体探测器主要用于宾馆厨房或燃料气储备间、汽车库、压气机站、过滤车间、溶剂库、燃油电厂等有可燃气体的场所。

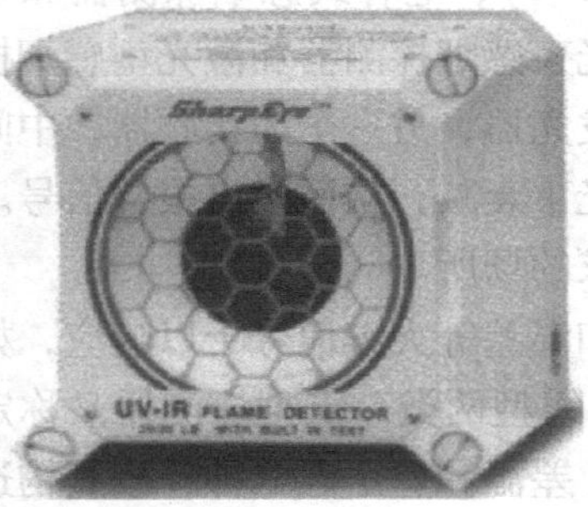

图7-3 火焰探测器

图7-4 可燃性气体探测器

复合型火灾探测器可以响应两种或两种以上火灾参数，主要有感温感烟型、感光感烟型和感光感温型等。

2. 火灾探测器选用

从火灾的燃烧特点来分有两种：①具有燃烧过程极短的爆燃性火灾；②具有较明显燃烧阶段的阴燃性的一般性火灾。前者具有起火极快，无火灾初起阶段，而后者却具有较长的火灾初起阶段，一般为5～20min。具有爆燃性质的场所应选用感光或可燃气体探测器；而具有阴燃性质的场所按不同的燃烧阶段来选用不同类型的火灾探测器，民用建筑火灾通常属于具有阴燃性质的一般性火灾。

火灾初起阶段的火灾报警定为第一道自动监视线。民用建筑中，在火灾初期阶段建筑材料燃烧性能起着较大的作用。例如，可燃性材料的墙体和楼板上装饰有大面积可燃性材料的墙纸和天花板，在火灾时能使火焰迅速扩大、蔓延。在着火点周围可燃性材料烧完后，非燃性材料是不会把火蔓延开来的，甚至可以因可燃物燃尽而自动熄灭。但如果燃烧发生在可燃性墙体及可燃物质天花板下，则燃烧会因为大量可燃物质的存在而扩大燃烧面，并发展成灾。这一燃烧阶段中的火灾特征参数主要是烟，而室内平均温度较低，火焰更少。因此应以感烟探测器为主要火灾探测器。

火灾发展阶段在自动防火设计中定为第二道火灾自动监视线。在此阶段，温度上升很快，可燃物大量燃烧。这一阶段持续时间主要取决于燃烧物的性质、数量和获得空气的条件。此阶段中，温度上升速率大，火灾已形成，消防特点主要是控制火势发展，减少火灾损失。此阶段中火灾探测器以感温探测器为主，作为起动防灾、灭火设施的信号，同时也作为感烟探测器的后备报警措施。在有大量粉尘、烟、水汽而无法应用感烟探测器的场所，感温探测器也可用做主要探测器。有时也用感温探测器与感烟、感光探测器组成复合报警系统，以提高报警系统的可靠性。

离子式感烟探测器在有醇、酮类易挥发气体和风速大于10m/s的场所中易产生误动作。光电式感烟探测器则不会造成误动作。感温探测器作为火灾初起阶段早期火警报警探测器时，会引起一定的物质损失，但其工作稳定，不易受非火灾烟雾的干扰。因此，凡无法使用感烟探测的场所，且允许有一定损失时，都可选用感温探测器作为主要探测器。差温探测器适用于火灾早期报警，以环境温升速率作为火灾参数来响应的探测器是比较灵敏的。但为了避免火灾温度升高过慢而引起漏报，一般都附加一个定温元件作为差温元件的后备保护，这就是差定温探测器的优点。定温探测器只以环境温度达到一定阈值时动作，允许环境温度有较大的变动，故工作更稳定，但物质损失较大。

火灾探测器选用时应遵循以下原则。

（1）一般原则。火灾初期有阴燃阶段，产生大量烟和少量热，没有或有少量火焰辐射，应选用感烟探测器。火灾发展迅速，短时间内会产生大量热、烟和火焰辐射，可选用感温、感烟、感光火灾探测器或其组合。火灾发展迅速，有强烈的火焰辐射和少量的烟、热，应选用感光火灾探测器。在散发可燃气体和蒸气的场所宜选用可燃性气体探测器。当火灾形成特点不可预料时，可进行模拟试验，根据模拟试验结果选择相应的探测器。

（2）具体规定。应按照规定按房间高度选用探测器。在可能产生阴燃或发生火灾不及时报警将造成重大损失的场所，不宜选用感温探测器做主探测器。温度在0℃以下的场所，不宜选用定温探测器。正常情况下温度变化较大的场所，不宜选用差温探测器。

感光探测器适用于火灾时有强烈的火焰辐射无阴燃阶段的火灾，以及需要对火焰作出快速反应的场所。而在可能发生无焰火灾、在火焰出现前有浓烟扩散、探测器的镜头易被污染、探测器的“视线”易被遮挡、探测器易受阳光或其他光源直接或间接照射、在正常情况下有明火作业及X射线和弧光影响的场所都不宜使用。

当有自动联动装置或自动灭火系统时，宜选用感烟、感温、感光等探测器（同类型或不同类型）的组合。

7.3.1.2 火灾报警控制器

火灾报警控制器是火灾自动报警系统中重要的组成部分（见图7-5）。它不仅为系统中的火灾探测器、控制模块等供电，同时用以接收、显示和传递火灾报警信号，是发出控制信号并具有其他辅助功能的控制和指示设备。

图7-5 火灾报警控制器

在一个火灾自动报警系统中，火灾探测器是系统的感觉器官。火灾探测器随时监视着周围环境的情况。而火灾报警控制器是中枢神经系统，是系统的核心。火灾报警控制器的主要作用是：

1）供给火灾探测器高稳定的工作电源。

2）监视连接各火灾探测器的传输导线有无断线、故障，保证火灾探测器长期有效稳定地工作。

3）当火灾探测器探测到火灾形成时，明确指出火灾的发生部位以便及时采取有效的处理措施。

1. 火灾报警控制器的分类

（1）按用途和使用要求分类。具体如下：

1）区域火灾报警控制器。区域火灾报警控制器直接与火灾探测器相连，其作用是将一个防火区的火警信号汇集到一起，进行报警显示，是组成自动报警系统的最常设备之一。

2）集中火灾报警控制器。一般不与火灾探测器相连，而与区域火灾报警控制器相连，处理区域火灾报警控制器送来的报警信号，常用于较大型的火灾自动报警系统中。

3）通用火灾报警控制器。它兼有区域、集中两种火灾报警控制器的双重特点，通过设置或修改某些参数（可以是硬件或软件方面），可作区域级报警器使用，连接探测器；也可以作为集中级报警器使用，连接区域火灾报警控制器。

（2）按报警控制器的内部电路设计分类。具体如下：

1）普通型火灾报警控制器。其电路设计采用通用逻辑组合形式，具有成本低廉、使用简单等特点，易于实现以标准单元的插板组合方式进行功能扩展，其功能一般比较简单。

2）微机型火灾报警控制器。其电路设计采用微机结构，对硬件和软件程序均有相应的要求，具有功能扩展方便、技术要求复杂、硬件可靠性高等特点。微机型火灾报警控制器是火灾报警控制器的首选型式。

（3）按火灾报警控制器的信号处理方式分类。具体如下：

1）有阈值火灾报警控制器。使用有阈值火灾探测器，处理的探测信号为阶跃开关量信号，对火灾探测器发出的报警信号不易进一步处理，火灾报警取决于探测器。

2）无阈值模拟量火灾报警控制器。基本上使用无阈值火灾报警探测器，处理的探测信号为连续的模拟量信号。其报警主动权掌握在控制器方面，可以具有智能结构。

按火灾报警控制器的结构形式可以分为：

1）壁挂式火灾报警控制器。其容量较小，控制功能较为简单，一般用做区域火灾报警控制器。

2）台式火灾报警控制器。其容量较大，联动控制较为复杂，一般用做集中火灾报警控制器。

3）柜式火灾报警控制器。

2. 区域火灾报警控制器

区域火灾报警控制器由输入回路、光报警单元、声报警单元、自动监控单元、手动检查试验单元、输出回路和稳压电源、备用电源等电路组成，如图7-6所示。输入回路接收各火灾探测器送来的火灾报警信号或故障报警信号，由声光报警单元发出火灾报警的声、光信号及显示火灾发生部位，并通过输出回路控制有关消防设备，当与集中火灾报警控制器配合使用时，向集中火灾报警控制器传送报警信号。自动监控单元起着监控各类故障的作用。利用手动检查试验单元，可以检查整个火灾报警系统是否处于正常工作状态。

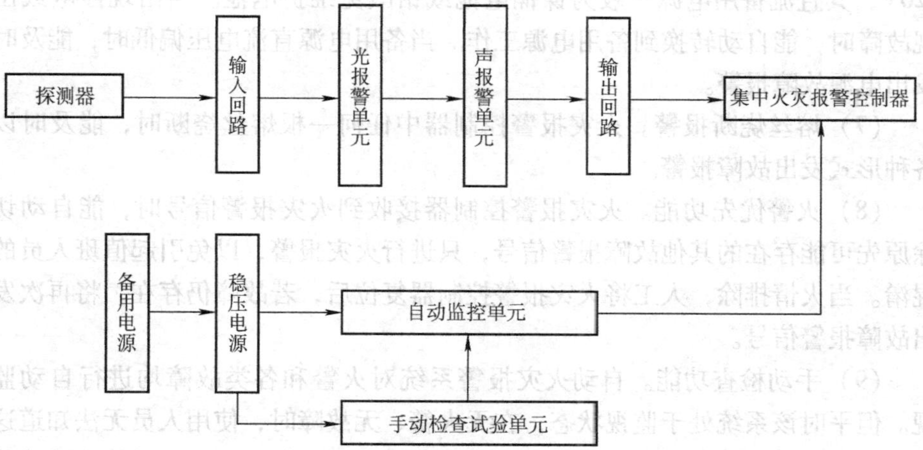

图7-6　区域火灾报警控制器的电路原理框图

区域火灾报警控制器的主要功能为：

（1）供电功能。供给火灾探测器稳定的工作电源，一般为DC 24V，以保证火灾探测器能稳定可靠地工作。

（2）火警记忆功能。接收火灾探测器探测到火灾参数后发来的火灾报警信号，迅速准确地进行转换处理，以声、光形式报警，指示火灾发生的具体部位并满足下列要求：

1）火灾报警控制器接收火灾探测器发出的火灾报警信号后，应立即予以记忆或打印，以防止随信号来源消失（如火灾探测器自行复原、探测器或探测器传输线被烧毁等）而消失。

2）在火灾探测器的供电电源线被烧结短路时，也不应丢失已有的火灾信息，并能继续接收其他回路中的手动按钮或机械式火灾探测器送来的火灾报警信号。

（3）消失后再声响功能。在接收某一回路火灾探测器发来的火灾报警信号，发出声光报警信号后，可通过火灾报警控制器上的消失按钮人为消失。如果火灾报警控制器此时又接收到其他回路火灾探测器发来的火灾报警信号时，它仍能产生声光报警，以及时引起值班人员的注意。

（4）控制输出功能。具有一对以上的输出控制接点，供火警时切断空调通风设备的电源，关闭防火门或起动消防施救设备，以阻止火灾进一步蔓延。

（5）监视传输线断线功能。监控连接火灾探测器的传输导线，一旦发生断线情况，立即以区别于火警的声光形式发出故障报警信号，并指示故障发生的具体部位，以便及时维修。

（6）主、备电源自动切换功能。火灾报警控制器使用的主电源是交流220V，其直流备用电源一般为镍镉电池或铅酸免维护电池。当出现停电或出现故障时，能自动转换到备用电源工作。当备用电源直流电压偏低时，能及时发出电源故障报警。

（7）熔丝烧断报警。火灾报警控制器中任何一根熔丝烧断时，能及时以各种形式发出故障报警。

（8）火警优先功能。火灾报警控制器接收到火灾报警信号时，能自动切除原先可能存在的其他故障报警信号，只进行火灾报警，以免引起值班人员的混淆。当火情排除，人工将火灾报警控制器复位后，若故障仍存在，将再次发出故障报警信号。

（9）手动检查功能。自动火灾报警系统对火警和各类故障均进行自动监视。但平时该系统处于监视状态，在无火警、无故障时，使用人员无法知道这些自动监视功能是否完好，所以在火灾报警控制器上都设置了手动检查试验装置，可随时或定期检查系统各部、各环节的电路和元器件是否完好无损，系统各种监控功能是否正常，以保证火灾自动报警系统处于正常工作状态。手动检查试验后，能自动或手动复位。

3. 集中火灾报警控制器

集中火灾报警控制器是一种能接收区域火灾报警控制器（包括相当于区

域火灾报警控制器的其他装置）发来的报警信号的多路火灾报警控制器。它将所监视的各个探测区域内的区域报警器所输入的电信号以声、光的形式显示出来，不仅具有区域报警器的功能，而且能向联动控制设备发出指令。

集中火灾报警控制器由输入单元、光报警单元、声报警单元、自动监控单元、手动检查试验单元和稳压电源、备用电源等电路组成，如图7-7所示。集中火灾报警控制器的电路除输入单元和显示单元的构成、要求与区域火灾报警控制器有所不同之处（集中火灾报警器处理的是区域火灾报警控制器的传输信号，区域火灾报警控制器处理的探测源是各种火灾探测器、手动报警按钮或其他探测单元），其基本组成部分与区域火灾报警控制器大同小异。

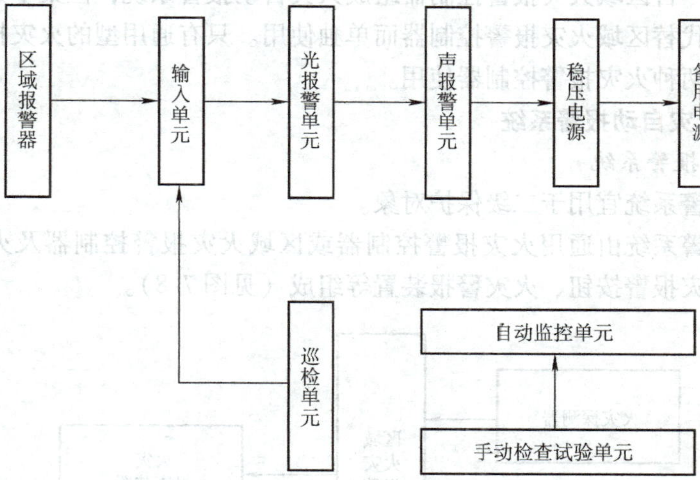

图7-7 集中火灾报警控制器电路原理框图

集中火灾报警控制器能对其与各区域火灾报警控制器之间的传输线进行断线故障监视，其余功能与区域火灾报警控制器相同。集中火灾报警控制器能根据火灾自动报警系统的需求增设辅助功能，主要有以下几种：

（1）记时。用以记录火灾探测器发来的第一个火灾报警信号的时间，即火灾的发生时间，为消防部门调查起火原因提供准确的时间数据，一般采用数字电子钟产生时间信号，此电子钟平时作为时钟使用。

（2）打印。一般采用微型打印机将火灾或故障发生的时间、部位、性质及时做好文字记录，以便查阅。

（3）电话。当火灾报警控制器接收火警信号后，能自动接通专用电话线路，以便及时通信联络，核查火警真伪，并及时向主管部门或公安消防部门报告，尽快组织灭火力量，采取各种有效措施，减少各种损失。

（4）事故广播。在发生火灾时，用以指挥人员疏散和扑救工作。

集中火灾报警控制器与区域火灾报警器相比，其组成和工作原理基本相似，但也有以下几点不同：

1）区域火灾报警控制器范围小，可单独使用，而集中火灾报警控制器是负责整个系统，不能单独使用。

2）区域火灾报警控制器的信号来自各种探测器，而集中火灾报警控制器的输入一般来自区域火灾报警控制器。

3）区域火灾报警控制器必须具备自检功能，而集中火灾报警控制器应有自检及巡检两种功能。

鉴于区域火灾报警控制器与集中火灾报警控制器的特点，当探测区域小时可单独使用一台区域火灾报警控制器组成火灾自动报警系统，但集中火灾报警控制器不能代替区域火灾报警控制器而单独使用。只有通用型的火灾报警控制器才可兼作两种火灾报警控制器使用。

7.3.1.3 火灾自动报警系统

1. 区域报警系统

区域报警系统宜用于二级保护对象。

区域报警系统由通用火灾报警控制器或区域火灾报警控制器及火灾探测器、手动火灾报警按钮、火灾警报装置等组成（见图7-8）。

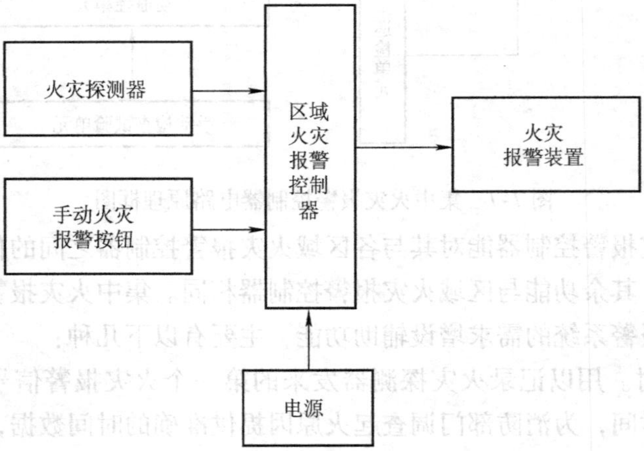

图7-8 区域报警系统原理框图

区域报警系统结构比较简单，但使用面很广。其主要用于建筑高度不超过50m的二类高层民用建筑和建筑高度不超过24m，每层建筑面积在2000～3000m^{2}之间的商业楼、财贸金融楼、电信楼、展览楼、旅馆、办公楼；建筑高度不超过24m的市县级邮政楼、广播电视楼、电力调度楼、防灾指挥楼、中型以下影剧院、高级住宅、图书馆、书库、档案楼等民用建筑。

区域报警系统的设计，应符合下列要求：

1）一个报警区域宜设置一台区域火灾报警控制器或一台火灾报警控制器，系统中区域火灾报警控制器或火灾报警控制器不超过两台。

2）区域火灾报警控制器或火灾报警控制器宜设在有人值班的房间或场所。

3）系统中可设置消防联运控制设备。

4）当用一台区域报警控制器或一台火灾报警控制器警戒多个楼层时，应在每个楼层的楼梯口或消防前室等明显部位，设置识别着火楼层的灯光显示装置。

5）区域火灾报警控制器安装在墙上时，其底边距地面的高度宜为1.3～1.5m，其靠近门轴的侧面墙的距离不应小于0.5m，正面操作距离不应小于1.2m。

由于区域火灾报警控制器的容量较小，所以只能设置一些功能简单的联动控制设备。

2. 集中报警系统

集中报警系统宜用于一级和二级保护对象。

集中报警系统可分为传统的集中报警系统和新型的集中报警系统两大类。

传统的集中报警系统是由火灾探测器、区域火灾报警控制器和集中火灾报警控制器等组成的火灾报警系统（见图7-9）。新型的集中报警系统采用了总线制编码传输技术，这种报警系统是由火灾报警控制器、区域显示器（楼层复示器）、声光报警装置及各种类型的火灾探测器（带地址模块）、控制模块、消防联运控制设备等组成的总线制编码传输的集中报警系统。

集中报警系统中应设有一台集中报警控制器和两台及两台以上区域火灾报警控制器，或设置一台火灾报警控制器和两台以上区域显示器。

集中报警系统适用范围很广，主要用于建筑高度不超过100m的一类高层民用建筑和建筑高度不超过24m、每层建筑面积在3000m^{2}以上的商业楼、财贸金融楼、电信楼、展览楼、高级旅馆、高级办公楼；省级邮政楼、广播电视楼、电力调度楼、防灾指挥楼、大型以上影剧院、会堂、礼堂；藏书超过100万册的图书馆、书库；200床以上的病房楼、每层建筑面积在1000m^{2}及上以的门诊楼；超过3000座位的体育馆等民用建筑。

集中报警系统用于宾馆、饭店时，为了便于管理，常将集中火灾报警控制器设置于消防控制室，而将区域火灾报警控制器（或楼层复示器）设在各楼层服务台。

集中报警系统的设计，应符合下列要求：

1）系统中应设置必要的消防联动控制输出、输入信号或输出、输入模

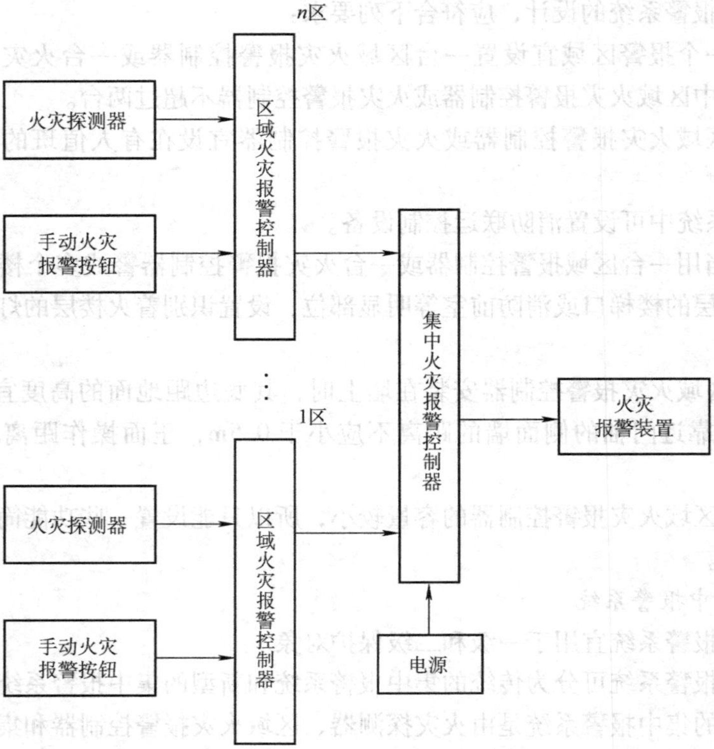

图 7-9 集中火灾报警系统框图

块，用于控制有关消防设备，并接收其反馈信号。

2）在集中火灾报警控制器或火灾报警控制器上应能显示火灾报警部位信号和控制信号，并能进行联动控制。

3）为了便于管理，保证系统可靠运行，集中报警控制器应设置在有专人值班的消防控制室或消防值班室内，不能安装在其他值班室由其他值班人员代管。

4）设备面盘前的操作距离应满足：当设备单列布置时不小于1.5m，双列布置时不小于2m；在值班人员经常工作的一面，设备面盘距墙不小于3m；设备面盘后的维修距离不小于1m，其排列长度大于4m时，两端设置宽度不小于1m的通道。

5）集中火灾报警控制器安装在墙上时，其底边距地面的高度宜为1.3～1.5m，其靠近门轴的侧面距墙不应小于0.5m，正面操作距离不应小于1.2m。

6）集中火灾报警控制器所连接的区域火灾报警控制器（或楼层复示器）应满足区域报警控制系统的要求。

3. 控制中心报警系统

控制中心报警系统适用于建筑规模大、建筑防火等级高、消防联动控制功能多的一级以上保护对象。该系统由设置在消防控制室的消防控制设备、集中火灾报警控制器、区域火灾报警控制器和火灾探测器组成。

根据《火灾自动报警系统设计规范》（GB 50116—2008），消防控制设备包括火灾报警控制器、自动灭火系统的控制装置、室内消火栓系统的控制装置、防排烟系统及空调通风系统的控制装置、常开防火门和防卷帘的控制装置、电梯回降控制装置、火灾应急广播的控制装置、火灾警报的控制装置和火灾应急照明与疏散指示标志的控制装置等，如图7-10所示。消防控制设备可采用集中或分散或两者组合的控制方式。

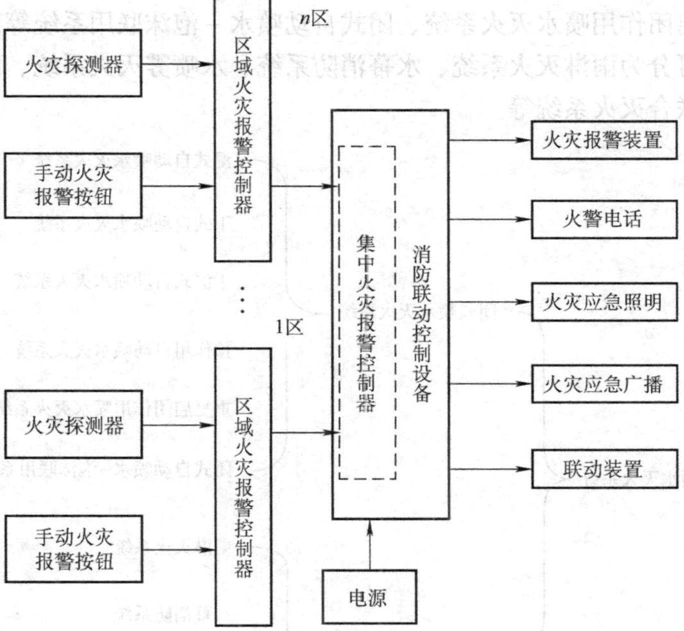

图7-10　控制中心报警系统框图

控制中心报警系统主要用于建筑高度超过100m的一类高层民用建筑和大型宾馆、饭店、市场及高级办公楼等，也用于大型建筑群和大型综合楼工程。

设计控制中心报警系统时，应满足以下条件：

1）系统中至少设置一台集中火灾报警控制器（或一台火灾报警控制器）、一台专用消防联动控制设备和两台及以上区域火灾报警控制器。

2）系统能集中显示火灾报警部位号和联动控制状态信号。

3）区域报警控制器和集中报警控制器的设置，满足集中报警系统的设置要求。

7.3.1.4　消防灭火设施

在火灾报警系统发出火警之后，应尽可能早地采取灭火措施灭火，将事故损失控制在最小范围内。仓储消防的灭火设施主要包括自动喷水灭火系统、泡沫灭火系统、气体灭火系统和干粉灭火系统等。

1. 自动喷水灭火系统

自动喷水灭火系统是一种在发生火灾时能自动喷水灭火并同时发出火警信号的灭火系统。经实践证明，该灭火系统具有很高的灵敏度和灭火成功率，是扑灭初期火灾非常有效的一种灭火设备。

如图7-11所示，自动喷水灭火系统按喷头开闭形式可分为闭式喷水灭火系统和开式喷水灭火系统。闭式自动喷水系统可分为湿式自动喷水灭火系统、干式自动喷水灭火系统、干湿式自动喷水灭火系统、预作用自动喷水灭火系统、重复启闭作用喷水灭火系统、闭式自动喷水-泡沫联用系统等。开式喷水灭火系统可分为雨淋灭火系统、水幕消防系统、水喷雾灭火系统、雨淋自动喷水-泡沫联合灭火系统等。

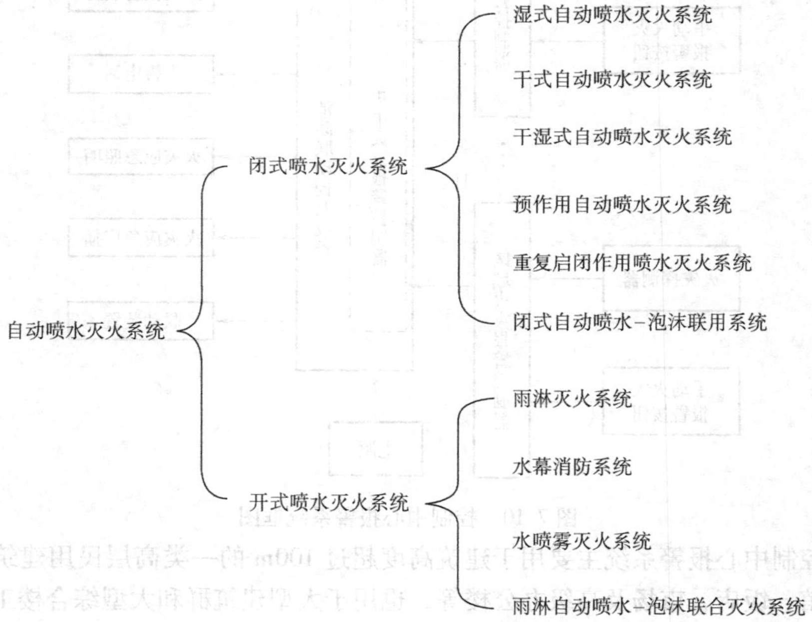

图7-11 自动喷水灭火系统分类图

（1）湿式自动喷水灭火系统。湿式自动喷水灭火系统是世界上使用最早、应用最广泛、灭火速度快、控火效率最高的自动喷水灭火系统，其结构比较简单。

1）系统组成与工作原理。如图7-12所示，湿式自动喷水灭火系统是由闭式喷头、管道系统、湿式报警阀、报警装置和供水设施等组成。由于该系统在报警阀的前后管道内始终充满着压力水，所以称做湿式自动喷水灭火系统。

火灾发生时，高温火焰或高温气流使闭式喷头的热敏元件炸裂或熔化脱

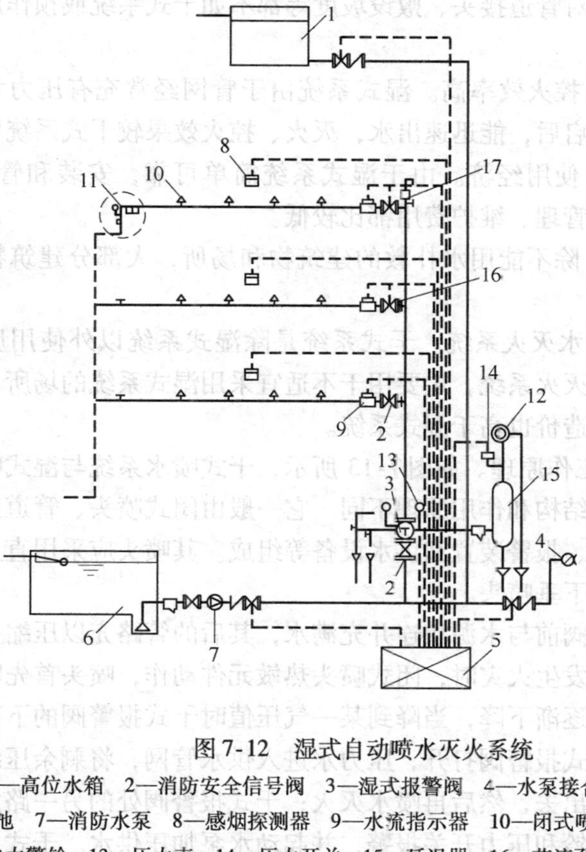

图 7-12　湿式自动喷水灭火系统

1—高位水箱　2—消防安全信号阀　3—湿式报警阀　4—水泵接合器　5—控制箱
6—储水池　7—消防水泵　8—感烟探测器　9—水流指示器　10—闭式喷头　11—末端试水装置
12—水力警铃　13—压力表　14—压力开关　15—延迟器　16—节流孔板　17—自动排气阀

落，喷水灭火。此时，管网中的水由静止变为流动，则水流指示器就被感应送出电信号。在报警控制器上指标某一区域已在喷水，持续喷水造成湿式报警阀的上部水压低于下部水压，原来处于关闭状态的阀片自动开启。此时，压力水通过湿式报警阀，流向干管和配水管，同时水进入延迟器，继而压力开关动作、水力警铃发出火警信号。此外，压力开关直接连锁自动起动消防水泵或根据水流指标器和压力开关的信号，控制器自动起动消防水泵向管网加压供水，达到持续自动喷水灭火的目的。

2）系统适用范围和特点。湿式自动喷水系统适用于环境温度不低于 4 ~ 70℃的建筑物和场所（不能用水扑救的建筑和场所除外）。

湿式自动喷水灭火系统主要有以下特点：

① 结构简单，使用可靠。湿式自动喷水灭火系统与其他自动喷水灭火系统相比，结构最简单，管理简单易行，安全可靠。

② 系统施工简单、方便。湿式系统的喷头安装方向，可根据吊顶形式、

美观和安全的要求向上或向下安装，灵活方便。与其他系统相比，湿式自动喷水灭火系统在施工中对管道接头、敷设坡度等都不如干式系统或预作用系统严格，施工比较简单。

③ 灭火速度快、控火效率高。湿式系统由于管网经常充有压力水，一旦发生火灾，在喷头开启后，能迅速出水，灭火、控火效果较干式系统要好。

④ 系统投入少，使用经济。由于湿式系统简单可靠，安装和管理方便，初期建设投入和日常管理、维护费用都比较低。

⑤ 适用范围广。除不能用水扑救的建筑物和场所，大部分建筑物和场所均可使用。

（2）干式自动喷水灭火系统。干式系统是除湿式系统以外使用历史最长的一种闭式自动喷水灭火系统，主要用于不适宜采用湿式系统的场所，其灭火效率低于湿式系统，造价也高于湿式系统。

1）系统组成与工作原理。如图7-13所示，干式喷水系统与湿式喷水系统相似，只是报警阀的结构和作用原理不同。它一般由闭式喷头、管道系统、充气设备、干式报警阀、报警装置和供水设备等组成。其喷头应采用直立型喷头向上安装或采用干式下垂喷头。

平时，干式报警阀前与水源相连并充满水，其后的管路充以压缩空气，报警阀处于关闭状态。发生火灾时，闭式喷头热敏元件动作，喷头首先喷出压缩空气，管网内的气压逐渐下降，当降到某一气压值时干式报警阀的下部水压力大于上部气压力，干式报警阀打开，压力水进入供水管网，将剩余压缩空气从已打开的喷头处推赶出去，然后再喷水灭火；干式报警阀处的另一路压力水进入信号管，推动水警铃和压力开关报警，并起动水泵加压供水。干式系统的主要工作过程与湿式喷水系统无本质区别，只是在喷头动作后有一个排气过程，这将降低灭火的速度和效果。对较大的干式喷水灭火系统，常在干式报警阀出口管道上附加一个排气加速器，以加快报警阀的启动过程，使压力水迅速进入充气管网，缩短排气时间，及早喷水灭火。

2）系统适用范围和特点。干式喷水灭火系统适用于环境温度低于4℃和高于70℃的建筑物和场所，如物流仓储中的冷冻仓库。

干式喷水灭火系统主要具有以下特点：

① 干式系统在报警阀后的管网内无水，故可避免冻结和水汽化的危险，不受环境温度的限制，可用于一些无法使用湿式系统的场所。

② 投资较高。因为干式系统需要使用充气设备，因而造价较高。

③ 干式系统的施工和维护管理较为复杂，对管道的气密性有较严格的要求。管道平时的气压应保持在一定的范围内，当气压下降到一定值时，就需要进行充气。

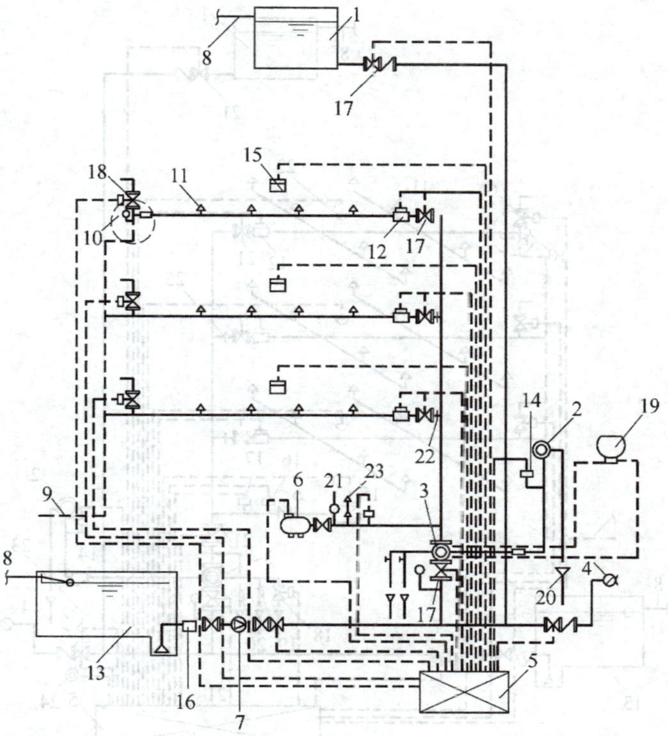

图7-13 干式自动喷水灭火系统

1—高位水箱 2—水力警铃 3—干式报警阀 4—消防水泵接合器 5—控制箱 6—空压机 7—消防水泵 8—水箱、水池进水管 9—排水管 10—末端试水装置 11—闭式喷头 12—水流指示器 13—水池 14—压力开关 15—火灾探测器 16—过滤器 17—消防安全信号阀 18—排气阀 19—加速器 20—排水漏斗 21—压力表 22—节流孔板 23—安全阀

④ 干式系统的喷水灭火速度不如湿式系统快。干式系统喷头受热开启后，首先要排除管道中的气体，然后再出水，延误了灭火的时机。这也是干式系统不如湿式系统灭火效率高的原因之一。

(3) 干湿式自动喷水灭火系统。干湿式自动喷水灭火系统一般由闭式喷头、管道系统、充气双重阀（又称干湿式报警阀）、报警装置、供水设备等组成。该系统具有湿式和干式系统的性能，安装在冬季采暖期不长的建筑物内，寒冷季节为干式系统，温暖季节为湿式系统，系统形式基本与干式系统相同，主要区别是报警阀采用的是干湿式报警阀。

(4) 预作用自动喷水灭火系统

1）系统组成与工作原理。如图7-14所示，预作用自动喷水灭火系统一般由闭式喷头、管道系统预作用阀、报警装置、供水设备、探测器和控制系统等组成。

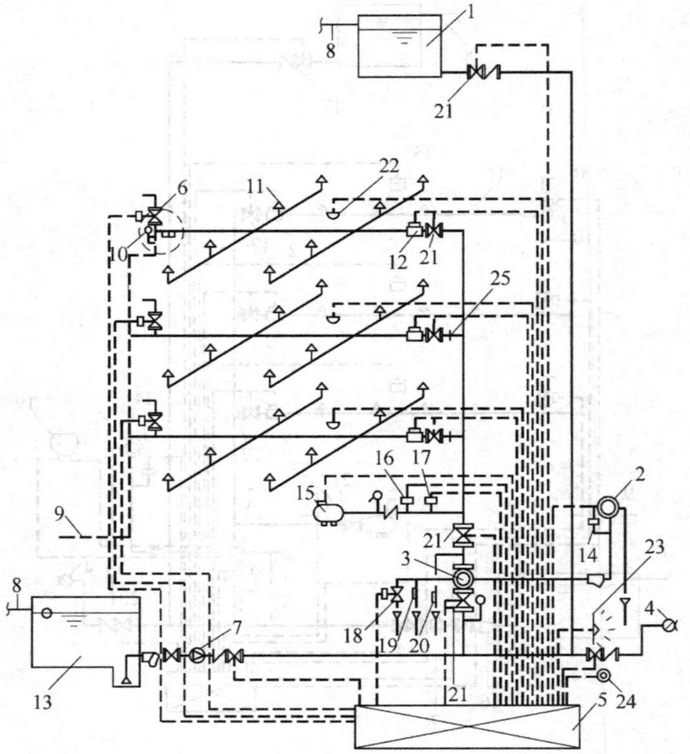

图 7-14　预作用自动喷水灭火系统

1—高位水箱　2—水力警铃　3—预作用阀　4—消防水泵　5—控制箱　6—排气阀
7—消防水泵　8—水箱、水池进水管　9—排水管　10—末端试水装置　11—闭式喷头
12—水流指示器　13—水池　14—压力形状　15—空压机　16—低压报警压力开关
17—控制空压机压力开关　18—电磁阀　19—手动起动阀　20—泄放阀
21—消防安全信号阀　22—探测器　23—电警铃　24—应急按钮　25—节流孔板

预作用系统在预作用阀后的管道中，平时不充水而充以压缩空气或氮气，或为空管，闭式喷头和火灾探测器同时布置在保护区域内，发生火灾时探测器动作，并发出火警信号，报警器核实信号无误后，发出动作指令，打开预作用阀，并开启排气阀使管网充水待命，管网充水时间不超过3min。随着火势的继续扩大，闭式喷头上的热敏元件熔化或炸裂，喷头自动喷水灭火，系统中的控制装置根据管道内水压的降低自动起动消防泵灭火。

2）系统适用范围和特点。预作用系统可以用在干式系统、湿式系统和干湿式系统所能使用的任何场所，而且还能用于一些这三个系统都不适宜的场所。

预作用系统同时具备了干式喷水灭火系统和湿式喷水灭火系统的特点，可以代替干式系统提高灭火速度，也可代替湿式系统用于管道和喷头易于被损坏而产生喷水和漏水以致造成严重水渍的场所，还可用于对自动喷水灭火系统安全要求较高的建筑物中，如物流仓储中危险化学品的储藏仓库。

预作用系统的主要特点有：

① 预作用系统将电子技术、自动化技术结合起来，集湿式系统和干式系统的优点于一体，克服了干式系统喷水迟缓和湿式系统由于误动作而造成水渍的缺点，应用范围广。

② 系统中火灾探测器的早期报警和系统的自动监测功能可随时发现系统中的渗漏和损坏情况，从而提高了系统的安全可靠度。其灭火效率也高于湿式自动喷水灭火系统。

③ 预作用系统的系统组成较其他系统复杂，投资较高，因此预作用系统通常用于不能使用干式系统或湿式系统的场所，或对系统安全程度要求较高的一些场所。

（5）重复启闭式预作用灭火系统（见图7-15）。

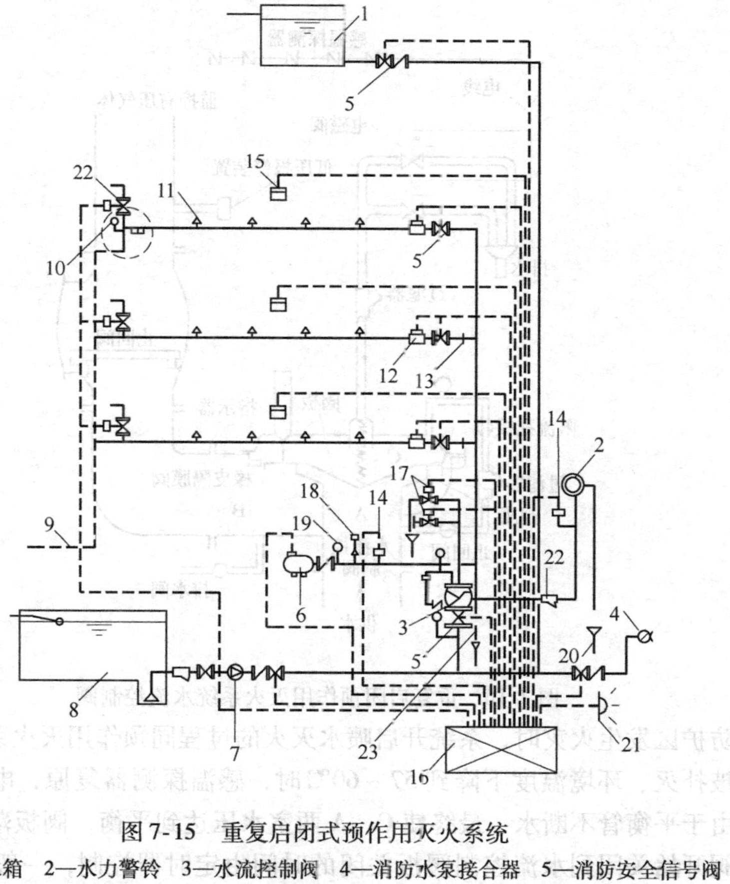

图7-15　重复启闭式预作用灭火系统

1—高位水箱　2—水力警铃　3—水流控制阀　4—消防水泵接合器　5—消防安全信号阀
6—空压机　7—消防水泵　8—水池　9—排水管　10—末端试水装置　11—闭式喷头
12—水流指示器　13—节流孔板　14—压力开关　15—探测器　16—控制箱　17—电磁阀
18—安全阀　19—压力表　20—排水斗　21—电警铃　22—排气阀　23—排水阀

重复启闭式预作用灭火系统是由预作用自动喷水灭火系统发展而形成的，该系统不但能像预作用系统一样自动喷水灭火，而且火被扑灭后能自动关闭，火复燃后还能再次开启进行灭火。

1）系统组成与工作原理。重复启闭系统的核心是一个水流控制阀和定温补偿型感温探测系统。水流控制阀（也称液动雨淋阀），如图 7-16 所示。阀板是一个与隔膜圈相连的圆形阀板，可以垂直升降，阀板将 A、C 室隔开。A 室与水源相连，A、C 室由一压力平衡管相连，A、C 室水压相同。由于阀板上部面积大于下部面积，加上阀板上的小弹簧和阀板自重，使阀板关闭。只有当C 室上方排水管上的电磁阀开启排水，C 室压力降至 A 室压力的1/3 时，阀板上升，供水通过 B 室进入管网，若喷头开启便能出水灭火。排水管上的两个电磁阀由火灾防护区上部的定温补偿型感温探测器控制。

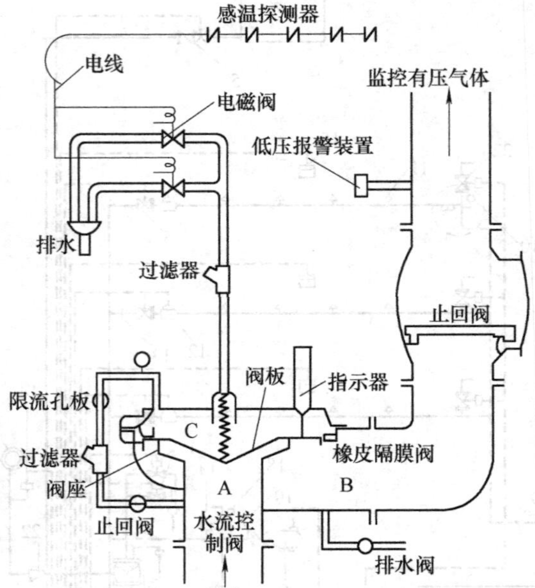

图 7-16　重复启闭预作用灭火系统水流控制阀

防护区发生火灾时，系统开启喷水灭火的过程同预作用灭火系统相似。当火灾被扑灭、环境温度下降到 57～60℃时，感温探测器复原，电磁阀缓慢关闭，由于平衡管不断水，最终使 C、A 两室水压达到平衡，阀板落下关闭。从电磁阀开始关闭到水流控制阀板关闭的时间由定时器控制，一般为 5min。如果火灾复燃，定温型感温探测器再次发出信号开启电磁阀排水，喷头重新喷水灭火。

2）系统适用范围和特点。重复启闭式预作用灭火系统适用于平时不允许有水渍损害的高等级重要建筑物和必须在灭火后及时停止喷水的场所。

(6) 闭式自动喷水－泡沫联用系统（见图7-17）。

1）系统组成与工作原理。在闭式自动喷水灭火系统中配置泡沫液供给设备，便可组成闭式自动喷水泡沫联用系统。

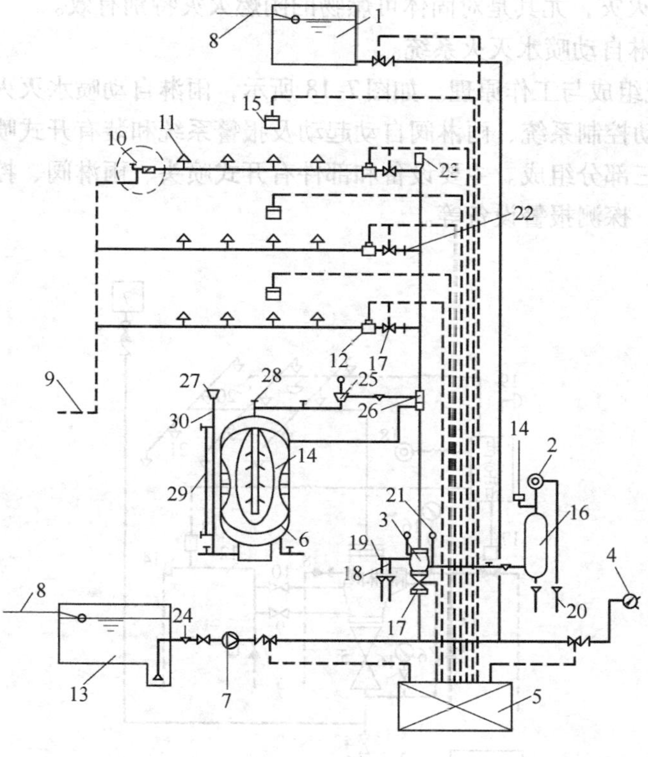

图7-17 闭式自动喷水－泡沫联用系统

1—高位水箱 2—水力警铃 3—湿式报警阀 4—消防水泵接合器 5—控制箱 6—泡沫缸 7—消防水泵 8—进水管 9—排水管 10—末端试水装置 11—闭式喷头 12—水流指示器 13—水池 14—胶囊 15—感烟探测器 16—延迟器 17—消防安全指示阀 18—试警铃阀 19—放水阀 20—排水漏斗（或管） 21—压力表 22—节流孔板 23—自动排气阀 24—过滤器 25—泡沫缸调和阀 26—比例混合器 27—注入口 28—排气阀 29—观测计 30—注液管

在闭式自动喷水－泡沫联用系统的系统保护区内任意一处发生火情，上方闭式喷头周围的温度达到喷头的动作温度时，喷头开启喷水，报警阀打开，水力警铃报警，同时压力开关和喷水区水流指示器动作，消防水泵起动。压力水进入泡沫罐挤压泡沫胶囊，被挤压出的泡沫液经泡沫控制阀进入比例混合器，按比例（3%～6%）与压力水混合进入管网，泡沫溶液从喷头喷出灭火。

2）系统适用范围。

① 有可燃液体存在的场合，如石油罐车的停车库、危险化学品储存仓库等。

② 油罐区、加油站等。

③ A、B 类混合火灾，如橡胶、塑料或其他合成纤维材料。

④ A 类火灾，尤其是对固体可燃物的阴燃火灾特别有效。

（7）雨淋自动喷水灭火系统。

1）系统组成与工作原理。如图 7-18 所示，雨淋自动喷水灭火系统一般由火灾探测传动控制系统、雨淋阀自动起动及报警系统和装有开式喷头的自动喷水灭火系统三部分组成。主要设备和部件有开式喷头、雨淋阀、控制阀、供水设备、管网、探测报警设备等。

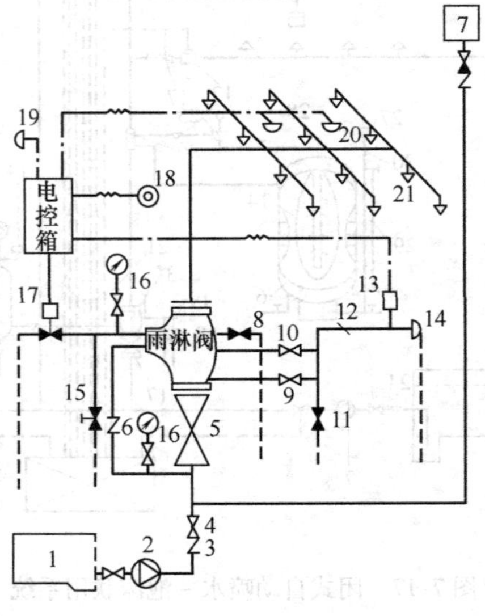

图 7-18　雨淋自动喷水灭火系统

1—水池　2—水泵　3—止回阀　4—闸门　5—供水闸阀　6—止回阀　7—水箱　8、11—放水阀　9—试警铃阀　10—警铃管阀　12—滤网　13—压力开关　14—水力警铃　15—手动快开阀　16—压力表　17—电磁阀　18—紧急按钮　19—电铃　20—感温或感烟报警器　21—开式喷头

在雨淋自动喷水系统保护区域内一旦发生火灾，急速上升的热气流使感温探测器探测到火灾区有燃烧的粒子，就立即向电控箱发出报警信号，经电控箱分析确认后发出声、光报警信号，同时启动雨淋阀的电磁阀，使高压腔的压力水快速排出。由于经单向阀补充流入高压腔的水流缓慢，因而高压腔水压快速下降，供水压力作用在阀瓣上的力将迅速打开雨淋阀门，水流立即充满整个雨

淋管网，使该雨淋阀控制的管道上所有开式喷头同时喷水，可以在瞬间像下暴雨般喷出大量的水覆盖火区达到灭火目的，雨淋阀打开后，水同时流向报警管网，使水力警铃发出声响报警，在水压作用下，接通压力开关，并通过电控箱切换，给值班室发出电信号或直接起动水泵，在消防水泵起动前，火灾初期所需的消防水由高位水箱或气压罐供给。

2）系统适用范围。雨淋自动喷水灭火系统主要适用于火灾严重危险等级的建筑物场所，如某些易燃易爆危险化学品的储藏仓库。

（8）水幕消防系统（见图7-19）。水幕消防系统不以灭火为主要目的。该系统是将水喷洒成水帘幕状，用以冷却防火分隔物，提高分隔物的耐火性能，或利用防火水帘阻止火焰和热辐射穿过开口部位，防止火势扩大和火势蔓延。

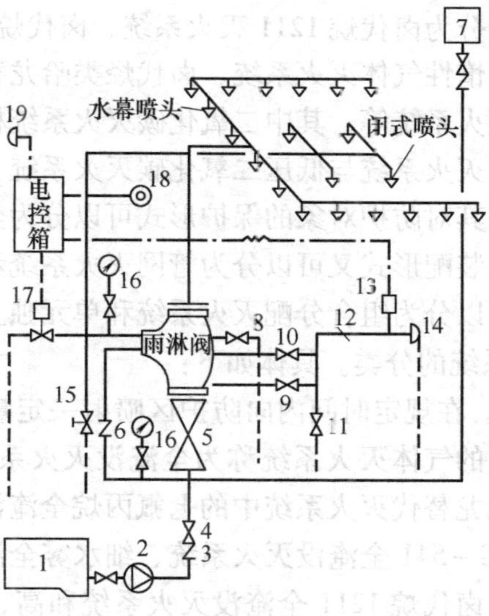

图7-19　水幕消防系统

1—水池　2—水泵　3—止回阀　4—闸门　5—供水闸阀　6—止回阀　7—水箱　8、11—放水阀　9—试警铃阀　10—警铃管阀　12—滤网　13—压力开关　14—水力警铃　15—手动快开阀　16—压力表　17—电磁阀　18—紧急按钮　19—电铃

水幕系统由水幕喷头、管网、雨淋阀（或者手动快开阀）、供水设备和探测报警装置等组成。

（9）水喷雾灭火系统。水喷雾灭火系统在组成上与雨淋系统相似，所不同的是该系统使用的是喷雾喷头。这种喷头有螺旋状叶片，当有一定压力的水通过喷头时，叶片旋转，在离心力的作用下同时产生机械撞击作用和机械强化作用，使水形成雾状喷向被保护部位。

水喷雾系统的灭火原理主要有以下几种：

① 冷却。由于水喷雾灭火系统喷出雾状水，水滴粒径小，遇热迅速汽化，同时带走大量的汽化热，使燃烧表面的温度迅速降到燃点以下，冷却效果好。

② 窒息。喷雾水喷射到燃烧区后，遇热汽化，便生成比原体积大1700倍的水蒸气，覆盖在火焰周围，导致燃烧区氧气含量不断下降，火焰因窒息而熄灭。

③ 冲击乳化。对于不溶于水的可燃液体，喷雾水冲击到流体的表层与其混合，形成的乳浊状流体层，使火熄灭。

④ 稀释。由于喷雾水与水溶性液体能很好相溶，因而使水溶性液体质量减少，达到灭火目的。

2. 气体灭火系统

以气体作为灭火介质的灭火系统称为气体灭火系统。根据灭火介质的不同，气体灭火系统可分为卤代烷1211灭火系统、卤代烷1301灭火系统、二氧化碳灭火系统、新型惰性气体灭火系统、卤代烃类哈龙替代灭火系统、水蒸气灭火系统、细水雾灭火系统等。其中二氧化碳灭火系统根据储存压力的不同又可分为高压二氧化碳灭火系统与低压二氧化碳灭火系统。

气体灭火系统按其对防护对象的保护形式可以分为全淹没系统和局部应用系统两种形式；按其装配形式又可以分为管网灭火系统和无管网灭火装置；在管网灭火系统中又可以分为组合分配灭火系统和单元独立灭火系统。

（1）气体灭火系统的分类。具体如下：

1）全淹没系统。在规定时间内向防护区喷射一定量的灭火剂，并使其均匀地充满整个防护区的气体灭火系统称为全淹没灭火系统。卤代烷1301全淹没系统、卤代烃类哈龙替代灭火系统中的七氟丙烷全淹没灭火系统、新型惰性气体灭火系统中的IG－541全淹没灭火系统、细水雾全淹没灭火系统，适用于经常有人的防护区；卤代烷1211全淹没灭火系统和高、低压二氧化碳全淹没灭火系统属于全淹没灭火系统的气溶胶灭火装置，适用于无人的防护区。

全淹没系统适用于扑救封闭空间的火灾。全淹没灭火系统的灭火作用是基于在很短时间内使防护区充满规定含量的气体灭火剂并通过一定时间的浸渍而实现的。因此，要求防护区有必要的封闭性、耐火性和耐压、泄压能力。

2）局部应用系统。向保护对象以设计喷射强度直接喷射灭火剂，并持续一定时间的气体灭火系统称为局部应用系统。

该类系统在国内的应用，目前仅限于二氧化碳局部应用灭火系统和细水雾灭火系统。

3）管网灭火系统。通过管网向保护区喷射灭火剂的气体灭火系统称为管网灭火系统。卤代烷1211和1301可使用管网灭火系统，高、低压二氧化碳灭火系统、细水雾灭火系统、卤代烃类哈龙替代灭火系统及新型惰性气体灭火系统，都可使用管网进行灭火剂的输送和火灾的扑救。但因气溶胶属于气固混合相，在技术上没有突破，且在通过国家质检中心检验之前不能用于管网输送系统。

4）无管网灭火装置。按一定的应用条件，将灭火剂储存装置和喷嘴等部件预先组装起来的成套气体灭火装置称为无管网灭火装置，又称预制灭火装置。

5）组合分配灭火系统。用一套灭火剂储存装置，通过选择阀等控制组件来保护多个防护区的气体灭火系统称为组合分配系统。

在气体灭火系统设计中，对于两个或两个以上的防护区，往往采用组合分配系统。为保证系统的安全可靠，一方面要保证每个防护区的灭火剂用量都能达到设计用量的要求（即灭火剂的设计用量由灭火剂用量多的防护区确定）；另一方面要注意一个组合分配系统所保护的防护区数目不宜过多。防护区数目超过一定数量时，应配置备用灭火系统。一个卤代烷1211或1301组合分配灭火系统的防护区数目超过8个时，或一个二氧化碳组合分配灭火系统的防护区或保护对象数目为5个及其以上时，应配置备用的灭火系统，灭火剂的备用量不应小于设计用量。

6）单元独立灭火系统。只用于保护一个防护区的气体灭火系统，称为单元独立灭火系统。

虽然气体灭火系统有不同的种类及不同的系统实现形式，但它们的组成和工作原理是大体相同的。在此就以高压二氧化碳灭火全淹没组合分配管网灭火系统为例，介绍气体灭火系统的工作原理和系统组成。

高压二氧化碳灭火系统的工作程序框图如图7-20所示，当采用气体灭火系统保护的防护区发生火灾后，火灾探测器将燃烧产生的温、烟、光等变化成电信号输入火灾报警控制器，经火灾报警控制器鉴别确认后，启动火灾报警装置，发出火灾声、光报警信号，并将信号输入灭火控制盘。灭火控制盘启动开口关闭装置、通风机等联动设备，并经延时再启动阀驱动装置，同时打开选择阀及灭火剂储存装置，将灭火剂施放到防护区进行灭火。灭火剂施放时压力信号器可给出反馈信号，通过灭火控制盘再发出施放灭火剂的声、光报警信号。在图7-21中，当保护区1发生火灾，启动钢瓶1打开1号灭火剂储存容器进行灭火；当保护区2发生火灾时，启动钢瓶2打开1号、2号、3号灭火剂储存容器进行灭火。

当系统处于手动操作状态时，人员发现火灾后，按下手动启动按钮，通过灭火控制盘施放灭火剂。如火灾报警系统或其供电系统发生故障时，则应采取应急起动方式，直接起动驱动装置施放灭火剂。

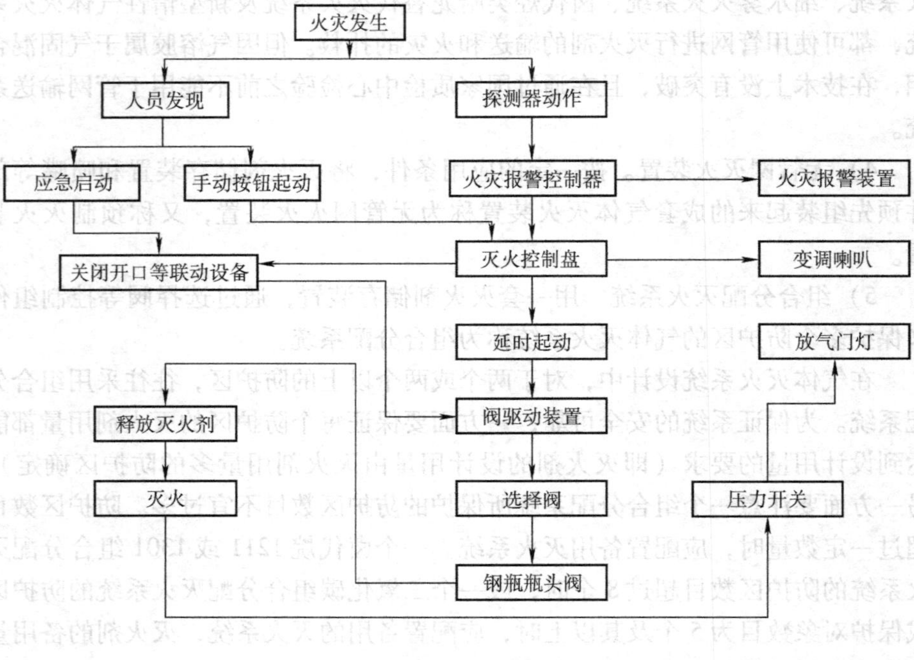

图 7-20　高压二氧化碳灭火系统流程示意图

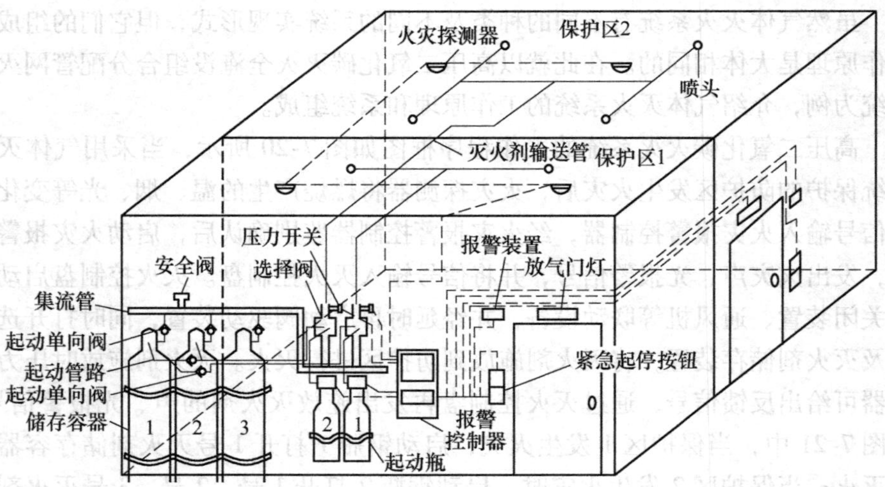

图 7-21　二氧化碳组合分配式全淹没灭火系统示意图

二氧化碳灭火剂主要通过稀释氧含量、窒息燃烧和冷却等物理作用灭火，可以较快地将有焰燃烧扑灭，但所需的灭火剂含量高。二氧化碳在空气中的体积分数达到15%以上时能使人窒息死亡；达到30%～35%时，能使一般可燃物质的燃烧逐渐窒息；达到42.6%时能抑制汽油蒸气及其他易燃气体的爆炸。卤代烷1301和1211灭火剂的灭火机理主要是通过溴和氟等卤素氢化物的化学催化作用和化学净化作用大量捕捉、消耗火焰中的自由基，抑制燃烧的链式反应，迅速将火焰扑灭。因而对扑灭有焰燃烧非常有效，所需的灭火剂含量低、灭火快。

（2）气体灭火系统的组成。二氧化碳灭火系统一般为管网灭火系统。管网灭火系统由储存容器、容器阀、高压软管、液体单向阀、气体单向阀、集流管、安全阀、选择阀、压力开关、输送灭火剂的管道及管道附件、喷嘴、起动钢瓶、固定支架及火灾报警控制系统中的火灾探测器、火灾报警控制器、灭火驱动盘、声光报警装置、放气门灯、紧急启停按钮等组成。图7-21是二氧化碳组合分配式全淹没灭火系统示意图，图7-22是二氧化碳单元独立式全淹没灭火系统。

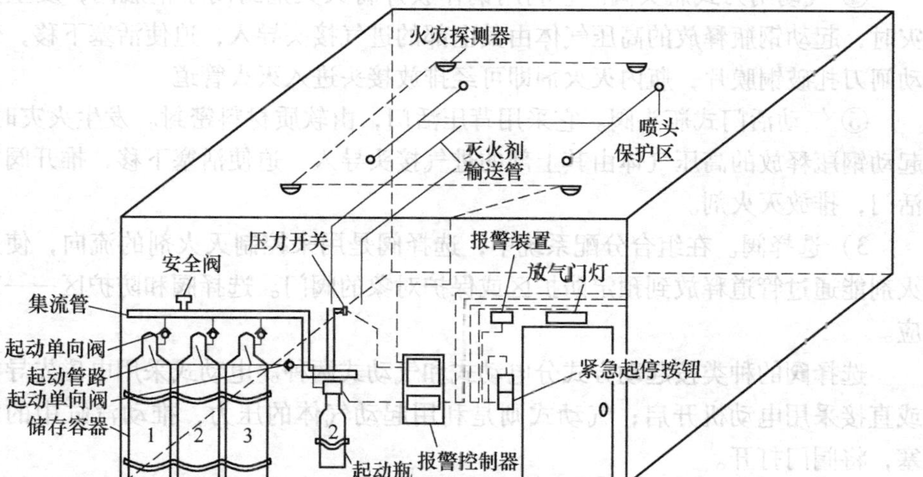

图7-22 二氧化碳单元独立式全淹没灭火系统示意图

1）灭火剂储存装置。高压二氧化碳灭火系统的储存装置储存压力均为5.17MPa，材质为无缝钢，它由灭火剂及其储存容器（钢瓶）、容器阀（瓶头阀）等组成，用于储存灭火剂和控制灭火剂施放。

2）容器阀（瓶头阀）。容器阀具有平时封闭钢瓶、火灾时能排放灭火剂的作用。此外，还能通过它充装灭火剂和安装防爆安全阀。

容器阀上主要包括充装阀（截止阀或止回阀）、施放阀（截止阀或闸刀阀）和安全膜片三个部分。按其起动方式，二氧化碳灭火系统的容器阀分为气动瓶阀、机械式闸刀瓶阀、电爆瓶头阀、气动闸刀式瓶头阀、气动活门式瓶头阀五种结构形式。

① 气动瓶头阀。它由起动气瓶提供的起动气体通过操纵管进入阀体才能开启，因此还必须与先导阀和电磁阀配合使用。平时，电磁阀关住起动气瓶中的高压气体，报警控制器在接受火灾信号后，发出信号使电磁阀动作。这时起动气瓶中高压气体便先后开启先导阀和安装在二氧化碳钢瓶上的气动阀，使二氧化碳喷出。

② 机械式闸刀瓶头阀。开启时，只需将手柄上的钢丝绳牵动，闸刀杆便旋入并切破工作膜片，放出二氧化碳。气动活塞开启瓶头阀的操纵系统是拉环与活塞杆连接在一起，当气动活塞移动时，带动拉环移动，从而牵动钢丝绳，实现开启二氧化碳钢瓶的动作。

③ 电爆瓶头阀。平时它处于闭合状态。通电时，阀内雷管爆炸，推动活塞，使杠杆旋转带动活门而开启。因雷管涉及爆炸品，一般不宜使用。

④ 气动闸刀式瓶头阀。它利用铜作膜片将灭火剂封闭于钢瓶内，发生火灾时，起动钢瓶释放的高压气体由其上部的进气接头导入，迫使活塞下移，带动闸刀扎破铜膜片，瓶内灭火剂即可经排放接头进入灭火管道。

⑤ 气动活门式瓶头阀。它采用背压活门，由软质材料密封。发生火灾时，起动钢瓶释放的高压气体由其上部的进气接头导入，迫使活塞下移，推开阀杆活门，排放灭火剂。

3）选择阀。在组合分配系统中，选择阀是用来控制灭火剂的流向，使灭火剂能通过管道释放到预定防护区或保护对象的阀门。选择阀和防护区一一对应。

选择阀的种类按起动方式分电动式和气动式两种。电动式采用电磁先导阀或直接采用电动机开启；气动式则是利用起动气体的压力，推动汽缸中的活塞，将阀门打开。

由于选择阀平时处于关闭状态，因此，在灭火时，选择阀应在容器阀开放之前开启，或与容器阀同时开启。无论哪种启动方式的选择阀，均应设有手动操作机构，以便在系统自动控制失灵时仍能将选择阀打开。

4）压力开关。压力开关可以将压力信号转换成电信号，一般设置在选择阀后，以判断各部位的动作正确与否。虽然有些阀门本身带有动作检测开关。

5）安全阀。安全阀一般设置在储存容器的容器阀上及组合分配系统中的集流管部分。在组合分配系统的集流管部分，由于选择阀平时处于关闭状态，在容器阀的出口处至选择阀的进口端之间形成了一个封闭的空间，因而在此空间内容易形成一个危险的高压区。为防止储存容器发生误喷射，在集流管末端设置一个安全阀或泄压装置，当压力值超过规定值时，安全阀自动开启泄压以保证系统安全。

6）喷嘴。喷嘴安装在管网的末端，用来向保护区喷洒灭火剂，同时也是用来控制灭火剂的流速和喷射方向的组件，因此，它是气体灭火系统的一个关键组件。

7）管道及附件。二氧化碳灭火系统的管道及附件主要有高压软管、液路单向阀、气路单向阀、集流管、启动管路、灭火剂输送管路及各种管道连接件等。

高压软管是连接容器阀与集流管的重要部件，它允许储存容器与集流管之间的安装间距存在一定误差，另外，由于它上部带有止回阀。

8）火灾报警控制系统。火灾报警控制系统主要由火灾探测器、信号输入模块、控制模块、声光报警器、变调喇叭、放气门灯、紧急起停按钮、火灾报警控制器及灭火驱动盘、电源等组成。火灾报警控制系统原理和使用可参考前述章节的内容。

3. 泡沫灭火系统

泡沫灭火系统根据发泡倍数可分为低倍数、中倍数、高倍数三种系统型式。低倍数泡沫灭火系统可分为：固定液上喷射、液下喷射泡沫灭火系统；半固定液上喷射、液下喷射泡沫灭火系统；移动液上喷射泡沫灭火系统；泡沫喷淋灭火系统。高倍数泡沫灭火系统可分为全淹没式高倍数泡沫灭火系统、局部应用式高倍数泡沫灭火系统和移动式高倍数泡沫灭火系统。中倍数泡沫灭火系统可分为局部应用式中倍数泡沫灭火系统和移动式中倍数泡沫灭火系统。

泡沫灭火系统所使用的泡沫灭火剂又称泡沫液，于1900年左右最先由劳伦特发现。他用硫酸铝和碳酸氢钠水溶液混合产生化学泡沫，并用其首次成功扑灭了一起石油火灾。1952年厄古哈特利用碳酸氢钠粉剂和硫酸铝粉剂与水混合产生化学泡沫。1972年瓦格纳利用机械搅拌产生泡沫，由此产生了空气泡沫（又称机械泡沫），随着工业发展，又采用了水解蛋白质溶液作为空气泡沫灭火剂。空气泡沫灭火剂使用方便，流动性能好，泡沫产生量大，灭火效率高且比较经济，因此，空气泡沫灭火剂取代了化学泡沫灭火剂。

1947年完成了空气泡沫灭火系统的设计，并广泛应用于石油化工行业。20世纪50年代后期产生了高倍数泡沫灭火系统，扩大了空气泡沫的使用范围。

我国泡沫灭火剂的发展起步较晚，20世纪50年代以使用化学泡沫为主，50年代中期主要使用蛋白质泡沫，70年代以后逐步使用氟表面活性剂，先后研制出氟蛋白泡沫液、聚合物泡沫、抗溶性泡沫、中倍数泡沫、高倍数泡沫和“轻水”泡沫，80年代至90年代国内泡沫灭火剂品种比较齐全，满足了油罐灭火的需要。

（1）空气泡沫的形成。空气泡沫为流态泡沫，流态泡沫分散质为空气，分散剂为液体（即泡沫液与水的混合液），是一种胶体。泡沫形成首先要具有气相和液相之间的介面膜，也就是表面膜。膜的强度取决于膜的厚度、化学稳定性（耐油性）、热稳定性（耐高温性）、物理稳定性（脱水速度）和膜的表面张力等。

（2）空气泡沫灭火机理。泡沫倍数根据泡沫性质不同可分为2~1000倍，其相对密度为0.001~0.5，小于易燃和可燃液体的相对密度，因此能够浮在油品液面上自由展开，隔断油品液面与空气的接触，强韧地覆盖在燃烧液面上，有较长时间的稳定性，风吹不分裂，能耐火焰和高温。当泡沫覆盖层由于机械的作用受到破坏时，有再覆盖的能力，能有效扑灭烃类火灾。其主要作用如下：

1）隔绝作用。空气泡沫喷射在燃烧液体表面形成一定厚度的泡沫层，可使燃烧液体表面与空气隔绝。

2）隔辐射作用。空气泡沫层封闭了燃烧液体表面，可以隔断火焰的辐射热，阻止燃烧液体的受热蒸发，当泡沫层厚为5cm时，汽油蒸发速度可降至30%~40%，迫使燃烧停止。

3）冷却作用。泡沫析出的水可以对燃烧表面进行冷却。

4）稀释作用。泡沫受热产生水蒸气可以降低燃烧液体周围氧的含量，起到稀释作用。

4. 干粉灭火系统

干粉灭火系统是一种不需要内燃机、水泵等动力源，而依靠高压气体（氮气、二氧化碳或燃气）的压力，携带干粉，通过输粉管，经喷头（或喷枪）喷出并扑向火源，短时间内达到灭火目的的设施。

（1）干粉的类型。干粉灭火剂按应用范围可分为普通型和多用型两大类。

1）普通型干粉灭火剂。这是我国目前生产量最大、应用最普遍的干粉灭火剂。这类灭火剂可扑救B类（可燃液体）火灾、C类（可燃气体）火灾和电气火灾，因而又称为BC干粉。属于这一类的干粉灭火剂有以碳酸氢钠为基料的钠盐干粉（小苏打干粉）、以碳酸氢钾为基料的紫钾盐干粉、以氯化钾为基料的超级钾盐干粉、以硫酸钾为基料的钾盐干粉、以碳酸氢钠和钾盐为基料的混合型干粉、以尿素和碳酸氢钠（或碳酸氢钾）的反应产物为基料的干粉（毛耐克斯Monnex干粉，即氨基干粉）。这几种干粉灭火剂中氨基干粉灭火效率最高。试验表明，氨基干粉灭火效率为碳酸氢钠干粉灭火效率的2~3倍，而改性钠盐干粉（含$NaHCO_3$72%，$KNO_3$15%）的灭火效率介于两者之间。氨基干粉的灭火效率之所以高，是因为它在火焰中能迅速热解成成千上万个小于0.01μm的颗料。

2）多用型干粉灭火剂。这类干粉灭火剂除可扑救BC类火灾外，还可扑救一般固体火灾（A类火灾），因而又叫做ABC干粉。属于这一类的干粉灭火剂有以磷酸盐（磷酸二氢铵等）为基料的干粉灭火剂、以磷酸铵与硫酸铵混合物为基料的干粉灭火剂、以聚磷酸铵为基料的干粉灭火剂。ABC干粉虽然可以扑救一般固体物质火灾，但是对一般固体物质深层火或阴燃火，由于干粉抗复燃性差，喷射时间短，不能达到满意的灭火效果。

（2）干粉的灭火原理。干粉在动力气体（氮气、二氧化碳或燃气、压缩空气）的推动下射向火焰进行灭火。在灭火过程中，粉雾与火焰接触、混合，发生一系列物理和化学作用，其灭火原理主要有以下三方面：

1）对有焰燃烧的抑制作用。有焰燃烧是一种链式反应过程，OH－和H－是维持燃烧链式反映的关键自由基。干粉灭火剂中的无机盐在燃烧区与火焰混合时，可以同时捕获OH－和H－。当OH－和H－被干粉灭火剂消耗的速度大于其生成速度时，则OH－和H－很快被耗尽，链式反应被终止，火焰即告熄灭。

2）对表面燃烧的灭火作用。以磷酸铵盐为基料的干粉灭火剂不仅可以扑灭有焰燃烧，而且还能扑灭一般固体物质的表面燃烧。以磷酸二氢铵为例，其晶体粉粒落到灼热的燃烧物表面时，反应所生成的偏磷酸（HPO_3）和聚磷酸盐在固体表面高温作用下被熔化并形成一个玻璃状覆盖层，它能渗透到燃烧物表面的细孔中。这层玻璃状覆盖层将固体表面与周围空气中的氧隔开，使燃烧窒息。

3）其他作用。干粉灭火剂在高温作用下会发生一些分解反应，在燃烧区吸收大量的热量，并放出大量水蒸气和二氧化碳气体，起到冷却和稀释可燃气体的作用。

（3）干粉灭火系统的分类。干粉灭火系统按驱动气体的储存方式，可分为借助于单独储存在储气瓶内高压气体压力喷放灭火剂的加压型干粉系统、灭火剂与驱动气体共同储存在同一容器内的储压型干粉系统和借助于燃气发生器内固体燃料生成的气体压力驱动灭火剂的燃气型干粉系统三大类。

按其安装方式可分为系统组件全部固定安装的固定式干粉系统以及干粉供应源或喷放器件可移动而其余组件固定安装的半固定式干粉系统两大类。

按喷放方式分为全淹没干粉系统和局部喷射干粉系统。其中，局部喷射干粉灭火系统又可分为槽边喷射和高架喷射两类。

此外，干粉系统还可按充装灭火剂的种类分为碳酸氢钠干粉系统、磷酸铵盐干粉系统、氨基干粉系统、氯化钾干粉系统及氯化钠干粉系统等。

（4）干粉的特性。用于生产干粉的各种原料和添加剂对生物无明显毒害。例如，适用于扑救ABC类火灾和带电设备火灾的磷酸铵盐干粉灭火剂，对人畜无害。但需注意在有人活动的场所喷放时会降低能见度并影响呼吸。

干粉的粒度、松密度、斥水性、电绝缘性、喷射性能及灭火效能均应符合相应的标准。干粉与不相容的灭火剂不能混合使用，见表7-1。

表7-1 干粉与不相容的灭火剂

类型	不相容的灭火剂	
干粉与干粉	磷酸铵盐	碳酸氢钾、碳酸氢钠
干粉与泡沫	碳酸氢钾、碳酸氢钠	蛋白泡沫、化学泡沫

（5）干粉灭火系统的工作原理。如图7-23所示，当保护对象着火温度上升到一定数值后，火灾探测器发出信号，打开起动瓶，同时，报警喇叭发出声响警报。这时，起动瓶中的气体通过止回阀把先导瓶打开。此时，先导瓶中的高压气体进入集气管，使得管中压力迅速上升。当集气管中压力上升到一定数值后，其余5只动力气瓶同时打开，高压气体经集气管、高压阀进入减压阀，再经减压后通过球阀甲进入干粉罐。同时，集气管中少量气体经减压器乙和过滤器后分成两路，一路进入单向气动放大器，另一路进入气动定压发信器。当干粉罐的压力上升到规定压力后，定压发信器给出信号，使单向气动放大器动作。这时，气体通过放大器推动气缸甲、乙，把球阀乙、丙同时打开。于是，干粉罐中的粉气混合流经球阀乙、输粉管和喷嘴喷洒到保护对象表面。同时，动力气瓶乙内的高压气体又经过球阀丙从干粉罐的顶部直接进入，以加速干粉的喷射速度。

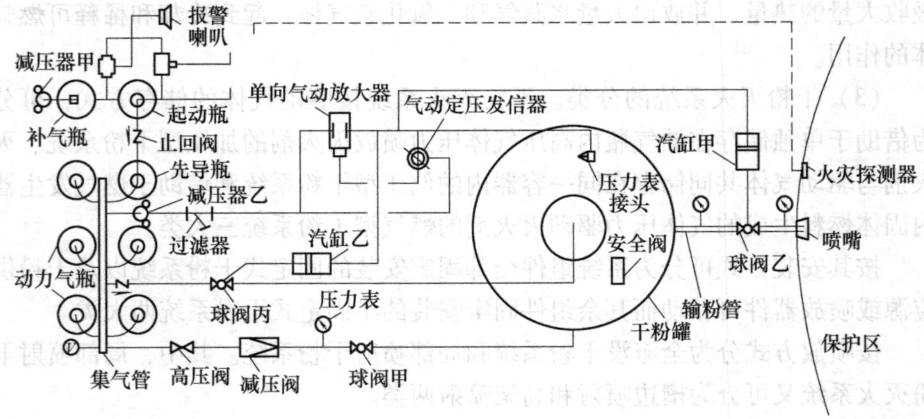

图7-23 干粉灭火系统示意图

此外，还可以用手动方式，直接把动力气瓶打开，排出高压气体，实施向干粉罐充气、充压、喷洒干粉等动作。干粉灭火系统动作流程如图7-24所示。

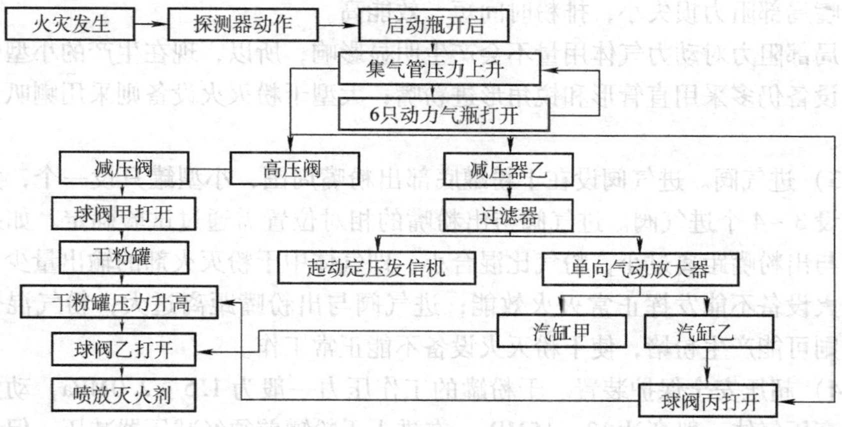

图7-24 干粉灭火系统动作流程图

干粉系统一般由灭火设备和自动控制设备两部分组成。灭火设备由干粉罐、动力气瓶、减压阀、过滤器、阀门、输粉管道、喷嘴（喷枪）等构成；自动控制设备包括火灾探测器、报警控制器、启动瓶等。

1）干粉罐。干粉罐平时密封储存干粉，灭火时，加压气体（即高压不燃气体，如氮气、二氧化碳等）进入罐内，使罐内干粉剧烈搅动。当罐内气压上升到工作压力时便自动打开出粉管上的阀门，干粉即被加压气体冲出，形成粉、气混合流，再经输粉管由喷嘴喷出。

干粉罐多为两端是椭圆封头的钢制圆柱形容器或球形钢制容器。罐上设有装粉口、出粉口、

进气口、安全阀、压力表、清扫口等。外表面应涂以大红面漆。工作压力一般为1.5～2.0MPa。其容积有300L、1000L、2000L等。

2）出粉管。出粉管的出口一般设在干粉罐的上部或顶部，但出粉管的进粉嘴设在干粉罐内中心下部，进粉嘴与干粉罐底部的距离是影响余粉量和粉气流流动的重要参数，一般应通过试验确定。常见的进粉嘴有直管形、锐角形、喇叭形三种。

直管形进粉嘴不需特别加工，但进口处管子的锐边要倒钝，以减少粉气流在进口处的阻力损失。

锐角形进粉嘴，需加工为斜角，可在出粉管端部直接加工，也可另做一个用螺纹与出粉管相连。锐角形进粉嘴与干粉储罐底部距离即使小一些，排粉也不会发生困难，但其缺点是进粉嘴周围的进粉量不均，容易使一侧的余粉量过多。

喇叭形进粉嘴是将出粉管进口加工成张角为30℃左右的喇叭，可采取胀管的方法制作，也可另加工一个喇叭口与出粉管焊接或螺纹连接。这种喇叭形

进粉嘴局部阻力损失小，排粉时间短、效能高。

局部阻力对动力气体用量不会产生明显影响，所以，现在生产的小型干粉灭火设备仍多采用直管形和锐角形进粉嘴；大型干粉灭火设备则采用喇叭形进粉嘴。

3）进气阀。进气阀设在干粉罐底部出粉嘴周围，小型罐只设一个，大型罐需设3～4个进气阀。进气阀与出粉嘴的相对位置需通过试验确定。如果进气阀与出粉嘴距离过小，粉气比混合小，即气体中干粉灭火剂的输出量少，干粉灭火设备不能发挥正常灭火效能；进气阀与出粉嘴距离过大，粉气混合比大，则可能产生粉堵，使干粉灭火设备不能正常工作。

4）超压安全保护装置。干粉罐的工作压力一般为1.5～2.0MPa，动力瓶中的高压气体一般高达13～15MPa，在进入干粉罐前须经减压器减压。但考虑到可能因设备故障使干粉罐超压，所以必须设超压安全保护装置，即设安全阀或安全膜片等。一般选用弹簧式安全阀，为防干粉堵塞安全阀进口造成安全阀失灵，应将安全阀安装在干粉储罐顶部无干粉部位。其动作压力，上限应不大于干粉罐最大工作压力的1.35倍，下限应不小于干粉罐最大工作压力的1.11倍。

5）动力气瓶。干粉灭火设备的控制、干粉输送、使用后的管网清扫都需使用压力气体。大型干粉灭火设备采用氮气做动力，小型干粉灭火设备一般采用二氧化碳做动力。但由于二氧化碳气瓶要求一定的温度环境，所以多数干粉灭火设备采用氮气作动力。当以氮气作动力时，喷射每千克干粉一般需用标准状态下的氮气30L，加上工作后清扫管道10L，共需约40L；当以二氧化碳做动力时，喷射每千克干粉一般需用标准状态下的二氧化碳气30L，清扫管道20L，共需约50L。设计时，尚应根据管道的长度和管道内容积调整气体用量。

大型干粉灭火设备常用40L氮气瓶作动力瓶，气体储存压力为13～15MPa。瓶头阀的开启压力为1.2～2.0MPa。这种气动阀门的密封性能较好，在日常使用中应注意防止灰尘、污物沾染。

6）减压阀。减压阀的作用是将动力气瓶输送的13～15MPa高压气体减至1.0～2.0MPa后，供给干粉储罐作动力。当干粉储罐内的压力达到工作压力时，减压阀在背压作用下关闭主阀门停止供气，当干粉储罐内的压力降至工作压力以下时，减压阀主阀门又自动开启恢复供气。

常用的减压阀有活塞式减压阀和气体平衡式减压阀，在规定的进口压力下，其出口压力可在所需范围内调节。减压阀的进口、出口都必须安装阀门，进口端阀门的有效直径不应小于15mm，出口端阀门的有效直径不应小于20mm。减压阀启动前，应关闭进、出口端阀门，使调节螺钉处于自由状态，然后缓慢开启进口端阀门，观察高压表读数。调节减压阀的调节螺钉，观察出口端低压表读数，调至所需压力后，即可打开低压端阀门供气。当其入口压力为储气瓶公称工作压力时，其流量应能满足干粉罐的充压时间：当干粉罐额定充装量小于或等于1000kg时，不大于30s；干粉罐额定充装量大于或等于1000kg时，不大于45s。

7）起动瓶。起动瓶由瓶体和控制阀组成，工作压力为15MPa，减压器低压端的压力可在0～4.0MPa内调节。起动瓶平时给充气的火灾探测管道补气，火灾发生时，探测器的低熔点合金熔化脱落，探测管道中的气体泄出，压力下降，处于关闭状态的活塞阀被开启，气体通过连接报警器的管道使报警器发出报警讯号；气体同时通过管道流向动力气瓶开启气瓶阀门。

干粉罐、储气瓶、瓶头阀、选择阀、减压阀、超压安全保护装置等均有定型产品可供选用，其强度、超压抗振、密封、耐腐蚀等各项性能均应满足GB 16668—1996《干粉灭火系统部件通用技术条件》的有关规定。

8）干粉喷嘴。干粉喷嘴用耐腐蚀材料制造，主要有直流型、扩散型和扇型三种形式。直流型喷嘴喷出的粉气流呈柱状，射程较远，随着喷射距离的增大逐渐扩散开来；扇型喷嘴喷出的粉气流呈扇形，射程较直流型喷嘴短；扩散型喷嘴喷出的粉气流呈伞状，射程最短。使用时应根据不同保护对象选择相应的干粉喷嘴。

9）管材和阀门。干粉灭火系统的管道分为气体管道和干粉管道。气体管道连接启动装置、动力气瓶、干粉罐等组件。动力气瓶与减压器间的管道压力一般为15MPa，减压器至干粉储罐间的管道工作压力一般为2MPa，这两种气体管道均应采用铜管，且在减压器和减压阀前要加装过滤器。

干粉罐至喷嘴间的管道为干粉管道，包括总管、干管和支管，应采用镀锌钢管。干粉管道上的阀门都用球阀，选用时应保证阀门的通径与干粉管道内径一致，以免造成阻粉堵塞。

7.3.2　仓储消防安全管理

1. 消防相关部门和人员管理

（1）国家监督管理部门。新建、扩建和改建的仓库建筑设计，要符合国家建筑设计防火规范的有关规定，并经公安消防监督机构审核。仓库竣工时，其主管部门应当会同公安消防监督等有关部门验收；验收不合格的，不得交付使用。

（2）仓库防火责任人。

1）组织学习贯彻消防法规，完成上级部署的消防工作。

2）组织制定电源、火源、易燃易爆物品的安全管理和值班巡逻等制度，落实逐级防火责任制和岗位防火责任制。

3）组织对职工进行消防宣传、业务培训和考核，提高职工的安全素质。

4）组织开展防火检查，消除火险隐患。

5）领导专职、义务消防队组织和专职、兼职消防人员，制定灭火应急方案，组织扑救火灾。

6）定期总结消防安全工作，实施奖惩。

（3）消防人员与培训。

1）国家储备库、专业仓库应当配备专职消防干部；国家储备库、专业仓库和火灾危险性大、距公安消防队较远的其他大型仓库，应当按照有关规定建立专职消防队。其他仓库可以根据需要配备专职或兼职消防人员。

2）各类仓库都应当建立义务消防组织，定期进行业务培训，开展自防自救工作。

3）仓库防火负责人的确定和变动，应当向当地公安消防监督机构备案；专职消防干部、人员和专职消防队长的配备与更换，应当征求当地公安消防监督机构的意见。

4）仓库保管员应当熟悉储存物品的分类、性质、保管业务知识和防火安全制度，掌握消防器材的操作使用和维护保养方法，做好本岗位的防火工作。

5）对仓库新职工应当进行仓储业务和消防知识的培训，经考试合格，方可上岗作业。

6）仓库严格执行夜间值班、巡逻制度，带班人员应当认真检查，督促落实。

2. 储存消防管理

（1）依据《建筑设计防火规范》（GB 50016—2010）的规定，按照仓库储存物品的火灾危险程度分为甲、乙、丙、丁、戊五类。

（2）露天存放物品应当分类、分堆、分组和分垛，并留出必要的防火间距。堆场的总储量以及与建筑物等之间的防火距离，必须符合建筑设计防火规范的规定。

（3）甲、乙类桶装液体，不宜露天存放。必须露天存放时，在炎热季节必须采取降温措施。

（4）库存物品应当分类、分垛储存，每垛占地面积不宜大于100m^2，垛与垛间距不小于1m，垛与墙间距不小于0.5m，垛与梁、柱间距不小于0.3m，主要通道的宽度不小于2m。

（5）甲、乙类物品和一般物品以及容易相互发生化学反应或者灭火方法不同的物品，必须分间、分库储存，并在醒目处标明储存物品的名称、性质和灭火方法。

（6）易自燃或者遇水分解的物品，必须在温度较低、通风良好和空气干燥的场所储存，并安装专用仪器定时检测，严格控制湿度与温度。

(7) 物品入库前应当有专人负责检查，确定无火种等隐患后方准入库。

(8) 甲、乙类物品的包装容器应当牢固、密封，发现破损、残缺、变形以及物品变质、分解等情况时，应及时进行安全处理，严防跑、冒、滴、漏。

(9) 使用过的油棉纱、油手套等沾油纤维的物品以及可燃包装，应存放在安全地点，定期处理。

(10) 库房内因物品防冻必须采暖时，应采用水暖，其散热器、供暖管道与储存物品的距离不小于0.3m。

(11) 甲、乙类物品库房内不准设办公室、休息室。其他库房必需设办公室时，可以贴邻库房一角设置无孔洞的一、二级耐火等级的建筑，其门窗直通库外，具体实施应征得当地公安消防监督机构的同意。

(12) 储存甲、乙、丙类物品的库房布局、储存类别不得擅自改变。如确需改变的，应报并经当地公安消防监督机构同意。

3. 电器管理

(1) 仓库的电气装置必须符合国家现行的有关电气设计和施工安装验收标准规范的规定。

(2) 甲、乙类物品库房和丙类液体库房的电气装置，必须符合国家现行的有关爆炸危险场所的电气安全规定。

(3) 储存丙类固体物品的库房，不准使用碘钨灯和超过60W的白炽灯等高温照明灯具。当使用日光灯等低温照明灯具和其他防燃型照明灯具时，应当对镇流器采取隔热、散热等防火保护措施，确保安全。

(4) 库房内不准设置移动式照明灯具。照明灯具下方不准堆放物品，其垂直下方与储存物品水平间距离不得小于0.5m。

(5) 库房内敷设的配电线路，需穿金属管或用非燃硬塑料管保护。

(6) 库区的每个库房应当在库房外单独安装开关箱，保管人员离库时。必须拉闸断电。禁止使用不合规格的保险装置。

(7) 库房内不准使用电炉、电烙铁、电熨斗等电热器具和电视机、电冰箱等家用电器。

(8) 仓库电器设备的周围和架空线路的下方严禁堆放物品。对提升、码垛等机械设备易产生火花的部位，要设置防护罩。

(9) 仓库必须按照国家有关防雷设计安装规范的规定设置防雷装置，并定期检测，保证有效。

(10) 仓库的电器设备，必须由持合格证的电工安装、检查和维修保养。电工应当严格遵守各项电器操作规程。

4. 火源管理

(1) 仓库应设置醒目的防火标志。进入甲、乙类物品库区的人员，必须登记，并交出携带的火种。

（2）库房内严禁使用明火。库房外动用明火作业时，必须办理动火证，经仓库或单位防火负责人批准，并采取严格的安全措施。动火证应当注明动火地点、时间、动火人、现场监护人、批准人和防火措施等内容。

（3）库房内不准使用火炉取暖。在库区使用时，应当经防火负责人批准。

（4）防火负责人在审批火炉的使用地点时，必须根据储存物品的分类，按照有关防火间距的规定审批，并制定防火安全管理制度，落实到人。

（5）库区以及周围50m内，严禁燃放烟花爆竹。

5. 消防设施和器材管理

（1）仓库内应当按照国家有关消防技术规范，设置、配备消防设施和器材。

（2）消防器材应当设置在明显和便于取用的地点，周围不准堆放物品和杂物。

（3）仓库的消防设施、器材，应由专人管理，负责检查、维修、保养、更换和添置，保证完好有效，严禁圈占、埋压和挪用。

（4）甲、乙、丙类物品国家储备库、专业性仓库以及其他大型物资仓库，应当按照国家有关技术规范的规定安装相应的报警装置，附近有公安消防队的宜设置与其直通的报答电话。

（5）对消防水池、消火栓、灭火器等消防设施、器材，应当经常进行检查，保持完整好用。地处寒区的仓库，寒冷季节要采取防冻措施。

（6）库区的消防车道和仓库的安全出口、疏散楼梯等消防通道，严禁堆放物品。

7.4 储存通风

储存通风必须使物品能够保持其原来的物品特性且必须使物流工作人员在舒适健康的环境下工作，即同时保证物品的安全和人的安全。同时，其应能够在一定的时期和场所内使物品的质量和数量得到维持，应确保储存环境能够符合物品储存和人员工作的需要。

由于储存空间即仓库本身的条件和物品本身所具有的性质，储存空间的温度、湿度、洁净度、气流速度和压力等诸项参数可能不符合储存需要。为了确保储存安全，必须通过通风与空调的方式对它们进行控制。

7.4.1 通风与环境

1. 影响物品质量和人体健康舒适的主要环境参数

（1）空气温度。空气温度指空气的冷热程度，又叫气温。仓库温度的控制既要注意库房内外的温度，也要注意储存物品本身的温度。空气中的热量主要来自于太阳的热量。因为空气的导热性很小，所以只有接近地面的大气层温度较高，通过冷热空气的对流，使整个大气层的温度发生变化。一般距地面越近气温越高，距地面越远气温越低。

常用的温度单位是摄氏温度、华氏温度和绝对温度，它们之间的换算关系为：

摄氏温度 =（华氏温度 −32）×5/9

华氏温度 =32 + 摄氏温度×9/5

绝对温度 =273 + 摄氏温度

（2）空气湿度。空气湿度指空气中水蒸气含量的多少，通常以绝对湿度、饱和湿度和相对湿度来表示。

1）绝对湿度是指单位体积空气中，实际所含水蒸气的质量，即每立方米的空气中，含多少克的水蒸气量。

2）饱和湿度指在一定气压、气温的条件下，单位体积空气中所能含有的最大水蒸气质量。其单位与绝对湿度的单位相同。空气中的水蒸气超过饱和湿度时，剩余的水蒸气即凝成水珠附在物体上，这种现象称为“水淞”。饱和湿度随温度升高而增加，因为气温高，空气中能够容纳的水蒸气就多，故饱和湿度就大。

3）相对湿度指空气中实际含有水蒸气量与当时温度下饱和蒸汽量的百分比，即绝对湿度与相对湿度百分比，它表示在一定温度下，空气中的水蒸气距离该温度时的饱和水蒸气量的程度。相对湿度越大，说明空气越潮湿，反之，就越干燥。在仓库温湿度管理中，检查库房的湿度大小，主要是观测相对湿度的大小。

绝对湿度、饱和湿度和相对湿度三者的关系，可用下式表示：

相对湿度 =（绝对湿度/饱和湿度）×100%

在温度不变的情况下，空气绝对湿度越大，相对湿度越高；绝对湿度越小，相对湿度越低。在空气中水蒸气含量不变的情况下，温度越高，相对湿度越低；温度越低，相对湿度越高。

（3）露点。在绝对湿度和气压不便改变的情况下，若气温降低，空气中容纳不了原气温时所含的水蒸气量，使空气中的水蒸气达到饱和状态，此时的温度称为露点。必须指出在气压一定时，露点的高低只与空气中的水汽含量有关，水汽含量越多露点也越高。当含有水蒸气的热空气进入库房，遇到冷的物体，使物体周围的湿空气温度降到露点，则空气中的水蒸气就会凝结在冷物体表面上，这对物品保管不利的。

2. 通风与物品质量

通风是控制环境温湿度的常用方法。商品在储存期间的质量变化与商品储存环境密切相关。而在物品储存环境诸因素中，仓库的温湿度最为重要。物品在储存期间发生的霉变、锈蚀、溶化、虫蛀、挥发等，都与温湿度关系密切。仓库温湿度的变化，直接受库外自然气候变化的影响。了解自然气候的变化规律，通过通风加强仓库温湿度管理，创造适合物品安全储存的温湿度条件，是保证物品储存质量的重要工作。

物品在仓库储存过程中的各种变质现象，几乎都与空气温湿度有密切关系，仓储物品储存保管的中心环节就是控制好仓库的温湿度。由于物品的性质不同，其所适应的温湿度也不同。仓库温湿度的变化对储存物品的质量安全影响很大，而仓库温湿度往往又受自然气候变化的影响，这就需要仓库管理人员正确控制和调节仓库的温湿度，以确保储存商品的安全。

大多数储存保管物品都含有水分，它们对温湿度的适应性是有一定限度的，如果长期超过或低于这个限度，物品质量就会发生变化。因此，必须首先研究物品中的水分与空气温湿度的相互关系，并应用这些关系，做好物品养护工作，维护物品质量安全。

（1）物品的吸湿性。物品的吸湿性是指物品吸收和放出水分的性质，它与物品养护有着密切关系。物品吸湿性的大小以及吸湿速度的快慢，都直接影响该物品含水量的增减，对物品质量的影响极大。

物品从空气中吸收水分，叫做吸湿；水分从物品体内向空间散发，叫做散湿。具有吸湿性能的物品，叫吸湿性物品。物品吸湿性的大小，集中体现在吸湿点的高低。当空气相对湿度高于物品的吸湿点时，物品便开始吸湿；低于吸湿点时，物品便开始散湿。不同物品，同一温度下，吸湿点也不一样。吸湿点越低的物品，吸湿性越强，反之，吸湿点越高，吸湿性越弱。物品的吸湿点是安全储存保管吸湿物品的重要依据。只要储存环境的温湿度条件不超过物品的吸湿点，物品就不会因吸湿而发生变化，这对防止物品变质损失具有重要的意义。

（2）物品的安全水分。物品的安全水分也叫临界含水量，是指吸湿性物品可以安全储存的最高含水量。物品在储存保管期间的含水量是有一定要求的，如果超过了安全水分，就会影响物品的质量。因此，在物品养护工作中，应该掌握各种物品的安全水分，要经常注意物品本身的实际含水量是否超过了这个安全界限。如果发现问题，就应采取措施，以保证物品质量的安全。

物品的安全水分，通常是指物品含水量的最高界限。但是，在实际工作中，有些物品的含水量过低也会引起质量变化，如干裂、脆裂、风化、变形等。因此，物品的安全水分还应该有一个最低界限，当物品中的水分降低到最低临界限以下时，也不能保证物品的安全。不同物品的安全水分不同，这是由各种物品的不同性质所决定的，而每种物品的安全水分，也是随着气温的变化而变化。气温高，安全水分就低；气温低，安全水分就高。

（3）物品的安全相对湿度和安全温度。吸湿性物品的含水量是随着空气温湿度的变化而变化。物品的储存中，为了保证其质量的安全，都要求空气温湿度条件与之相适应，使物品的含水量不超过临界水分。

为了保证物品含水量在安全临界之内，就要控制储存环境的空气相对湿度在一定范围内，这个范围就是物品的安全相对湿度。各种物品的安全相对湿度不是固定不变的，而是随着温度的变化而变化的。在空气相对湿度高于物品安全相对湿度时，并不意味着物品会立即变质，但可以说已经超过了安全储存界限。长时间的持续，则容易引物品质量的变化。所以库存管理中要控制相对湿度在安全范围之内。

物品在保管中为了其质量安全，对储存环境所要求的温度界限，就是物品的安全温度，有最高界限与最低界限之分。但对一般物品只要求最高温度界限，而对于怕冻物品要求最低温度界限。物品的安全温度是指空气温度，它是从仓储工作实践摸索出来的一个温度范围的数据。在实际养护中，要掌握物品的安全温度，就要综合考虑物品及其包装等各方面因素来加以确定。

在物流活动中，物品的储存需要在一定的温湿度和含水量下才能保证质量。正确地通风不仅可以调节与改善库内的温湿度，还能及时散发出物品包装的多余水分，对于物品的储存保管有重大的意义。按通风的目的不同，可分为利用通风降温、升温和利用通风散湿两种：

1）通风降温、升温：对空气湿度要求不高，而对温度要求比较严格的一些怕热物品，如玻璃瓶或铁桶装的易挥发的化工原料、化学试剂和医药等的液体物品，这类物品在气温高的季节，只要库外温度低于库内时，就可以通风；对于一些怕冻物品，在冬季，只要库外温度高于库内也可以进行通风，以提高库内温度。

2）通风散湿：是指对易霉腐、溶化、锈蚀等的库存物品的通风。利用通风来降低库内的相对湿度，首先应该对比库内外绝对湿度的高低，然后再考虑气温与相对湿度的高低。在分析研究比较复杂的库内外温湿度变化的情况下，决定是否通风：

① 当库外空气的相对湿度和绝对湿度都低于库内时，可以通风。

② 当库外温度和绝对湿度都低于库内，而相对湿度稍高时，也可以通风。

③ 库内外温度接近，库外相对湿度比库内低，或库内外的相对湿度接近而库外温度较库内低时，都可以通风。因为在这两种情况下，库外的绝对湿度都比库内低。

3. 通风与人体健康

物流储存保管作业中，物品储存保管的作业必须能够符合职业安全健康的需要，提供健康舒适的作业环境。而在储存保管作业中，对人体产生的不良影响的因素主要有两大类：一是粉尘、有害气体；二是环境内不适宜的气象条件（温湿度、气体流速等）。因此，在室内的条件超出许可值时，就应采取通风的方法净化作业环境，使其达到安全要求。

7.4.2 通风方法

用通风的方法改善仓库内的空气环境，就是在局部地点或整个车间把不符合要求的空气排至室外，把新鲜空气或经过处理符合要求的空气送入室内。前者称为排风，后者称为进风。通风进风和排风，可以改善仓储空间的空间环境，去除有害物，调整温湿度，以保持物品质量和人员安全。

7.4.2.1 通风方法的分类

通风方法的分类方法较多，主要是按通风系统的动力和通风系统作用范围进行划分。

1. 按照通风系统的动力分类

通风方式按空气流动的动力不同分为自然通风和机械通风两大类。

（1）自然通风。自然通风是依靠室外风力造成的风压和室内外空气温度差所造成的热压使空气流动的。自然通风以自然的物理现象为动力，除了设通风孔的设备费用外，不需设置动力装备，不需要特殊的运行费用，是一种有效而且经济的通风方式。但由于换气量依赖于自然条件，所以很难持续保持设计风量。当室内存在有害物的污染源或需要进行通风改善环境时，不能确保达到所设计的换气量也是危险的。此外，由于排气不能得到处理，污染物将溢出室外而造成公害。

自然通风又可分为由热压作用的自然通风和风压作用下的自然通风。

1）热压作用下的自然通风。此种自然通风的动力主要是室内外的温差和风的作用。热压是由于建筑物内外温度差导致空气密度差而引起的气压差。如图 7-25 所示，由热压作用下的通风时，如果室内气温比室外高，空气会从房间下部开口外进入而从上部开口处排出。反之，空气的气流方向相反。通过自然通风可以使室内外的空气得到交换，工作环境得到改善。

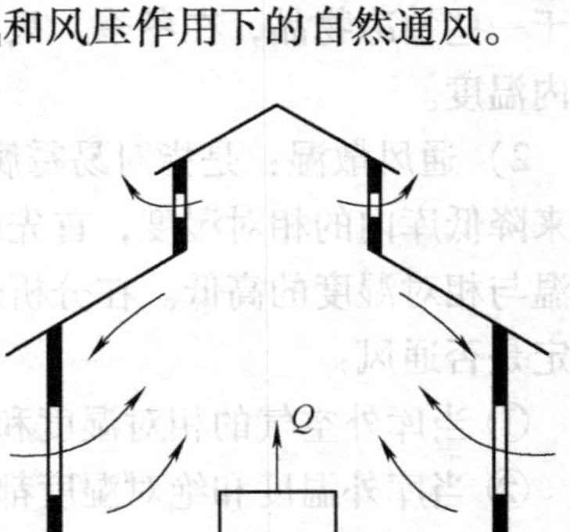

图 7-25 热压作用下的自然通风

2）风压作用下的自然通风。风压指的

是建筑物迎风面和背风面之间产生的压差。具有一定速度的自然风作用在建筑物的迎风面上，由于流速减小，静压增大，使建筑物迎风面室外空气压力大于室内空气压力，迎风面门窗则进风，背风面正好相反，背风面的门窗排风，形成自然通风，如图 7-26 所示。

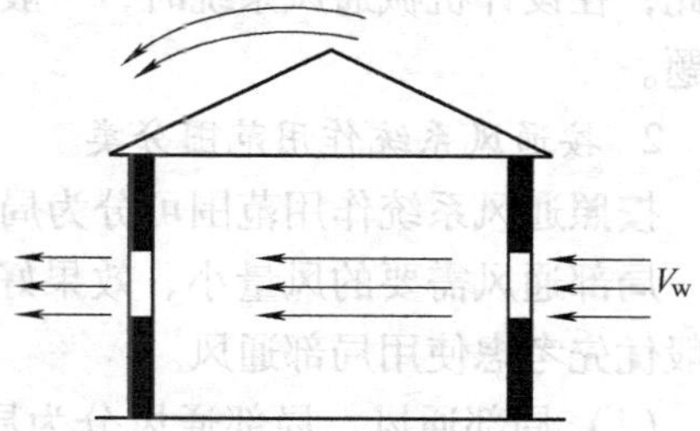

图 7-26　风压作用下的自然通风

3）热压、风压共同作用下的自然通风。实际上，任何产生余热的建筑物自然通风，都是在热压、风压共同作用下实现的。这种情况下，风压作用下的自然与风压作用下的自然通风共同存在，相互影响，形成较复杂的自然通风，如图 7-27 所示。

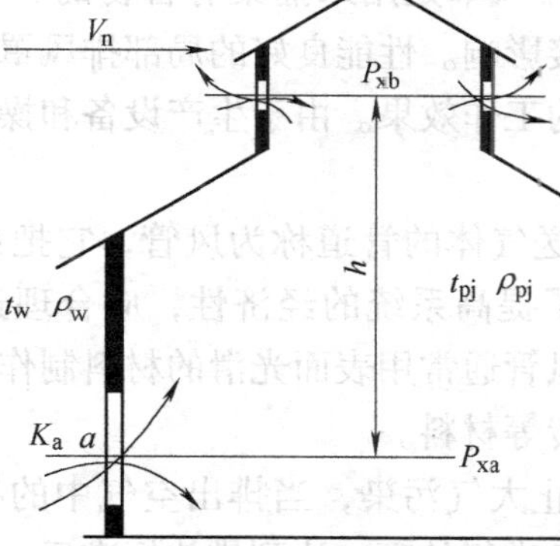

图 7-27　热压、风压共同作用下的自然通风

影响自然通风量大小的因素很多，如室内外空气温度、室外空气流速和流向、门窗孔洞的面积和位置等。所以自然通风量不是常数，自然通风效果不稳定，并且无法处理进入室内的室外空气，对排入室外的室内污浊空气也难以处理。要使自然通风量满足室内的要求，可通过调节进、排风孔洞的开启度来实现。

（2）机械通风。利用通风机产生的动力，使室内外空气进行交换的通风方式称为机械通风。机械通风是依靠风机、风扇或气泵等设备造成的压力使空气流动的。由于机械通风不受自然风压与热压的限制，因此适用性强，在自然通风不能满足要求的情况下可发挥作用。

根据机械通风时空气流动组织形式的不同，可将机械通风分为送风式和排风式两种。送风式通风是将符合要求的空气送入所需的场所，作业人员处于干净空气流动的范围之内；排风式通风是把不符合要求的污浊空气排至室外，干净空气自然补充到被排走的空气的位置。在某些情况下，也可将送风与排风结合起来，构成送排风式通风系统，以提高通风效果。无论送风通风还是排风通风均会影响室内气流的稳定性，使室内空气与外界发生质量交换和热量交换，因此，在设计机械通风系统时，一般均需考虑室内空气的质量平衡和热量平衡问题。

2. 按通风系统作用范围分类

按照通风系统作用范围可分为局部通风和全面通风。

局部通风需要的风量小、效果好；全面通风所需的风量大、设备要求高。一般优先考虑使用局部通风。

（1）局部通风。局部通风分为局部进风和局部排风两大类，它们都是利用局部气流，使局部工作地点不受有害物的污染，造成良好的空气环境。

1）局部排风系统。局部排风系统主要由以下几部分组成：

① 局部排风罩。局部排风罩是用来捕集有害物的。它的性能对局部排风系统的技术经济指标有直接影响。性能良好的局部排风罩，如密闭罩，只要较小的风量就可以获得良好的工作效果。由于生产设备和操作的不同，排风罩的形式是多种多样的。

② 风管。通风系统输送气体的管道称为风管，它把系统中的各种设备或部件连成了一个整体。为了提高系统的经济性，应合理选定风管中的气体流速，管路应力求短、直。风管通常用表面光滑的材料制作，如薄钢板、聚氯乙烯板，有时也用混凝土、砖等材料。

③ 净化设备。为了防止大气污染，当排出空气中的有害物含量超过排放标准时，必须采用净化设备进行处理，达到排放标准后，排入大气。净化设备分除尘器和有害气体净化装置两类。

④ 风机。风机向机械排风系统提供空气流动的动力。为了防止风机的磨损和腐蚀，通常把它放在净化设备的后面。

2）局部送风。对于面积很大，操作人员较少的情况下，用全面通风的方式改善整个空间的环境，既困难也不经济，同时也是不必要的。这时只需向个别的局部工作地点送风，在局部地点造成良好的环境，这种通风方法称为局部送风。

局部送风系统分为系统式和分散式两种。

（2）全面通风。全面通风也称稀释通风，它一方面稀释空气中有害物的含量，改变室内空气的湿湿度，同时不断把污染空气排至室外，使室内空气保持洁净。

全面通风时空气按照设计好的流程流动，称为全面通风的气流组织。全面通风的效果不仅与通风量有关，而且与通风气流的组织有关。要使全面通风的效果良好，不仅需要足够的通风量，还要有合理的气流组织。合理的气流组织要合理地布置送、排风口位置、分配风量以及选用风口形式，以最小的通风量达到最佳的通风效果。常见的气流组织形式有上送下排、下送上排和中间送上下排等。设计时应综合考虑有害物源与作业人员的相互关系、有害物的性质、建筑物的门窗结构等诸多因素，选用最佳的气流组织形式，其原则如下：

1）全面通风的进、排风应避免使含有大量热、湿或有害物质的空气流入没有或仅有少量热、湿或有害物质的作业地带或人员经常停留的场所。一般来说，进风口应尽量靠近作业地点，使送入房间内的清洁空气先经过作业地带，再经过污染地带排至室外；排风口应尽量靠近有害物源或有害物质含量高的区域，使有害物质迅速排出，避免扩散。

2）房间内所要求的卫生条件比其周围环境的卫生条件高时，应保持室内为正压状态；室内有害物质有可能污染相邻房间时，则应保持室内为负压状态。

3）在整个通风房间内，应尽量使进风气流均匀分布，减少涡流，避免有害物在局部地区积聚。

4）进、排风口的相互位置应安排得当，防止进风气流不流经污染地带就直接排出室外，形成所谓的“气流短路”。

7.4.2.2 通风系统组成

1. 送风系统的组成

如图7-28所示，机械送风系统一般由下列设备和部件组成：

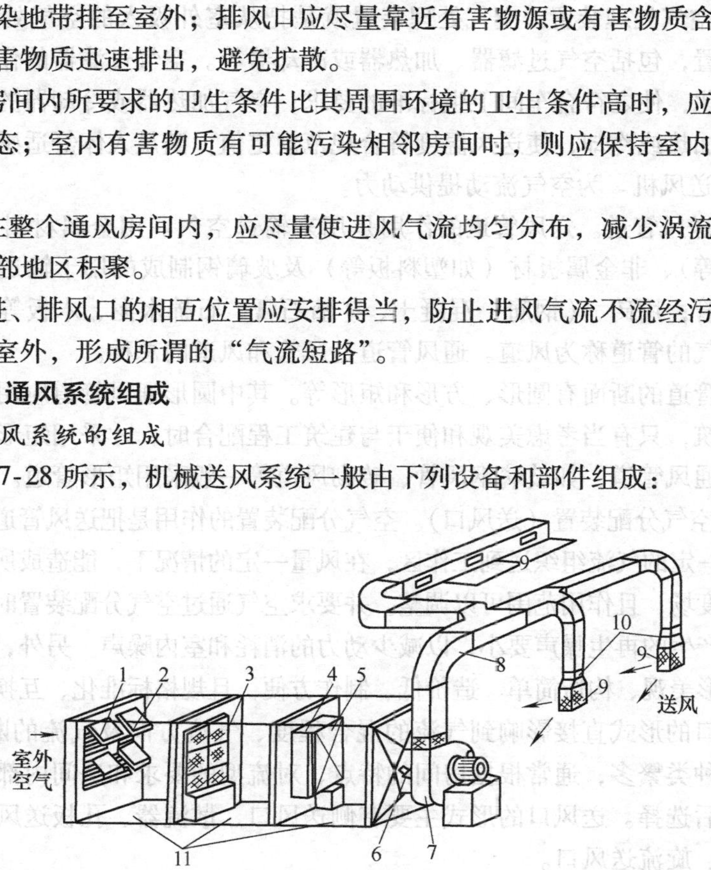

图7-28 机械送风系统示意图

1—百叶窗 2—保温阀 3—过滤器 4—旁通阀 5—空气加热器 6—起动阀 7—通风机 8—通风管网 9—出风口 10—调节阀 11—送风室

（1）采风口（新风吸入口）。采风口是从室外采集洁净空气供给室内送风系统使用的进气装置。采风口上一般都装有百叶风格，防止雨、雪、树叶、纸片、飞鸟等进入，寒冷地区在进叶风格里面还应加保温门，作为冬季关闭进风口之用。进气装置可以是单独的进风塔，也可是设在外墙上的进风窗孔。

机械送风系统采风口的位置应符合下列要求：

1）采风口应布置在室外，且空气的洁净程度应符合卫生要求的地方。

2）采风口应尽可能设在排风口的上风侧，且应低于排气口，以免污染空气被吸入。

3）防止吸入地面上的尘土等杂物，采风口的底部距室外地坪不应低于2m；当处于绿化地带时，不应低于1m。

4）作为降温用的采风口，应设在建筑物的背阴处。

（2）空气处理装置。空气处理装置就是把从室外吸入的空气处理到设计参数的装置，包括空气过滤器、加热器或冷却器等。空气过滤器的作用是对进气进行净化，使之符合车间卫生标准的要求；空气加热器或冷却器的作用是对进气进行加热或冷却，使送风温度符合规范规定值，满足人体舒适感的需要。

（3）送风机。为空气流动提供动力。

（4）送风管道。送风管道的作用是用来输送空气。用金属材料（如薄钢板、铝板等）、非金属板材（如塑料板等）及玻璃钢制成的用于输送空气的管道称为风管；用砖、（钢筋）混凝土、矿渣石膏、石棉水泥、木板等制成的用于输送空气的管道称为风道。通风管道是风管和风道的总称。

通风管道的断面有圆形、方形和矩形等。其中圆形通风管道应用较多。对于民用建筑，只有当考虑美观和便于与建筑工程配合时，才采用矩形或其他截面形状的通风管道，如玻璃钢风管、砖砌风道等一般采用矩形管道。

（5）空气分配装置（送风口）。空气分配装置的作用是把送风管道输送来的空气，按一定的气流组织送到工作区，在风量一定的情况下，能造成所需要的温度场和速度场，且作用范围可以调整。并要求空气通过空气分配装置时，局部阻力要小，产生的再生噪声要小，以减少动力的消耗和室内噪声。另外，空气分配装置应外形美观、构造简单、造价低、制作方便，且规格标准化、互换性强。

送风口的形式直接影响到气流的混合程度、气流方向及气流的断面形状。送风口的种类繁多，通常根据房间的特点、对流型的要求和房间内部的装饰等综合考虑后选择。送风口的形式主要有侧送风口、散流器、孔板送风口、喷射式送风口、旋流送风口。

（6）阀门。通风系统中阀门的主要作用是起动风机、调节流量、平衡系统、防止空气倒流及防止火灾蔓延等。其种类很多，有①风机起动阀（如插板阀、圆形瓣式起动阀和光圈式起动阀等），起动离心式通风机时，为防风机起动电流大时烧毁电动机，应关闭风机起动阀；②调节阀（如密闭式斜插板阀、蝶阀、三通阀、对开式多叶调节阀等），密闭式斜插板阀一般用于密封性要求较高的除尘和气力输送管道上，蝶阀可用于分支管上或风口前；③止回阀和防火阀等。

2. 排风系统的组成

机械排风系统一般由下列设备和部件组成。

1）排风口或局部排风罩（见图7-29）。排风口是用来排除室内污浊空气的；局部排气罩是用来捕集有害物的。

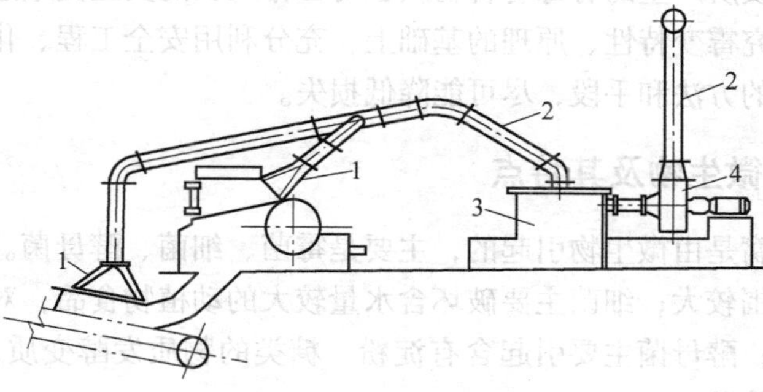

图7-29 局部排风系统示意图
1—局部排风罩 2—风管 3—净化设备 4—风机

2）净化处理装置。为了防止大气污染，或回收原材料，当排除空气中的有害物含量超过排放标准时，必须用净化处理装置对排风进行净化处理，除掉排风中的工业有害物，使其达到排放标准后排入大气。排风净化处理装置有除尘器和有害气体净化器两大类。

3）排风机。排风机为机械排风系统提供空气流动的动力。为了防止风机的磨损和腐蚀，通常把它放在净化设备的后面。用于除尘系统时，应采用除尘风机；当所排气体有爆炸危险时，应采用防爆风机；当排送腐蚀性气体时，应采用耐腐蚀风机。

4）排风口。排风口，即排风的末端装置，是将室内集中的污浊气体排放至室外的排气装置。在民用建筑中经常做成风塔形式装在屋顶上；在工业建筑中经常做成排风立管。两者都要求排风口高出屋面1m以上，以免污染附近的空气环境。同样，为了防止雨、雪、飞鸟等进入排风口，在出口处应设百叶风格或风帽。

为了使排风阻力不致太大、冷风不倒灌，排气塔内空气流速一般为1.5～8m/s。机械排风取大值，自然排风取小值。

5）风帽。为了防止雨、雪等进入排风管或利用室外空气流速形成风压的排风末端装置称为风帽。

圆形风帽适用于一般机械排风系统。锥形风帽适用于除尘系统及非腐蚀性有毒系统。筒形风帽适用于自然通风系统。

6）排风管道。

7.5 储存物品霉变腐烂与防治

在仓储过程中，物品的霉变腐烂是导致不正常物品损失的重要原因，其霉变、腐烂和变质所产生的有毒有害物质也对工作人员的安全健康造成威胁。因而，必须在研究霉变特性、原理的基础上，充分利用安全工程、化学工程和生物工程等领域的方法和手段，尽可能降低损失。

7.5.1 霉变微生物及其特点

物品的霉腐是由微生物引起的，主要是霉菌、细菌、酵母菌。其中霉菌对物品破坏的范围较大；细菌主要破坏含水量较大的动植物食品，对日用品、工业品也有影响；酵母菌主要引起含有淀粉、糖类的物质发酵变质，对日用品、工业品也有直接危害。

微生物具有体积小、质量轻、繁殖迅速、生长快、种类繁多、分布广泛等特点。引起物品霉变的微生物的生长繁殖需要一定的条件，当这些条件得到满足时物品就容易霉变；这些条件没有满足，物品就不易或不能发生霉变。微生物的生长需要下列外界环境条件：

（1）营养物质。这是微生物生长的物质基础，营养物质充足则微生物生长繁殖容易，反之微生物就不易生长繁殖，甚至无法生存。微生物种类不同，对营养要求也各异，有的要求高、有的要求低，甚至连灰尘中微量营养物质在适宜条件下也会使其生长繁殖。微生物的营养来源，主要是储存的物品含有适合微生物生长繁殖的各种营养成分和落在物品上的尘埃的微量营养物质。

（2）湿度和水分。水分对微生物的生长繁殖极为重要，因为其生命都是在水中进行的。霉腐微生物所需水分主要来源于物品，而物品所含水分的高低，又受空气湿度的影响，同时微生物体内水分的保持也跟空气湿度有关。根据微生物对湿度的要求不同，可分为高湿性、中湿性、低湿性三种。表7-2是各类微生物对空气相对湿度的要求。

表7-2 各类微生物对空气相对湿度的要求

微生物类型	最低相对湿度	霉腐微生物的种类
高湿性	90%以上	细菌、酵母菌、少数霉菌
中湿性	80%～90%	多数霉菌、个别酵母菌
低湿性	80%以下	部分霉菌

物品发生霉腐的最低相对湿度称为物品生霉的临界湿度，超过这个湿度物品就会生霉。物品能否生霉除和相对湿度有关外，和物品含水量关系尤为密

切。吸湿性物品能够安全储存的最高含水量（临界含水量）称为安全水分。由于各种物品的性质不同，其安全水分也各异，在安全水分以内的物品，如果储存得当就不致发生霉变。但是物品的安全水分受气温的影响，气温高安全水分就低，总的来说，细菌在物品的含水量为20%～30%时就会生长繁殖，霉菌在物品含水量为15%就可发育。

（3）温度。它对微生物的生长繁殖影响很大，各种微生物只能在一定的温度范围内才能生存，高于或低于这个范围，微生物的生命活动就要受到抑制或死亡。根据其对温度的不同要求，可将微生物分为低温性、中温性、高温性三种，见表7-3。

表7-3 霉腐微生物生长温度范围表 （单位：℃）

类型	最低温度限	最适宜温度	最高温度限
低温性微生物	0	5～10	20～30
中温性微生物	5	25～37	45～50
高温性微生物	30	50～60	70～80

在霉腐微生物中，大多是中温性微生物，最适生长温度为20～30℃，在10℃以下不易生长，而在45℃以下停止生长。可见，高温与低温对霉变微生物都有很大影响。低温对霉变微生物生命活动有抑制作用，能使其休眠或死亡；高温能破坏菌体细胞组织和酶的活性，使蛋白质发生凝固，使其失去生命活动的能力，甚至会很快死亡。

（4）酸碱度。虽有丰富的营养物质和处于最适宜的温湿度，如果酸碱度不合适，微生物也不能很好地生长。多数细菌适宜在中性或偏碱性环境中生长，多数酵母菌和霉菌适宜在偏酸性环境中生长。

（5）气体。根据微生物对氧的要求可将其分为需氧型、厌氧型、兼性厌氧型三种。绝大多数霉菌都属需氧型的，喜于暗处生存，所以，加强仓库通风和日光照射，可使霉菌繁殖速度减慢和死亡。

影响微生物生长繁殖的条件是很多的，以上只讨论了微生物所需的主要因素，这些因素对微生物的影响不是孤立的，而是相互联系的。只有各种因素都能满足时，微生物才能很快地生长繁殖起来，只要缺少一个，微生物也不能很好地生长。根据这个道理，在防治物品霉腐的过程中，只要有效地控制其中一个条件因素，就能达到防霉的目的。

7.5.2 物品霉变的过程及影响因素

1. 物品霉变的过程

（1）受潮。物品受潮是霉菌生长繁殖的关键因素，若物品含水量超过安全水分的限度，此时就容易发霉，如棉布含水量超过10%，相对湿度超过75%时，棉布就有发霉的可能。

（2）发热。物品受潮后发热的原因是多方面的，主要是霉变微生物开始生长繁殖的结果。由于霉腐微生物生长繁殖，产生热量逐渐增高，热量一部分供其本身利用，其余部分就在物品中散发。

（3）发霉。由于霉菌在物品上生长繁殖，起初有菌丝生长，肉眼能看到白色毛状物称为菌毛，霉菌继续生长繁殖形成小菌点称为霉点，菌落增大或菌落融合形成菌苔称为霉斑。霉菌代谢产物中的色素使菌苔呈黄、红、紫、绿、褐、黑等颜色。

（4）腐烂。物品发霉后，由于霉菌摄取物品中的营养物质，通过霉菌泌酶的作用，将物品内在结构破坏，发生霉烂变质。

（5）霉味。霉味是物品腐烂后产生的气味，包括物品中糖类的发酵而产生的酒味、辣味和酸气味，蛋白质的腐败而产生的臭气味以及脂肪类的酸败而产生的“哈喇味”。

2. 物品霉变的因素

（1）引起物品霉变的内在因素。主要是物品中有霉变微生物的存在，这包括物品在生产、加工、包装、运输、装卸与搬运等过程中污染造成的；物品有霉变微生物能够利用的营养物质，易霉腐物品主要含有糖类、蛋白质、脂肪、有机酸、维生素等有机物质；物品含有足够的水分或容易吸水，使得霉菌容易生长繁殖；物品具有适当的酸碱度。

（2）引起物品霉变的外界因素。主要是库内的温湿度与空气。微生物生长繁殖必须在一定的温湿度条件下才能进行，而部分霉菌生长繁殖也需要有充足的氧气，如果氧气很少或处于无氧状态，就难以生长繁殖。物品发霉所要求的湿度条件，包括物品含水量和相对湿度两个方面，物品含水量若超过安全水分时，就容易发霉。另外还要看相对湿度，相对湿度越大，越易发霉，否则发霉的可能性越小。

7.5.3 常见的易霉腐物品

由于糖类、蛋白质、油脂和有机酸等物质是微生物生长繁殖所必需的营养物质，因此，凡是生物制品（如植物的根、茎、叶、花、果及其制品，动物的皮、毛、骨、肌体、脏器及其制品），在适宜菌类生长的条件下，都易发生霉变。矿产品、金属物品虽然本身不会发霉，但如沾染污垢和以生物为原料制成的附件、配件，在一定条件下，菌类也会生长。一般仓库中，主要有下列各类物品容易生霉：

（1）食品。食品类中容易发生霉变的物品包括糖果、饼干、糕点、饮料、罐头、酱醋等物品的原料、在成品、半成品和成品。鲜蛋也是易霉腐物品。

(2) 日用品。在日用化学品中，各类化妆品是最容易发生霉变的。由于化妆品的配料多是甘油、十八醇、白油、水等，这些实际成了许多微生物的良好培养基，使微生物很容易生长繁殖。

(3) 药品，尤其中药及中西成药。如以淀粉为载体的片剂、粉剂、丸剂，以糖液为主的各种糖浆，以蜂蜜为主的蜜丸，以动物胶为主的膏药，以葡萄糖等溶液为主的针剂等，都是极易被微生物污染的。

(4) 皮革及其制品。皮革的表面修饰剂黑色染料的主要成分是乳酪素，一旦温湿度适宜，微生物就会在其上繁殖，从而对支革及其制品产生严亘的破坏作用。用皮革做成的皮鞋、皮包、皮箱等，在春夏季节，特别是南方的梅雨时节，最易生霉。

(5) 纺织原料及其制品。纤维织物，特别是棉、毛、麻、丝等天然纤维及其制成品，在一定的温湿度下，很容易生霉。当微生物在其上繁殖以后，对纤维的色泽、强度等会产生不良影响。另外，化纤织物也属于可以发生霉变的物品。

(6) 工艺美术品，如竹制品、木制品、草制品、麻制品等。用这些原料制造的工艺品在储藏中，由于微生物的侵蚀而霉变腐蚀。工艺品中的绢花、面塑、绒绣、手提包、麻网袋、核雕及其他竹制品、木制品、草制品等，都会发生霉变。

还有很多种类的物品，像胶粘剂、油漆、涂料、文娱和体育用品等，在适宜的温湿度条件下，都有发生霉变的可能。

7.5.4　物品霉变的防治

1. 化学药剂防霉

防霉变最主要方法是使用防霉腐剂。其基本原理是使微生物菌体蛋白凝固、沉淀、变性，或破坏酶系统使酶失去活性，而影响细胞呼吸和代谢；或改变细胞膜的通透性，使细胞破裂解体。防霉腐剂含量低时能抑制微生物生长，含量高时就会使其死亡。有实际应用价值的防霉腐剂应具有低毒、广谱、高效、使用方便和价格低廉等特点。低毒——安全性的条件；广谱——有较强的适应性；高效——用量少，提高使用方便性，降低成本和避免改变物品理化性能；长效——确保物品长时间储存使用。

防霉腐剂的使用方法主要有：

(1) 加法。将一定比例的药剂直接加入到材料或制品中去，如食品、化妆品等。

(2) 渍法。将制品在一定温度和一定含量的防霉剂溶液中浸渍一定时间后晾干。

（3）涂抹法。将一定含量的防霉剂溶液用刷子等工具涂抹在制品表面。

（4）喷雾法。将一定含量的防霉剂溶液用喷雾器均匀地喷洒在材料或制品表面。

（5）熏蒸法。将挥发性防霉剂（如硝基本甲醛、环氧乙烷的粉末或片剂）置于密封包装内，通过防腐剂的挥发成分防止物品的霉变。

2. 气相防霉变

它是化学药品防霉腐的方法之一。气相防霉变就是使用具有挥发性的防霉防腐剂，利用其挥发生成的气体直接与霉腐微生物接触，杀死或抑制霉腐微生物的生长，以达到防霉腐的目的。有的在生产中将防霉腐剂直接加到物品上，对其外观与质量没有不良影响。为了提高防霉腐的效果，一般是在密封条件下进行，常用的气相防霉腐剂有多聚甲醛和环氧乙烷。

3. 气调防霉腐

它是生态防霉腐的形式之一。霉腐微生物的呼吸代谢离不开空气、水分、温度这三个因素。只要有效地控制其中一个因素，就能达到防止物品霉腐的目的，如只要控制和调节空气中的氧含量，人为地造成一个低氧环境，使霉腐微生物生长繁殖受到抵制。气调防霉腐要在密封条件下，通过改变空气组成成分，以降低氧含量，造成低氧环境，来抵制霉腐微生物的生命活动与生物性物品的呼吸强度，从而达到防霉腐的目的。

（1）气调防霉应注意的事项。

1）必须在密封条件下进行。根据条件可按库、按垛、按箱密封，以不透气为原则。在选择密封材料时，必须要考虑对气体与水蒸气的阻透性、抗压与抗拉性能、加工技术的可能性、经济上的合理性。

2）必须充以对人体无毒性，对霉腐微生物有抑制作用的气体，主要是二氧化碳或氮气。

3）必须使物品含水量在安全水分以下，避免因水分高而结露，露水侵入物品，引起局部霉烂变质。必须做到物品含水量低于安全水分；室外昼夜温差过大不宜进行气调养护；充入气体应充分冷却，以尽量减少含水量；如发现室内气体含水量过高，相对湿度过大，室外气温有接近露点可能时，应在一天中气温最高时，抽气并同时充入干燥氮气。

（2）气调防霉腐的方法。

1）密封。这是保证气调防霉腐成功的关键，以不透气为宜，并应安装测气、测温、充气、抽气口、取样口等装置，这样可使密封简便易行、效果好、成本低。

2）降氧。在气调中氧含量控制较其他因素简便易行。通过调整空气中的氧含量，人为地造成一个低氧环境，霉腐微生物的生长繁殖及生物性物品的呼吸都会受到抑制，是气调防霉腐的重要环节。目前采用的方法有人工降氧和自然降氧两种。人工降氧又分为机械降氧和化学降氧，其中机械降氧又可分为真空充氮法、充二氧化碳法和分子筛降氧法；而化学降氧主要采用除氧封存剂。自然降氧是利用生物性物品的自身呼吸作用，或物品上霉腐微生物的呼吸作用，逐渐消耗密封垛内氧气，使垛内自行逐步降低氧含量，增加二氧化碳含量，从而达到自然降氧的目的。自然降氧，方法简便，只需密封塑料帐罩，不需其他降氧设备，主要用于水果、蔬菜防霉腐保鲜方面。

物品在低氧储存中要加强管理、定时测量密封垛中的气体成分，测量温湿度和水分，同时还要观察物品变化情况，发现问题及时处理并采取相应的措施。

4. 低温冷藏防霉腐

通过控制和调节仓库内及物品本身的温度，使其低于霉腐微生物生长繁殖的最低界限，抑制酶的活性。一方面抑制生物性物品的呼吸、氧化过程，使其自身分解受阻；另一方面抑制霉腐微生物的代谢与生长繁殖，来达到防霉腐的目的。

低温冷藏防霉腐所需的温度与时间，应以具体物品而定，一般温度越低，持续时间越长，霉腐微生物的死亡率越高。冷藏是适于含水量大、不耐冰冻的易腐物品，短时间的在0℃左右的冷却储藏，如蔬菜、水果、鲜蛋、乳品、鲜肉的冷却防腐保鲜。具体方法可用自然冰或人造冰来降温储藏食品，也可在专用仓库中安装制冷设备建立冷库。

5. 干燥防霉腐

这是生态防霉腐方法之一，它是通过减少仓库环境中的水分和物品本身的水分，使霉腐微生物得不到生长繁殖所需水分而达到防霉腐的目的。目前主要采用吸潮防潮和通风、晾晒降水等方法，条件允许的企业也可以采用烘干、微波烘干等方法。

6. 其他方法

利用紫外线、微波、红外线、辐射等方法。在实际工作中，还应加强对库存物品的管理：

(1) 加强入库验收。易霉物品入库，首先应检验其包装是否潮湿，物品的含水量是否超过安全水分。易霉物品在保管期间应特别注意检查，加强防护。

(2) 加强仓库温湿度管理。要根据物品的不同性能，正确运用密封、吸潮及通风相结合的方法，管好库内温湿度，特别在梅雨季节，要将相对湿度控制在不适宜于霉菌生长的范围内。

(3) 选择合理的储存场所。易霉物品应尽量安排在空气流通、光线较强、比较干燥的主库房，并应避免与含水量大的物品同储在一起。

(4) 对储存保管的物品要合理堆码，下垫隔潮板。物品堆垛不应靠墙、靠柱。

(5) 对物品进行密封处理。

(6) 做好日常的仓库清洁卫生。

7.6 储罐安全

储罐广泛应用于气体、液体或固体的储存保管中，特别是石油化工行业储存和运输过程中。储罐是储藏气体、液体或固体的工业用原料、中间产品或最终产品而不影响被储藏物品原有性质的设备。储罐的设置与构造，必须是以不给予储罐系统影响范围内的人和物造成任何灾害为前提。

在化学工业行业中，储罐多数用于可燃性液体或者有毒性液体和气体的储藏。由于储罐本身及其储存物质的特性，其发生火灾、爆炸以及中毒等事故的危险很大，且一旦发生事故，危害的范围大。储罐的防护是安全工作的重要内容之一。

储罐事故中，造成危害最大的火灾、爆炸等事故的主要原因有：由于作业失误引起内储物泄漏；储罐设备本身存在的缺陷引起的事故，如腐蚀造成的缺陷、焊接上的缺陷、换气孔不良、静电防护措施不良等以及保养管理不完备和相应的安全措施的欠缺等。因此，储罐选用时必须在考虑上述各点的基础上，选用适当的类型。

7.6.1 储罐的种类及其特点

储罐的种类虽然多种多样，但可以大致分为气体储罐和液体储罐。

1. 气体储罐

气体储罐按其内部压力又可分为高压储罐和低压储罐。物流储存保管中常用的低压气体储罐主要有湿式气体储罐和干式气体储罐。高压储罐不仅用于煤气，而且常用于液化气体的储存，对此将在液体储罐中讨论。

(1) 湿式气体储罐。湿式气体储罐较早就用于储存保管，分为有柱式和无柱式两种。其中，无柱式气体储罐设计条件较为苛刻，使用较少。大多数的气体储罐为有柱式。湿式气体储罐一般用水封保持密封。但是如果罐内所装气体可溶于水时，不可以用水封保持密封，如氯化氢要用重油密封。密封用的液体应根据气体的性质选择。

湿式气体储罐发生泄漏的主要原因是密封液减少。因此，应注意检查水封是否因水蒸发而引起泄漏。此外，还应注意以下的各项安全措施：

1）因气体中可能存在水分或油分，应在气体出口管上设置油水分离装置。

2）为了防止通过外部配管使储罐内气体回火，储罐应设置回火防止器。

3）在寒冷地区应对密封液采取防冻措施。

（2）干式气体储罐。干式气体储罐用于储存水溶性或是不能混入水分的气体。干式气体储罐的形式主要有活塞式和气球式两种。活塞式储罐设有随储罐气体量的变化而上下移动的活塞，活塞与储罐主体之间用沥青或者润滑油等润滑剂密封，适用于低压储藏。

由于干式气体储罐使用油封，不可避免要混入一些油分，因此必须用泵进行密封油循环，且要考虑停电时油泵停止工作时的措施。

为了避免异物混入气体中，可使用尼龙布增强聚氯二丁烯橡胶或氯丁橡胶的可塑性膜作为活塞的替代品。

气球式气体储罐又分球形和袋形。球形储罐主要用于纯度不高的气体或用于防止挥发性液体的挥发损耗的场合。球形下半部成圆筒形，则成为圆顶式气体储罐。

袋形气体储罐把气体装入密封式的袋中。其使用特点是制作、使用较为简便。其制作材料是橡胶或塑料。但是，袋形气体储罐存在着老化、抗燃、抗热方面的问题，不可作为可燃性物质的储罐。

2. *液体储罐*

液体储藏应用最广泛的是圆筒形储罐。圆筒形储罐分为立式和卧式两种。立式主要有锥形顶盖储罐和移动式顶盖储罐，通常用于常压下的大量液体储藏。卧式只限定用于小容量低压下储藏或高压状况下储藏。

（1）锥形顶盖储罐。储藏液体最为常见的储罐是锥形顶盖储罐。其储藏压力一般为大气压力或者接近大气压力，制作费用较为低廉。锥形顶盖储罐是具有圆锥形的顶盖的立式储罐。顶盖是依靠桁架支撑，呈圆锥状的屋顶。顶盖的支撑形式有支柱式和桁架支撑式。由于可能因地基下沉而导致顶盖下陷致使漏水和积水，使盖板腐蚀，设置在软地层上的储罐必须使用桁架支撑。

锥形顶盖储罐不宜用于储藏挥发性气体，其原因有以下两点：首先，当储藏物产生可燃性蒸气时，由于储藏液的加入和排放或者由于气温变化引起的储罐进排气作用，有可能形成爆炸性混合气体，存在安全隐患；其次，由于进排气作用，通气口会排出气体，在经济上是很大的损失。

（2）浮顶储罐。浮顶储罐是一种顶盖与液面同时上下浮动的储罐。由于其具有防爆性能好的特点，大量用于易燃性液体（如汽油和原油等）的储藏。

浮顶储罐顶盖与侧壁间的密封机构主要有机械式密封、管道密封和柔性密封三种。其中，机械式密封由于振动造成密封机构与侧壁产生激烈冲撞，有产生火花的危险，现在较少使用。

与锥形顶盖储罐相比，浮顶储罐顶盖直接在液面上，气雾空间小，液体难以挥发，损耗少，发生火灾的危险性也小。

浮动顶盖最常见的为单层平顶式，由数个浮动顶盖组成，即使其中两个浮动顶盖失去浮力，而且在层面已破坏的情况下，也可浮于相对密度为0.7的液体上。

使用浮顶储罐时，必须注意以下几点：

1）浮动顶盖的浮力必须具备能够承载所在地可能产生的最大雨水、雪、冰等聚积所附加的重量。

2）浮动顶盖的储罐在遇暴雨时，拍打在侧壁上雨水可能少部分从缝隙进入储藏液体。因此，储藏对含水量限制严格的液体必须采用防水型储罐。

3）在多雪的寒冷地区，使用浮动顶盖储罐必须注意防止密封机构冻结。

（3）圆顶式储罐。圆顶式储罐的顶盖形状呈现圆顶状，其他方面完全与锥形顶盖储罐相同。由于圆顶式储罐的安装角度比锥形顶盖储罐大，构造也相对平滑。因此，使用压力也可以稍高于锥形顶盖储罐。圆顶式储罐液面上的气相部分多数封入氮气，以防止挥发性液体的蒸发损耗。

（4）升降顶盖式储罐。与锥形顶盖储罐相比，升降顶盖式储罐是利用储罐内蒸发的蒸气压力使顶盖自由地上升，其他的都与锥形顶盖储罐相似。

升降顶盖式储罐的整个顶盖是在储罐内保持极小的压力状态的蒸气防漏的液体密封或用合成橡胶膜进行密封，顶盖的运动有吸收渗出损耗的作用。

升降式顶盖储罐的顶盖横向受力较差，抗风力弱。同时，其容量的可变量受到限制，储藏和排放液体时会有一定的损失。因此，升降式顶盖储罐只适用长时间的储藏，而不适用于液体存放排出频繁的场合。

（5）球形储罐。球形储罐储藏的对象主要是：不能在大气压下储藏而适宜在高压情况下大量储藏的物质。球形储罐通常用于液化天然气等液体、气体的储藏，也可用于煤气和氨等的储藏。

球形储罐与圆筒形储罐相比，具有以下两个特点：

1）同等条件下，壁厚更小。如果两者的储罐压力和储罐直径都相同，球形储罐的壁厚可比圆筒形储罐减小一半。

2）可选择多种材料，价格低廉。当需储藏的气体量一定时，无论储罐压力和储罐容积怎样改变，都可以根据平均允许应力选用得到价格较为低廉的材料。

球形储罐的支脚垂直立于地基上，各支脚一般用拉杆连接。液化石油等液化气体储罐的支脚须采用混凝土和耐火材料包裹的方法防火。

由于球形储罐储藏的气体中存在水分凝结，因此，要在储罐下部安装排水阀，适时地排去凝结水。

(6) 圆筒形储罐。圆筒形储罐广泛用于常压和高压液体和气体的储藏。主要有卧式和立式两种。

(7) 地下储罐。地下储罐主要是建造在地表下面或建造在地表上再覆盖土的储罐。在储存保管中，小型圆筒形的地下埋设储罐使用最多。

地下储罐必须考虑储罐的防腐及增强通气孔的作用。

(8) 低温储罐。低温储罐主要用于储藏液化气体。与常温常压的储藏方式相比，低温储罐对容器的耐压条件要求不高，适宜于常压低温条件下储藏物质。由于低温储罐的工作温度较低，所以在储罐材料选择与设计中要考虑力学性质，使其符合储藏要求。

7.6.2 储罐的安全设备

为了防止储罐设备破坏，发生泄漏、火灾和爆炸等事故，应有各种安全设备。同时，需要按照各自的法规进行管理。

1. 储罐的安全性

根据所需设置储罐的种类，在充分考虑了储藏物性质的基础上，选择安全性最高的储罐。这是在储罐的安全措施方面最重要的一环。

根据储罐的安全要求，推荐使用以下五类安全性较高的储藏方法：

(1) 有洒水设备和用材料覆盖、充入惰性气体的锥顶储罐。

(2) 充入惰性气体的可变容量储罐。

(3) 充入惰性气体的低压储箱。

(4) 浮膜式储罐中的储藏物蒸气与空气完全隔绝的储罐。

(5) 浮动顶盖储罐。

2. 储罐间的安全距离

当某一储罐储藏的油类燃烧的时候，邻近的储罐由于辐射热的结果，从油面到以下相当的深度，往往温升到达200℃以上。此时，如有多量的水进入储罐内，就会发生所谓油沸溢，水和油的混合物以猛烈的气势向上喷出并向周围飞溅。考虑到这方面的危险性，所以，储罐之间一定要有适当的安全距离。

3. 防油堤

为了有效地防止储罐破损或不可抗拒的自然灾害引起油的漏出和由于沸溢等造成油的扩散，以及对于水灾或从其他区域流来的易燃性液体起到防护作用，需要构筑防火堤或防火墙。

防油堤有用土堆成的，有用混凝土浇筑的和用混凝土砌块砌筑而成。但是，由于混凝土砌块砌筑的墙抗地震和抗潮汐性能较差，所以设计一定要慎重。

4. 防火设备

可燃性液体的常压储罐，在装入低闪点油类时，原则上必须安装火灾时注入泡沫的固定设备。

浮顶储罐的密封部分发生火灾时，火焰的高度到达1.8m以上并且蔓延到数个部位时，密封往往也发生破坏。但是，据以往的经验可知，如果处理迅速、适当，灭火也是容易的。

密封部分火灾的一般灭火方法是，直接在密封部位使用泡沫或干粉灭火器灭火。根据实际情况，消防人员可以登上储罐顶盖上直接用手持灭火器灭火，或者从兼做通路的风窗框架上面，用灭火器或水管进行灭火。在框架上安装扶手不仅有利于通常作业时的安全，而且对发生火灾时的灭火活动也极为方便。

5. 洒水设备

对于储存易蒸发物质的储罐，为了防止物质蒸发损失和储罐内压增高，一般都安装有洒水装置。为了防止夏季的气温上升引起储罐内部气压的上升和在火灾时的储罐温度的升高，如石油气储罐、乙醇储罐等，都必须要备有洒水装置。

6. 储罐的安全设备

（1）通气孔。这是为了防止储罐内超压和形成负压引起储罐主体破坏而设置的装置。

储罐之所以超压或形成负压，是由于温度变化和装填、卸出内储物时的一种压力变化现象，通气孔的大小和结构的确定是以储罐内压力变化不损坏储罐主体为原则。如对锥顶储罐加压过大，顶盖板被鼓起时，侧板和顶盖板的结合部位会发生破坏。

储罐顶盖板与壳体接缝焊接尺寸要加以限制，支撑顶盖板的支柱和桁架与顶盖板之间绝对不能采用焊接方式连接。

高压储罐的通气孔与常压储罐中的有所不同。高压储罐设置通气孔是以释放储罐内的压力为主要目的。因此，其释放量必须是储藏超量和由于火灾而发生的蒸气，以及防范发生其他意外事态所需的排泄容量。

（2）火焰防止器。可燃性液体储罐的通气管，为了防止因外部火源引起着火，要使用火焰防止器。

火焰防止器一般使用多层金属丝网。对储藏石油和汽油等的锥顶储罐的通气孔，采用火焰防止器与带气阀的通气管组合在一起的通气阀。但是，在这种火焰消除装置内凝结的蒸气橡胶粘着于防止器上，带湿气的蒸气也容易在防止器上冻结，其结果往往使储罐内部超压。因此，定期的检修是必不可少的。在选择火焰防止器时，必须充分考虑储罐内储藏物质的性质、有无蒸气流失、气象条件、空气中有无沉降性物质、维修的频度以及与火的距离等。

（3）储罐的接地。储罐接地的目的是使雷电导入大地中，消除两座以上储罐之间的静电电位差，乃至通过使用金属性阳极构成金属连续性回路，达到预防储罐底部产生电气腐蚀的目的。

运用接地方法可以通过储罐侧壁和浮动顶盖消除储罐内容物的静电。但是，当用油泵注入油后，如不经过10～15min，电荷是不会减少的。另外，为了预防储罐底部腐蚀，涂铺沥青保护层是有效的，但却使储罐主体的接地电阻增大。与此同时，从防止滞留于储罐四周的爆炸性蒸气着火的角度上看，接地也是很有必要的。设置在混凝土基础上的酸类物质储罐，尤其需要良好的接地设备。接地电阻通常规定为10Ω以下。

（4）测量仪表。储罐一般都装有能自动检测内容物数量的装置。这种油面指示计仅能得到粗略的测量结果。较精确的检测方法是从专设在储罐顶盖的开口部位放入检尺进行测量。在这种测定作业中，虽然根据水和油粘附在检尺上的痕迹就很容易地测出液面高度，但是，会有伴随产生静电火花的危险。特别是在内盛燃料的闪点低（低于38℃以下）的场合，危险性更大。如果储罐内的油正在流动中，或在流动停止后马上放入测量检尺时，油所附带的静电就有对金属性检尺放电的危险。

为了防止放电的危险，可以利用与储罐壳体相连接的测量井。它是一种开有许多孔的金属井筒，结果便使在储罐内部和四周的油对储罐壳体构成静电回路，将测量井四周的油的静电消除。

（5）排水管。石油储罐、液化气储罐等几乎都会在储罐底部积水。因此，必须装设排水管道。但是，排水管在严寒地区有冻结的危险。所以，排水管设置于储罐外侧时，一定要考虑防冻措施。降雨时浮顶储罐顶盖上积存的雨水常利用通过油中的管道排至壳体外部。但是排水管有活接头时，必须考虑如何防止活接头故障引起油的流失，改用旋转接头的柔性管可减少泄漏的危险。

（6）防腐措施。储罐腐蚀是常见的普遍现象，所不同的是仅在程度上有所差别。可以通过外部涂漆来防止外部腐蚀。储罐平顶盖上积存雨水引起的腐蚀往往是造成顶盖漏雨的原因。由于储罐金属外表与土壤接触，产生电解，储罐底部往往在发生严重的大面积腐蚀的同时还会产生点腐蚀。为了防止这种腐蚀的产生，通常在储罐底板上刷防锈漆，或者把含硫低的重油与砂的混合物铺设在储罐地基上，再在其上安置储罐。

储罐内部腐蚀的原因是，油自身所含的水或从顶盖漏入的雨水中含有盐分和水溶性硫化物，从而产生酸性物质，导致了腐蚀的发生。目前，防止这种腐蚀的措施是在储罐内做各种防锈里衬。

7.6.3 储罐的安全作业

（1）储罐的装料作业。油装入储罐时，如果油从高处往油面上落下，那么油中所带的静电就会放电，当有爆炸性混合气体存在时，就会造成爆炸事故。因此，储罐的进油管口应尽可能地设置在储罐的底部。与此同时，要使装入储罐内的油尽可能地少带静电。所以，在储罐内油面上升达到距排出管口1.8m的高度以前，一般都以最大流速进油。对于浮顶储罐，在顶盖浮起之前，按上述流速进油，浮起之后即按通常的流速进油。

众多研究结果表明，汽油、喷气发动机燃油和煤油等石油制品所产生的静电特别显著，需要特别注意。

（2）油的混合作业。为使储罐内不同油类混合而进行搅拌时，油会剧烈流动，此时也将产生静电。因此，在喷气发动机燃油的混合中应使用排除了空气的浮顶储罐。

（3）在储存可燃性和有毒液体的储罐内部进行清扫作业时，有中毒、爆炸的危险。所以，要充分注意对储罐内部残留气体进行预先处理，进行气体检测和使用保护用具等。特别是对含有四乙基铅的高辛烷值汽油储罐进行清扫作业时，为了防止四乙基铅的剧毒引起事故，必须采取正确的作业方法。

7.7 危险化学品的安全储存

7.7.1 危险化学品储存发生火灾的主要原因分析

分析研究危险化学品储存发生火灾的原因，对加强危险化学品的安全储存管理是十分有益的。

物质燃烧必须具备三个条件：可燃物、助燃物和着火源。不论固体、液体或气体物质，凡是与空气中的氧气或其他氧化剂起剧烈化学反应的均为可燃物；帮助和支持燃烧的物质叫助燃物，主要是空气中的氧；凡是能引起可燃物质燃烧的热能都叫着火源。

通过对大量的危险化学品储存火灾事故的分析，可总结出危险化学品储存发生火灾的原因主要有以下几种情况：

（1）着火源控制不严。着火源是指可燃物燃烧的一切热能源，包括明火焰、赤热体、火星和火花、化学能等。危险化学品储存过程中的着火源主要有两个方面：

1）外来火种。如烟囱飞火、汽车排气管的火星、库房周围的明火作业、吸烟的烟头等。

2）内部设备不良，操作不当引起的电火花、撞击火花和太阳能、化学能等。如电气设备、装卸机具不防爆或防爆等级不够，装卸作业使用铁质工具时撞击打火，露天存放时太阳的曝晒，易燃液体操作不当产生静电放电等。

（2）性质相互抵触的物品混存。出现危险化学品的禁忌物料混存，往往是由于经办人员缺乏相关知识或者是有些危险化学品出厂时缺少鉴定；也有的企业因储存场地缺少而任意临时混存，造成性质抵触的危险化学品因包装容器渗漏等原因发生化学反应而起火。

（3）产品变质。有些危险化学品已经长期不用，仍废置在仓库中，又不及时处理，往往因变质而引起事故。

（4）养护管理不善。仓库建筑条件差，不适应所存物品的要求。例如不采取隔热措施，使物品受热；因保管不善，仓库漏雨进水使物品受潮；盛装的容器破漏，使物品接触空气或易燃物品蒸气扩散和积聚等。这些均会引起着火或爆炸。

（5）包装损坏或不符合要求。危险化学品容器包装损坏，或者出厂的包装不符合安全要求，都会引起事故。

（6）违反操作规程。搬运危险化学品没有轻装轻卸；或者堆垛过高不稳，发生倒塌；或在库内改装打包、封焊修理等违反安全操作规程造成事故。

（7）建筑物不符合存放要求。危险品库房的建筑设施不符合要求，造成库内温度过高、通风不良、漏雨进水、阳光直射，有的缺少保温设施，使物品达不到安全储存的要求而发生火灾。

（8）雷击。危险品仓库一般都设在城镇郊外空旷地带，独立的建筑物或是露天的储罐或堆垛区十分容易遭受雷击。

（9）着火扑救不当。因不熟悉危险化学品的性能和灭火方法，着火时使用不当的灭火器材使火灾扩大，造成更大的危险。

7.7.2 化学危险品储存安全管理

1. 化学危险品储存的基本要求

（1）化学危险品必须储存在经公安部门批准设置的专门的化学危险品仓库中，经销部门自管仓库储存化学危险品及储存数量必须经公安部门批准。未经批准不得随意设置化学危险品储存仓库。

（2）化学危险品露天堆放，应符合防火、防爆的安全要求，爆炸物品、一级易燃物品、遇湿燃烧物品、剧毒物品不得露天堆放。

（3）储存化学危险品的仓库必须配备有专业知识的技术人员，其库房及场所应设专人管理，管理人员必须配备可靠的个人安全防护用品。

（4）化学危险品按规定分为八类：

1）爆炸品。

2）压缩气体和液化气体。

3）易燃液体。

4）易燃固体、自燃物品和遇湿易燃物品。

5）氧化剂和有机过氧化物。

6）毒害品。

7）放射性物品。

8）腐蚀品。

（5）标志。储存的化学危险品应有明显的标志，标志应符合《危险货物包装标志》（GB 190—2009）的规定。同一区域储存两种或两种以上不同级别的危险品时，应按最高等级危险物品的性能标志。

（6）储存化学危险品的建筑物、区域内严禁吸烟和使用明火。

2. 储存场所的要求

（1）储存化学危险品的建筑物不得有地下室或其他地下建筑，其耐火等级、层数、占地面积、安全疏散和防火间距，应符合国家有关规定。

（2）储存地点及建筑结构的设置，除了应符合国家的有关规定外，还应考虑对周围环境和居民的影响。

（3）储存场所的电气安装。具体如下：

1）化学危险品储存建筑物、场所消防用电设备应能充分满足消防用电的需要；并符合 GB 50016—2010 中 10.1 节的有关规定。

2）化学危险品储存区域或建筑物内输配电线路、灯具、火灾事故照明和疏散指示标志，都应符合安全要求。

3）储存易燃、易爆化学危险品的建筑必须安装避雷设备。

（4）储存场所通风或温度调节。具体如下：

1）储存化学危险品的建筑必须安装通风设备，并注意设备的防护措施。

2）储存化学危险品的建筑通排风系统应设有导除静电的接地装置。

3）通风管应采用非燃烧材料制作。

4）通风管道不宜穿过防火墙等防火分隔物，如必须穿过时应用非燃烧材料分隔。

5）储存化学危险品建筑采暖的热媒温度不应过高，热水采暖不应超过 80℃，不得使用蒸汽采暖和机械采暖。

6）采暖管道和设备保温必须采用非燃烧材料。

3. 储存安排及储存量限制

（1）化学危险品储存安排取决于化学危险品分类、分项、容器类型、储存方式和消防的要求。

（2）储存量及储存安排见表7-4。

表7-4 储存量及储存安排

储存类别 / 储存要求	露天储存	隔离储存	隔开储存	分离储存
平均单位面积储存量/(t/m^2)	1.0~1.5	0.5	0.7	0.7
单一储存区最大储量/t	2000~2400	200~300	200~300	400~600
垛距限制/m	2	0.3~0.5	0.3~0.5	0.3~0.5
通道宽度/m	4~6	1~2	1~2	5
墙距宽度/m	2	0.3~0.5	0.3~0.5	0.3~0.5
与禁忌品距离/m	10	不得同库储存	不得同库储存	7~10

（3）遇火、遇热、遇潮能引起燃烧、爆炸或发生化学反应，产生有毒气体的化学危险品，不得在露天或在潮湿、积水的建筑物中储存。

（4）受日光照射能发生化学反应引起燃烧、爆炸、分解、化合，或能产生有毒气体的化学危险品，应储存在一级建筑物中。其包装应采取避光措施。

（5）爆炸物品不准和其他类物品同储，必须单独隔离限量储存。仓库不准建在城镇，还应与周围建筑、交通干道、输电线路保持一定安全距离。

（6）压缩气体和液化气体必须与爆炸物品、氧化剂、易燃物品、自燃物品、腐蚀性物品隔离储存。易燃气体不得与助燃气体、剧毒气体同储；氧气不得与油脂混合储存。盛装液化气体的容器属压力容器的，必须有压力表、安全阀、紧急切断装置，并定期检查，不得超装。

（7）易燃液体、遇湿易燃物品不得与氧化剂混合储存，具有还原性的氧化剂应单独存放。

（8）有毒物品应储存在阴凉、通风、干燥的场所，不得露天存放，不得接近酸类物质。

（9）腐蚀性物品，包装必须严密，不允许泄漏，严禁与液化气体和其他物品共存。

4. 化学危险品的养护

（1）化学危险品入库时，应严格检验物品质量、数量、包装情况、有无泄漏。

（2）化学危险品入库后应采取适当的养护措施，在储存期内，定期检查，发现其品质变化、包装破损、渗漏、稳定剂短缺等，应及时处理。

（3）库房温度、湿度应严格控制、经常检查，发现变化及时调整。

5. 化学危险品出入库管理

（1）储存化学危险品的仓库，必须建立严格的出入库管理制度。

（2）化学危险品出入库前均应按合同进行检查验收、登记。验收内容包括数量、包装、危险标志。

经核对后方可入库、出库，当物品性质未弄清时不得入库。

（3）进入化学危险品储存区域的人员、机动车辆和作业车辆，必须采取防火措施。

（4）装卸、搬运化学危险品时应按有关规定进行，做到轻装、轻卸。严禁摔、碰、撞、击、拖拉、倾倒和滚动。

（5）装卸对人身有毒害及腐蚀性的物品时，操作人员应根据危险性，穿戴相应的防护用品。

（6）不得用同一车辆运输互为禁忌的物料。

（7）修补、换装、清扫、装卸易燃、易爆物料时，应使用不产生火花的铜制、合金制工具或其他工具。

6. 消防措施

（1）根据危险品特性和仓库条件，必须配置相应的消防设备、设施和灭火药剂，并配备经过培训的兼职和专职的消防人员。

（2）储存化学危险品建筑物内应根据仓库条件安装自动监测和火灾报警系统。

（3）储存化学危险品的建筑物内，如条件允许，应安装灭火喷淋系统（遇水燃烧化学危险品，不可用水扑救的火灾除外）。其喷淋强度和供水持续时间分别为15L/（min · m^2） 和90min。

7. 废弃物处理

（1）禁止在化学危险品储存区域内堆积可燃废弃物品。

（2）泄漏或渗漏危险品的包装容器应迅速移至安全区域。

（3）按化学危险品特性用化学的或物理的方法处理废弃物品，不得任意抛弃、污染环境。

8. 人员培训

（1）仓库工作人员应进行培训，经考核合格后持证上岗。

（2）对化学危险品的装卸人员进行必要的教育，使其按照有关规定进行操作。

（3）仓库的消防人员除了具有一般消防知识之外，还应进行在危险品库工作的专门培训，使其熟悉各区域储存的化学危险品种类、特性、储存地点、事故的处理程序及方法。

7.7.3 易燃易爆性商品储存

7.7.3.1 储藏条件

（1）建筑条件应符合 GB 50016—2010 中 4.2.1 条的要求，库房耐火等级不低于三级。

（2）库房条件。储藏易燃易爆商品的库房，应冬暖夏凉、干燥、易于通风、密封和避光。根据各类商品的不同性质、库房条件、灭火方法等进行严格的分区分类，分库存放，表 7-5 为化学危险物品混存性能互抵表。

1）爆炸品宜储藏于一级轻顶耐火建筑的库房内。

2）低、中闪点液体、一级易燃固体、自燃物品、压缩气体和液化气体类宜储藏于一级耐火建筑的库房内。

3）遇湿易燃物品、氧化剂和有机过氧化物可储藏于一、二级耐火建筑的库房内。

4）二级易燃固体、高闪点液体可储藏于耐火等级不低于三级的库房内。

（3）安全条件。商品避免阳光直射、远离火源、热源、电源，无产生火花的条件。除按《易燃易爆性商品储藏养护技术条件》（GB 17914—1999）规定分类储存外，以下品种应专库储藏：

1）爆炸品：黑色火药类、爆炸性化合物分别专库储藏。

2）压缩气体和液化气体：易燃气体、不燃气体和有毒气体分别专库储藏。

3）易燃液体均可同库储藏；但甲醇、乙醇、丙酮等应专库储存。

4）易燃固体可同库储藏；但发乳剂与酸或酸性物品分别储藏；硝酸纤维素酯、安全火柴、红磷及硫化磷以及铝粉等金属粉类应分别储藏。

5）自燃物品：黄磷，烃基金属化合物，浸动植物油制品，须分别专库储藏。

6）遇湿易燃物品应专库储藏。

7）氧化剂和有机过氧化物，一、二级无机氧化剂，一、二级有机氧化剂，必须分别储藏，但硝酸铵、氯酸盐类、高锰酸盐、亚硝酸盐、过氧化钠、过氧化氢等必须分别专库储藏。

（4）环境卫生条件。

1）库房周围无杂草和易燃物。

2）库房内经常打扫，地面无漏撒商品，保持地面与货垛清洁卫生。

表 7-5 化学危险物品混存性能互抵表

化学危险物品分类	小类	爆炸性物品				氧化剂				压缩气体和液化气体				自燃物品		遇水燃烧物品		易燃液体		易燃固体		毒害性物品				腐蚀性物品 酸性		腐蚀性物品 碱性		放射性物品
		点火器材	起爆器材	爆炸及爆炸性药品	其他爆炸品	一级无机	一级有机	二级无机	二级有机	剧毒	易燃	助燃	不燃	一级	二级	一级	二级	一级	二级	一级	二级	剧毒无机	剧毒有机	有毒无机	有毒有机	无机	有机	无机	有机	
爆炸性物品	点火器材	○																												
	起爆器材	○	○																											
	爆炸及爆炸性药品	○	×	○																										
	其他爆炸品	○	×	×	○																									
氧化剂	一级无机	×	×	×	×	①																								
	一级有机	×	×	×	×	×	○																							
	二级无机	×	×	×	×	○	×	②																						
	二级有机	×	×	×	×	×	○	×	○																					
压缩气体和液化气体	剧毒（液氨和液氯有抵触）	×	×	×	×	×	×	×	×	○																				
	易燃	×	×	×	×	×	×	×	×	×	○																			
	助燃	×	×	×	×	×	×	分	×	○	×	○																		
	不燃	×	×	×	×	分	消	分	分	○	○	○	○																	
自燃物品	一级	×	×	×	×	×	×	×	×	×	×	×	×	○																
	二级	×	×	×	×	×	×	×	×	×	×	×	×	×	○															
遇水燃烧物品	一级	×	×	×	×	×	×	×	×	×	×	×	×	×	×	○														
	二级	×	×	×	×	×	×	×	×	消	×	×	消	×	消	×	○													
易燃液体	一级	×	×	×	×	×	×	×	×	×	×	×	×	×	×	×	×	○												
	二级	×	×	×	×	×	×	×	×	×	×	×	×	×	×	×	×	○	○											
易燃固体	一级	×	×	×	×	×	×	×	×	×	×	×	×	×	×	×	×	消	消	○										
	二级	×	×	×	×	×	×	×	×	×	×	×	×	×	×	×	×	消	消	○	○									
毒害性物品	剧毒无机	×	×	×	×	分	×	分	消	分	分	分	分	×	分	消	消	消	消	分	分	○								
	剧毒有机	×	×	×	×	×	×	×	×	×	×	×	×	×	×	×	×	×	×	×	×	○	○							
	有毒无机	×	×	×	×	分	×	分	分	分	分	分	分	×	分	消	消	消	消	分	分	○	○	○						
	有毒有机	×	×	×	×	×	×	×	×	×	×	×	×	×	×	×	×	分	分	消	消	○	○	○	○					
腐蚀性物品	酸性 无机	×	×	×	×	×	×	×	×	×	×	×	×	×	×	×	×	×	×	×	×	×	×	×	×	○				
	酸性 有机	×	×	×	×	×	×	×	×	×	×	×	×	×	×	×	×	消	消	×	×	×	×	×	×	×	○			
	碱性 无机	×	×	×	×	分	消	分	消	分	分	分	分	分	分	消	消	消	消	分	分	×	×	×	×	×	×	○		
	碱性 有机	×	×	×	×	×	×	×	×	×	×	×	×	×	×	×	×	消	消	消	消	×	×	×	×	×	×	○	○	
放射性物品		×	×	×	×	×	×	×	×	×	×	×	×	×	×	×	×	×	×	×	×	×	×	×	×	×	×	×	×	○

注：1. “○”表示可以混存；“×”表示不可以混存；“分”指应按化学危险品的分类进行分区分类储存。如果物品不多或仓位不够时，因其性能并不互相抵触，也可以混存；“消”指两种物品性能并不互相抵触，但消防施救方法不同，条件许可时最好分存；“①”说明过氧化钠等过氧化物不宜和无机氧化剂混存；“②”说明具有还原性的亚硝酸钠等亚硝酸盐类，不宜和其他无机氧化剂混存。

2. 凡混存物品，货垛与货垛之间，必须留有 1m 以上的距离，并要求包装容器完整，不使两种物品发生接触。

（5）温湿度条件。各类商品适宜储藏的温湿度见表7-6。

表7-6 温湿度条件

类别	品名	温度/℃	相对湿度(%)	备注
爆炸品	黑火药、化合物	≤32	≤80	
	水作稳定剂的	≥1	<80	
压缩气体和液化气体	易燃、不燃、有毒	≤30		
易燃液体	低闪点	≤29		
	中高闪点	≤37		
易燃固体	易燃固体	≤35		
	硝酸纤维素酯	≤25	≤80	
	安全火柴	≤35	≤80	
	红磷、硫化磷、铝粉	≤35	<80	
自燃物品	黄磷	>1		
	烃基金属化合物	≤30	≤80	
	含油制品	≤32	≤80	
遇湿易燃物品	遇湿易燃物品	≤32	≤75	
氧化剂和有机过氧化物	氧化剂和有机过氧化物	≤30	≤80	
	过氧化钠、镁、钙等	≤30	≤75	
	硝酸锌、钙、镁等	≤28	≤75	袋装
	硝酸铵、亚硝酸钠	≤30	≤75	袋装
	盐的水溶液	>1		
	结晶硝酸锰	<25		
	过氧化苯甲酰	2~25		含稳定剂
	过氧化丁酮等有机氧化剂	≤25		

7.7.3.2 入库验收

1. 验收原则

1）入库商品必须符合产品标准，并附有生产许可证和产品检验合格证。进口产品还应有中文安全技术说明书或其他说明。

2）保管方应验收商品的内外标志、容器、包装、衬垫等，验后做出验收记录。

3）验收应在库房外安全地点或验收室进行。

4）每种商品拆箱验收2~5箱（免检商品除外），发现问题，扩大验收比例。验后将商品包装复原，并做标记。

2. 验收项目

（1）验收内外标志①品名；②规格；③等级；④数（重）量；⑤生产日期（批号）；⑥生产工厂；⑦危险品标志符合《危险货物包装标志》（GB 190—2009）和《包装储运图示标志》（GB 191—2000）的规定。

（2）验收包装。各类商品的容器和包装均应符合 GB 12463—2009《危险货物运输包装通用技术条件》的规定，应封闭严密，完整无损，容器和外包装不沾有内装商品和其他物品，无受潮和水湿等现象。

各类商品的内外包装及衬垫见表 7-7。

表 7-7　各类商品的内外包装及衬垫

类　别	品名	内包装	外包装	衬　垫	备　注
爆炸品	黑火药	塑袋、铁皮里	木箱		三层包装
	爆竹、烟花	包好裹严	木箱	松软料	
	化合物	玻璃瓶	木箱	不燃材料	
	三硝基苯酚等	玻璃瓶	塑料套筒	不燃材料	稳定剂
压缩气体和液化气体	压缩气体和液化气体	钢瓶（带帽）	安全胶圈		
易燃液体	易燃液体	金属桶玻璃瓶（气密封）	木箱	松软材料	
易燃固体	易燃固体	衬纸、玻璃瓶	金属桶、木桶、木箱	松软材料	
	赛璐珞板材及制品	纸	木箱		
	安全火柴	盒（柴头无外露）	包、纸板箱		
自燃物品	黄磷	瓶、金属桶	木箱	不燃材料	稳定剂
	烃基金属氧化物	瓶	钢筒		
	含油制品		透笼木箱		不紧压
遇湿易燃物品	碱金属及氧化物	瓶、桶	木箱 木桶	不燃材料 不燃材料	稳定剂
氧化剂和有机过氧化物	氧化剂	桶、瓶、袋	木箱	松软材料	
	过氧化钠（钾）、高锰酸锌、氯酸钾（钠）	瓶、桶	木箱	不燃材料	
	过氧化苯甲酰	瓶、桶	木箱	不燃材料	稳定剂

(3) 验收商品质量（感官），主要包括以下几方面：

1) 固体无潮解，无熔（溶）化，无变色和风化。

2) 液体颜色正常，无封口不严，无挥发和渗漏。

3) 气体钢瓶螺旋口严密，无漏气现象。

3. 验收结果处理

(1) 凡外标志不全，包装不符合规范规定的不得签收入库或暂存观察室。如包装破漏需整好后再行入库。

(2) 验收完毕，合格的做好入库单及验收记录，并转存货方。

7.7.3.3 堆垛

根据库房条件、商品性质和包装形态采取适当的堆码和垫底方法。

(1) 各种商品不允许直接落地存放。根据库房地势高低，一般应垫15cm以上。遇湿易燃物品、易吸潮溶化和吸潮分解的商品应根据情况加大下垫高度。

(2) 各种商品应码行列式压缝货垛，做到牢固、整齐、美观，出入库方便，一般垛高不超过3m。

(3) 堆垛间距：①主通道≥180cm；②支通道≥80cm；③墙距≥30cm；④柱距≥10cm；⑤垛距≥10cm；⑥顶距≥50cm。

7.7.3.4 养护技术

1. 温湿度管理

(1) 库房内设温湿度表（重点库可设自记式温湿度计），按规定时间观测和记录。

(2) 根据商品的不同性质，采取密封、通风和库内吸潮相结合的温湿度管理办法，严格控制并保持库房内的温湿度，使之符合表7-6的要求。

2. 在库检查

(1) 安全检查。每天对库房内外进行安全检查，检查易燃物是否清理，货垛牢固程度和有无异常现象等。

(2) 质量检查。根据商品性质，定期进行以感官为主的在库质量检查，每种商品抽查1~2件，主要检查商品自身变化，商品容器、封口、包装和衬垫等在储藏期间的变化。

1) 爆炸品：一般不宜拆包检查，主要检查外包装。爆炸性化合物可拆箱检查。

2) 压缩气体和液化气体：用称量法检查其重量；检查钢瓶是否漏气可用气球将瓶嘴扎紧；也可用棉球蘸稀盐酸液（用于氨）、稀氨水（用于氯）涂在瓶口处。如果漏气会立即产生大量烟雾。

3) 易燃液体：主要检查封口是否严密，有无挥发或渗漏，有无变色、变质和沉淀现象。

4）易燃固体：检查有无溶（熔）、升华和变色、变质现象。

5）自燃物品、遇湿易燃物品：检查有无挥发、渗漏、吸潮溶化，含稳定剂的稳定剂要足量，否则立即添足补满。

6）氧化剂和有机过氧化物：主要是检查包装封口是否严密，有无吸潮溶化，变色变质；有机过氧化物、含稳定剂的稳定剂要足量，封口严密有效。

7）按重量计的商品应抽检重量，以控制商品保管损耗。

8）每次质量检查后，外包装上均应做出明显的标记，并做好记录。

（3）检查结果和问题处理。具体如下：

1）检查结果逐项记录，在商品外包装上做出标记。

2）检查中发现的问题，及时填写有问题商品通知单通知存货方。如问题严重或危及安全时，立即汇报和通知存货方，采取应急措施。

3）有效期商品应在有效期前1个月通知存货方。

4）超过储藏期限或长期不出库的商品应填写在库商品催调单，转存货方。

7.7.3.5 安全操作

（1）作业人员应穿工作服，戴手套、口罩等必要的防护用具。操作中轻搬轻放，防止摩擦和撞击。

（2）各项操作不得使用能产生火花的工具。作业现场应远离热源与火源。

（3）操作易燃液体需穿防静电工作服，禁止穿带钉的鞋。大桶不得直接在水泥地面滚动。出入库汽车要戴好防护罩，排气管不得直接对准库房门。

（4）桶装各种氧化剂不得在水泥地面滚动。

（5）库房内不准进行分装、改装，开箱、开桶、验收和质量检查等需在库房外进行。

7.7.3.6 储藏期限

根据各种商品的生产日期和有效期而定。

7.7.3.7 出库

按生产日期和批号顺序先进先出。

7.7.3.8 应急情况处理

（1）灭火方法见表7-8。

（2）各种物品在燃烧过程中会产生不同程度的毒性气体和毒害性烟雾。在灭火和抢救时，应站在上风头，佩戴防毒面具或自救式呼吸器。

（3）如发现头晕、呕吐、呼吸困难、面色发青等中毒症状，立即离开现场，移到新鲜空气处或做人工呼吸，重者送医院诊治。

表7-8　易燃易爆性物品灭火方法

类　别	品　名	灭火方法	备　注
爆炸品	黑药	雾状水	
	化合物	雾状水、水	
压缩气体和液化气体	压缩气体和液化气体	大量水	冷却钢瓶
易燃液体	中、低、高闪点	泡沫、干粉	
	甲醇、乙醇、丙酮	抗溶泡沫	
易燃固体	易燃固体	水、泡沫	
	发乳剂	水、干粉	禁用酸碱泡沫
	硫化磷	干粉	禁用水
自燃物品	自燃物品	水、泡沫	
	烃基金属化合物	干粉	禁用水
遇湿易燃物品	遇湿易燃物品	干粉	禁用水
	钠、钾	干粉	禁用水、二氧化碳、四氯化碳
氧化剂和有机过氧化物	氧化剂和有机过氧化物	雾状水	
	过氧化钠、钾、镁、钙等	干粉	禁用水

7.7.4　腐蚀性商品储存

7.7.4.1　储藏条件

1. *库房条件*

库房应是阴凉、干燥、通风、避光的防火建筑。建筑材料最好经过防腐蚀处理。

（1）储藏发烟硝酸、溴素、高氯酸的库房应是低温、干燥通风的一、二级耐火建筑。

（2）溴氢酸、碘氢酸要避光储藏。

2. *货棚、露天货场条件*

货棚应阴凉、通风、干燥，露天货场应地面高、干燥。

3. *安全条件*

（1）商品避免阳光直射、曝晒，远离热源、电源、火源，库房建筑及各种设备符合 GB 50016—2010 的规定。

（2）按不同类别、性质、危险程度、灭火方法等分区分类储藏，性质相抵的禁止同库储藏。表7-5给出了化学危险物品混存性能互抵表。

4. 环境卫生条件

（1）库房地面、门窗、货架应经常打扫，保持清洁。

（2）库区内的杂物、易燃物应及时清理，排水沟保持畅通。

5. 温湿度条件（见表7-9）

表7-9 温湿度条件

类　别	主要品种	适宜温度/℃	适宜相对湿度（%）
酸性腐蚀品	发烟硫酸、亚硫酸	0~30	≤80
	硝酸、盐酸及氢卤酸、氟硅（硼）酸、氯化硫、磷酸等	≤30	≤80
	磺酰氯、氯化亚砜，氧氯化磷、氯磺酸、溴乙酰、三氯化磷等多卤化物	≤30	≤75
	发烟硝酸	≤25	≤80
	溴素、溴水	0~28	
	甲酸、乙酸、乙酸酐等有机酸类	≤32	≤80
碱性腐蚀品	氢氧化钾（钠）、硫化钾（钠）	≤30	≤80
其他腐蚀品	甲醛溶液	10~30	

7.7.4.2 入库验收

1. 验收原则

（1）入库商品必须附有生产许可证和产品检验合格证，进口商品必须附有中文安全技术说明书。

（2）商品性状、理化常数应符合产品标准，由存货方负责检验。

（3）保管方对商品外观、内外标志、容器包装及衬垫进行感官检验。

（4）验收在库外安全地点或验收室进行。

（5）每种商品拆箱验收2~5箱（免检商品除外），发现问题扩大验收比例，验后将商品包装复原，并做标记。

2. 验收项目

（1）包装：应符合GB 12463—2009的规定。

1）内外包装应有如下标志：①品名；②规格；③等级；④数（重）量；⑤生产日期或批号；⑥生产厂名；⑦储运图示，应符合GB 191—2000的规定；⑧腐蚀品标志，应符合GB 190—2009的规定。

2）包装封闭严密，完好无损，无水湿、污染。

3）包装、容器衬垫适当，安全、牢固。

（2）质量（感官）。

1）商品性状、颜色、粘稠度、透明度均应符合产品标准。

2）液体商品颜色无异状，无挥发，无沉淀，无杂质。

3）固体商品无变色、无潮解、无溶化等现象。

（3）验收结果处理。

1）验收不符合规范规定的不得入库，暂存观察室，通知存货方另行处理。

2）验收完毕，合格的签收入库，填写验收记录，转存货方。

7.7.4.3 堆垛

商品堆垛要符合“安全、方便”的原则，便于堆码、检查和消防扑救。充分利用仓容，货垛整齐美观。

1. 堆垛方法

（1）库房、货棚或露天货场储存的商品，货垛下应有隔潮设施，库房一般不低于15cm，货场不低于30cm。

（2）根据商品性质、包装规格采用适当的堆垛方法，要求货垛整齐，堆码牢固，数量准确，禁止倒置。

（3）按出厂先后或批号分别堆码。

2. 堆垛高度

（1）大铁桶液体立码，固体平放，一般不超过3m。

（2）大箱（内装坛、桶）1.5m。

（3）化学试剂木箱2~3m。

（4）袋装3~3.5m。

3. 堆垛间距

（1）主通道≥180cm。

（2）支通道≥80cm。

（3）墙距≥30cm。

（4）柱距≥10cm。

（5）垛距≥10cm。

（6）顶距≥50cm。

7.7.4.4 养护技术

1. 温湿度管理

（1）库内设置温湿度计，按时观测、记录。

（2）根据库房条件、商品性质，采用机械、（要有防护措施）自控、自然等方法通风、去湿、保温。控制与调节库内温湿度在适宜范围之内。温湿度应符合表7-9的要求。

2. 在库检查

（1）安全检查。

1）每天对库房内外进行检查，检查易燃物是否清理，货垛是否牢固，有无异常，库内有无过浓刺激性气味。

2）遇特殊天气及时检查商品有无水湿受损，货场货垛苫垫是否严密。

（2）商品质量检查。

1）根据商品性质，定期进行感官质量检查，每种商品抽查1~2件，发现问题，扩大检查比例。

2）检查商品包装、封口、衬垫有无破损、渗漏，商品外观有无质量变化。

3）入库检斤的商品，抽检其重量以计算保管损耗。

（3）检查结果和问题的处理。

1）检查结果逐项记录，在商品外包装上做出标记。

2）发现问题积极采取措施进行防治，同时通知存货方及时处理。

3）对接近有效期商品和冷背残次商品应填写催调单报存货方。

7.7.4.5 安全操作

（1）操作人员必须穿工作服，戴护目镜、胶皮手套、胶皮围裙等必要的防护用具。

（2）操作时必须轻搬轻放，严禁背负肩扛，防止摩擦震动和撞击。

（3）不能使用粘染异物和能产生火花的机具。作业现场远离热源和火源。

（4）分装、改装、开箱质量检查等在库房外进行。

7.7.4.6 储藏期限

根据各种腐蚀品的生产日期和有效期而定。

7.7.4.7 出库

按生产日期或批号顺序先后出库。

7.7.4.8 应急情况处理

（1）部分腐蚀品的消防方法见表7-10。

（2）消防人员灭火时应在上风口处，并佩戴防毒面具。禁止用高压水（对强酸），以防爆溅伤人。

（3）腐蚀品进入口内立即用大量水漱口，服大量冷开水催吐或用氧化镁乳剂洗胃。呼吸道受到刺激或呼吸中毒，立即移至新鲜空气处吸氧。接触眼睛或皮肤，用大量水或小苏打水冲洗后敷氧化锌软膏，然后送医院诊治。灼伤或中毒急救见下节。

7.7.4.9 急救方法

1. 强酸

皮肤沾染强酸，应用大量水冲洗，或用小苏打、肥皂水洗涤，必要时敷软膏；溅入眼睛，用温水冲洗，再用5%小苏打溶液或硼酸水洗；进入口内，立即用大量水漱口，服大量冷开水催吐，或用氧化镁悬浊液洗胃；呼吸中毒后应立即移至空气新鲜处，保持体温，必要时要吸氧。

2. 强碱

强碱接触皮肤，需用大量水冲洗，或用硼酸水、稀乙酸冲洗后涂氧化锌软膏；触及眼睛，用温水冲洗；吸入（氢氧化氨）中毒者，应移至空气新鲜处；严重者送医院治疗。

3. 氢氟酸

氢氟酸接触眼睛或皮肤，应立即用清水冲洗20min以上，可用稀氨水敷浸后保暖，再送医院治疗。

4. 高氯酸

皮肤沾染高氯酸后，应用大量温水及肥皂水冲洗，溅入眼内时用温水或稀硼砂水冲洗。

5. 氯化铬酰

因氯化铬酰使皮肤受伤，用大量水冲洗，用硫代硫酸钠敷伤处，然后送医院诊治；误入口内时，用温水或2%硫代硫酸钠洗胃。

6. 氯磺酸

因氯磺酸使皮肤受伤，应用水冲洗，再用小苏打溶液洗涤，并以甘油和氧化镁润湿绷带包扎，送医院诊治。

7. 溴（溴素）

因溴（溴素）使皮肤灼伤，应以苯洗涤，再涂抹油膏；呼吸器官受伤可嗅氨。

8. 甲醛溶液

甲醛溶液接触皮肤，先用大量水冲洗，再用酒精洗，然后涂甘油；呼吸中毒可移到新鲜空气处，将2%碳酸氢钠溶液雾化吸入，以解除呼吸道刺激状况，然后送医院治疗。

表7-10 部分腐蚀品消防方法

品　名	灭火剂	禁用灭火剂	备　注
发烟硝酸 硝酸	雾状水、砂土、二氧化碳	高压水	
发烟硫酸 硫酸	干砂、二氧化碳	水	
盐酸	雾状水、砂土、干粉	高压水	
磷酸 氢氟酸 氢溴酸 溴素 氢碘酸 氟硅酸 氟硼酸	雾状水、砂土、二氧化碳	高压水	

（续）

品　名	灭火剂	禁用灭火剂	备　注
高氯酸 氯磺酸	干砂、二氧化碳		
氯化硫	干砂、二氧化碳、雾状水	高压水	
磺酰氯 氯化亚砜	干砂、干粉	水	
氯化铬酰 三氯化磷 三溴化磷	干粉、干砂、二氧化碳	水	
五氯化磷 五溴化磷	干粉、干砂	水	
四氯化硅 三氯化铝 四氯化钛 五氯化锑 五氧化磷	干砂、二氧化碳	水	
甲酸	雾状水、二氧化碳	高压水	
溴乙酰	干砂、干粉、泡沫	高压水	
苯磺酰氯	干砂、干粉、二氧化碳	水	
乙酸 乙酸酐	雾状水、砂土、二氧化碳、泡沫	高压水	
氯乙酸 三氯乙酸 丙烯酸	雾状水、砂土、泡沫、二氧化碳	高压水	
氢氧化钠 氢氧化钾 氢氧化锂	雾状水、砂土	高压水	
硫化钠 硫化钾 硫化钡	砂土、二氧化碳	水或酸、碱式灭火机	
水合肼	雾状水、泡沫、干粉、二氧化碳		
氨水	水、砂土		
次氯酸钙	水、砂土、泡沫		
甲醛	水、泡沫、二氧化碳		

7.7.5 毒害性商品储存

7.7.5.1 储藏条件

1. 库房条件

（1）库房结构完整、干燥、通风良好。机械通风排毒要有必要的安全防护措施。

（2）库房耐火等级不低于二级。

2. 安全条件

（1）仓库应远离居民区和水源。

（2）商品避免阳光直射、曝晒，远离热源、电源、火源，库内在固定方便的地方配备与毒害品性质适应的消防器材、报警装置和急救药箱。

（3）不同种类毒品要分开存放，危险程度和灭火方法不同的要分开存放，性质相抵的禁止同库混存，化学危险物品混存性能互抵表见表7-5。

（4）剧毒品应专库储存或存放在彼此间隔的单间内，需安装防盗报警器，库门应装双锁。

3. 环境卫生条件

库区和库房内要经常保持整洁。对散落的毒品、易燃、可燃物品和库区的杂草及时清除。用过的工作服、手套等用品必须放在库外安全地点，妥善保管或及时处理。更换储藏毒品品种时，要将库房清扫干净。

4. 温湿度条件

库区温度以不超过35℃为宜，易挥发的毒品应控制在32℃以下，相对湿度应在85%以下，对于易潮解的毒品应控制在80%以下。

7.7.5.2 入库验收

1. 验收原则

（1）入库商品必须附有生产许可证和产品检验合格证，进口商品必须附有中文安全技术说明书和质量鉴定书。

（2）商品内在质量应符合产品标准，由存货方负责检验。

（3）保管方对商品外观、内外标志、容器包装、衬垫等进行感官检验。

（4）每种商品拆箱验收2～5箱（免检商品除外），发现问题扩大比例，验后将商品包装复原，并做标记。

（5）验收在库外安全地点或验收室进行。

2. 验收项目

（1）包装应符合GB 12463—2009的规定。

1）内外包装应有如下标志：①品名；②规格；③等级；④数（重）量；⑤生产日期或批号；⑥生产厂名；⑦储运图示，应符合GB 191—2000的规定；⑧毒性标志，应符合GB 190—2009的规定。

2）包装完整无损，无水湿、污染，包装材料、容器衬垫等应符合 GB 12463—2009 的要求。

（2）质量。

1）商品性状、颜色等应符合产品标准。

2）液体商品颜色无变化，无沉淀，无杂质。

3）固体商品无变色，无结块，无潮解，无溶化现象。

（3）验收结果处理。

1）验收不符合验收规定的不得入库，暂存观察室，通知存货方，另行处理。

2）验收完毕，合格的签收入库，填写验收记录，转存货方。

3）包装破漏时，必须更换包装方可入库，整修包装需在专门场所进行。撒在地上的毒品要清扫干净，集中存放，统一处理。

7.7.5.3 堆垛

商品堆垛要符合安全、方便的原则，便于堆码、检查和消防扑救，苫垫物料要专用。

1. 堆垛方法

商品不得就地堆码，货垛下应有隔潮设施，垛底高度一般不低于15cm。

一般可堆成大垛，挥发性液体毒品不宜堆大垛，可堆成行列式。要求货垛牢固、整齐、美观，垛高不超过3m。

2. 堆垛间距

①主通道≥180cm；②支通道≥80cm；③墙距≥30cm；④柱距≥10cm；⑤垛距≥10cm；⑥顶距≥50cm。

7.7.5.4 养护技术

1. 温湿度管理

（1）库房内设置温湿度表，按时观测、记录。

（2）严格控制库内温湿度，保持在适宜范围之内。

（3）易挥发液体毒品库要经常通风排毒，若采用机械通风要有必要的安全防护措施。

2. 在库检查

（1）安全检查。

1）每天对库区进行检查，检查易燃物等是否清理，货垛是否牢固，有无异常。

2）遇特殊天气及时检查商品有无受损。

3）定期检查库内设施、消防器材、防护用具是否齐全有效。

（2）商品质量检查。

1）根据商品性质，定期进行质量检查，每种商品抽查1～2件，发现问题扩大检查比例。

2）检查商品包装、封口、衬垫有无破损，商品外观和质量有无变化。

（3）检查结果和问题处理。

1）检查结果逐项记录，在商品外包装上做出标记。

2）对发现的问题做好记录，通知存货方，同时采取措施进行防治。

3）对有问题商品和冷背残次商品应填写催调单，报存货方，督促解决。

7.7.5.5　安全操作

（1）装卸人员应具有操作毒品的一般知识，操作时轻拿轻放，不得碰撞、倒置，防止包装破损、商品外溢。

（2）作业人员要佩戴手套和相应的防毒口罩或面具，穿防护服。

（3）作业中不得饮食，不得用手擦嘴、脸、眼睛。每次作业完毕，必须及时用肥皂（或专用洗涤剂）洗净面部、手部，用清水漱口。防护用具应及时清洗，集中存放。

7.7.5.6　储藏期限

根据各种毒害品的生产日期和有效期而定。

7.7.5.7　出库

（1）严格按生产日期先后出库。

（2）严格执行双锁、双人复核制。

7.7.5.8　应急情况处理

（1）消防方法见表7-11。

（2）个人防护参照《劳动防护用品选用规则》（GB 11651—1989）GB 12475《农药贮运、销售和使用的防毒规程》。

（3）中毒急救见下节。

表7-11　毒害性商品消防方法

	品　名	灭火剂	禁用灭火剂	备　注
无机剧毒品	砷酸、砷酸钠	水		
	砷酸盐、砷及其化合物、亚砷酸、亚砷酸盐	水、砂土		
	亚硒酸盐、亚硒酸酐、硒及其化合物	水、砂土		
	硒粉	砂土、干粉	水	
	氯化汞	水、砂土		
	氰化物、氰熔体、淬火盐	水、砂土	酸碱泡沫	
	氢氰酸溶液	二氧化碳、干粉、泡沫		

（续）

	品　名	灭火剂	禁用灭火剂	备　注
有机剧毒品	敌死通、氯化苦、氟磷酸异丙酯、1240乳剂、3911、1440	砂土、水		
	四乙基铅	干砂、泡沫		
	马钱子碱	水		
	硫酸二甲酯	干砂、泡沫、二氧化碳、雾状水		
	1605乳剂、1059乳剂	水、砂土	酸碱泡沫	
无机有毒品	氟化钠、氟化物、氟硅酸盐、氧化铅、氯化钡、氧化汞、汞及其化合物、碲及其化合物、碳酸铍、铍及其化合物	砂土、水		
有机有毒品	氰化二氯甲烷、其他含氰的化合物	二氧化碳、雾状水、砂土		
	苯的氯代物（多氯代物）	砂土、泡沫、二氧化碳、雾状水		
	氯酸酯类	泡沫、水、二氧化碳		
	烷烃（烯烃）的溴代物，其他醛、醇、酮、酯、苯等的溴化物	泡沫、砂土		
	各种有机物的钡盐、对硝基苯氯（溴）甲烷	砂土、泡沫、雾状水		
	肿的有机化合物、草酸、草酸盐类	砂土、水、泡沫、二氧化碳		
	草酸酯类、硫酸酯类、磷酸酯类	泡沫、水、二氧化碳		
	胺的化合物、苯胺的各种化合物、盐酸苯二胺（邻、间、对）	砂土、泡沫、雾状水		
	二氨基甲苯，乙萘胺、二硝基二苯胺、苯肼及其化合物、苯酚的有机化合物、硝基的苯酚钠盐、硝基苯酚、苯的氯化物	砂土、泡沫、雾状水、二氧化碳		
	糠醛、硝基萘	泡沫、二氧化碳、雾状水、砂土		
	滴滴涕原粉、毒杀酚原粉、666原粉	泡沫、砂土		
	氯丹、敌百虫、马拉松、烟雾剂、安妥、苯巴比妥钠盐、阿米妥尔及其钠盐、赛力散原粉、1-萘甲腈、炭疽牙胞苗、鸟来因、粗蒽、依米丁及其盐类、苦杏仁酸、戊巴比妥及其钠盐	水、砂土、泡沫		

7.7.5.9　中毒急救方法

（1）呼吸道中毒。有毒的蒸气、烟雾、粉尘被人吸入呼吸道各部位，发生中毒现象，多为喉痒、咳嗽、流涕、气闷、头晕、头疼等。发现上述情况后，中毒者应立即离开现场，到新鲜空气处静卧。对呼吸困难者，可使其吸氧或进行人工呼吸。在进行人工呼吸前，应解开上衣，但勿使其受凉，人工呼吸至恢复正常呼吸后方可停止，并立即予以治疗。无警觉性毒物的危险性更大，如溴甲烷，在操作前应测定空气中的气体浓度，以保证人身安全。

（2）消化道中毒。经消化道中毒时，可用手指刺激中毒者的咽部，或注射1%的阿扑吗啡0.5mL以催吐，或用当归三两、大黄一两、生甘草五钱，用水煮服以催泻。如属1059、1605等油溶性毒品中毒，禁用蓖麻油、液体石蜡等油质催泻剂。中毒者呕吐后应卧床休息，注意保持体温，可饮热茶水。

（3）皮肤中毒或被腐蚀品灼伤时，立即用大量清水冲洗，然后用肥皂水洗净，再涂一层氧化锌药膏或硼酸软膏以保护皮肤，重者应送医院治疗。

（4）毒物进入眼睛时，应立即用大量清水或低浓度医用氯化钠（食盐）水冲洗10~15min，然后去医院治疗。

7.8　物流储存保管事故分析示例

7.8.1　储存保管火灾爆炸事故分析

在物流储存保管过程中，由于物品本身所具有的性质和保管条件的因素，容易发生火灾爆炸事故，特别是危险化学品储存保管时，火灾爆炸的威力大，其二次灾害造成的损失亦大。为了发现储存保管系统中存在的危险因素，找出技术和管理上的缺陷，进而完善系统安全，运用系统安全的方法对火灾爆炸事故进行分析是完全必要的。由于储存保管过程的火灾爆炸事故一般是由具有因果逻辑关系的原因事件单独或同时作用引起的，故一般采取事故树（FTA）或道化学的分析方法进行危险辨识，其程序流程图如图7-30所示。

1. 排查与确认

根据储存保管过程中所发生的重大火灾爆炸事故案例进行分析，可归纳和提炼出爆炸事故（UVCE）和火灾事故（BLEVE）的主要事故隐患类型（见图7-31）。

对储存保管子系统，导致爆炸事故的原因主要包括阀门泄露、法兰失效泄露、管线失效、储罐失效、阀门开启、装满外溢等，这些因素会导致易燃危险

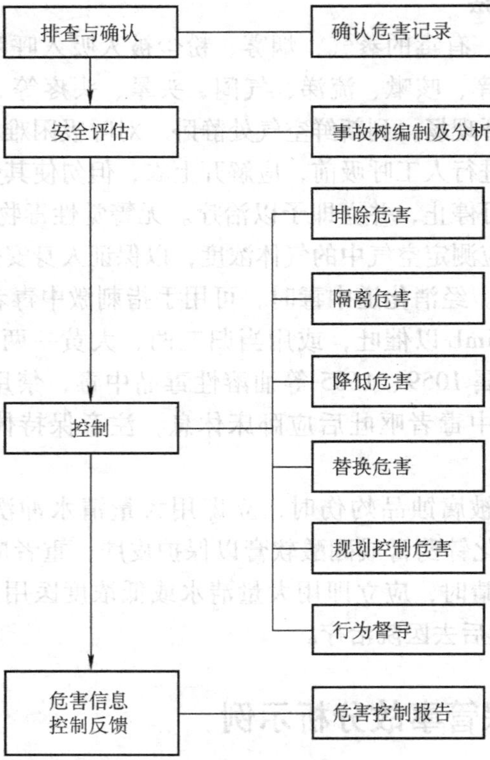

图 7-30　火灾爆炸事故隐患辨识流程图

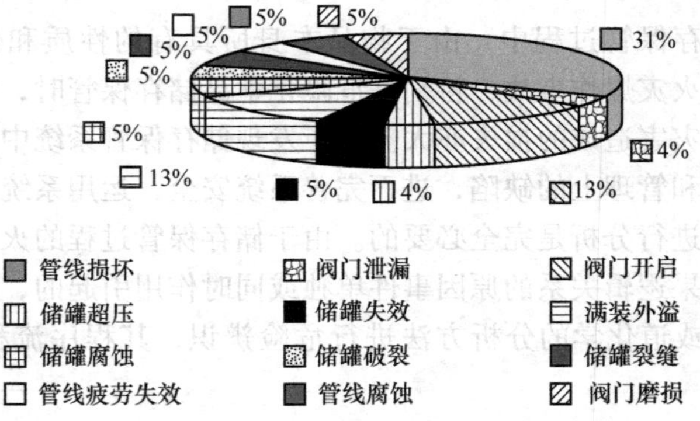

图 7-31　爆炸事故隐患类型分布图

气体形成气云被引爆以及超压容器爆炸。

调查统计表明，由于管线损坏导致的爆炸事故所占的比例最大，而由于阀门开启、满装外溢、储罐失效（裂缝、腐蚀、破裂、超压）等因素导致的爆炸事故比例依次减小。

由统计信息来看，导致火灾的主要原因为外来火焰、热辐射冲击、外来碰撞、储罐破裂、管线泄露、槽罐火灾、储罐腐蚀泄露、管线破裂、阀门泄露等，它们引起火灾事故隐患类型分布如图7-32所示。

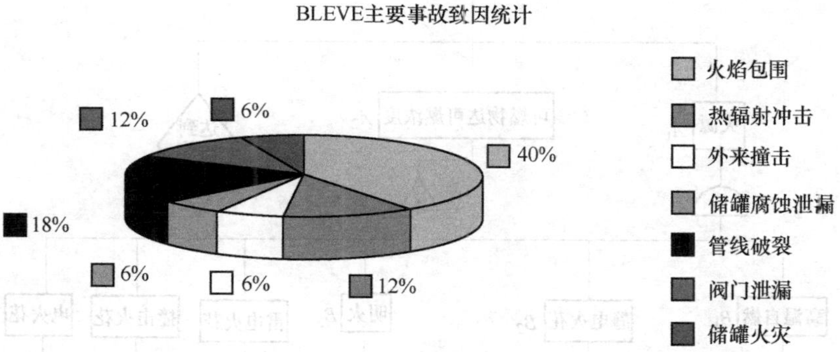

图7-32　火灾事故隐患类型分布图

由图中可以看出，在导致火灾事故中，外来火焰包围导致火灾事故的比率最大，而管线破裂或失效、外来热腐蚀冲击、阀门故障或失效泄露、储罐腐蚀泄露、槽罐火灾、外来碰撞等因素引发的火灾事故比率依次减小。

2. 安全评估

安全评估，即组织专业技术人员认定所排查、确认的子系统中的具体隐患危害的危险程度，认定危害发生的可能性与可能后果，认定危害转变为事故的条件，提出控制危害发生的针对性措施。为使危害评估结果具有科学性和准确性，危害的安全评估应采用事故树分析（FTA）的方法，以定性定量分析为主、模拟试验为辅的方式，将隐患查找辨识出来。其基本步骤如下：

（1）确定顶上事件。通过分析，确定顶上事件即发生火灾爆炸事故。

（2）构造事故树。在理解系统和查找原因的基础上绘制出事故树。

发生火灾爆炸事故的三个必要条件是火源、可燃物达到可燃浓度、可燃物和空气的混合物浓度达到爆炸极限。一般的火源有高温引起的可燃物的自燃，明火、静电火花、雷电火花、电火花（电弧）、撞击火花等，它们形成的原因各不相同。其次可燃物达到可燃浓度有两种形式，一种在反应设备内部达到可燃浓度，另一种是由于泄露，使得生产区内的空气中的可燃物达到可燃浓度，这两种情况应分开考虑。

发生火灾爆炸事故的事故树如图7-33及图7-34所示。

（3）事故树定性分析。具体如下。

1）求最小割集与最小径集。根据事故树最小割集与最小径集个数的判别方法，求最小割集和最小径集。

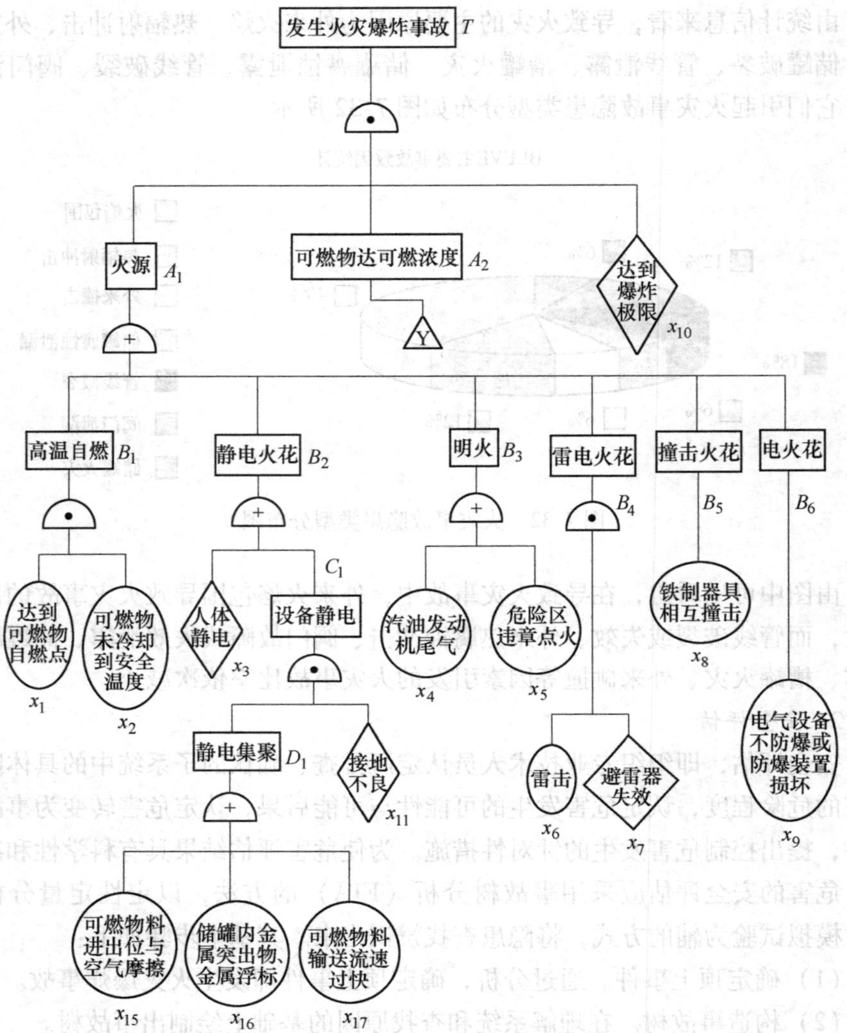

图 7-33 发生火灾爆炸事故树图（1）

建立结构函数式：

$$
\begin{aligned}
T &= A_1 A_2 x_{10} \\
&= (B_1 + B_2 + B_3 + B_4 + B_5 + B_6)(B_7 + B_8)x_{10} \\
&= [x_1x_2 + (C_1 + x_3) + x_4 + x_5 + x_6x_7 + x_8 + x_9](x_{12}x_{13} + C_2x_{14})x_{10} \\
&= [x_1x_2 + x_3 + (x_{15} + x_{16} + x_{17})x_{11} + x_4 + x_5 + x_6 + x_7 + x_8 + x_9][x_{12}x_{13} + \\
&\quad (x_{18}x_{19} + x_{20} + x_{21} + x_{22})x_{14}]x_{10} \\
&= x_1x_2x_{12}x_{13}x_{10} + x_1x_2x_{18}x_{19}x_{14}x_{10} + x_1x_2x_{20}x_{14}x_{10} + x_1x_2x_{21}x_{14}x_{10} + \\
&\quad x_1x_2x_{22}x_{14}x_{10} + x_3x_{12}x_{13}x_{10} + x_3x_{18}x_{19}x_{14}x_{10} + x_3x_{20}x_{14}x_{10} + x_3x_{21}x_{14}x_{10} +
\end{aligned}
$$

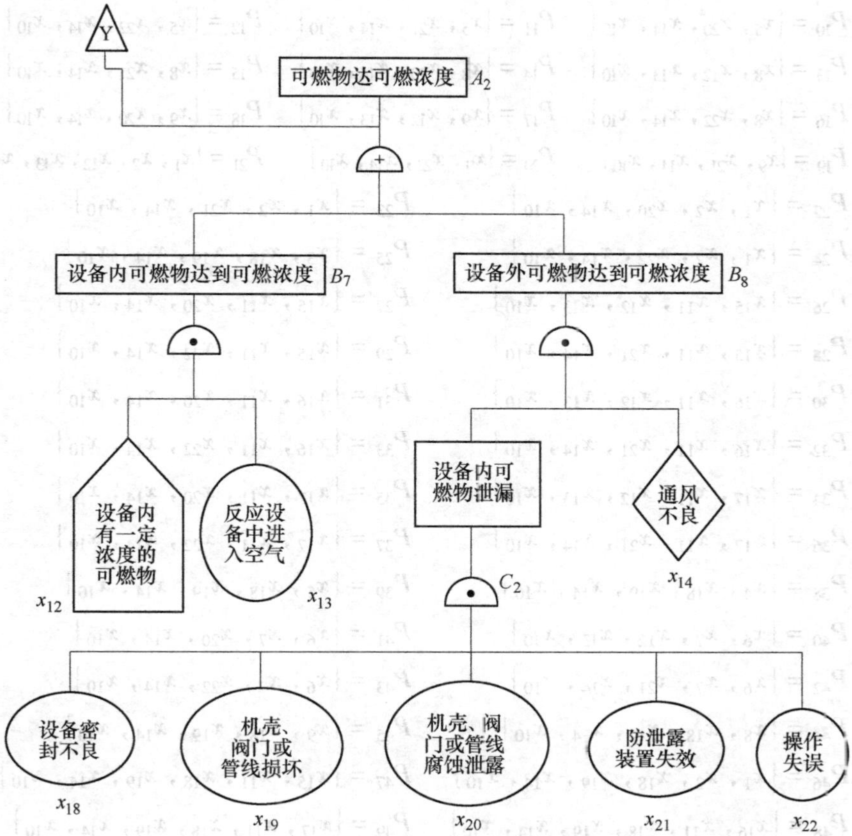

图7-34　发生火灾爆炸事故树图（2）

$$x_3x_{22}x_{14}x_{10}+x_{15}x_{11}x_{12}x_{13}x_{10}+x_{15}x_{11}x_{18}x_{19}x_{14}x_{10}+x_{15}x_{11}x_{20}x_{14}x_{10}+$$
$$x_{15}x_{11}x_{21}x_{14}x_{10}+x_{15}x_{11}x_{22}x_{14}x_{10}+x_{16}x_{11}x_{12}x_{13}x_{10}+x_{16}x_{11}x_{18}x_{19}x_{14}x_{10}+$$
$$x_{16}x_{11}x_{20}x_{14}x_{10}+x_{16}x_{11}x_{21}x_{14}x_{10}+x_{16}x_{11}x_{22}x_{14}x_{10}+x_{17}x_{11}x_{12}x_{13}x_{10}+$$
$$x_{17}x_{11}x_{18}x_{19}x_{14}x_{10}+x_{17}x_{11}x_{20}x_{14}x_{10}+x_{17}x_{11}x_{21}x_{14}x_{10}+x_{17}x_{11}x_{22}x_{14}x_{10}+$$
$$x_4x_{12}x_{13}x_{10}+x_4x_{18}x_{19}x_{14}x_{10}+x_4x_{20}x_{14}x_{10}+x_4x_{21}x_{14}x_{10}+x_4x_{22}x_{14}x_{10}+$$
$$x_5x_{12}x_{13}x_{10}+x_5x_{18}x_{19}x_{14}x_{10}+x_5x_{20}x_{14}x_{10}+x_5x_{21}x_{14}x_{10}+x_5x_{22}x_{14}x_{10}+$$
$$x_6x_7x_{12}x_{13}x_{10}+x_6x_7x_{18}x_{19}x_{14}x_{10}+x_6x_7x_{21}x_{14}x_{10}+x_6x_7x_{20}x_{14}x_{10}+$$
$$x_6x_7x_{22}x_{14}x_{10}+x_8x_{12}x_{13}x_{10}+x_8x_{18}x_{19}x_{14}x_{10}+x_3x_{20}x_{14}x_{10}+x_8x_{21}x_{14}x_{10}+$$
$$x_9x_{12}x_{13}x_{10}+x_9x_{18}x_{19}x_{14}x_{10}+x_9x_{20}x_{14}x_{10}+x_8x_{21}x_{14}x_{10}+x_8x_{22}x_{14}x_{10}$$

从而得出50个最小割集：

$P_1=\{x_3, x_{12}, x_{13}, x_{10}\}$　$P_2=\{x_3, x_{20}, x_{14}, x_{10}\}$　$P_3=\{x_3, x_{21}, x_{14}, x_{10}\}$

$P_4=\{x_3, x_{22}, x_{14}, x_{10}\}$　$P_5=\{x_4, x_{12}, x_{13}, x_{10}\}$　$P_6=\{x_4, x_{20}, x_{14}, x_{10}\}$

$P_7=\{x_4, x_{21}, x_{14}, x_{10}\}$　$P_8=\{x_4, x_{22}, x_{14}, x_{10}\}$　$P_9=\{x_5, x_{12}, x_{13}, x_{10}\}$

$P_{10}=\{x_5, x_{20}, x_{14}, x_{10}\}$ $P_{11}=\{x_5, x_{21}, x_{14}, x_{10}\}$ $P_{12}=\{x_5, x_{22}, x_{14}, x_{10}\}$

$P_{13}=\{x_8, x_{12}, x_{13}, x_{10}\}$ $P_{14}=\{x_8, x_{20}, x_{14}, x_{10}\}$ $P_{15}=\{x_8, x_{21}, x_{14}, x_{10}\}$

$P_{16}=\{x_8, x_{22}, x_{14}, x_{10}\}$ $P_{17}=\{x_9, x_{12}, x_{13}, x_{10}\}$ $P_{18}=\{x_9, x_{20}, x_{14}, x_{10}\}$

$P_{19}=\{x_9, x_{21}, x_{14}, x_{10}\}$ $P_{20}=\{x_9, x_{22}, x_{14}, x_{10}\}$ $P_{21}=\{x_1, x_2, x_{12}, x_{13}, x_{10}\}$

$P_{22}=\{x_1, x_2, x_{20}, x_{14}, x_{10}\}$ $P_{23}=\{x_1, x_2, x_{21}, x_{14}, x_{10}\}$

$P_{24}=\{x_1, x_2, x_{22}, x_{14}, x_{10}\}$ $P_{25}=\{x_3, x_{18}, x_{19}, x_{14}, x_{10}\}$

$P_{26}=\{x_{15}, x_{11}, x_{12}, x_{13}, x_{10}\}$ $P_{27}=\{x_{15}, x_{11}, x_{20}, x_{14}, x_{10}\}$

$P_{28}=\{x_{15}, x_{11}, x_{21}, x_{14}, x_{10}\}$ $P_{29}=\{x_{15}, x_{11}, x_{22}, x_{14}, x_{10}\}$

$P_{30}=\{x_{16}, x_{11}, x_{12}, x_{13}, x_{10}\}$ $P_{31}=\{x_{16}, x_{11}, x_{20}, x_{14}, x_{10}\}$

$P_{32}=\{x_{16}, x_{11}, x_{21}, x_{14}, x_{10}\}$ $P_{33}=\{x_{16}, x_{11}, x_{22}, x_{14}, x_{10}\}$

$P_{34}=\{x_{17}, x_{11}, x_{12}, x_{13}, x_{10}\}$ $P_{35}=\{x_{17}, x_{11}, x_{20}, x_{14}, x_{10}\}$

$P_{36}=\{x_{17}, x_{11}, x_{21}, x_{14}, x_{10}\}$ $P_{37}=\{x_{17}, x_{11}, x_{22}, x_{14}, x_{10}\}$

$P_{38}=\{x_4, x_{18}, x_{19}, x_{14}, x_{10}\}$ $P_{39}=\{x_5, x_{18}, x_{19}, x_{14}, x_{10}\}$

$P_{40}=\{x_6, x_7, x_{12}, x_{13}, x_{10}\}$ $P_{41}=\{x_6, x_7, x_{20}, x_{14}, x_{10}\}$

$P_{42}=\{x_6, x_7, x_{21}, x_{14}, x_{10}\}$ $P_{43}=\{x_6, x_7, x_{22}, x_{14}, x_{10}\}$

$P_{44}=\{x_8, x_{18}, x_{19}, x_{14}, x_{10}\}$ $P_{45}=\{x_9, x_{18}, x_{19}, x_{14}, x_{10}\}$

$P_{46}=\{x_1, x_2, x_{18}, x_{19}, x_{14}, x_{10}\}$ $P_{47}=\{x_{15}, x_{11}, x_{18}, x_{19}, x_{14}, x_{10}\}$

$P_{48}=\{x_{16}, x_{11}, x_{18}, x_{19}, x_{14}, x_{10}\}$ $P_{49}=\{x_{17}, x_{11}, x_{18}, x_{19}, x_{14}, x_{10}\}$

$P_{50}=\{x_8, x_7, x_{18}, x_{19}, x_{14}, x_{10}\}$

由以上分析可见，导致火灾爆炸的最小基本事件组合有 50 个，即每一个组合的基本事件同时发生时，都有可能导致顶上事件的发生。

2）结构重要度分析。根据结构重要度近似方法可以判断：

$I_{\phi(1)}=I_{\phi(2)}=I_{\phi(6)}=I_{\phi(7)}=I_{\phi(15)}=I_{\phi(16)}=I_{\phi(17)}$，$I_{\phi(3)}=I_{\phi(4)}=I_{\phi(5)}=I_{\phi(8)}=I_{\phi(9)}$，$I_{\phi(12)}=I_{\phi(13)}=I_{\phi(20)}=I_{\phi(21)}=I_{\phi(22)}$，$I_{\phi(18)}=I_{\phi(19)}$，因此只要判断 $I_{\phi(1)}$，$I_{\phi(3)}$，$I_{\phi(10)}$，$I_{\phi(11)}$，$I_{\phi(12)}$，$I_{\phi(14)}$，$I_{\phi(18)}$ 的大小即可。根据结构重要度系数计算公式：

$$I_{\phi(i)} = \sum_{X_i \in K_j} \frac{1}{2^{n_j-1}} \tag{7-1}$$

式中 n_j——每个割集中元素的个数。

得出：

$I_{\phi(1)}=4\times1/2^4+1/2^5=9/2^5$

$I_{\phi(3)}=4\times1/2^3+1/2^5=17/2^5$

$I_{\phi(10)} = 20 \times 1/2^3 + 25 \times 1/2^4 + 5 \times 1/2^5 = 135/2^5$

$I_{\phi(11)} = 12 \times 1/2^4 + 3 \times 1/2^5 = 27/2^5$

$I_{\phi(12)} = 5 \times 1/2^3 + 5 \times 1/2^4 = 14/2^4$

$I_{\phi(14)} = 15 \times 1/2^3 + 15 \times 1/2^4 + 5 \times 1/2^5 = 95/2^5$

$I_{\phi(18)} = 5 \times 1/2^4 + 5 \times 1/2^5 = 15/2^5$

因此算出的结构重要度的顺序为：

$I_{\phi(10)} > I_{\phi(14)} > I_{\phi(12)} = I_{\phi(13)} = I_{\phi(20)} = I_{\phi(21)} = I_{\phi(22)} > I_{\phi(11)} > I_{\phi(3)} = I_{\phi(4)} = I_{\phi(5)} = I_{\phi(8)} = I_{\phi(9)} > I_{\phi(18)} = I_{\phi(19)} > I_{\phi(1)} = I_{\phi(2)} = I_{\phi(6)} = I_{\phi(7)} = I_{\phi(15)} = I_{\phi(16)} = I_{\phi(17)}$

由此事故树分析可知，基本事件 X_{10}（达到爆炸极限），其结构重要度系数最大，是危险化学品发生火灾爆炸事故的最重要条件。其次是基本事件 X_{14}（通风不良），由此可见危险化学品的仓库选址和大气因素对于防止发生火灾爆炸事故也具有重要影响。

3. 控制

控制即安全控制，是根据安全评估，即事故树定性定量分析的结果，采取安全技术保障措施，降低隐患危害程度和防止危害进一步发展为事故。

预防事故（改进系统）措施在防火灾爆炸事故方面一般分为三类：防爆措施、物质隔离和防火措施。具体内容见表7-12。

表7-12 防火灾爆炸事故隐患措施

分类	安全措施	备注
防爆措施	1. 自动断电装置	当发生故障时，设备仪器可自动切断电源
	2. 冷却装置	保证发生故障时可维持10min以上正常温度
	3. 抑爆装置	可以减少爆炸的破坏程度
	4. 泄压装置	主要包括安全阀、爆破片、爆破帽等
	5. 计量装置	计量与安全有关的工艺参数，如压力表、温度计
	6. 警报装置	发生故障时进行报警，如压力报警器等
	7. 紧急停车装置	出现异常状况时可以紧急停车
	8. 计算机控制	直接控制工艺操作且具有失效保护功能
	9. 惰性气体保护	盛装易燃气体的设备有连续的惰性气体保护
	10. 操作指南操作规程	指导操作过程，保证安全作业

（续）

分　类	安全措施	备　注
物质隔离	1. 远离控制阀	各工艺单元配有遥控切断阀
	2. 备用泄料装置	包括备用通风管、备用储槽、备用排气系统
	3. 排放装置	可收集大量废物及泄露物
	4. 连锁装置	防止错误物流向及气流向
防火措施	1. 泄露检测装置	既有检测气体浓度功能，又有报警功能
	2. 钢质结构	有一定的耐冲击性、防火性和冷却性
	3. 消防水供应	要保证消防水供应有独立的动力源
	4. 自动喷洒系统	室内生产区和仓库需使用干或湿管喷洒灭火系统
	5. 泡沫装置	可燃液体储罐外应配有泡沫灭火装置
	6. 灭火器/水枪	配置手提或移动式灭火器或远距离控制水枪
	7. 电缆保护	电缆外金属壳涂耐火涂料或带喷水装置

4. *危害控制信息反馈*

危害信息反馈也是火灾爆炸事故隐患查找系统流程中的一个重要组成部分，它的具体步骤是，首先通过事故树分析，找出可能造成事故的具体隐患，然后对找出的具体事故隐患进行相应的控制（控制方法见表7-13），最后列表登记、报告、备案。

表7-13　隐患控制报告

检查日期：	隐患部位：	报告人：
隐患类别：	火源□　可燃物浓度□　达到爆炸极限□	
隐患责任人：		
控制方式：	防爆控制□　物质隔离□　防火措施□	
简要记述：		
安全效果：		

7.8.2　储存保管毒气中毒事故分析

在物流储存保管过程中，由于存在的人的不安全行为和危险物的不安全状态，常发生毒气中毒事故。毒气中毒事故，分为导致急性中毒和导致慢性中毒。对于慢性中毒，需要对工作人员进行体检才能查明原因，在此讨论的是导致急性中毒的事故隐患，通过加强日常检查、监督、纠察予以识别。

“监控法”是应对随机型隐患的一种有效方法，是将影响安全生产的易发生毒气中毒事故的工艺或部位作为监控点进行监控，例如对在前面已经提到的易发生泄漏事故的部位进行监控，并记录，记录内容见表7-14。

表 7-14　易发生泄漏部位的监控点记录

监控部位	监控点	有毒气体或蒸气浓度
管道	管道接口处	
挠性连接器	连接器接口处	
过滤器	过滤器与管道连接处	
阀门	1. 阀门盖处 2. 阀门与管道连接处	
压力容器及反应器	1. 容器与输送管道接口处 2. 容器与仪表管路接口处 3. 超压喷嘴处	
储罐	1. 储罐与管道连接处 2. 储罐与仪表管路连接处 3. 超压喷嘴处	
火炬燃烧器或放散管	1. 多歧接头处 2. 排气圆筒处	

除了检查是否有毒气泄漏超标，毒气中毒事故的其他方面隐患用鱼刺图表示，如图 7-35 所示。

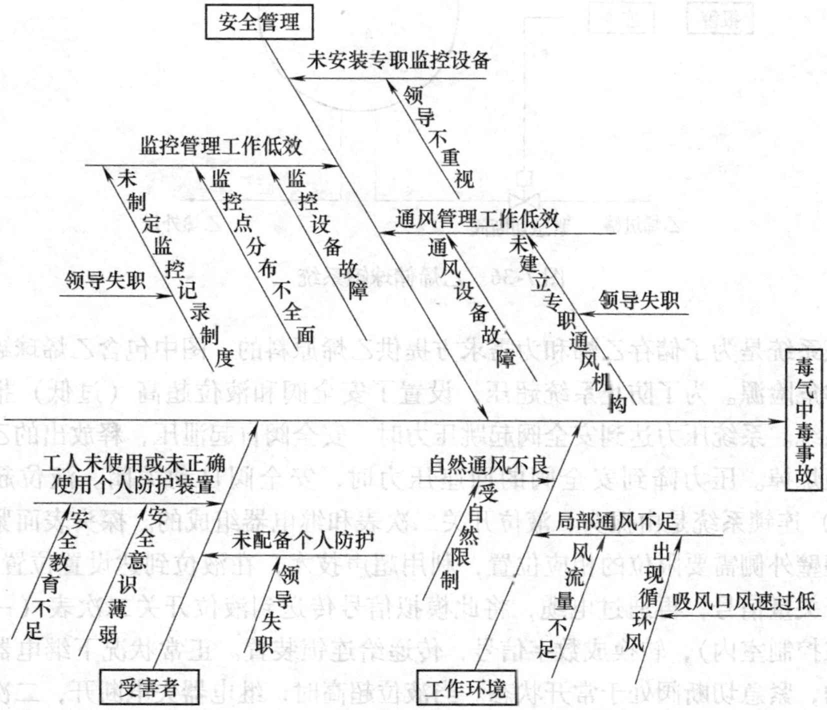

图 7-35　毒气中毒事故鱼刺图

对于低毒性毒物，一般采取通风排毒的方法收集或稀释，在排风量不大时也可依靠门窗渗透来补偿，对于高毒性毒物，则需进行人员的隔离或疏散，其本质是把人员与毒物分离。另外，对于防中毒，加强个人安全防护也是重要的措施之一，比如正确使用呼吸防护器，穿戴工作服，佩戴工作帽、防护手套、防护眼镜等。

7.8.3 储存保管系统物理爆炸事故分析

在危险化学品储存保管系统中，发生物理爆炸也是压力容器和储罐的常见事故类型，因为不同的子系统有各自不同的情况，在此，以图 7-36 中常见的乙烯储球罐安全系统为例，用安全检查表法检查设备是否有裂缝泄漏事故隐患，用 PHA、FHA、FTA 法对该系统中超压爆炸隐患进行查找。

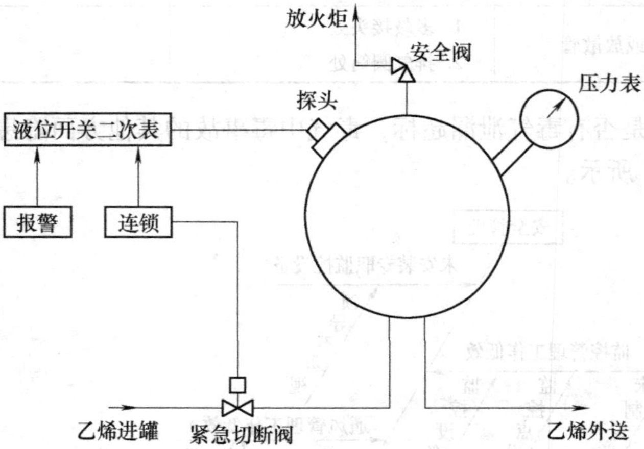

图 7-36 乙烯储球罐系统

该系统是为了储存乙烯和为需求方提供乙烯原料的。图中包含乙烯球罐这一基本危险源。为了防止系统超压，设置了安全阀和液位超高（过低）报警连锁系统。系统压力达到安全阀起跳压力时，安全阀自起泄压，释放出的乙烯被火炬烧掉。压力降到安全阀的回座压力时，安全阀自动关闭。液位超高（过低）连锁系统是由探头、液位开关二次表和继电器组成的。探头表面紧贴在球罐壁外侧需要限位的相应位置，利用超声技术，在液位到达设置位置时，产生开关量信号，再通过电缆，将此模拟信号传送到液位开关二次表（一般安装在控制室内），转换成数字信号，传递给连锁装置。正常状况下继电器是闭合的，紧急切断阀处于常开状态。当液位超高时，继电器失电断开，二次表报警连锁装置起动，紧急切断阀关闭，切断乙烯进入球罐。当液位过低时，继电器加电闭合，紧急切断阀开启，乙烯重新进入球罐。

1. 安全检查表法

安全检查表法用来检查乙烯球罐系统设备是否有裂缝泄漏，检查表格式见表7-15。

表7-15　乙烯球罐是否有裂缝安全检查表

检查项目	检查内容	是或否	备　注
管道	1. 乙烯进罐管是否有裂缝 2. 乙烯外送管是否有裂缝 3. 乙烯进罐管和紧急切断阀的连接是否有缝隙		
阀门	1. 正常工作时，安全阀与球罐间是否密闭 2. 安全阀自身是否有裂缝泄漏 3. 紧急切断阀是否发生泄露		
球罐	1. 乙烯球罐罐体是否有破裂 2. 乙烯进罐连接处是否有裂缝 3. 乙烯出罐连接处是否有裂缝 4. 压力表管路是否有破裂 5. 探头喷嘴处是否有裂缝泄露		
放火炬	多歧接头是否有裂缝泄露		

2. PHA 法

根据PHA法的分析步骤，编制了该系统在没有安装液位超高（过低）连锁系统之前所做的两种事故模式的PHA分析，见表7-16。

表7-16　乙烯球罐预先危险性（PHA）分析表

子系统或功能部件	危险因素	故障模式	触发事件	发生可能性	事故情况	事故后果	危险等级	防范措施
乙烯球罐子系统	高压液体	球罐超压爆炸	①安全阀不动作 ②液位提高	可能	①球罐严重损坏 ②发生火灾事故	大火、爆炸碎片、冲击波对人和装置造成严重危害	4级	①隔离球罐 ②增设安全装置
乙烯球罐子系统	高压液体	球罐在设计压力下爆炸	设备有缺陷	微小	①球罐严重损坏 ②发生火灾事故	大火、爆炸碎片、冲击波对人和装置造成严重危害	4级	投用前对球罐进行检测

通过 PHA 分析，系统在设计制造安装时要增加液位超高（过低）报警连锁系统。

3. FHA 法

仍以上图所示系统为例。在增设了液位超高（过低）报警连锁系统后，根据故障类型危险性分析的步骤对系统的安全阀和液位超高（过低）连锁部件进行故障危险性分析（FHA），见表 7-17。

表 7-17 故障危险性分析（FHA）法

功能部件	运行方式	故障模型	对子系统影响	对系统影响	事故后果	其他危险因素	危险程度	预防措施
安全阀	①高压 ②低压	①不能开启 ②不能关闭	①可能超压 ②较小影响	①乙烯球罐破坏 ②乙烯损失	①造成人身伤亡和财产损失 ②基本无影响	①人员接近球罐 ②无	①4级 ②2级	①经常检查 ②正确安装
液位超高过低连锁	高压	不动作	可能超压	乙烯球罐破坏	造成人身伤亡和财产损失	安全阀的可靠性	4级	①定期校验连锁装置②安全阀定期检查

4. FTA 法

按照事故树分析（FTA）的编制和分析程序，对该系统进行分析。

（1）编制事故树。图 7-37 所示为乙烯球罐超压爆炸事故树。

（2）事故树的定性分析。

1）求最小割集：

$$
\begin{aligned}
E &= x_1E_1 = x_1E_2E_3 = x_1E_1(E_5 + x_7) \\
&= x_1E_6x_4(x_6 + x_3 + x_7) \\
&= x_1(x_2 + E_8 + x_5)x_4(x_6 + x_3 + x_7) \\
&= x_1(x_2 + x_3x_4 + x_5)x_4(x_6 + x_3 + x_7) \\
&= (x_1x_2x_4 + x_1x_3x_4 + x_1x_4x_5)(x_6 + x_3 + x_7) \\
&= x_1x_3x_4 + x_1x_2x_4x_6 + x_1x_2x_4x_7 + x_1x_4x_5x_6 + x_1x_4x_5x_7
\end{aligned}
$$

上式 5 个最小割集中，其中一个组合发生，顶上事件就会发生。

2）求最小径集：

$$
\begin{aligned}
\overline{E} &= \overline{x_1} + \overline{E_1} = \overline{x_1} + \overline{E_2} + \overline{E_3} = \overline{x_4} + \overline{E_4} + \overline{E_5}\,\overline{x_7} = \overline{x_1} + \overline{E_6} + \overline{x_4} + \overline{x_6}\,\overline{x_3}\,\overline{x_7} \\
&= \overline{x_1} + \overline{x_2}\ (\overline{x_3} + \overline{x_4})\ \overline{x_5} + \overline{x_4} + \overline{x_6}\,\overline{x_3}\,\overline{x_7}
\end{aligned}
$$

$$=\overline{x_1}+\overline{x_4}+\overline{x_2}\,\overline{x_3}\,\overline{x_5}+\overline{x_3}\,\overline{x_6}\,\overline{x_7}$$

上式4个最小径集中，只要其中一个组合不发生。顶上事件就不会发生。

3）结构重要度分析。对每一事件的重要度进行分析，其结果如下：

$$I_\phi(1)=I_\phi(4)>I_\phi(3)>I_\phi(2)=I_\phi(5)=I_\phi(6)=I_\phi(7)$$

由此得知，安全阀失效是导致乙烯球罐发生爆炸的最主要原因，看来在危险化学品的生产储藏设备中，安全泄压阀等安全装置起着非常重要的作用。

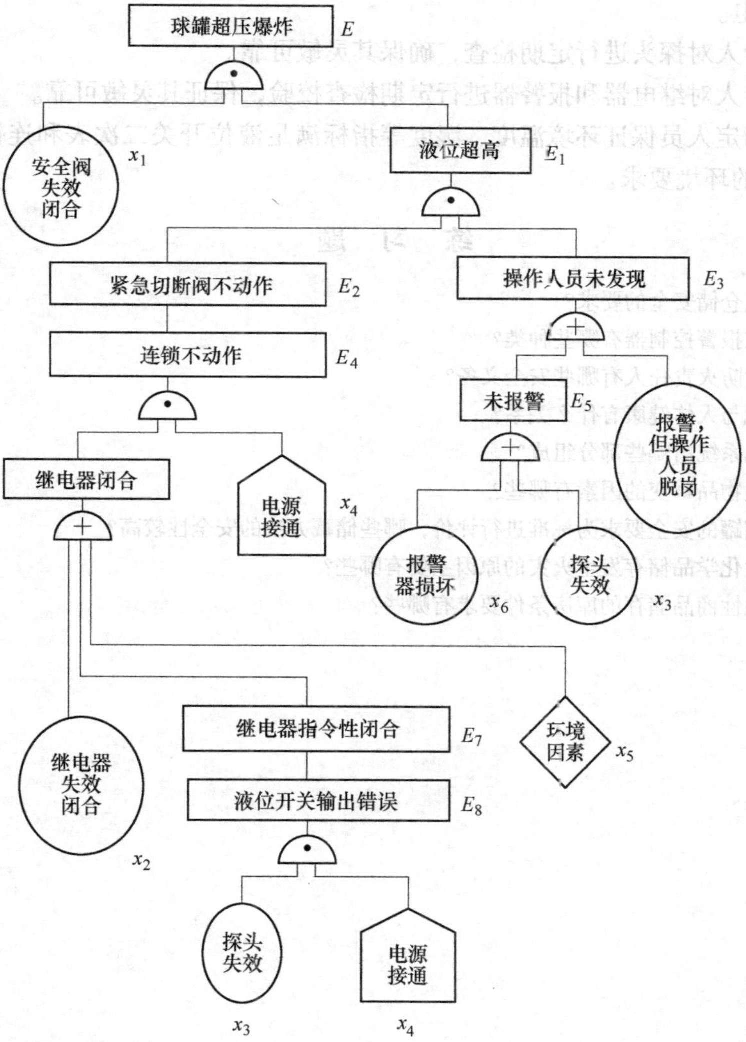

图7-37　乙烯球罐超压爆炸事故树

（3）采取预防措施。根据对事件的重要度分析，在系统投入运行前或运行中，要采取以下安全措施，降低球罐发生超压事故的可能性。由于整个系统是从人的行为触发考虑的，故此预防措施要充分考虑到人员的责任：

1）指派专门的人员进行安全阀的定期检查校验。

2）设计人员应考虑再增加一个安全阀，提高安全系数。此方案应由专门的设计人员进行检验和实施。

3）指派专门人员对系统报警和连锁装置进行检查，确保其失效时电源也会立即断电。

4）专人对探头进行定期检查，确保其灵敏可靠。

5）专人对继电器和报警器进行定期检查校验，保证其灵敏可靠。

6）指定人员保证环境温度、湿度等指标满足液位开关二次表和连锁装置正常运行的环境要求。

练　习　题

1. 现代仓储安全的要求？
2. 火灾报警控制器有哪些种类？
3. 仓库防火责任人有哪些安全义务？
4. 通风与人体健康有什么关系？
5. 通风系统由哪些部分组成？
6. 引起物品霉变的因素有哪些？
7. 以储罐的安全要求为标准进行评价，哪些储藏方法的安全性较高？
8. 危险化学品储存发生火灾的原因主要有哪些？
9. 腐蚀性商品储存的库房条件要求有哪些？

第 8 章

装卸搬运安全

在现代物流过程中，装卸搬运活动是不断出现和反复进行的，它出现的频率高于其他物流基本活动。装卸搬运作业需要人与机械、货物、其他劳动工具相结合，工作量大，情况变化多，很多作业环境复杂，这些都导致了装卸搬运作业中存在着不安全的因素和隐患。

8.1 装卸搬运

装卸是指物品在指定地点以人力或机械装入运输设备或卸下。它一般是以垂直位移为主的实物运动形式，其作用结果是物品从一种支撑状态以一定的空间垂直位移变化转变为另一种状态。装卸存在于从原材料输送给工厂开始到厂商或商品消费者手中的全部流通过程中，伴随着包装、保管、运输所必须进行的活动。

搬运是指同一场所内对物品进行以水平移动为主的物流作业。它一般是指在区域范围内（通常指在某一物流节点，如仓库、车站或码头等）物品所发生的短距离、以水平方向为主的位移。搬运的“运”与运输的“运”的区别在于：搬运是在同一地域内的范围内发生的，运输则是在较大范围内发生的，两者是量变到质变的关系，中间并无一个绝对的界限。

在实际物流操作中，装卸与搬运是密不可分的，两者是伴随在一起发生的。因此，在物流学科中并不过分强调两者的差别，而是把它们作为一种活动来对待，即把某一物流节点范围内进行的、以改变物料的存放状态和空间位置为主要内容和目的活动统称装卸搬运。

在现代物流过程中，装卸搬运活动是不断出现和反复进行的，它出现的频率高于其他物流基本活动，每次装卸搬运活动都要花费很长时间，往往决定物流速度的关键。装卸搬运的特点具体表现在以下几方面：

（1）装卸搬运是附属性、伴生性的活动。装卸搬运是物流每一项活动开始及结束时必然发生的活动，因而有时常被人忽视，有时被看做其他操作不可或缺的组成部分。例如，一般而言的“交通运输”，就实际包含了相随的装卸搬运；仓库中泛指的保管活动，也含有装卸搬运活动。

（2）装卸搬运是支持、保障性的活动。装卸搬运的附属性不能理解成被动的，实际上，装卸搬运对其他物流活动有一定的决定性。装卸搬运会影响其他物流活动的质量和速度。例如，装车不当，会引起运输过程中的损失；卸放不当，会引起货物转换成下一步运动的困难，许多物流活动在有效的装卸搬运支持下，才能实现高效率。

（3）装卸搬运是衔接性的活动。在任何其他物流活动互相过渡时，都是以装卸搬运来衔接的，因此，装卸搬运往往成为整个物流“瓶颈”，是物流各功能之间能否形成有机联系和紧密衔接的关键，而这又是一个系统的关键。建立一个有效的物流系统，关键看这一衔接是否有效。比较先进的系统物流方式——联合运输方式就是为解决这种衔接而出现的。

8.2 人力搬运安全

在一些机械无法操作或条件不允许机械进行操作的时候，人力搬运显得尤为重要。人力搬运的安全要求主要有以下几个方面：

（1）搬运重物之前，应采取防护措施，戴防护手套、穿防护鞋等，衣着要合体、轻便。

（2）搬运重物之前，检查物体上是否有钉、尖片等物，以免造成损伤。

（3）应用手掌紧握物体，不可只用手指抓住物体，以免脱落。

（4）靠近物体，将身体蹲下，用伸直双腿的力量，不要用背脊的力量，缓慢平稳地将物体搬起，不要突然猛举或扭转躯干。

（5）当传送重物时，应移动双脚，而不是扭转腰部。当需要同时提起和传递重物时，应先将脚指向欲搬往的方向，然后才搬运。

（6）不要一下子将重物提至腰以上的高度，而应先将重物放于半腰高的工作台或适当的地方。纠正好手掌的位置，然后再搬起。

（7）搬运重物时，应特别小心工作台、斜坡、楼梯及一些易滑倒的地方，经过门口搬运重物时，应确保门的宽度，以防撞伤或擦伤手指。

（8）搬运重物时，重物的高度不要超过人的眼睛。

（9）当有两人或两人以上一起搬运重物时，应由一人指挥，以保证步伐统一及同时提起及放下物体。

（10）当用小车推物时，无论是推、拉，物体都要在人的前方。

人力搬运量最大限值应符合表 8-1 的规定。

表 8-1 人力搬运量最大限值

性别	搬运类别	单位	搬运方式		
			搬	扛	推或拉
男	单次质量	kg	15	50	300
	全日质量	t	18	20	30
	全日搬运质量和相应步行距离乘积	t · m	90	300	3000
女	单次质量	kg	10	20	200
	全日质量	t	8	10	16
	全日搬运量和相应步行距离乘积	t · m	40	150	1600

8.3 装卸搬运车辆安全

装卸搬运车辆是依靠机械本身的运行和装卸机构的功能，实现物品的水平搬运和装卸、码垛（小部分车辆无装卸功能）的车辆。

装卸搬运车辆主要在堆场或仓库内作业，运行距离短，行驶速度低，活动范围小。虽然其底盘结构与汽车有相似之处，但是性能参数却有很大的差异。

装卸搬运车辆按其动力装置可分为电动车辆和内燃车辆。电动车辆由电动机驱动，一般用蓄电池供电。这类车辆结构简单，操作容易，运转平稳，噪声小，无排气污染，维修方便。但受蓄电池容量的限制，驱动功率小，作业速度低，对路面要求高，且须设置充电设施。因此只有用于库内作业的小型车辆才用电动机作为动力。内燃车辆以内燃机作为动力，结构复杂，维修保养麻烦，排气污染重，噪声大。但其储备功率大，牵引性能好，工作效率高，对路面要求低，因而得到广泛应用。

装卸搬运车辆（以下也简称车辆）主要有叉车、单斗车、跨运车、集装箱正面吊运机、牵引车和挂车以及搬运车等几类。

8.3.1 叉车

叉车又名叉车装卸机，它以货叉作为主要的取物装置，依靠液压起升机构实现货物的托取、码垛等作业，由轮胎运行机构实现货物的水平运输。叉车除了使用货叉外，还可更换各种类型的取物装置以适应多种货物的装卸、搬运和堆垛作业。叉车根据其结构和功用，又可分为平衡重式叉车、插腿式叉车、前移式叉车、侧面式叉车、集装箱叉车等。

平衡重式叉车（见图8-1）的货叉位于叉车前部，为了平衡货物重量产生的倾翻力矩，在叉车的后部装有平衡重，以保持叉车的稳定。平衡重式叉车通用性强，是使用最为广泛的一种叉车。平衡重式叉车产品型号众多，额定起重量小的不到1吨，大的可达数十吨。中型的平衡重式叉车可把货物提升3m高。

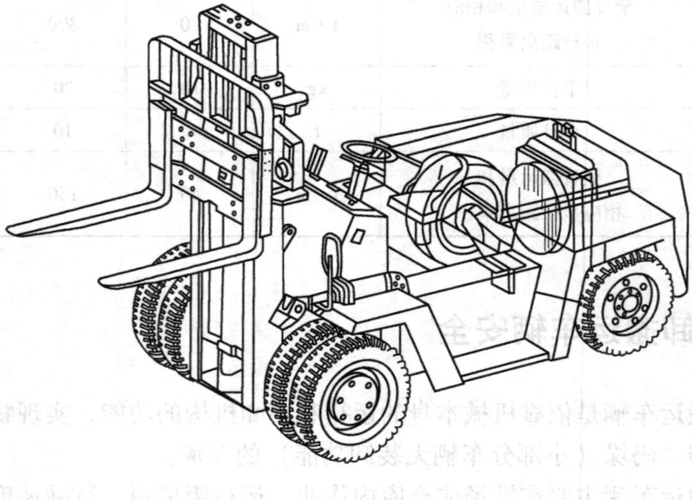

图8-1 平衡重式叉车

插腿式叉车（见图8-2）的两条支腿向前伸出，支承在很小的车轮上。支腿的高度很小，可连同货叉一起插入货物底部，然后由货叉托起货物。货物的重心落在车辆的支承平面内，因而稳定性很好，不必设置平衡重。插腿式叉车一般用电动机驱动，蓄电池供电，起重量小，车速低，对路面要求高，但结构简单，外形小巧，适用于通道狭窄的库内作业。

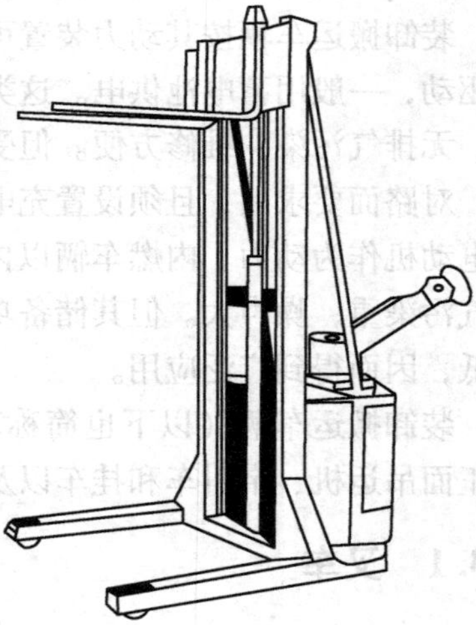

图8-2 插腿式叉车

前移式叉车（见图8-3）也有两条前伸的支腿，但是前轮较大，支腿较高。作业时支腿不能插入货物底部，而门架可以带着整个起升机构沿支腿内侧的轨道前移。叉取货物后稍微起升一个高度即可缩回，保证叉车运行时的稳定。前移式叉车一般用电动机驱动，额定起重量在2t以下。

侧面式叉车（见图8-4）的门架、起升机构及货叉位于叉车中部，并可沿横向导轨移动。货叉在侧面叉取货物后，起升一定高度，门架缩回，降下货叉，可把货物搁在叉车货台上。起升机构在车辆行驶时不受载。由于货物重心在前后车轮支承平面内，因而纵向稳定性很好。侧面式叉车适合装卸搬运长件货物，如型钢、管材、木料等。为了减小一侧车轮的载荷，并保证叉车的横向稳定性，叉取货物时宜放下侧面液压支腿。

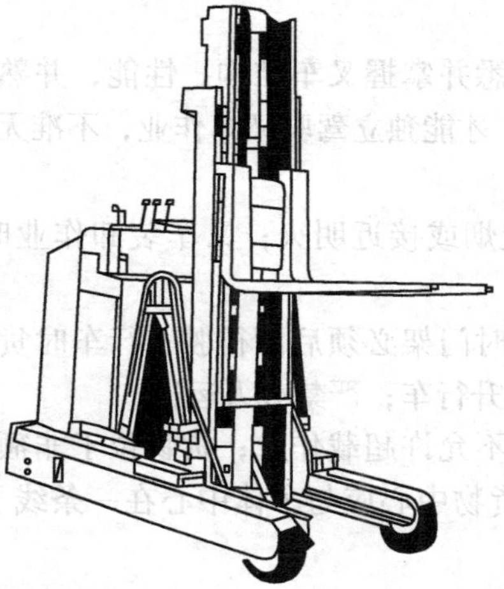
图 8-3 前移式叉车

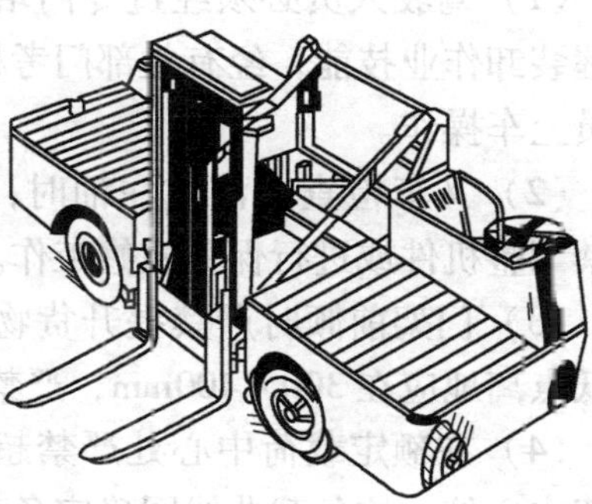
图 8-4 侧面式叉车

集装箱叉车专门用于集装箱的装卸搬运，也有正面式（见图 8-5）和侧面式两类。集装箱底部托板制有叉孔，起重量足够大的通用型叉车也可叉起 10t 以下的小型集装箱。但是对于长 30ft（1ft = 0.3048m，下同）以上的大型集装箱，若用货叉直接在集装箱中部叉起，该部位受到的应力很大，可能造成集装箱的变形甚至损坏。集装箱叉车装备特制的顶吊框架，可以抓住集装箱顶部的角配件进行装卸。大型集装箱叉车能提起 30 ~ 40ft 长的满载的集装箱，并堆放到两个箱高。专用的空箱叉车可把 40ft 空箱堆至 7 个箱高。

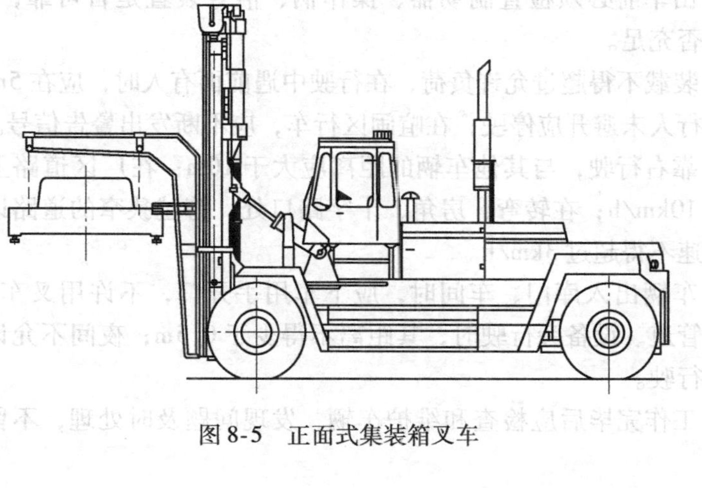
图 8-5 正面式集装箱叉车

在工业生产过程中，许多原材料的运进、成品的输出，以及半成品在车间与车间、工序与工序之间进行装卸、运输、堆垛等，都需要叉车作业。叉车运输是厂内运输的主要形式之一。加强叉车装卸运输的安全管理，建立健全安全操作规范，以及对叉车驾驶员的安全技术培训和专业知识教育。对于减少企业内叉车生产事故，提高装卸运输效率，都有着十分重要的意义。

1. 叉车安全使用守则

（1）驾驶人员必须经过专门培训，熟悉并掌握叉车结构、性能，并熟练掌握装卸作业技能，经有关部门考核合格，才能独立驾驶叉车作业，不准无证人员上车操作。

（2）叉车检查燃油或注油时，不可吸烟或接近明火；叉车装卸作业时，严禁调整机件或进行保养检修工作。

（3）门架前倾时严禁提升货物，运行时门架必须后倾行驶；行车时货物的低点离地应在300~400mm，严禁货物提升行车；严禁载人运行。

（4）在额定载荷中心处严禁超载，更不允许超载作业；货物位于非额定载荷中心处，按负载曲线图确定负载量，货物中心应与车体中心在一条线上，不许偏载。

（5）装卸作业中严禁一切人员在货叉下停留；开车或起吊货物时先鸣号；非紧急情况下严禁突然制动，以防货物抛出损坏并砸伤人；严禁高速急转弯。

（6）坡道停驶时应用手制动器，并采取防滑措施；下坡时严禁使用空挡滑行。

（7）工作时间不得擅自离开岗位；下车熄火，钥匙随身带走。

（8）叉车只许在厂区行驶，不准任意开出厂外上公路干线，避免发生危险。

2. 叉车安全操作规范

（1）出车前必须检查制动器、操作柄、信号装置是否可靠；燃油、水、润滑油是否充足。

（2）装载不得超过允许负荷，在行驶中遇前面有人时，应在5m以外发出信号，如行人未避开应停驶；在喧闹区行车，应不断发出警告信号。

（3）靠右行驶，与其他车辆的距离应大于10m；在厂区道路上行驶车速不得超过10km/h；在转弯、房角、十字路口处，跨越狭窄的道路以及车间仓库内，车速不得超过3km/h。

（4）车辆出入库门、车间时，应下车用手开门，不许用叉车把门顶开；在机床、管道、设备旁行驶时，其距离不得少于0.5m；夜间不允许在无照明的道路上行驶。

（5）工作完毕后应检查和维护车辆，发现问题及时处理，不留隐患，不允许“带病”作业。

(6) 叉车运行时载荷必须处在不妨碍行驶的最低位置，门架要适当后倾，不得升高载荷。

(7) 叉车由后轮控制转向，转弯不得过急，防止“自由转弯”的倾向，熟练掌握回转方向盘的操作要领。

(8) 叉车上下坡时应缓慢而匀速地运行，不得在坡道上转弯，也不得横跨坡道行驶。当坡度大于 10% 时，如可能，须将载荷和承载机构以上仰的方式运行。

(9) 不准装载超过允许载重的货物；确定货物的重心位置，对于稳固情况不好和重心位置高的货物，要用钢丝绳捆好，防止货物崩塌和倾倒；货物上不准站人。

(10) 不准驾驶员用湿手和油手开车。驾驶座的周围不准有杂物。

3. 叉车作业安全规程

(1) 作业前注意观察周围人员动态，注意保护行人，严禁任何人站在或通过叉车起升部分的下面。

(2) 用货叉叉货时，叉距应适合于载荷的宽度，货叉尽可能深地叉入载荷下面，用最小的门架后倾来稳定载荷，防止载荷后滑；放下载荷时门架可稍稍前倾，以便安全放下货物和抽出货叉。

(3) 堆垛时应采用载荷能稳定的最小门架后倾，缓慢接近货堆后，调整门架至垂直位置，并把载荷提升至稍高于堆垛的高度，将叉车前移，放下货叉卸下载荷，再抽出货叉降至运行位置，必须确保堆成的货垛是稳定的。

(4) 堆垛时叉车在接近货堆 0.3m 处停下，调整叉距，门架要垂直，把货叉升高到能插入货物下，再缓缓提升货叉，使货物脱离货堆；同时适当后倾门架，使货物稳定，叉车后退，将货物移出货堆；再将货物降至运行位置，使门架处于最大后倾位置开始运行。

(5) 货叉应尽量放低行驶，以距地面 30~40mm 为宜，门架应适当后倾，行驶中不得任意提升或降低货叉，不得在坡道上转弯及横跨坡度行驶；铲运妨碍驾驶视线的货物应倒行。

(6) 叉运钢板时，钢材的重心应在两齿中间，货叉进入钢板下的深度，应留出货叉根部 15mm；对特殊钢板，货叉全长不及钢板宽 2/3 时不宜操作；叉车起升后，门架不宜过分后倾，以免钢板重量全部集中在两叉尖。

(7) 叉运卷钢应使货叉两齿并拢，货叉两齿伸入卷钢板孔中，靠紧卷钢板边堆放时，要求卷钢板之间靠紧，不留空隙。叉运圆钢时，叉取所需数量圆钢后，门架随即后倾；堆垛时，先对准堆垛位置，然后门架前倾，让圆钢自动滚落，再用填块塞牢。

(8) 叉运箱装物资时，根据箱外重心标志，必须将重心放在叉齿间；货叉进入深度应接触到箱底全部枕木，将门架后倾再起升。堆垛时货叉放平，然后轻轻放下。若箱宽超过齿全长，在箱重小于叉车起重量的情况下，允许在叉齿前端部套上齿套，待箱底横条全部搁在叉齿上方可叉运。

(9) 叉运货盘组货物时，叉尖应贴地，不可跷起；叉齿尖伸进货盘底面后，宜用低速挡操作，不可用高速挡冲入；货叉起升后，如前方因货物挡住驾驶员视线，应停止行驶。

(10) 叉运油桶时，每次最多吊运8桶，前后各4桶，用桶夹夹住后，叉架方可升起；若出现油桶两头高低不平时，应将叉架轻落，使油桶与地面稍稍接触，待夹子链条自行调整好后再起升。

4. 叉车技术状况检验标准

(1) 车身外表部分。

1) 叉车外表应整洁，车身应周正，左右对称，外表不得有明显的凸起及塌陷。

2) 车身平整美观，线条流畅，漆色整体协调统一，无较严重的掉漆。

3) 车上座垫、扶手安装牢固，行车中无松旷及异响现象。

(2) 发动机部分。

1) 发动机整洁，运转平稳，动力性好，无异响，起运和关闭熄火控制正常。

2) 点火系统、燃料系统、润滑系统、冷却系统机件齐全，性能良好，安装牢固；线路及管路不磨不碰，无漏油、漏水、漏气等现象。

3) 发动机润滑油必须清洁，油量必须达到规定的标准。

(3) 传动系统。

1) 离合器分离时要分离彻底，结合时要平稳、不打滑、无异响；踏板应有适当的自由行程。

2) 变速器无跳挡、乱挡；差速器不缺油、不漏油、无异响现象。

3) 各部位连接螺杆齐全紧固。

(4) 转向系统。

1) 转向盘应有一定的自由转动量，不得大于原厂规定。

2) 转向轻便灵活，行驶中不得有轻飘、摆振、抖动、阻滞及跑偏现象。

3) 转身系统不得缺油、漏油；固定托架必须牢固。

(5) 制动系统。

1) 脚刹车的踏板应有适当的自由行程，不得大于或小于原厂规定。

2) 叉车在行驶中，脚踩刹车踏板应在第一脚能达到较好的制动效果，并无跑偏现象。

3）拉紧手刹柄能产生制动作用；在一般坡道上，车辆不自动滑溜，拉杆或拉线等机件应完好无损。

（6）操纵液压起重装置。

1）各操纵机构均应操作灵活，工作可靠。

2）油泵分配阀、起升油缸、倾斜油缸等不漏油。

3）各连接部位必须牢固可靠。

4）起重门架及货叉必须安装牢固，任何部位不得有裂纹，并不得随意拼凑焊接。

5）起重传动链条工作可靠，装配应不紧不旷，装配角度正确；链条传动齿轮、滑轮各部螺钉齐全有效、润滑良好，行驶或作业中不抖动，无异响。

（7）行驶系统。

1）车架不得有变形、开裂或锈蚀，各部位螺母、螺栓、铆钉不得短缺、松动，底盘需均匀涂漆。

2）底盘减振钢板或减振弹簧安装牢固，不得有断裂现象。

3）同一桥上左、右车轮应装用同型号、同花纹的轮胎；轮胎气压应符合规定。

4）轮毂、轮辋应完整无损，安装松紧适度，各部位螺钉齐全、紧固有效。

（8）灯光电器系统。

1）所有灯光开关要安装牢固，开启、关闭自如，不得因振动自行开闭、松脱或改变光照方向。

2）灯光必须齐全，工作良好。

3）必须使用低噪声喇叭，并不得有怪叫声。

4）所有电器导线均须捆扎成束，布置整齐，固定卡紧，连接牢固。

5）蓄电池外表清洁，固定牢固，电池内的电解液的液面应达到规定标准。

8.3.2 搬运车

搬运车是一种用于载货的车辆，主要在物流据点内，进行水平搬运。小车上的载荷平台有固定式和升降式。升降式搬运车的载荷平台较低，可以伸入货架或托盘底部，托起货架或托盘后进行搬运。

地面无人搬运系统（简称 AGVS）是 20 世纪 60 年代出现的搬运技术，是当今柔性制造系统（FMS）和自动化仓储系统中物流运输的有效手段。它是随着工厂自动化和柔性生产系统（FMS）的诞生而发展起来的，现广泛应用于物流产品流程系统中，提高物流效率。地面无人搬运系统类型很多，主要有拖链小车无人搬运系统、无人搬运车系统和自动导引搬运车（AGV），其中国际上无人搬运车的需求量从20世纪80年代起一直稳定增长。图8-6为常见的地面无人搬运设备图。

图8-6　地面无人搬运设备图

AGV系统的控制是通过物流上位高度系统、AGV地面控制系统和AGV自动运输车载控制系统组成的相互协作完成，其原理如图8-7所示。

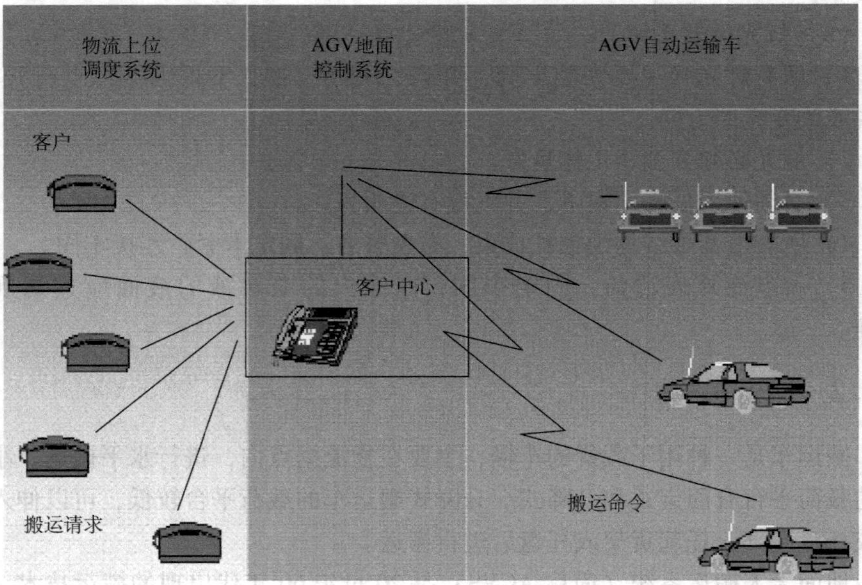

图8-7　自动运输车载控制系统原理图

1. 无人搬运系统的安全装置

自动化安全装置的构成，是基于安全保障体系的系统工程。

就AGV而言，通常可分为自动搬运车、自动拖车和自动叉车等几类，此外，根据导引的方式不同，又可分为电磁导引、激光导引、惯性导引等多种AGV形式，如带侧叉装置的LGV－推挽式电磁导引车、侧辊式激光导引车、正叉式激光导引车，以及其他形式，由于功能用途和结构的差异，其安全装置的设置有差异。例如，自动拖车和自动叉车的安全装置就不同。因此，笔者在此文中不作各种车型的安全装置的详细论述，而是综合各种结构，进行各种功用结构的安全论述。

（1）车身。车身是装配AGV其他零部件的主要支撑装置，是运动中的主要部件之一。无论是框式结构还是其他机构，考虑运行中的AGV可能会同人或者其他物体相碰撞，除了操作上的需要，车身的外表不得有尖角和其他突起等危险部分。

（2）障碍物接触式缓冲器。为了避免碰撞产生的负面影响，确保运行环境中人和物的安全，在AGV车身上必须设置有障碍物接触式缓冲器。一般地，障碍物接触式缓冲器设置在AGV车身运行方向的前后方，缓冲器的材质具有弹性和柔软性，这样，即使产生碰撞事故，不会对与之碰撞的人和物及其自身造成大的伤害，故障解除后，能自动恢复其功能。缓冲器的宽度，在正常情况下，大于或等于车身宽度。当产生碰撞事故时，缓冲器能及时使自动搬运车停车。

障碍物接触式缓冲器是一种强制停车安全装置，它产生作用的前提是与其他物体相接触，使其发生一定的变形，从而触动有关限位装置，强行使其断电停车。显然，这种机构的作用将受到路面的光滑平整度、整车及载货重量、运行速度、限位装置的灵敏度等因素的影响，其安全保护措施是终端安全保护屏障。

（3）障碍物接近检测装置。障碍物接近检测装置是障碍物接触式缓冲器作用的辅助装置，在规定有效作用范围内，AGV在所有的场合对于确保安全是必不可少的，在此范围内，它将带给AGV合适的运行速度，减小惯性，缓慢停车，它是先于障碍物接触式缓冲器发生有效作用的安全装置。

为了安全起见，障碍物接近检测装置最好是多级的接近检测装置。一般障碍物接近检测装置有两级以上的安全保护设置，如在一定距离范围内，它将使AGV降速行驶，在更近的距离范围内，它将使AGV停车，而当解除障碍物后，AGV将自动恢复正常行驶状态。

障碍物接近检测装置包括激光式、超声波式、红外线式等多种类型，都有成熟的产品面市。

（4）自动装卸货物的执行机构的安全保护装置。AGV的主要功能是解决物料的全自动搬运，除了其全自动运行功能外，还有自动装载和卸载货物的装置。如辊道式 AGV 的辊道、叉车式 AGV 的货叉等，这类机构应归为自动装卸货物的执行机构。

执行机构为 AGV 上“动中之动”的结构，其安全保护装置为又一难点，这类结构包括机械和电气两大类。一般地在同一辆车上，机械和电气这两类保护装置都具备，互相关联，同时产生保护作用。如位置定位装置、位置限位装置、货物位置检测装置、货物形态检测装置、货物位置对中结构、机构自锁装置等结构。

（5）警报装置。为了告知 AGV 的运动状态和唤起周围的注意，AGV 须装备多种警报装置：

1）自动运转显示灯：AGV 自动运行时，显示灯亮，AGV 处于非自动运行状态时，显示灯亮灭。

2）运行警报器：AGV 在运行及移载过程中，根据不同的环境，警报装置产生相应的警报信息。

3）前进警报器：AGV 由停止状态进入运行状态时，在前进之前发出警报。

4）后退警报器：AGV 处于后退运行状态时，发出警报。

5）异常警报器：AGV 发生异常时，警示灯亮，警报器发出声音告诉人们发生了异常情况。

6）左传、右转显示灯：识别 AGV 的左传和右转方向，显示灯相应亮。

7）急停装置：AGV 在突发异常状况下，必须有急停装置维护自身。急停装置位于车身上便于识别、操作的位置，通过“手按”等简单的操作即可实现紧急停止的功能；具有系统连锁保护功能，紧急停止后，只要停止原因的安全性得不到确认，即使已解除异常，AGV 也不会再次起动运行；具有手动控制功能，在异常状况下，操作人员可以通过手动操作 AGV。

8）状态监视装置：监视 AGV 运行状态，特别是当 AGV 发生异常时，能够具有了解该状态及其原因的监视功能。

（6）充电保护装置。AGV 结构设计的又一难点是其动力源装置的设计。动力源的功率大小直接影响 AGV 的功用，而动力源的体积大小将直接影响整车的体积及外观造型。

蓄电池被选为 AGV 动力源。铅酸蓄电池、镉镍蓄电池、镍锌蓄电池、镍氢蓄电池、锂离子蓄电池等可供选用，需要考虑的因素除了功率大小、安时数多少、功率重量比、体积大小等外，最关键的因素是要考虑充电时间的长短和维护的难易性。快速充电为大电流充电，一般为专业的充电装备，其本身必须有充电限制装置和安全保护装置。

充电装置在小车上的布置方式有多种，一般有地面电靴式、壁挂式等。在设计过程中，必须结合AGV的运行状况，综合考虑其在运行状态下可能产生的短路等因素，从而考虑设置AGV的安全保护装置。

2. 无人搬运系统的安全运行

（1）应满足安全行走的需要，在AGV运行路径上，考虑使用警报、标志、信号、色彩、安全杆等警示物，以确保安全。

（2）为了防止与人、周围设施相撞，根据需要可考虑设置相应的防撞装置。

（3）AGV在与站台、自动门、电梯等设施进行连动的场合，要系统地考虑方方面面的联动因素，使其运动相互协调，与AGV的运行连锁。

（4）要确实做到与周围装置以及相关设备的货物、情报的接受等动作相互协调，做到安全起动和连续运转。

（5）特殊环境，事前要对其环境条件进行核实、明确，并根据需要设定特殊的AGV运行规则。

（6）铺设适于AGV安全行驶的路面，并在其范围内显示安全通道和安全行驶区域。行驶通道与一般通道公用的场合，确保行人与AGV行驶通道间有行人可以避让车辆的安全空间。通常情况下，AGV运行通道应尽量限制行人进入。在交叉路口、分叉口、急转弯路口等地方，由于看不到车辆，行人可能会意想不到地与AGV相撞，因此，要在这些地方设置安全避让场所，并设置醒目标志。

（7）针对AGV不同的导引系统，对行驶区域周围使用的动力设备、电气配线、照明装备、空气机等发出的电磁波、光、超声波以及车轮与路面摩擦所产生的静电等干扰因素，应设置相应的安全防护措施。为了保证AGVS设备的安全调度运行，首先要求构建精确的底层基础数据库，如电磁导引式地面路径的布置，激光导引式的激光放射板的布置及路径的绘制等，都必须经过科学的规划和精确的测定。底层提供给上位计算机系统的数据必须科学、准确，并且能够进行有效控制，也就是说底层和上位计算机的通信必须通畅、安全可靠。

（8）AGVS的正常运行，必须遵守一定的调度原则。如任务优先，执行任务运行中的AGV，必须在完成当前任务后，再进行其他工作；运行中的AGV就近完成任务，系统中的AGV个体，能够随机判定就近执行任务的优先权；AGV在正常运行中必须遵守交通管制原则等。计算机管理系统软件必须包括这些原则的智能诊断和根据接收信息处理异常故障的功能。

（9）计算机管理系统软件本身必须具备的自行诊断、自我保护功能，以及异常故障清除后的系统自动恢复功能。

总之，计算机管理系统实行有效的、管控一体的指挥调度，对于在正常运行中的AGV是必需的。作为调度中枢，计算机管理系统必须保证AGVS在实际生产过程中的安全运行，也必须保证系统自身的安全。

8.4 起重安全

起重机械是用来对物料、工件进行起重、运输、装卸和安装等作业以及对人员进行提升运输作业的机械设备的总称，广泛用于物流装卸搬运。

8.4.1 起重设备

当前物流装卸搬运活动中经常使用的起重设备主要有轻小型起重机、桥式类起重机、臂架类起重机和堆垛起重机。

1. 轻小型起重机

轻小型起重机是指仅有一个升降运动的起重机，如滑车、手动或电动葫芦等。其中，电动葫芦（见图8-8）是在工字钢下翼缘运行的起重机械，一般由带制动器的锥形异步电动机驱动。为了减小外形尺寸，它一般采用行星减速机，并安排电动机、减速机和钢绳卷筒呈同轴布置。运行轨道可以按照工艺路线的需要进行布置，一般由直线或曲线的工字钢组成。

图8-8 电动葫芦

2. 桥架类起重机

桥架类起重机是可在矩形场地及空间进行作业的起重机。它用一个横跨空间的横梁或桥架支撑起重机构、运行机构，完成起重作业。主要类型有桥式起重机、龙门起重机、梁式起重机等。

（1）桥式起重机。桥式起重机是横架于车间、仓库及露天货场上方用来吊运各种物品的机械设备，通常称为“桥吊”、“天车”或“行车”。常用的桥式起重机有桥式吊钩起重机、桥式抓斗起重机、桥式电磁起重机、三用桥式起重机、双小车桥式起重机和电葫芦双梁桥式起重机。图8-9为双钩桥式起重机。

图8-9 双钩桥式起重机

（2）龙门起重机（见图8-10）。龙门起重机又称龙门吊或门式起重机，它是由支承在两条刚性或一刚一柔支腿上的主梁构成的龙门框架而得名，具有场地利用率高、作业范围大、适应面广、通过性强等特点，在仓库、货场、车站、港口、码头等场所，担负着生产、装卸、安装等作业过程中的货物装卸搬运任务。

3. 臂架类起重机

臂架类起重机是可在环形场地及其空间作业的起重机。主要由可以旋转和变幅的臂架支撑并完成起重作业。常用的类型有门座起重机、汽车起重机（见图8-11）、轮胎起重机等。

图8-10 龙门起重机

图8-11 汽车起重机

4. 堆垛起重机

堆垛起重机（见图8-12）是可以在自动化仓库高层货架之间或高层码垛货场完成取送、堆垛、分拣等作业的起重机。其突出的特点是在可以升降的载货台上装有可以伸缩的货叉机构，能方便地在指定的货格或位置上放、取单元化货物。

图8-12 堆垛起重机

8.4.2 起重作业事故的主要类型分析

由大量事故统计资料分析可知，起重作业的主要事故是：重物坠落、挤压碰撞、触电和机体倾翻。

1. 重物坠落

造成重物坠落的原因是多方面的，主要有提升机构本身有缺陷、部件受损未能及时更换、吊装时捆扎方法不妥、吊挂方式不正确和超载等。

2. 挤压碰撞

挤压碰撞事故主要存在三个方面：人在起重机和结构物之间或人在两机之间作业时，因机体运行、回转挤压导致的事故；吊物或吊具在吊运过程中晃动，碰撞造成操作者高处坠落或击伤；被吊物在起吊过程中或摆放时倾倒造成的事故。

3. 触电

触电事故绝大多数是在使用移动式起重机作业时，起重臂外伸、变幅、回转过程中起重臂意外触碰架空线路造成的。尤其在物流运输码头上，起重臂意外触碰高压架空线路机会较多，容易发生触电事故。此外，驾驶员或维修人员在进入桥式起重机驾驶室前爬梯时，也可因触及动力线路而导致死亡。

4. 起重机体倾翻

倾翻事故多发生在流动式起重机和塔式起重机。超载、斜吊、作业场所地面不平整、支撑不稳定、配重不平衡、风力过大、违章作业等，均可造成起重机倾翻事故。

8.4.3 造成起重伤害事故的主要原因

1. 作业人员分工不合理

大中型企业往往有多台各种类型起重机械，为便于管理，通常是将起重机驾驶员编在一个班组，而将配合起重机作业的起重工，编在另一个班组。这样做的最大弊端是：操作时，起重机驾驶员与起重工临时组合，指挥人员不可能对各种起重机的性能都十分熟悉，因而可能出现盲目指挥或误操作，指挥、驾驶员、绑挂人员不易协调一致，从而出现差错甚至事故。

2. 不严格执行操作规程

有些操作人员不严格执行操作规程，超载作业，造成倾翻事故。

3. 忽视小型任务和轻负荷作业

人们往往重视大型吊装任务，事先拟定作业方案，加强现场指挥和管理，而对小型吊装或轻负荷作业，却往往放松管理，加班加点，违章作业，结果反而使事故率高于大型任务。

4. 安全技术教育、培训不够

有些单位对此类特种作业人员往往培训不够，仓促上岗，边干边学，不符合国家有关规定，致使事故率增加。

5. 机械检查、维修、保养跟不上

有些单位不按国家规定进行管理，已到报废年限的零部件仍“超期服役”，或带病运转，造成事故。

6. 起重设备本身有缺陷

起重设备在制造过程中，某些厂家不按国家标准装设安全装置、安全装置质量不符合要求、或是不按规定使用安全装置，为工作方便私自拆除安全装置等，形成事故隐患。

8.4.4　起重设备的安全装置

为了进一步保护起重机械设备和防止发生人身伤亡事故，在起重机的相关部件上安装了一些安全装置，常用的主要有：各类限位器、起重量限制器、起重力矩限制器、防冲撞装置、缓冲器、夹轨器等。

1. 限位器

（1）起升高度限位器。它用来限制起升高度，当起升到上极限位置时，限位器发生作用，使起升重物停止上升，以防发生重物继续上升、钢丝绳被拉断重物下坠的事故，再去操纵手柄则只能进行起重物下降的动作。

起升高度限位器主要有重锤式和螺杆式两种。重锤式起升高度限位器由限位开关和重锤组成，使用方便。但因钢丝绳在重锤中穿过，因而作业时，钢丝绳常与重锤摩擦，有时会磨断钢丝绳。螺杆式起升高度限位器准确可靠，重量较轻，不但可以限制起升高度，还可以限制下降深度。

（2）行程限位器。行程限位器实际上由顶杆和限位开关组成。当行程到达极限位置后，顶杆触动限位开关的转动柄。它的转动可切断电源，使机构停止工作。起重机的大、小车为了控制行程的范围都装有行程开关。

2. 偏斜调整和显示装置

门式起重机、装卸桥的运行机构工作时，桥架两端支腿的运行速度常常不同步，导致一端支腿超前，另一端支腿滞后，即起重机偏斜的情况。这种情况会造成起重机金属结构损伤或损坏，并使起重机啃道；严重时还会损伤运行机构，构成工作事故隐患。跨度大的起重机因刚度较小，较易发生起重机走行偏斜。为此，跨度大于等于 40m 的装卸桥和门式起重机，应装或宜装偏斜调整和显示装置，常见形式有以下几种：①凸轮式偏斜调整装置；②链轮式偏斜调整装置；③钢丝绳式偏斜调整装置。

3. 缓冲器

当起重机运行到终端，一旦发生与设在终端的挡板相撞时，可依靠缓冲器吸收碰撞的能量。要求缓冲器的外形尺寸尽可能地小，而所能吸收的能量尽可能地大，碰撞后的反作用力也应小，以保证起重机平衡停车。

缓冲器的种类很多，在起重机上常采用橡胶缓冲器、弹簧缓冲器和液压缓冲器。

（1）橡胶缓冲器。橡胶缓冲器的结构简单，但它所能吸收的能量比较小，最大也不过215kg·m。因此，它只用于起重机运行速度不超过每分钟50m的场合，主要起阻挡作用。

（2）弹簧缓冲器。弹簧缓冲器的结构也比较简单，使用可靠，维修方便。当起重机撞到弹簧缓冲器时，其能量主要转变为弹簧的压缩能，因而具有较大的反弹力。

（3）液压缓冲器。液压缓冲器能吸收较大的撞击能量，其行程可做的短些，尺寸也较小。液压缓冲器最大的优点是没有反弹作用，因此工作平衡可靠。

液压缓冲器的构造比较复杂，对液压缸筒和活塞的制造精度要求较高，以免液体渗漏。此外，所用的缓冲液必须很好地过滤，绝不允许有杂质存在，否则将在工作时磨坏活塞或液压缸筒。

4. 防风防爬装置

起重机防风防爬装置主要有三类，即锚定装置、防风铁鞋和夹轨器。

（1）锚定装置。防风锚定装置主要有链条式和插销（板）式两种。这种防风装置一般是在起重机作业后和暴风来临之前将起重机锚定。锚定装置比较安全可靠，但不能解决紧急情况下的防风问题。

（2）防风铁鞋。防风铁鞋作为一种防风装置可抵抗9~10级的大风，适用于内陆地区。按控制方式，铁鞋可分为手动控制和电动控制两种，比较简单的方法是将铁鞋直接放在车轨下面。

（3）夹轨器。夹轨器在防风装置中应用最广泛，可用于各种类型的起重机。它的工作原理是通过钳口夹住轨道，使起重机不能滑移，从而达到防风的目的。夹轨器的钳口多用中碳钢和高碳钢制成，热处理硬度HB>350。为了增加摩擦系数，钳口制成齿状。按控制方式分类，夹轨器可分为手动夹轨器、电动夹轨器和两用夹轨器。

1）手动螺杆夹轨器。手动螺杆夹轨器有水平螺杆式手动夹轨器和垂直式手动夹轨器两种。

手动螺杆夹轨器构造简单、紧凑，因而价格便宜，操作后维修较方便，但夹紧力受到限制，使其安全可靠性能较差。操作人员应经常检查螺纹、销轴、销孔的磨损情况，以免夹紧力不足。

2）电动夹轨器。电动夹轨器有弹簧式电动夹轨器和楔形重锤式电动夹轨器两种。

弹簧式电动夹轨器的夹紧力较大，但调整费时。限位开关的动作要适当，否则可能会因夹紧力不足或停止电动机工作太晚而造成零件损坏。

楔形重锤式电动夹轨器操作简便。其限位开关动作的调整也较方便，但重锤的自重大，易与滚轮发生磨损。

5. 防后倾装置

用柔性钢丝绳牵引吊臂进行变幅的起重机，当遇到突然卸载等情况时，会产生吊臂后倾力，造成吊臂移动超过允许的最小幅度，发生吊臂后倾的事故。因此，流动式起重机和动臂式塔式起重机上应安装防后倾装置。

防后倾装置大多由两部分组成。第一部分是通过安装在吊臂下铰点附近的变幅限位开关限制变幅位置，在吊臂通过一个连杆机构带动幅度指示器的情况下，在幅度盘上设置限位开关进行限位；第二部分是通过一个机械装置对吊臂进行止挡。保险绳和保险杆是两种常用的防后倾装置。保险绳一端固定在转台上，另一端固定在吊臂上，通过钢丝绳的长度，限定吊臂的倾角。这种防后倾装置的缺点是没有缓冲和减振作用，冲击、振动较大。为减缓振动和冲击，常采用保险杆。保险杆的工作原理是将保险杆的上端铰接在吊臂上，下端铰接于转台上；保险杆是一个套筒伸缩机构，在套筒中安装有缓冲弹簧，对吊臂有缓冲、减振和限位作用。保险杆也有采用液压或油气结合方式的，这种方式的减振、缓冲性能比弹簧要好。

6. 回转锁定装置

回转锁定装置是指臂架起重机处于运输、行驶或非工作状态时锁住回转部分，使之不能转动的装置。

回转锁定装置常见型式有机械锁定器和液压锁定器两种。机械式锁定器结构比较简单，通常用锁销插入方法、压板顶压方法或螺栓紧定方式等。液压式锁定器通常用双作用活塞式油罐对转台进行锁定。

7. 超载保护装置

起重限制器和起重力矩限制器统称为超载保护装置。超载保护装置按其功能的不同，可分为自动停止型和综合型；按结构型式分电气型和机械型。

自动停止型在起升重量超过额定起重量时，能停止起重机向不安全方向（起升、伸臂、降臂等）继续动作，只允许起重机向安全方向动作。

综合型在起升重量达到额定起重量的90%左右时，能发出声响或灯光预警信号。起升重量超过额定起重量时，防止起重机向不安全的方向继续动作，并发出灯光报警信号，同时允许起重机向安全方向动作。

电气型是指通过机械能与电能之间的转换，实现保护功能。即把检测到的载荷等机械量转换成相应的电信号，再进行放大、比较、运算和处理。日常习惯上称作电子式、电气式、机电式和微机式的产品都属于这种。

机械型是通过机械能之间的转换与开关配合实现保护功能。机械型产品比较简单，采用杠杆、偏心轮、弹簧或液压系统检测载荷，通过行程开关（控制阀）使产品动作。

（1）起重量限制器。起重量限制器主要用来防止起重量超过起重机的负载能力，以免钢丝绳断裂和起重设备损坏。

起重量限制器的型式较多，常用的有杠杆式起重量限制器、弹簧式起重量限制器和数字载荷控制仪。

电子信息技术的发展，使起重机的安全装置逐步信息化、智能化。数字载荷控制仪主要用于起重设备的超载保护。它可以根据事先调节好的起重量进行报警，一般将它调节为额定起重量的90%，而把自动切断电源的起重量调节为110%额定起重量。

数字载荷控制仪通用性较好，精度高，结构紧凑，工作稳定。

(2) 起重力矩限制器。在动臂式起重机中，有一个重要的参数是起重机的工作幅度。起重量对起重机的动臂销轴中心来说，还有一个起重力矩。如果起重量不变，当工作幅度愈大时，起重力矩就愈大。如果起重力矩不变，那么，当工作幅度减小时起重量就可以增加。在起重机设计时可以求得一条起重重量与工作幅度之间的关系曲线，即起重机特性曲线，并以此为依据来设计起重力矩限制器。

常用的起重力矩限制器有机械式起重力矩限制器和电子式起重力矩限制器。

8. 防冲撞装置

随着工业的发展，需要使用起重机的工作越来越多，常常需要在一条轨道上安置几台起重机同时工作。为了防止起重机在轨道上运行时与邻近的起重机碰撞，可在起重机上安装防止冲撞的装置。当起重机运行到危险距离范围内时，防冲撞装置便发出警报进而切断电路，使起重机停止运行，避免起重机之间的碰撞。防止冲撞的装置一般是利用超声波、电磁波、光波的反射作用来进行工作的。

(1) 光线式防碰装置。典型的光线式防碰装置由发射器、接收器、控制器和反射板组成，利用光波的直线传播和反射性能检测距离。光线式产品方向性好，检测精度高，不受烟、尘、蒸汽、外来光和外磁场的影响。反射板可用铝板或不锈钢板，也有用特殊玻璃珠制成的反射板。当温度较高时，激光管阈值电流上升，功率下降，检测距离下降。因此，在45℃以上的环境条件下使用时，必须进行特殊设计。

(2) 超声波防碰装置。超声波防碰装置的工作原理是超声测距，有声呐式和回鸣式两种。

9. 危险电压报警器

臂架式起重机在输电线附近作业时，臂架、钢丝绳等若过于接近甚至碰触电线都会造成感电或触电事故。为了防止此类事故的发生，安置危险电压报警器是十分必要的。

该报警器输电线路为三相交流电，各相间位差为120°，空间电场分布是交变电场，从理论上讲，距各相线距离相等的电的电位应为零。但实际线路布设时不存在电位为零的点，根据电场分布特性，只要检测出电位的绝对值和电位梯度，与预先设置的基准电压比较，就可以判断臂架与电线的距离，及时发出警报。

10. 其他安全装置

（1）驾驶室。起重机的驾驶室应用角铁、钢板等不可燃的材料制成，牢固地连接在起重机上，不得晃动。其高度应不低于2m，其下部还有高度不小于1050mm的栏杆。驾驶室外面有走台时，门应向外开；驾驶室外面没有走台时，门应向内开，但都可以采用滑动式拉门。地板上应有绝缘胶垫铺盖。驾驶视野要宽广，室内应备有二氧化碳灭火器材。驾驶室面积除容纳操作人员外还应留有检修人员2人的工作面积。配电板与驾驶员操作之间的距离不应小于0.6m。桥式起重机驾驶室边墙与吊钩中心的距离不应小于1.1m。

在工作场所的空气中如有水蒸气、有害气体、粉尘时，驾驶室应是封闭并装有玻璃的，且应有通风装置。若是温度太高的驾驶室，还应考虑采用防暑降温措施。

（2）走道。桥式起重机沿大梁两侧应设置走道，走道靠起重机运行一侧应有牢固的栏杆。栏杆的高度应为1050mm，栏杆与房柱间的距离应大于0.5m，当房柱与起重机端梁间的距离小于0.5m时，应禁止通行。

为了防止驾驶员、检修人员在起重机端梁上下时发生挤伤事故，端梁的上车地点应安装断电装置和联系信号。当人员上下时，应先用信号通知正在操作的驾驶员停车，然后切断电源，使人员能安全上下。

（3）扶梯。扶梯宽度应不小于600mm，各级之间的距离应小于300mm，倾斜的扶梯应装设栏杆。对于垂直或倾斜角超过75°的扶梯，当其高度超过5m时，自2m高度处应装置弧形的安全圈，各圈的间距不应超过500mm，应用5根均匀分布的纵向连杆连接。由扶梯到弧形圈顶部的距离不小于700mm，也不应大于800mm。

（4）危险牌显示。每台起重机都有明显的标牌，标明最大起重量，一般都挂在大车梁架上，在环境不允许时也可标在吊钩的滑轮罩上，有时为了提醒人们的注意，在起重机上可悬挂“有电”、“有人工作，请勿合闸”等危险警告牌。

（5）安全接地装置。为了防止因电气设备损坏使起重机金属结构带电而发生触电事故，电气设备的金属外壳和起重机金属结构上，应有安全接地或接零装置，并确保连接牢固可靠。

（6）安全电压。为了防止发生触电事故，地面操作开关和行灯应用36V

以下安全电压和装有备用行灯、电钻等手持式电动工具的单相三眼、三相四眼插座。

(7) 安全防雷装置。露天起重机如果不在附近防雷设备的保护范围内，应装防雷安全装置，预防因雷击而发生的事故。其避雷针的保护范围，保护角度一般不大于45°，其接地电阻一般不大于4Ω。

8.4.5 起重设备安全措施与管理

1. 起重设备的安全措施

(1) 加强宏观控制。

1) 首先应加强起重设备的运行、使用环节的管理，明确岗位责任制，健全安全操作规程，并建立监督保障体系。

2) 加强起重机械安装修理环节的管理。

3) 加强起重机械设计、制造环节的管理及监督。

4) 加强起重机械安全教育环节的管理，严格对现场作业人员的安全技术培训及考核制度。

(2) 提高设备安全程度。

1) 配置安全防护装置，应首先从设计、制造部门入手，按国家标准规定安装安全防护装置；生产部门应全面检查，必须配齐安全防护装置。

2) 定期检查、维修、保养，可及早发现并消除隐患。修理后应有监督检查，还应坚持日常检查。

3) 加强安全监督检查，由安全生产监督部门和劳动部门代表国家进行第三者的监督检查。

(3) 加强施工组织工作现场操作管理。

1) 做好吊装施工方案。较大的吊装工程应有吊装方案，包括人员配置、起重机的选择、吊装技术方法、运行路线、货物的运输及堆放、施工安全技术措施等。轻型或小型货物的吊装，也应写出有关吊装安全技术措施。

2) 严格执行安全技术操作规程

3) 清除吊装施工现场环境因素的不利影响。如电气线路的危害（必须确保吊具和作业人员与高压线之间的安全距离)、风力危害（在设备上装设防风预警系统及锚定装置)、场地地面及环境的不利影响。

2. 起重机的安全管理

(1) 起重机研究设计单位及其设计人员应对所设计的起重机械的安全性能负责。起重机械的制造，必须先取得所在地区省级劳动部门的安全认可。起重机械出厂时，必须附有起重机械安全技术监督检验合格证书。

(2) 安装修理起重机械的单位，必须先向所在地区的省级劳动部门申请安全认可，并取得安全认可证书。起重机械使用单位要求提高起重机主要技术参数时，如果涉及主要安全参数，应将经承担改造或修理任务单位的技术总负责人审批的安全技术方案和计算资料，报所在地区的省级劳动部门备案。

（3）起重机械安装、修理的安全质量，经施工单位自检合格后，使用单位在使用前须向所在地区的地、市劳动部门申请安全技术监督检验。安装、修理起重机械的技术文件和施工质量资料，在竣工验收后，交由使用单位存入起重机械安全技术档案。

（4）起重机械使用单位必须购置有安全技术监督检验合格证书的产品。需要安装起重机械的单位，应先到其所在地区的地、市劳动部门登记。

（5）起重机械使用单位应先具备下列条件，并向所在地区的地、市部门申请取得起重机械准用证后方可使用，具体条件如下：

1）起重机械经地、市劳动部门检验合格。

2）起重机械作业人员持有劳动部门考核后签发的安全操作证。

3）建立了安全管理规章制度。

（6）安全管理规章制度至少应包括下列内容：

1）驾驶员守则。

2）起重机械安全操作规程。

3）起重机械维护、保养、检查和检验制度。

4）起重机械安全技术档案管理制度。

5）起重机械作业和维修人员安全培训、考核制度。

（7）起重机械使用单位应建立起重机械安全技术档案，其内容包括：

1）设备出厂技术文件。

2）安装、修理记录和验收资料。

3）使用、维护、保养、检查和试验记录。

4）安全技术监督检验报告。

5）设备及人身事故记录。

6）设备的问题及评价。

（8）对起重机械进行年度检查、每月检查和每日检查。

（9）起重机械使用单位应每年对在用的起重机械至少进行一次全面检查。其中载荷试验可以结合吊运相当于额定起重量的重物进行，并按额定速度进行起升、运行、回转、变幅等机构安全性能检查。停用一年以上的起重机械，使用前也应做全面检查。起重机械遇四级以上地震或发生重大设备事故，露天作业的起重机械经受九级以上的风力后，使用前都应做全面检查。

（10）起重机械使用单位对在用的起重机械每月至少应检查下列项目：

1）安全装置、制动器、离合器等有无异常情况。

2）吊钩、抓斗等吊具有无损伤。

3）钢丝绳、滑轮组、索道、吊链等有无损伤。

4）配电线路、集电装置、配电盘、开关、控制器等有无异常情况。

5）液压保护装置、管道连接是否正常。停用一个月以上的起重机械使用前也应做上述检查。

（11）起重机械使用单位对在用的起重机械每天作业前应检查下列项目：

1）各类极限位置限制器、制动器、离合器、控制器以及电梯厅门连锁开关、紧急报警装置、升降机的安全钩或其他防断绳装置的安全性能等。

2）轨道的安全状况。

3）钢丝绳的安全状况。

（12）经检查发现起重机械有异常情况时，必须及时处理，严禁带病运行。

（13）起重机械使用单位必须按期向所在地区的地、市劳动部门申请在用起重机械安全技术检验，更换起重机械准用证。

（14）起重机械产品出厂的安全监督检验，至少应包括下列内容：

1）原材料自检资料。

2）金属结构安全技术要求。

3）电气、液压及控制系统安全技术要求。

4）安全防护装置及主要零部件安全技术要求。

5）运行试验和载荷试验（无法在生产厂进行的，可在安装现场进行）。

（15）在用起重机械金属结构安全技术检验项目。

1）桥架、臂架、塔架、升降机导轨架等主要受力构件及其连接。

2）驾驶室。

3）平台、走台、梯子、栏杆。

（16）在用起重机械机构及主要零部件安全技术检验项目。

1）起重机和电葫芦的起升、运行、回转、变幅、伸缩等机构的安全性能，其中的主要部件包括吊钩、钢丝绳等吊辅具、卷筒、滑轮组、制动器、开式齿轮、联轴器、车轮及钢轨等。

2）电梯和升降机的机房、井道、轿箱和吊笼、层站围栏、对重、曳引装置和钢丝绳滑轮组、导向装置、缓冲装置、传动系统。

（17）在用起重机械液压系统安全技术检验项目：

1）防止过载和液压冲击的安全装置。

2）平衡阀、泄压锁、管路及其连接。

3）操纵及控制装置。

（18）在用起重机械电气及控制系统安全技术项目：

1）馈电装置。

2）保护装置。

3）控制装置。

4）导线及其敷设。

5）照明、信号。

6）接地、绝缘。

（19）安全防护装置检验项目。

1）起重机和电葫芦安全防护装置检验重点：各类极限位置限制器、起重量限制器（超载限制器）、幅度指示器、防止吊臂后倾装置、缓冲器、夹轨钳和锚定装置、防倾翻安全钩等。

2）电梯和升降机安全防护装置监督检验重点：超速保护装置、供电系统断相和错相保护装置、撞底缓冲装置、超越上下极限工作位置时的保护装置、对重防止超速或断绳下落装置（井道底坑有通道时）、停电或电气系统发生故障时轿厢慢速移动措施或装置、安全窗（门）、停止装置、紧急报警装置等。

（20）在用起重机械的运行试验和载荷试验可只做空载和额定载荷试验，其中额定载荷试验可两个检验周期进行一次，安装和重大修理质量检验的运行和载荷试验必须按有关标准进行。

8.5　连续输送安全

8.5.1　连续输送机械

1. 带式输送机

带式输送机（见图8-13）为连续性装卸输送机械。其主要特点是：输送量大、输送距离长、可多点进卸料、不损伤被输送物料、工作平稳可靠、噪声小。根据安装形式可将带式输送机分为固定式和移动式两种。固定式常用于较长距离原粮、半成品和成品粮的输送；移动式带式输送机基本结构与固定式相同，只是机架上安装有可实现移动的行走轮，常用于倾斜方向物料短距离装卸输送。

它主要由输送带、驱动轮、张紧轮、支承装置（上、下托辊）、驱动装置、张紧装置、进料装置、卸料装置和机架等部分组成。驱动轮、张紧轮及上、下托辊通过轴固定安装于机架，输送带环绕于驱动轮和张紧轮，形成封闭环形的运转构件，为了防止输送带下垂，每隔一定距离安装了可转动的上、下托辊支承输送带，驱动装置安装于驱动轮端（头部），通过驱动轮的摩擦传动实现输送带的驱动，安装于张紧轮端（尾部）的张紧装置可完成输送带的张紧工作。图8-14为带式输送机总体结构图。

图 8-13　带式输送机

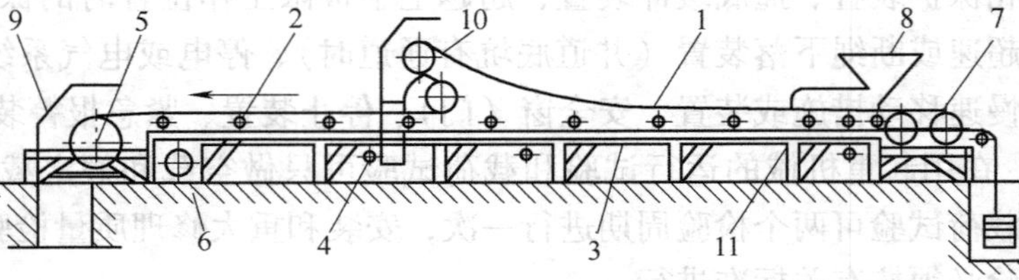

图 8-14　带式输送机总体结构图

1—有载分支　2—上托辊　3—无载分支　4—下托辊　5—驱动滚筒　6—改向滚筒
7—张紧滚筒　8—接料斗　9—卸料斗　10—卸料小车　11—机架

2. 斗式提升机

斗式提升机（见图 8-15）简称斗提机，它是一种广泛用于粮油、饲料加工厂，实现较大垂直方向颗粒状、粉状散体物料输送的机械输送设备。其主要特点是：横向尺寸大、输送量大、提升高度大、耗能小（耗能为气力输送的 1/5～1/10）、密封性好、但工作时易过载、易堵塞、料斗易磨损。斗提机按安装形式可分为固定式和移动式，按牵引构件不同又可分为带式和链式，工程实际中较常用的为固定式带式斗提机。

图 8-15　斗式提升机

3. 刮板输送机

与胶带输送机、斗式提升机一样，刮板输送机也是一种具有挠性牵引构件的连续输送机械，可用于水平、倾斜和垂直方向输送散体物料，常用于粮油、饲料加工厂的原粮、半成品及成品的输送，特别适用于油脂加工厂生产工艺中油料的输送和粮食仓库原粮的输送。其主要特点是：结构简单，密封性好，进卸料装置简单，可多点进卸料，布置形式灵活，可同时多方向完成物料的输送。

刮板输送机主要由刮板链条、头尾链轮、机槽、进料口、卸料口、驱动装置和张紧装置等构件组成，如图 8-16 所示。头尾链轮即为驱动轮和张紧轮，链条作为牵引构件被环绕支承于头尾链轮和机槽内，安装于链条上的刮板为输送物料构件，物料在封闭形机槽内通过连续运转的刮板链条实现输送。与前面两种输送机相同，刮板输送机的驱动装置安装于头部驱动轮端，张紧装置设置于尾部张紧轮端，通常采用滑块螺杆式张紧装置，其进料口开设于尾部机槽上部，卸料口开设于头部机槽下部。注意，胶带输送机和斗提机的牵引构件是通过摩擦实现驱动，而刮板输送机的链条是通过齿啮合实现驱动的。

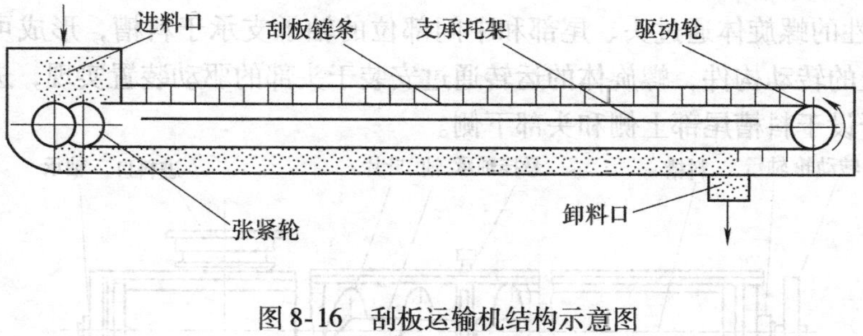

图 8-16　刮板运输机结构示意图

4. 螺旋输送机

斗式提升机、带式输送机和刮板输送机在结构上有一个共同的特点，其主要结构均由驱动轮、张紧轮和挠性牵引构件组成，因此，通常称它们为具有挠性牵引构件的输送设备。而螺旋输送机（见图 8-17）则不同，它是以一刚性的螺旋体作为主要构件而实现物料输送的，通常称它为具有刚性“牵引”构

图 8-17 螺旋输送机

件的输送设备。

螺旋输送机俗称绞龙，是一种用于短距离水平或垂直方向输送散体物料的连续性输送机械。其主要特点是：结构简单、外形尺寸小、造价低、密封性好、可实现多点进卸料、对物料有搅拌混合作用，但其输送距离小，叶片和机壳易磨损，能耗较高，对物料破碎作用较强。

它不宜输送大块、含纤维性杂质较多、磨损性很强、易破碎或易粘结的物料，以免造成堵塞和物料的破碎。按安装形式可将螺旋输送机分为固定式和移动式，按输送方向或工作转速可分为水平慢速和垂直快速两种，工程实际中较常用的为固定式、水平慢速螺旋输送机。

螺旋输送机主要由螺旋体、轴承、料槽、进出料口等部分组成（见图 8-18）。刚性的螺旋体通过头、尾部和中间部位的轴承支承于料槽，形成可实现物料输送的转动构件，螺旋体的运转通过安装于头部的驱动装置实现，进出料口分别开设于料槽尾部上侧和头部下侧。

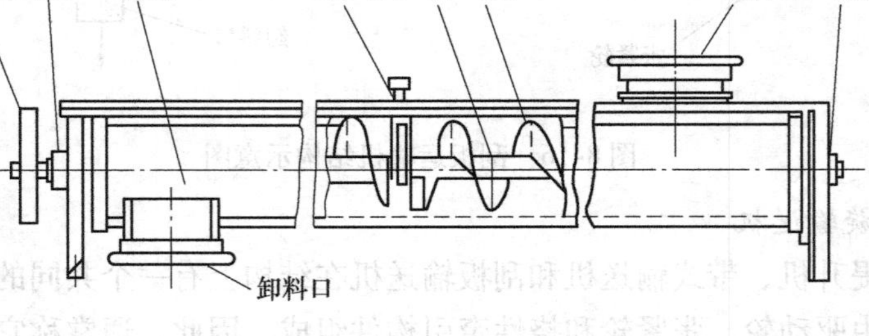

图 8-18 螺旋输送机结构示意图

8.5.2　安全保护

连续输送机械由于稳定性好、持续性强而广泛应用于装卸搬运活动中。在物流活动中使用最多的连续输送机械是皮带机。皮带机的安全管理和使用主要是要注意电气安全、最大倾角、防反转装置和制动装置。

1. 电气安全

连续运输机械几乎在所有场合都是由电动机驱动的。电动机由各种各样的供电线供电。电动机安装时，稍有错误就可能导致伤害事故。触电对人体的伤害程度取决于人体自身的导电条件、触电部位、电的通过路径与个体的差别等各种条件。我国GB3805—1983《安全电压》规定，安全电压额定值的等级为42V、36V、24V、12V、6V。当电气设备采用了超过24V的安全电压时，必须采取防止直接接触带电体的保护措施。连续运输机械所使用的电动机，一般电压都在200V以上，必须采取有效的保护措施。

（1）接地保护。保护接地是一种简单有效的安全措施。到目前为止也是应用最广泛的安全措施之一，不论是交流设备还是直流设备，不论是高压设备还是低压设备，都采用保护接地作为必须的安全技术措施。在有接地保护时，即使失误触电，也不会受到电击。但是在进行接地后，在以下情况下仍可能有危险存在：

1）接地电阻大，实际上没有起到接地的作用。

2）插头内接地线的接线柱松动，接地线脱落。

3）插头中，接地导线端部脱落接触到火线的接线柱上。

4）导线连接错误，接地导线加有电压。

（2）起动、停止保护。带式机与其他运输机械不同，在多数场合是带负荷起动或停止的。因此，带式机的起动与停止必须按照以下顺序进行：起动时必须从最后一台带式机开始，停止时必须从第一台带式机开始。不合理的起动与停止顺序对连续输送机械是十分危险的。

2. 安全的带式机最大倾角

在货物种类较多的场合，应根据货物各自的形态和重量，认真选定传送带的形状，决定带式机倾角且留有一定的富余。应防止下列情况的发生：位于上部货物的滚落而引起后续货物连续滚落；在倾角变化的地方，由于轻微振动而发生货物滚落等。

3. 防反转装置和制动装置

防反转装置是为了防止反转转矩。

制动装置通常是安装在带轮轴与电动机轴上。在驱动带轮轴中，使用爪轮式或者滚轮式制动器，而在电动机轴上使用电动式制动器。

8.6 装卸搬运安全管理

1. 装卸场地和堆场

（1）各工厂应根据生产规模、原材料储备量，设置相应的装卸场地和堆场。装卸场地和堆场的地面应平坦、坚固，坡度不得大于2%，并应有良好的排水设施。

（2）装卸场地和堆场应保证装卸人员、装卸机械和车辆有足够的活动范围和必要的安全距离，其主要通道的宽度不得小于3.5m，物料堆垛的间距不得小于1m，并设置安全标志。

（3）装卸场地应有良好的照明装置，其照度不得小于3lx。

（4）物料应按其品种、特性和安全要求分类堆放。成箱、成捆等规则形状的物料，应码成稳固的堆垛，机械装卸时高度不得大于5m，人工装卸时高度不得大于2m。散装物料应根据其性质确定堆放高度。

（5）装卸场地和堆场应根据需要设置消防和防护设施。

2. 装卸机械及吊挂用具的安全要求

（1）装卸机械应实行包机制。

（2）装卸机械的制动器、限位器、指示器和安全防护装置等齐全有效，照明和信号装置的作用良好，在工作中不得超过其额定负荷量使用。

（3）在作业前应对装卸设备进行检查和试车，如发现有不安全因素，及时排除后方准作业。作业完毕后机械各部件应恢复到规定的安全位置。

（4）吊钩、吊环、钢丝绳和链条等吊挂用具，应在使用前检查，并定期试验，严禁降低安全系数使用。

（5）钢丝绳有下列情况之一时，禁止使用：

1）有被烧伤、明显轧伤或受过死角拧扭、部分受压变形。

2）断丝在一个捻距内大于10%，吊危险物品的大于5%。

3）表面钢丝磨损、腐蚀达到钢丝直径的30%以上。

4）整股钢丝绳折断。

5）在遭受突然停车等猛烈拉力下有损坏，或者损坏长度超过5%时。

（6）吊钩、吊环有下列情况之一时，禁止使用：

1）表面有裂纹、破口。

2）钩颈有永久性变形。

3）挂绳处断面磨损超过原直径的10%。

4）焊补过的吊钩、吊环。

（7）装卸机械不准停放在距交叉路口、道口、消防设备、车间和仓库进出口等处20m以内及铁路线钢轨外侧3m以内的地点。

3. 机械装卸作业

(1) 作业前应制订作业计划，检查装卸场地和装卸机械的运行路线，针对可能出现的不安全因素，制定必要的安全防护措施。

(2) 工厂应制定机械装卸作业的统一指挥手势、信号。作业时要有专人负责指挥。

(3) 露天工作的装卸机械在大雨、大雪、大雾和六级以上大风等恶劣天气下不能保证安全时，应停止作业。

(4) 机械与人工同时进行装卸作业时，相互间应保持足够的安全距离。

(5) 履带或轮胎式的装卸机械，不准跨越铁路线路行走和进行作业。推土机在铁路两旁推料转堆时，推铲距轨道枕木不得小于0.3m。

(6) 履带式装卸机械通过道口前，必须取得铁路有关单位同意，通过无人看守道口时，应在道口两侧铁路线路上适当地点进行防护。

(7) 装卸机械所使用的卷扬机在作业中处于最大限位时，卷筒上的钢丝绳至少应留有三圈以上。

(8) 使用起重机吊物料时应先试吊，不准斜吊、拉吊。信号不明、挂钩不当、物件有尖锐棱角未垫好、重量不明或超负荷等不准起吊。吊杆下及其转动范围内禁止站人。

4. 铁路车辆的货物装卸

(1) 作业前，必须在车辆两端或尽头线来车一端不小于20m处的来车方向左侧钢轨上安设带有脱轨器的红色防护信号。作业完毕，清除线路障碍物后方可撤除。

(2) 须用人力推动车辆对货位时，应征得行车有关人员同意，并符合下列规定：

1) 仅限于在同一线路内短距离移动车辆，不得有两组车辆同时进行，每组不得超过两辆。

2) 最高时速不得超过3km/h。

3) 不得在超过2.5‰坡道的线路上手推车辆，推动滚动轴承车辆的线路坡度不得超过1.5‰。

4) 被推车辆的手制动机必须良好，并派专人负责制动。

5) 不准手推装载易燃、易爆等危险货物的车辆和装载不良、货物有脱落危险的车辆。

(3) 在装卸线上使用机械移动车辆时，只准使用轨道车和卷扬机。

(4) 开关车门应指定专人负责，车门前不准站人。开车门时，应使用拉门绳，安设车门卡；关车门时，应将销子插牢。

（5）货物装载不得端、偏、集重和超限，如需装卸超限货物时，须经运输部门检查，确认符合安全要求后方准装运。

（6）铁路正线不准卸车。在装卸线旁堆放货物应距钢轨外侧不少于1.5m。在有卸车机的线路上，堆放货物应距卸车机走行轨道外侧不少于1m。

（7）使用抓斗或卸车机卸车时，不准装卸人员进入车内。如需上车清理物料时，必须停止机械作业。作业完毕，卸车机的链斗或刮板应升高到安全位置。

5. 机动车辆的货物装卸

（1）机动车驾驶员应负责监督装卸作业。用起重机装卸货物时，机动车驾驶员和随车人员应离开车辆。

（2）装卸时应按货物堆放顺序进行作业。

（3）装载成件货物应靠紧稳固。对能移动的货物，应使用支杆、执板或挡板固定。高出车厢栏板的货物应使用绳索捆绑牢固。

（4）机动车装卸时的停车距离应遵守下列规定：

1）多辆机动车同时进行装卸时，沿纵向前后车的间距应不小于2m；沿横向两车栏板的间距不小于1.5m。

2）车身后栏板与建筑物的间距应不小于0.5m。

3）靠近火车直接倒装时，距铁路车辆应不小于0.5m。

4）与货垛的间距不小于1m，与滚动货物的间距应不小于2m。

（5）不准在5%以上的坡道上横向起吊作业，如必须作业时，须将车身垫平。

6. 工厂码头的货物装卸

（1）码头的护木、系船柱应经常保持良好的技术状态。船舶停靠要停稳、拴牢。

（2）码头上门式吊车的走行轨道距码头边缘应不小于2m。

（3）船舶装卸时，船与码头，船与船之间应挂好安全网。

（4）装卸人员上、下船舶时，不准跨越船帮，上、下船舱扶梯不准披衣、提物，严禁从舱口跳入舱内。

（5）用起重机吊钩拆装船舶舱口钢梁和开关舱口盖板时，应有专人指挥，严防吊具撞击或钩挂船体部位。

（6）起重机使用吊钩进出船舱作业时，舱内装卸人员应避开，并保持不小于3m的安全距离。用抓斗吊装的散装物料，要防止坠落。

（7）使用斜面卷扬机（缆车）装卸船舶时，应有防止溜车的有效装置。缆车上、下时，车上不准载人。坡道上和对卷扬机正下方不准站人。

7. 危险品的装卸、搬运

（1）装卸负责人应事先制定安全措施，作业前应向作业人员详细交代清楚，作业中对执行情况进行监督检查。

（2）装卸搬运危险品的机械和工具应按其额定负荷降低20%使用。

（3）装卸、搬运危险品时，必须轻拿轻放，严防震动、撞击、摩擦、重压和倾倒。

（4）易燃、易爆、有毒害、放射性物品及一切影响人身安全的危险品，应有专用的装卸场地、仓库和指定的装卸线路，并应有保证安全所需的装卸、搬运设备。

（5）易燃、易爆等危险品装卸时，须杜绝明火，并应有防爆、防静电火花的措施，与周围建筑物应保持必要的安全距离。

（6）罐车装车充满系数，油品不得大于95%，液化气不得大于85%。油品自流装车流速不得大于3m/s。

8.7 危险品的装卸、搬运安全

危险品的装卸搬运是危险品物流衔接各个环节经常进行的活动。由于危险品常具有爆炸、易燃、毒害、腐蚀、放射性等性质，容易发生事故。因此，对于危险品的装卸搬运安全应加以重视。根据国家对危险品的相关规定及危险化学品作业的安全的需要，本节对危险品在装卸搬运过程中所应注意的项目进行了阐述。

8.7.1 一般要求

（1）危险货物的装卸应在装卸管理人员的现场指挥下进行。

（2）在危险货物装卸作业区应设置警告标志。无关人员不得进入装卸作业区。

（3）进入易燃、易爆危险货物装卸作业区，应遵守以下规定：

1）禁止随身携带火种。

2）关闭随身携带的手机等通信工具和电子设备。

3）严禁吸烟。

4）穿着不产生静电的工作服和不带铁钉的工作鞋。

（4）雷雨天气装卸时，应确认避雷电、防湿潮措施有效。

（5）禁止在装卸作业区内维修运输危险货物的车辆。

（6）对装有易燃易爆的和有易燃易爆残留物的运输车辆，不得动火修理。确需修理的车辆，应向当地公安部门报告，根据所装载的危险货物特性，采取可靠的安全防护措施，并在消防员监控下作业。

（7）装卸作业现场要远离热源，通风良好；电器设备应符合国家有关规定要求，严禁使用明火灯具照明，照明灯应具有防爆性能；易燃易爆货物的装卸场所要有防静电和避雷装置。

（8）运输危险货物的车辆应按装卸作业的有关安全规定驶入装卸作业区，应停放在容易驶离作业现场的方位上，不准堵塞安全通道。停靠货垛时，应听从作业区业务管理人员的指挥，车辆与货垛之间要留有安全距离。待装卸的车辆与装卸中的车辆应保持足够的安全距离。

（9）装卸作业前，车辆发动机应熄火，并切断总电源（需从车辆上取得动力的除外）。在有坡度的场地装卸货物时，应采取防止车辆溜坡的有效措施。

（10）装卸作业前应对照运单，核对危险货物名称、规格、数量，并认真检查货物包装。对货物的安全技术说明书、安全标志、标识等与运单不符或包装破损、包装不符合有关规定的货物应拒绝装车。

（11）装卸作业时应根据危险货物包装的类型、体积、重量、件数等情况和包装储运图示标志的要求，采取相应的措施，轻装轻卸，谨慎操作。同时应做到：

1）堆码整齐，紧凑牢靠，易于点数。

2）装车堆码时，桶口、箱盖朝上，允许横倒的桶口及袋装货物的袋口应朝里；卸车堆码时，桶口、箱盖朝上，允许横倒的桶口及袋装货物的袋口应朝外。

3）装卸平衡；堆码时应从车厢两侧向内错位骑缝堆码，高出栏板的最上一层包装件，堆码超出车厢前挡板的部分不得大于包装件本身高度的$\frac{1}{2}$。

4）装车后，货物应用绳索捆扎牢固；易滑动的包装件，需用防散失的网罩覆盖，并用绳索捆扎牢固，或用苫布覆盖严密；需用多块苫布覆盖货物时，两块苫布中间接缝处须有大于15cm的重叠覆盖，且货厢前半部分苫布需压在后半部分的苫布上面。

5）包装件体积为450L以上的易滚动危险货物应紧固。

6）带有通气孔的包装件不准倒置、侧置，防止所装货物泄露或混入杂质造成危害。

（12）装卸过程中需要移动车辆时，应先关上车厢门或栏板。若车厢门或栏板在原地关不上时，应有人监护，在保证安全的前提下才能移动车辆。起步要慢，停车要稳。

（13）装卸危险货物的托盘、手推车应尽量专用。装卸前，要对装卸机具进行检查。装卸爆炸品、有机过氧化物、剧毒品时，装卸机具的最大装载量应小于其额定负荷的75%。

（14）危险货物装卸完毕，作业现场应清扫干净。装运过剧毒品和受到危险货物污染的车辆、工具应按《汽车运输危险货物规则》（JT617—2004）中的附录E车辆清洗消毒方法洗刷和除污。危险货物的撒漏物和污染物应送到当地环保部门指定地点集中处理。

8.7.2 爆炸品

（1）不具备有效的避雷电、防潮湿条件时，雷雨天气应停止对爆炸品的运输、装卸作业。

（2）严禁接触明火和高温；严禁使用会产生火花的工具、机具。

（3）车厢装货总高度不得超过1.5m。无外包装的金属桶只能单层摆放，以免压力过大或撞击摩擦引起爆炸。

（4）火箭弹和旋上引信的炮弹应横装，与车辆行进方向垂直。凡从1.5m以上高度跌落或经过强烈震动的炮弹、引信、火工品等应单独存放，未经鉴定不得装车运输。

（5）任何情况下，爆炸品不得配装；装运雷管和炸药的两车不得同时在同一场地进行装卸。

8.7.3 压缩气体和液化气体

气瓶装的压缩气体和液化气体装卸搬运时应注意以下几个方面：

（1）装卸人员应根据所装气体的性质穿戴好防护用品，必要时戴好防毒面具。用起重机装卸大型气瓶或气瓶集装架（格）时，应戴好安全帽。

（2）装车时要拧紧瓶帽，注意保护气瓶阀门，防止撞坏。车下人员须待车上人员将气瓶放置妥当后才能继续往车上装瓶。在同一车厢内不准有两人以上同时单独往车上装瓶。

（3）气瓶应尽量采用直立运输，直立气瓶高出栏板部分不得大于气瓶高度的1/4。不允许纵向水平装载气瓶。水平放置的气瓶均应横向平放，瓶口朝向应统一；水平放置最上层气瓶不得超过车厢栏板高度。

（4）妥善固定瓶体，防止气瓶窜动、滚动，保证装载平衡。

（5）卸车时，要在气瓶落地点铺上铅垫或橡皮垫；应逐个卸车，严禁溜放。

（5）装卸作业时，不要把阀门对准人身，注意防止气瓶安全帽脱落，气瓶应直立转动，不准脱手滚瓶或传接，气瓶直立放置时应稳妥牢靠。

（6）装运大型气瓶（盛装净重0.5t以上的）或气瓶集装架（格）时，气瓶与气瓶、集装架与集装架之间需填牢填充物，在车厢栏板与气瓶空隙处应有固定支撑物，并用紧绳器紧固，严防气瓶滚动，重瓶不准多层装载。

（7）装卸有毒气体时，应预先采取相应的防毒措施。

（8）装货时，漏气气瓶、严重损坏瓶（报废瓶）、异型瓶不准装车。收回漏气气瓶时，漏气气瓶应装在车厢的后部，不得靠近驾驶室。

（9）装卸氧气瓶时，工作服、手套和装卸工具、机具上不得沾有油脂；装卸氧气瓶的机具应采用氧溶性润滑剂，并应装有防止火花产生的防护装置；不得使用电磁起重机搬运。库内搬运氧气瓶应采用带有橡胶车轮的专用小车，小车上固定氧气瓶的槽、架也要注意不产生静电。

（10）配装时应做到：

1）易燃气体（除非助燃性的不燃气体）、易燃液体、易燃固体、碱性腐蚀品、其他腐蚀品，不得与其他危险货物配装。

2）助燃气体（如空气、氧气及具有氧化性的有毒气体）不得与易燃、易爆物品及酸性腐蚀品配装。

3）不燃气体不得与爆炸品、酸性腐蚀品配装。

4）有毒气体不得与易燃易爆物品、氧化剂和有机过氧化物、酸性腐蚀物品配装。

5）有毒气体液氯与液氨不得配装。

散装气体进行装卸搬运作业时，应注意：

（1）根据所装危险货物的性质选择罐体。与罐壳材料、垫圈、装卸设备及任何防护衬料接触可能发生反应而形成危险产物、或明显减损材料强度的货物，不得充灌。

（2）装卸前应对罐体进行检查，罐体应符合下列要求：

1）罐体无渗漏现象。

2）罐体内应无与待装货物性质相抵触的残留物。

3）阀门应能关紧，且无渗漏现象。

4）罐体与车身应紧固，罐体盖应严密。

5）装卸料导管状况应良好、无渗漏。

6）装运易燃易爆的货物，导除静电装置应良好。

7）罐体改装其他液体时，应经过清洗和安全处理，检验合格后方可使用。清洗罐体的污水经处理后，按指定地点排放。

（3）装卸作业现场应通风良好。装卸人员应站在上风处作业。

（4）装卸前要连好防静电装置。易燃易爆品的装卸工具要有防止产生火花的性能。装卸时应轻开、轻关孔盖，密切注视进出料情况，防止溢出。

（5）装料时，认真核对货物品名后按车辆核定吨位装载，并应按规定留有膨胀余位，严禁超载。装料后，关紧罐体进料口，将导管中的残留液体或残留气体排放到指定地点。

（6）卸料时，储罐所标货名应与所卸货物相符；卸料导管应支撑固定，保证卸料导管与阀门的连接牢固；要逐渐缓慢开启阀门。

（7）卸料时，装卸人员不得擅离操作岗位。卸料后应收好卸料导管、支撑架及防静电设施等。

对液体气体进行装卸、搬运时应注意：

（1）车辆进入储罐区前，应停车提起导除静电装置，进入充灌车位后再接好导除静电装置。

（2）灌装前，应对罐体阀门和附件（安全阀、压力计、液位计、温度计）以及冷却、喷淋设施的灵敏度和可靠性进行检查，并确认罐体内有规定的余压；如无余压的，经检验合格后方可充灌。

（3）严格按规定控制灌装量，做好灌装量复核、记录，严禁超缝、超温、超压。

（4）发生下列异常情况时一律不准灌装，操作人员应立即采取紧急措施，并及时报告有关部门：

1）容器工作压力、介质温度或壁温超过许可值，采取各种措施仍不能使之下降。

2）容器的主要受压元件发生裂缝、鼓包、变形、泄漏等缺陷而危及安全。

3）安全附件失效、接管断裂或紧固件损坏，难以保证运输安全。

4）雷雨天气，充装现场不具备避雷电条件。

5）充装易燃易爆气体时，充装现场附近发生火灾。

（5）禁止用直接加热罐体的方法卸液。卸液后，罐体内应留有规定的余压。

（6）非冷冻液化气体的单位体积最大质量（kg/L）不得超过50℃时该液化气体密度的0.95倍；罐体在60℃时不得充满液化气体。

（7）非冷冻液化气体装载后的罐体不得超过最大允许总重，并且不得超过所运各种气体的最大允许载重。

（8）冷冻液化气体不可使用保温效果变差的罐体。

（9）冷冻液化气体充灌度不超过92%，且不得超重。

（10）冷冻液化气体装卸作业时，装卸人员应穿戴防冻伤的防护用品（如防冻手套），并戴上有面罩的安全帽。

8.7.4 易燃液体

（1）装卸作业现场应远离火种、热源。操作时货物不准撞击、摩擦、拖拉；装车堆码时桶口、箱盖一律向上，不得倒置；集装货物应堆码整齐；装卸完毕应罩好网罩并捆扎牢固。

（2）钢桶盛装的易燃液体，不得从高处翻滚溜放卸车。装卸时应采取措施防止产生火花，周围需有人员接应，严防钢桶撞击致损。

（3）钢制包装件多层堆码时，层间应采取合适的衬垫，并应捆扎牢固。

（4）对低沸点或易聚合的易燃气体，若发现其包装容器内装物有膨胀（鼓桶）现象时，不得装车。

（5）散装液体装卸作业可采用泵送或自流灌装。

（6）散装液体作业环境温度要适应该液体的储存和运输安全的理化性质要求。

（7）散装液体作业中要密切注视货物动态，防止液体泄漏、溢出。需要换罐时，应先开空罐，后关满罐。

（8）易燃液体装卸始末，管道内流速不得超过 1m/s，正常作业流速不宜超过 3m/s 。其他液体产品可采用经济流速。

（9）散装液体装卸料管应专管专用。

（10）散装液体装卸作业结束后，应将装卸管道内剩余的液体清扫干净；可采用泵吸或氮气清扫易燃液体装卸管道。

8.7.5 易燃固体、自燃物品和遇湿易燃物品

（1）装卸场所及装卸用工、属具应清洁干燥，不得沾有酸类和氧化剂。

（2）搬运时应轻装轻卸，不得摩擦、撞击、振动、摔碰。

（3）装卸自燃物品时，应避免与空气、氧化剂、酸类等接触；对需用水（如黄磷）、煤油、石蜡（如金属钠、钾）、惰性气体（如三乙基铝等）或其他稳定剂进行防护的包装件，应防止容器受撞击、振动、摔碰、倒置等造成破损，避免自燃物品与空气接触发生自燃。

（4）遇湿易燃物品不宜在潮湿的环境下装卸。若不具备防雨雪、防潮湿的条件，不准进行装卸作业。

（5）装卸容易升华、挥发出易燃、有害或刺激性气体的货物时，现场应通风良好、防止中毒；作业时应防止摩擦、撞击，以免引起燃烧、爆炸。

（6）装卸钢桶包装的碳化钙（电石）时，应确认包装内有无填充保护气体（氮气）。如未填充的，在装卸前应侧身轻轻地拧开桶上的通气孔放气，防止爆炸、冲击伤人。电石桶不得倒置。

（7）装卸对撞击敏感和遇高热、酸易分解、爆炸的自反应物质以及有关物质时，应控制温度，且不得与酸性腐蚀品及有毒或易燃脂类危险品配装。

（8）配装时还应做到：

1）易燃固体不得与明火、水接触，不得与酸类和氧化剂配装。

2）遇湿易燃物品不得与酸类、氧化剂及含水的液体货物配装。

8.7.6 氧化剂和过氧化物

（1）对加入稳定剂或需控温运输的氧化剂和有机氧化物，作业时应认真检查包装，密切注意包装有无渗漏及膨胀（鼓桶）情况，发现异常应拒绝装运。

（2）装卸时，禁止摩擦、振动、摔碰、拖拉、翻滚、冲击。防止包装及容器损坏。

（3）装卸时发现包装破损，不能自行将破损件改换包装，不得将撒漏物装入原包装内，而应另行处理。操作时，不得踩踏、碾压撒漏物，禁止使用金属和可燃物（如纸木等）处理撒漏物。

（4）外包装为金属容器的货物，应单层摆放。需要堆码时，包装物之间应有性质与所运货物相容的不燃材料衬垫并加固。

（5）有机过氧化物装卸时严禁混有杂质，特别是酸类、重金属氧化物、胺类等物质。

（6）配装时还应做到：

1）氧化剂不能和易燃物质配装运输，尤其不能与酸、碱、硫磺、粉尘类（炭粉、糖粉、面粉、洗涤剂、润滑剂、淀粉）及油脂类货物配装。

2）漂白粉及无机氧化物中的亚硝酸盐、亚氯酸盐、次亚氯酸盐不得与其他氧化剂配装。

（7）装卸自行加速分解温度（SADT）为55℃或以上的有机过氧化物和易燃固体项中的自反应物质时应注意以下几点：

1）罐体应配置感温装置。

2）罐体应有泄压安全装置和应急释放装置。在达到由有机过氧化物的性质和罐体的结构特点所确定的压力时，泄压安全装置就应起动。罐壳上不允许有易熔化的元件。

3）罐体的表面应采用白色或明亮的金属。罐体应有遮阳板隔热或保护。如果罐体所装运物质的自行加速分解温度（SADT）为55℃或以下，或者罐体为铝质的，罐体则应完全隔热。

4）环境温度为15℃时，充灌度不得超过90%。

8.7.7 毒害品和感染性物品

1. 毒害品

（1）装卸作业前，对刚开启的仓库、集装箱、封闭式车厢要先通风排气，驱除积聚的有毒气体。当装卸场所的各种毒害品浓度低于最高容许浓度时方可作业。

（2）作业人员应根据不同货物的危险特性，穿戴好相应的防护服装、手套、防毒口罩、防毒面具和护目镜等。

（3）认真检查毒害品的包装，应特别注意剧毒品、粉状的毒害品的包装，外包装表面应无残留物。发现包装破损、渗漏等现象，则拒绝装运。

（4）装卸作业时，作业人员尽量站在上风处，不能停留在低洼处。

（5）避免易碎包装件、纸质包装件的包装损坏，防止毒害品撒漏。

（6）货物不得倒置；堆码时要靠紧堆齐，桶口、箱口向上，袋口朝里。

（7）对刺激性较强的和散发异味的毒害品，装卸人员应采取轮班作业。

（8）在夏季高温期，尽量安排在早晚气温较低时作业；晚间作业应采用防爆式或封闭式安全照明。积雪、冰封时作业，应有防滑措施。

（9）忌水的毒害品（如磷化铝、磷化锌等），应防止受潮。装运毒害品之后的车辆及工、属具要严格清洗消毒，未经安全管理人员检验批准，不得装运食用、药用货物。

（10）配装时应做到：

1）无机毒害品不得与酸性腐蚀品、易感染性物品配装；

2）有机毒害品不得与爆炸品、助燃气体、氧化剂、有机过氧化物及酸性腐蚀物品配装；

3）毒害品严禁与食用、药用的危险货物同车配装。

2. 感染性物品

（1）根据不同的医疗废物分类，作业人员在工作中应穿戴好相应的防护服装、手套、防毒口罩、面具和护目镜等。

（2）作业人员受到医疗废物刺伤、擦伤等伤害时，应采取相应的处理措施，并及时报告相关部门。

8.7.8 放射性物品

（1）放射性物品的运输装卸应执行 GB11806—1989《放射性物质安全运输规定》的有关规定。

（2）运输放射性物质的可移动罐体的充灌度不得超 90%或代以经主管机关批准的其他数值。

8.7.9 腐蚀品

（1）装卸作业前应穿戴具有防腐蚀作用的防护用品，并穿戴有面罩的安全帽。对装卸易散发有毒蒸气或烟雾货物的，应配备防毒面具。并认真检查包装、封口是否完好，要严防渗漏，特别要防止内包装破损。

（2）装卸作业时，应轻装、轻卸，防止容器受损。液体腐蚀品不得肩扛、背负；忌振动、摩擦；易碎容器包装的货物，不得拖拉、翻滚、撞击；外包装没有封盖的组合包装件不得堆码装运。

（3）具有氧化性的腐蚀品不得接触可燃物和还原剂。

（4）有机腐蚀品严禁接触明火、高温或氧化剂。

（5）配装时应做到：

1）特别注意：腐蚀品不得与普通货物配装。

2）酸性腐蚀品不得与碱性腐蚀品配装。

3）有机酸性腐蚀品不得与有氧化性的无机酸性腐蚀品配装。

4）浓硫酸不得与任何其他物质配装。

（6）作业时，装卸人员应站在上风处。

（7）出车前或灌装前，应检查卸料阀门是否关闭，防止上放下漏。

（8）卸货前，应让收货人确认卸货储槽无误，防止放错储槽引发货物化学反应从而酿成事故。

（9）灌装和卸货后，应将进料口盖严盖紧，防止行驶中车辆的晃动导致腐蚀品溅出。

（10）卸料时，应在确保导管与阀门的连接牢固后逐渐缓慢开启阀门。

8.7.10　汽车液化石油气罐车

（1）作业前应接好安全地线，管道和管接头连接应牢固，并排尽空气。

（2）装卸人员应相对稳定。作业时，驾驶人员、装卸人员均不得离开现场。在正常装卸时，不得随意起动车辆。

（3）新罐车或检修后首次充装的罐车，充装前应作抽真空或充氮置换处理，严禁直接充装。

（4）液化石油气罐车充装时须用地磅、液面计、流量计或其他计量装置进行计量，严禁超载。罐车的充装量不得超过设计所允许的最大充装量。

（5）充装完毕，应复检重量和液位，并应认真填写充装记录。若有超载，应立即处理。

（6）液化石油气罐车抵达厂（站）后，应及时卸货。罐车不得兼作储罐用。一般情况不得从罐车直接向钢瓶直接灌装；如临时确需从罐车直接灌瓶，现场应符合安全防火、灭火要求，并有相应的安全措施，且应预先取得当地公安消防部门的同意。

（7）禁止采用蒸汽直接注入罐车罐内升压，或用直接加热罐车罐体的方法卸货。

（8）液化石油气罐车卸货后，罐内应留有规定的余压。

（9）凡出现下列情况，罐车应立即停止装卸作业，并作妥善处理：

1）雷击天气。

2）附近发生火灾。

3）检测出液化气体泄漏。

4）液压异常。

5）其他不安全因素。

8.7.11 常压燃油罐车

（1）在灌油前和放油后，驾驶人员应检查阀门和管盖是否关牢，查看接地线是否接牢，不得敞盖行驶，严禁罐车顶部载物。

（2）燃油罐车可采用泵送或自流灌装。

（3）罐车进加油站卸油时，要有专人监护，避免无关人员靠近。

（4）卸油时发动机应熄火。雷雨天气时，应确认避雷电措施有效，否则应停止卸油作业。

（5）卸油时应夹好导静电接线，接好卸油胶管，当确认所卸油品与储油罐所储的油品种类相同时方可缓慢开启卸油阀门。

（6）卸油前要检查油罐的存油量，以防止卸油时冒顶跑油。卸油时应严格控制流速，在油品没有淹没进油管口前，油品的流速应控制在0.7～1m/s以内，防止产生静电。

（7）卸油过程要做到不冒、不洒、不漏，各部分接口牢固，卸油时驾驶人员不得离开现场，应与加油站工作人员共同监视卸油情况，发现问题随时采取措施。

（8）卸油时，卸油管应深入罐内。卸油管口至罐底距离不得大于300mm，以防喷溅产生静电。

（9）卸油要尽可能卸净，当加油站工作人员确认罐内已无储油时方可关闭放油阀门，收好放油管，盖严油罐盖。

（10）测量油量要在卸完油30min以后进行，以防测油尺与油液面、油罐之间静电放电。

8.8 物流装卸、搬运事故分析示例

在物流装卸、搬运活动中使用最多的连续输送机械是带式运输机，但在实际使用过程中，由于危险因素的存在及人的不安全行为和物的不安全状态，带式输送机械经常发生绞人伤害事故。通过事故树分析法可对装卸、搬运过程中可能产生的带式输送机械绞人伤害事故进行分析。

1. 事故树

事故树如图8-19所示。

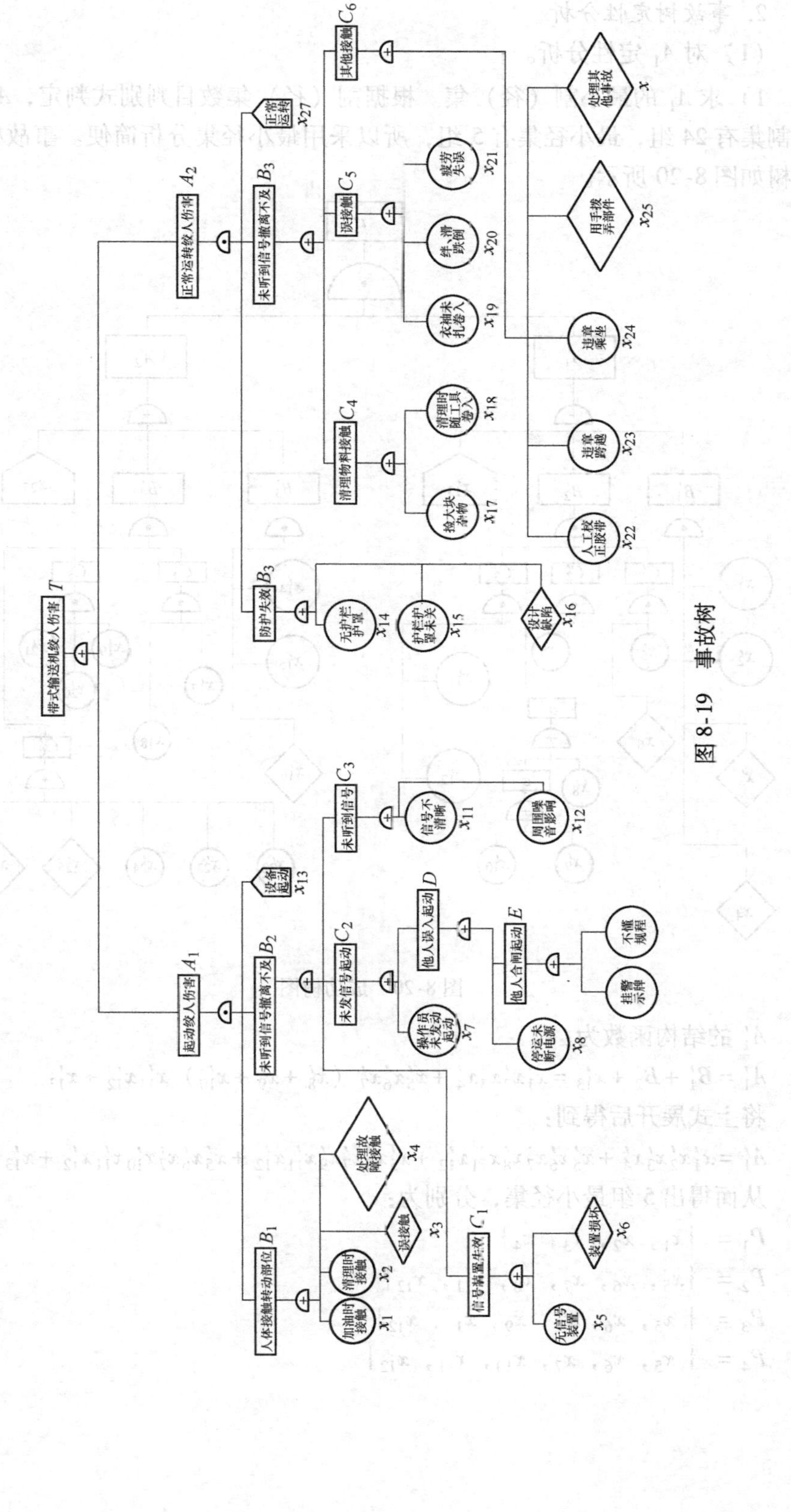
带式输送机绞人伤害 T
起动绞人伤害 A1
正常运转绞人伤害 A2
人体接触转动部位 B1
未听到信号撤离不及 B2
设备起动 x13
防护失效 B3
未听到信号撤离不及 B3
正常运转 x27
加油时接触 x1
清理时接触 x2
误接触 x3
处理故障接触 x4
信号装置失效 C1
无信号装置 x5
装置损坏 x6
未发信号起动 C2
操作员未发动起动 x7
他人误入起动 D
他人合闸起动 E
停运未断电源 x8
挂警示牌
不懂规程
未听到信号 C3
信号不清晰 x11
周围噪音影响 x12
无护栏护罩 x14
护栏护罩未关 x15
设计缺陷 x16
清理物料接触 C4
捡大块杂物 x17
清理时随工具卷入 x18
误接触 C5
衣袖未扎卷入 x19
绊、滑跌倒 x20
疲劳失误 x21
其他接触 C6
人工校正胶带 x22
违章跨越 x23
违章乘坐 x24
用手拨弄部件 x25
处理其他事故 x

图 8-19　事故树

2. 事故树定性分析

(1) 对 A_1 定性分析。

1) 求 A_1 的最小割（径）集。根据割（径）集数目判别式判定，A_1 的最小割集有 24 组，最小径集有 5 组，所以采用最小径集分析简便。事故树的成功树如图 8-20 所示。

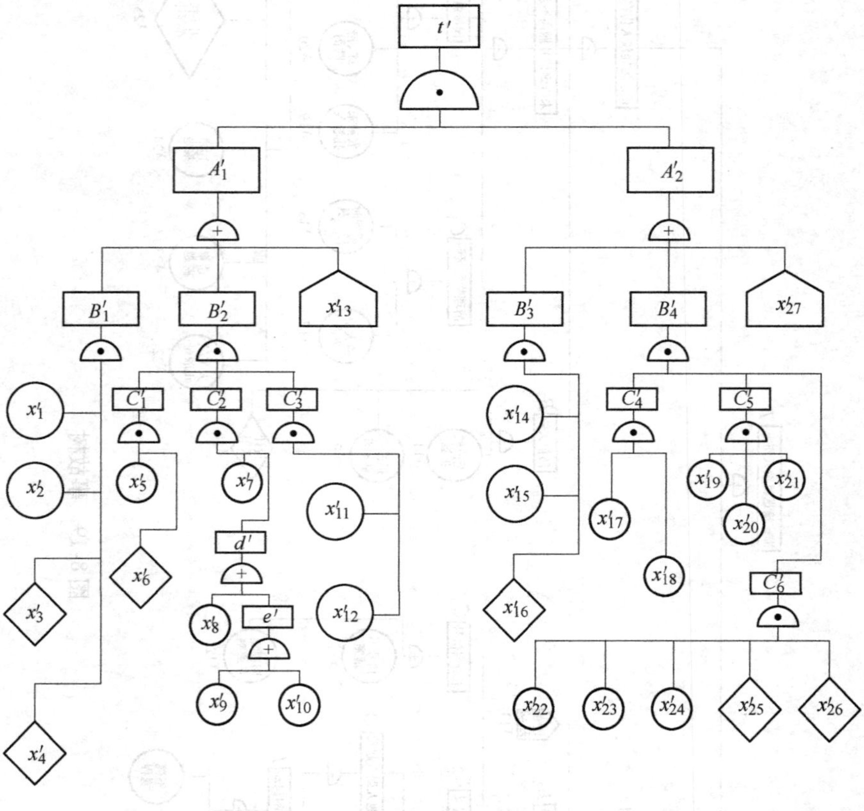

图 8-20 成功树图

A_1' 的结构函数为：

$A_1' = B_1' + B_2' + x_{13}' = x_1'x_2'x_3'x_4' + x_5'x_6'x_7'(x_8' + x_9' + x_{10}')x_{11}'x_{12}' + x_{13}'$

将上式展开后得到：

$A_1' = x_1'x_2'x_3'x_4' + x_5'x_6'x_7'x_8'x_{11}'x_{12}' + x_5'x_6'x_7'x_9'x_{11}'x_{12}' + x_5'x_6'x_7'x_{10}'x_{11}'x_{12}' + x_{13}'$

从而得出 5 组最小径集，分别为：

$P_1 = \{x_1, x_2, x_3, x_4\}$

$P_2 = \{x_5, x_6, x_7, x_8, x_{11}, x_{12}\}$

$P_3 = \{x_5, x_6, x_7, x_9, x_{11}, x_{12}\}$

$P_4 = \{x_5, x_6, x_7, x_{10}, x_{11}, x_{12}\}$

$P_5 = \{x_{13}\}$

2）结构重要度分析。根据同属关系可得：

$I_{\phi(1)} = I_{\phi(2)} = I_{\phi(3)} = I_{\phi(4)}$

$I_{\phi(5)} = I_{\phi(6)} = I_{\phi(7)} = I_{\phi(11)} = I_{\phi(12)}$

x_8、x_9、x_{10}、x_{13}无同属关系。因此，只要判定$I_{\phi(1)}$、$I_{\phi(5)}$、$I_{\phi(8)}$、$I_{\phi(9)}$、$I_{\phi(10)}$、$I_{\phi(13)}$的大小即可。x_{13}是单事件最小径集中的事件，$I_{\phi(13)}$最大。

根据公式得 $I_{\phi(i)} = 1 - \prod_{x_i \in p_j}(1 - \frac{1}{2^{n_j-1}})$ 得：

$$I_{\phi(1)} = 1 - (1 - \frac{1}{2^{4-1}}) = \frac{1}{2^3} = \frac{4096}{2^{15}}$$

$$I_{\phi(5)} = 1 - (1 - \frac{1}{2^{6-1}})^3 = \frac{2977}{2^{15}}$$

$$I_{\phi(8)} = 1 - (1 - \frac{1}{2^{6-1}}) = \frac{1024}{2^{15}}$$

$$I_{\phi(9)} = 1 - (1 - \frac{1}{2^{6-1}}) = \frac{1024}{2^{15}}$$

$$I_{\phi(10)} = 1 - (1 - \frac{1}{2^{6-1}}) = \frac{1024}{2^{15}}$$

结构重要度大小的排列顺序为：

$$I_{\phi(13)} > I_{\phi(1)} = I_{\phi(2)} = I_{\phi(3)} = I_{\phi(4)} > I_{\phi(5)} = I_{\phi(6)} = I_{\phi(7)} = I_{\phi(11)} = I_{\phi(12)} > I_{\phi(8)} = I_{\phi(9)} = I_{\phi(10)}$$

（2）对 A_2 定性分析。

现在求 A_2 的最小割（径）集。

A_2 的最小割集有 30 组，最小径集只有 3 组，所以，采用是最小径集分析。事故树的成功树如图 8-20 所示。

A_2 的结构函数为

$$A_2' = B_3' + B_4' + x_{27}'$$
$$= x_{14}'x_{15}'x_{16}' + x_{17}'x_{18}'x_{19}'x_{20}'x_{21}'x_{22}'x_{23}'x_{24}'x_{25}'x_{26}' + x_{27}'$$

从而得出三组最小径集，分别为：

$P_6 = \{x_{14}, x_{15}, x_{16}\}$

$P_7 = \{x_{17}', x_{18}', x_{19}', x_{20}', x_{21}', x_{22}', x_{23}', x_{24}', x_{25}', x_{26}'\}$

$P_8 = \{x_{27}\}$

由于 P_6、P_7、P_8 不含共同的基本事件，且数目不等，根据结构重要度判定原则判定：

$$I_{\phi(27)} > I_{\phi(14)} = I_{\phi(15)} = I_{\phi(16)} > I_{\phi(17)} = I_{\phi(18)} = I_{\phi(19)} = I_{\phi(20)} = I_{\phi(21)} = I_{\phi(22)} = I_{\phi(23)} = I_{\phi(24)} = I_{\phi(25)} = I_{\phi(26)}$$

3. 事故树定量分析

（1）对 A_1 定量分析。

$$A_1 = B_1 B_2 x_{13}$$

$$= (x_1 + x_2 + x_3 + x_4)(x_5 + x_6 + x_7 + x_8 x_9 x_{10} + x_{11} + x_{12}) x_{13}$$

$$= x_1 x_5 x_{13} + x_1 x_6 x_{13} + x_1 x_7 x_{13} + x_1 x_8 x_9 x_{10} x_{13} + x_1 x_{11} x_{13} + x_1 x_{12} x_{13} + x_2 x_5 x_{13} + x_2 x_6 x_{13} + x_2 x_7 x_{13} + x_2 x_8 x_9 x_{10} x_{13} + x_2 x_{11} x_{13} + x_2 x_{12} x_{13} + x_3 x_5 x_{13} + x_3 x_6 x_{13} + x_3 x_7 x_{13} + x_3 x_8 x_9 x_{10} x_{13} + x_3 x_{11} x_{13} + x_3 x_{12} x_{13} + x_4 x_5 x_{13} + x_4 x_6 x_{13} + x_4 x_7 x_{13} \frac{1}{R} + x_4 x_8 x_9 x_{10} x_{13} + x_4 x_{11} x_{13} + x_4 x_{12} x_{13}$$

根据独立计算公式 $Q \approx \prod_{G=1} \coprod_{x_i \in k_j} q_i$ 得：

$$Q_{A1} \approx 1 - (1 - q_1 q_5 q_{13})(1 - q_1 q_6 q_{13})(1 - q_1 q_7 q_{13})(1 - q_1 q_8 q_9 q_{10} q_{13})(1 - q_1 q_{12} q_{13}) \times (1 - q_1 q_{12} q_{13})(1 - q_2 q_5 q_{13})(1 - q_2 q_6 q_{13})(1 - q_2 q_7 q_{13})(1 - q_2 q_8 q_9 q_{10} q_{13}) \times (1 - q_2 q_{11} q_{13})(1 - q_2 q_{12} q_{13})(1 - q_3 q_5 q_{13})(1 - q_3 q_6 q_{13})(1 - q_3 q_8 q_9 q_{10} q_{13}) \times (1 - q_3 q_{11} q_{13})(1 - q_3 q_{12} q_{13})(1 - q_4 q_5 q_{13})(1 - q_4 q_6 q_{13})(1 - q_4 q_7 q_{13}) \times (1 - q_4 q_8 q_9 q_{10} q_{13})(1 - q_4 q_{11} q_{13})(1 - q_4 q_{12} q_{13})$$

$$Q_{A1} \approx 4.66 \times 10^{-4}$$

将下表的数值代入上式得到基本事件概率值，见表 8-2。

表 8-2 基本事件概率取值表

代　　号	基本事件	发生概率 q_i
x_1	加油接触	10^{-3}
x_2	清理接触	5×10^{-3}
x_3	处理故障接触	10^{-2}
x_4	误接触	2×10^{-3}
x_5	无信号接触	10^{-4}
x_6	装置损坏	10^{-3}
x_7	操作员未起动	5×10^{-2}
x_8	停运未断电源	5×10^{-3}
x_9	未挂警示牌	5×10^{-3}
x_{10}	不懂规程	10^{-2}
x_{11}	信号不清晰	2×10^{-4}

（续）

代　号	基本事件	发生概率 q_i
x_{12}	周围噪声影响	5×10^{-4}
x_{13}	设备起动	0.5
x_{14}	无护栏护罩	5×10^{-2}
x_{15}	护栏护罩未关	5×10^{-3}
x_{16}	设计缺陷	4×10^{-3}
x_{17}	捡除大块杂物	2×10^{-3}
x_{18}	清理时随工具卷入	8×10^{-4}
x_{19}	衣袖未扎被卷入	5×10^{-4}
x_{20}	绊、滑跌倒	4×10^{-4}
x_{21}	疲劳失误	10^{-4}
x_{22}	人工校正传送带	5×10^{-3}
x_{23}	违章跨越	5×10^{-3}
x_{24}	违章乘坐	10^{-4}
x_{25}	用于拨弄部件	5×10^{-3}
x_{26}	处理其他故障	5×10^{-3}
x_{27}	正常运转	0.5

（2）求概率重要度系数 $I_{p(i)}$。

因为 $I_{p(i)}=\dfrac{\partial Q}{\partial q_i}$

且 $Q=(q_1+q_2+q_3+q_4)(q_5+q_5+q_7+q_8q_9q_{10}+q_{11}+q_{12})q_{13}$

所以 $I_{p(i)}=\dfrac{\partial Q}{\partial q_i}=(q_5+q_6+q_7+q_8q_9q_{10}+q_{11}+q_{12})q_{13}=2.59\times10^{-2}$

同理：

$I_{p(2)}=I_{p(3)}=I_{p(4)}=I_{p(1)}=2.59\times10^{-2}$

$I_{p(5)}=9\times10^{-3}$

$I_{p(6)}=I_{p(7)}=I_{p(11)}=I_{p(12)}=I_{p(5)}=9\times10^{-3}$

$I_{p(8)}=4.5\times10^{-7}$

$I_{p(9)}=I_{p(10)}=I_{p(8)}=4.5\times10^{-7}$

$I_{p(13)}=9.32\times10^{-4}$

（3）求临界重要系数 $I_{C(i)}$。

因为 $I_{C(i)}=\dfrac{q_i}{Q}I_{p(i)}$

所以 $I_{C(1)}=\dfrac{10^{-3}}{4.66\times10^{-4}}\times2.59\times10^{-2}=5.56\times10^{-2}$

同理：

$I_{C(2)}=2.78\times10^{-1}$

$I_{C(3)}=5.56\times10^{-1}$

$I_{C(4)}=1.11\times10^{-1}$

$I_{C(5)}=1.93\times10^{-3}$

$I_{C(6)}=1.93\times10^{-3}$

$I_{C(7)}=9.67\times10^{-1}$

$I_{C(8)}=4.83\times10^{-6}$

$I_{C(9)}=4.83\times10^{-6}$

$I_{C(10)}=9.67\times10^{-6}$

$I_{C(11)}=3.86\times10^{-3}$

$I_{C(12)}=9.67\times10^{-3}$

$I_{C(13)}=1$

所以，临界重要度大小的排列顺序为：

$I_{C(13)}>I_{C(7)}>I_{C(3)}>I_{C(2)}>I_{C(4)}>I_{C(1)}>I_{C(6)}>I_{C(12)}>I_{C(11)}>I_{C(5)}>I_{C(10)}>I_{C(8)}=I_{C(9)}$

（4）对 A_2 定量分析。

1）求 A_2 事件发生概率 Q_{A2}。

因最小径集彼此无重复的基本事件，根据公式 $Q=\prod\limits_{j=1}^{p}\coprod\limits_{x_i\in p_j}q_i$，得：

$Q_{A2}=q_{27}[1-(1-q_{14})(1-q_{15})(1-q_{16})][1-(1-q_{17})(1-q_{18})(1-q_{19})(1-q_{20})(1-q_{21})(1-q_{22})(1-q_{23})(1-q_{24})(1-q_{25})(1-q_{26})]$

将上表的数值代入上式得：

$Q_{A2}=6.93\times10^{-4}$

2）求概率重要系数 $I_{p(i)}$。

因为 $I_{p(i)}=\dfrac{\partial Q}{\partial q_i}$

所以 $I_{p(14)}=\dfrac{\partial Q}{\partial q_{14}}$

$=q_{27}(1-q_{15})(1-q_{16})[1-(1-q_{17})(1-q_{18})(1-q_{19})(1-q_{20})(1-q_{21})(1-q_{22})(1-q_{23})(1-q_{24})(1-q_{25})$

$(1-q_{26})]$

$=1.17\times10^{-2}$

同理：

$I_{p(15)}=1.12\times10^{-2}$

$I_{p(16)}=1.12\times10^{-2}$

$I_{p(17)}=2.86\times10^{-2}$

$I_{p(18)}=2.86\times10^{-2}$

$I_{p(19)}=2.86\times10^{-2}$

$I_{p(20)}=2.86\times10^{-2}$

$I_{p(21)}=2.86\times10^{-2}$

$I_{p(22)}=2.87\times10^{-2}$

$I_{p(23)}=2.87\times10^{-2}$

$I_{p(24)}=2.86\times10^{-2}$

$I_{p(25)}=2.87\times10^{-2}$

$I_{p(26)}=2.87\times10^{-2}$

$I_{p(27)}=1.39\times10^{-3}$

3）求临界重要系数 $I_{C(i)}$。

因为 $I_{C(i)}=\frac{q_i}{Q}I_{p(i)}$

所以 $I_{C(14)}=\frac{5\times10^{-2}}{6.93\times10^{-4}}\times1.17\times10^{-2}=8.44\times10^{-1}$

同理：

$I_{C(15)}=8.08\times10^{-2}$

$I_{C(16)}=6.46\times10^{-2}$

$I_{C(17)}=8.25\times10^{-2}$

$I_{C(18)}=3.30\times10^{-2}$

$I_{C(19)}=2.06\times10^{-2}$

$I_{C(20)}=1.65\times10^{-2}$

$I_{C(21)}=4.13\times10^{-3}$

$I_{C(22)}=2.07\times10^{-1}$

$I_{C(23)}=2.07\times10^{-1}$

$I_{C(24)}=4.13\times10^{-3}$

$I_{C(25)}=2.07\times10^{-1}$

$I_{C(26)}=2.07\times10^{-1}$

$I_{C(27)}=1$

所以，临界重要度大小的排列顺序为：

$I_{C(27)}>I_{C(14)}>I_{C(22)}=I_{C(23)}=I_{C(25)}=I_{C(26)}>I_{C(17)}>I_{C(15)}>I_{C(16)}>I_{C(18)}>I_{C(19)}>I_{C(20)}>I_{C(21)}=I_{C(24)}$

最后得到顶上事件发生概率为：

$$
\begin{aligned}
Q &= 1-(1-Q_{A1})(1-Q_{A2})\\
&= 1-(1-4.66\times10^{-4})(1-6.93\times10^{-4})\\
&= 1.16\times10^{-3}
\end{aligned}
$$

4. 结论

（1）从 A_1 事件（起动绞人伤害）定性分析的结果可以看出，x_{13}的结构重要度最大，x_1、x_2、x_3、x_4 次之，x_5、x_6、x_7、x_{11}、x_{12}再次之。由于 x_{13}是正常事件，x_1、x_2、x_3 是生产过程中难于避免的事件，所以主要控制对象是 x_4、x_5、x_6、x_7、x_{11}、x_{12}等基本事件。

从 A_1 的临界重要分析结果可以看出，x_{13}的临界重要度最大，x_7 次之，x_6的临界重要度也较大。因此，要控制 A_1 事件的发生概率，主要应控制 x_7（操作员未起动）和 x_6（信号装置损坏）这两个基本事件的发生概率。

（2）从 A_2 事件（正常运转绞人伤害）定性分析的结果可以看出，x_{17}的结构重要度最大，x_{14}、x_{15}、x_{16}次之，x_{17}为正常事件，因此，主要控制对象为 x_{14}、x_{15}、x_{16}等基本事件。

从 A_2 的临界重要度分析的结果可以看出，x_{27}的临界重要度最大，x_{10}次之，x_{22}、x_{23}、x_{24}、x_{25}、x_{26}再次之，x_{27}为正常事件，因此，要控制 A_2 事件的发生，首先应控制 x_{14}（无护栏护罩），其次应控制 x_{22}（人工校正传送带），x_{23}（违章跨越）、x_{25}（用手拨弄部件）和 x_{26}（运转中处理其他故障）等基本事件的发生概率。

练　习　题

1. 起重作业的主要事故有哪些？
2. 起重设备的限位器及其工作原理？
3. 对叉车的制动系统有何安全要求？
4. 物流装卸搬运过程中常用的连续输送机械有哪些？
5. 对爆炸品装卸搬运有何特殊要求？
6. 腐蚀品配装的安全注意事项有哪些？

参考文献

[1] 沈斐敏．安全系统工程理论与应用［M］．北京：煤炭工业出版社，2001.

[2] 沈斐敏．安全科学技术导论［M］．香港：长城出版社，2006.

[3] 王健．现代物流概论［M］．北京：北京大学出版社，2005.

[4] 王健．现代物流网络系统的构建［M］．北京：科学出版社，2005.

[5] 沈斐敏．道路交通安全［M］．北京：机械工业出版社，2007.

[6] 沈斐敏．道路交通事故预测与预防［M］．北京：人民交通出版社，2007.

[7] 王转，张庆华，鲍新中．物流学［M］．北京：中国物资出版社，2006.

[8] 李百川．道路运输企业安全管理［M］．北京：人民交通出版社，2006.

[9] 王定安．运输企业交通安全管理趋势［J］．公路运输文摘，2002（12）：38－39.

[10] 钟茂华．改善我国交通运输企业安全生产状况的对策及建议［J］．交通运输工程与信息学报，2005（3）：51－56.

[11] 李金荣．从三大客运企业看安全管理［J］．道路运输，2004（1）：22－23.

[12] 程国华，等．关于危险货物道路运输企业建立安全生产责任制度、安全生产管理制度的构思［J］．交通世界，2008（8）：38－39.

[13] 林腾峰．道路运输企业的安全管理和行车安全［J］．商用汽车杂志，2006（12）：122－124.

[14] 刘飞舟，刘浩学．现代道路运输企业安全管理有效性分析［J］．交通标准化，2006（9）：189－191.

[15] 马兆有，王长君，陈纲．交通安全宣传教育的针对性及要点分析［J］．交通企业管理，2007（11）：37－39.

[16] 屈奎．企业安全投入与安全效益的分析［J］．中国安全科学学报，2005（4）：14－17.

[17] 杨睿，等．浅析建设道路运输企业安全文化［J］．现代机械，2006（4）：115－116.

[18] Hossam Gabbar and Kazukiko Suzuki. The Design of a Practical Enterprise Safety Management System［J］. Springer Netherlands，2004（6）：114－123.

[19] 幸福堂，等．企业安全管理信息系统的总体构建［J］．工业安全与环保，2008，34（6）：51－53.

[20] 许洪国，等．交通事故分析与处理［M］．北京：人民交通出版社，2003.

[21] 孔宪信．道路交通安全法释义与应用．北京：中国人民公安大学出版社，2004.

[22] Saad Farida，Munduteguy Christophe. Interaction management between car drivers and new driver support system［C］// Traffic and Transportation Studies Proceedings of ICTTS 2002. Guilin：［s. n.］，2002.

[23] 时德田．谈承包客车的安全管理［J］．道路与运输．2005（2）：28－29.

[24] 元子瑞．浅谈如何做好车辆安全管理工作［J］．安全、健康和环境，2004，4（9）：41.

[25] 张永杰，等. 道路危险货物运输企业安全管理问题的探讨 [J]. 山东交通学院学报，2005，12 (3)：61 -63.
[26] 李晓会，刘珍. GPRS - 客运安全管理的得力助手 [J]. 交通建设，2004 (8)：29 -30.
[27] 吕昌会，李润雄. 火电施工企业事故应急体系建设 [J]. 电力安全技术，2007，9 (3)：57 -58.
[28] 王军芳，陈文俊. 发电企业事故应急救援体系的建设 [J]. 电力安全技术，2004，6 (11)：45 -47.
[29] 李志超，陈研文. 企业事故应急救援预案编制的探讨 [J]. 中国安全生产科学技术，2006，2 (4)：122 -125.
[30] 方心怡，倪晓阳. 城市道路交通应急救援体系研究 [J]. 中国水运，2007，7 (10)：190 -192.
[31] John A VolPe. The Public TransPortation System Security and Emergeney PreParednes Plarming Guide [J]. U. S. Department of Transportation，2003.
[32] 罗一新. 我国企业安全生产管理的制度创新研究 [J]. 中国工程科学，2008，10 (2)：46 -48.
[33] 李卫平. 燃气经营企业的安全检查及考核 [J]. 城市燃气，2005 (5)：22 -31.
[34] 杨续冠. 树立企业安全生产管理的新观念 [J]. 矿山机械，2005，33 (2)：125.
[35] 段森. 企业新型安全考评与激励机制探讨 [J]. 安全，2007 (4)：11 -14.
[36] 王春香. 浅谈煤矿企业安全管理激励机制建设 [J]. 煤炭工程，2008 (6)：21 -23.
[37] Lian She. System Reconstruction for Enterprise organization：Forewarning Management and System Analysis [J]. International Journal of General Systems，2000，29 (3).
[38] 安慰，等. 企业安全目标管理及其绩效评价 [J]. 中国工程机械学报，2005 (3)：124 -126.
[39] 李文斐，张娟，朱文利. 现代物流装备与技术实务 [M]. 北京：人民邮电出版社，2006.
[40] 中国民用航空总局航空安全技术中心，http：//www. castc. org. cn/.
[41] 陈会芝. 危险天气条件下的航空飞行与安全 [D]. 成都：西南交通大学，2003.
[42] 王蓓彬. 现代仓储管理 [M]. 北京：人民交通出版社，2003.
[43] 李天荣，龙莉莉，陈金华. 建筑消防设备工程 [M]. 重庆：重庆大学出版社，2002.
[44] 陆廷康，陆荣根. 特种设备安全技术 [M]. 上海：同济大学出版社，2003.
[45] Nigel Hyatt. Guidelines for Process Hazards Analysis，Hazards Identification and Risk Analysis [M]. Ontario：Dyadem Press，2003.
[46] 赵淑敏. 工业通风空气调节 [M]. 北京：中国电力出版社，2004.
[47] 周忠元，陈桂琴. 化工安全技术与管理 [M]. 北京：化学工业出版社，2002.
[48] 王新颖，王凯全. 危险化学品设备安全 [M]. 北京：中国石化出版社，2005.
[49] 陈伟炯. 船舶安全与管理 [M]. 大连：大连海事大学出版社，1998.